Think about life
On the safe side.
01.05.21
Lieber Wolfgang!
es war ein toller Abend!
Vielen Dank
Wolfgang!
Es wird schön!
- Unity in principles
- freedom in action
- trust overall
Danke für Inspiration
& Austausch
Jan. 22

Einhornland
drölf km
Realität

Wolfgang K. Eckelt

RE\THINK

RE\THINK

NEW WORK

Find your own way!

MIT
RESET-FORMEL

FÜR MANAGER UND HIGH PERFORMER

SEITE 6

Coverdesign, Layout, Titel & Buchsatz
Initial Kommunikationsdesign, Ludwigsburg
www.initial-design.de

Printed in Germany
1. Auflage, Stuttgart 2022
ISBN 978-3-9824-7290-4 (Hardcover)
ISBN 978-3-9824-7291-1 (eBook)

www.eckelt-consultants.com
www.top-company-guide.com

FSC
www.fsc.org
MIX
Papier aus verantwortungsvollen Quellen
FSC® C041280

Klimaneutral
Druckprodukt
ClimatePartner.com/12146-2201-1007

Ey, willkommen mittendrin
Schönen Gruß
hier aus dem Hurricane
Ich lass mir frischen Wind
Endlich wieder
um die Nase weh'n
Und ich hoffe Du weißt
Rock 'n' Roll never dies
Und fragst Dich wohin?
Dann springst Du
von außen nach innen
Und dann:
Willkomm'n mittendrin.

Udo Lindenberg
Mittendrin – Udopium, 2021

RE\THINK

DIE RESET-FORMEL

Find your own way!

Was suche ich? Wo finde ich Sinn? Wie will ich meine neuen Freiheiten im Rahmen von New Work leben?

PERFORMING NEW WORK
LEVEL UP IN HYBRID SETTINGS

Gerade hatte man sich mit den agilen Disziplinen von New Work vertraut gemacht. Man hatte sich eben erst gewöhnt an die Zusammenarbeit zwischen Fokusraum und Open Space, zwischen Videocall und Design Thinking Tools. Dann, der Lockdown: Im Homeoffice brachen persönliche Netzwerke, Zeit- und Raumstrukturen zusammen, das eigene Branding ging im digitalen Raum unter und in den Vordergrund drängte sich etwas, das viele längst aus den Augen verloren hatten: die Sinnfrage.

Was mache ich hier eigentlich? Will ich das wirklich? Der Riss im Alltag gab High Performern die Chance, alles radikal auf den Prüfstand zu stellen: ihren Job und ihre Lebensqualität, ihren Arbeitsrhythmus und Führungsstil, die Systemdynamiken ihres Unternehmens und ihre eigene Resonanzfähigkeit, ihre Haltung zu Diversity und ihr eigenes Branding. Die Frage nach dem persönlichen Sinnerleben führt in die nächste Dimension: Freiheit.

RE\THINK
Nichts ist mehr gesetzt. Alles ist im Wandel.
Zeit für Ihr persönliches Reset.
In fünf Bereichen:

PERFORMANCE

Was leiste ich? Wie steht es um meine Lebensqualität? Wie belastbar sind meine Netzwerke im Job?

PULSE

Wie strukturiere ich mich? Welcher Arbeitsrhythmus passt zu mir? Wie empowere ich mein Team und welche Regeln und Rituale braucht es dazu?

PLACE

Wo performe ich in Bestform? Welche Systemdynamiken wirken auf meinen New Workplace? Wo gehe ich wie in Resonanz?

PINK UNICORNS

Wer will ich sein? Wie steht es um Diversity in meinem Unternehmen? Wie stimme ich mein persönliches Branding darauf ab?

PURPOSE

Was suche ich? Wo finde ich Sinn? Wie will ich meine neuen Freiheiten im Rahmen von New Work leben?

INHALT

PROLOG

EINHORNLÄND
MEETS
BIERBÄNK
ODER
WARUM EINE BIERBANK KANN,
WAS ZOOM NICHT KANN.

MEINE FIRMA,
MEIN JOB,
MEIN SINN?
ODER
ARBEIT IST SINN –
SINN IST ARBEIT.
WIRKLICH?
WORK
Wolfgang K. Eckelt
Meine persönlichen Pain Points

\ Einhornländ meets Bierbänk

»Hallo? Hallo!« Keine Antwort. Nichts. »Haalloοooo!??« Ratlos stehe ich in der Lobby eines Maschinenbau-Unternehmens, in der schon lange niemand mehr Gäste begrüßt hat. Seelenruhig seilt sich eine Spinne aus der vergessenen Weihnachtsdekoration auf den staubigen Tresen ab. Das einzige Geräusch, das hier an Leben erinnert, ist mein eigener Puls. Ich rücke meinen Mund-Nasenschutz zurecht.

Es ist März 2021. Pandemiezeit. Lockdownzeit. Eine Zeit mit verschwommenen Strukturen, mit vernebelten Perspektiven. Bin ich am falschen Tag gekommen? An den falschen Ort? Zur falschen Uhrzeit? Nein. So war es vereinbart. Nur: Wo in dieser Ghost-Company sitzt mein Gesprächspartner? Als CEO wahrscheinlich irgendwo oben, Südseite. Ich nehme die erstbeste Treppe, haste durch menschenleere Gänge, an halboffenen Bürotüren und verlassenen Kreativzonen vorbei, durchquere Flipchart-Parks mit verblichenen Klebezetteln.

Kulissen, die vor nicht allzu langer Zeit noch für die Zukunft der Arbeit gestanden hatten. New Work. Eine schöne neue Arbeitswelt, die Menschen selbstbestimmter, zufriedener, glücklicher und Unternehmen erfolgreicher machen sollte, aber dann mit der Seuche kollidierte. »Welche Relevanz bleibt New Work, wenn die Pandemie vorbei ist?« Darüber will ich mit meinem Gesprächspartner diskutieren.

»Haaaalloooo?«

Wie der letzte Überlebende von irgendwas irre ich durch ein Gewirr von Fluren und Kommunikationsecken. Trockene Büropflanzen. Verstaubte Getränkeautomaten. Gerade finde ich heimliche Freude an meiner kleinen Apokalypse, als eine Stimme bellt: »Eckelt! Ham'se Kaffee?«

Ich starre ins Halbdunkle. Da ist er: wirre Frisur, kaum Rasur, oller Pulli. Fast bedauere ich, dass mein Gesprächspartner nicht auch noch in Feinripp, mit Jogginghose und barfuß aufgetaucht ist, es wäre noch apokalyptischer gewesen.

In diesem Augenblick ahne ich nicht, dass die Corona-Pandemie in absehbarer Zeit nicht »vorbei« sein wird. Ich ahne nicht, dass sie mit ihren Millionen von Toten, mit Lockdown, Elend und Gewalt nur der Auftakt zu einer viel größeren Krise ist. Vor allem ahne ich nicht, dass Corona nur einen kleinen Aspekt einer gewaltigen Zeitenwende darstellt, die bei meiner Generation eine Zukunftsangst auslöst, neben der das No-Future-Gefühl der 1980er-Jahre wirkt wie leichte Pubertätsverstimmung.

Wir erleben eine doppelte Zeitenwende. Erstens eine reale Wende. Infolge der geostrategischen Verwerfungen driftet der Boden weg, auf dem wir jahrzehntelang Karrieren gebaut haben. Es scheint Schluss zu sein mit billiger Energie aus Russland, Schluss mit exorbitanten Gewinnen in China, Schluss mit Produktionsstätten überall in der Welt, wo Löhne niedrig sind. Es ist Schluss mit hochprofitablen, weltumspannenden Logistiknetzen und Schluss mit stetig steigenden Absatzzahlen überall dort, wo immer mehr Menschen immer mehr Geld ausgeben können. Das ist vorbei.

Vorbei ist die gefühlte Normalität unseres Wohlstands, der bei vielen jedes Jahr noch größer wurde – und dieses Vorbei ist der zweite Aspekt der Zeitenwende: Es ist eine mentale Wende. Es ist ein brutales Aufwachen und jähes Erkennen, dass unser Leben und unsere Karrieren seit den Nachkriegswirtschaftswunderjahren bis heute eben nicht die Regel sind. Dass sie eben nicht oder nicht nur Folge unserer intelligenten Entscheidungen und herausragenden Leistungen sind. Sondern ein historischer Sonderfall in günstigen Rahmenbedingungen. Sind wir tatsächlich »High Performer«? Oder hatten wir einfach nur Glück?

Nichts ist mehr planbar. Nichts ist mehr sicher. Nichts wird jemals mehr »normal«, weil niemals etwas »normal« gewesen ist. Wir hatten es nur geglaubt. Und jetzt?

Das ist die Frage, die Sie, meine Gesprächspartnerinnen und Gesprächspartner, und mich umtreibt. Was heißt jetzt Karriere, wenn man sie nicht mehr strategisch vorantreiben, wenn man sie nicht mehr planen kann? Wie funktioniert »High Performance« im Homeoffice – ohne die gewohnten Bühnen im Unternehmen, ohne das gewohnte Tempo von Rede und Gegenrede, ohne direkte Resonanz? Wie verändert sich »New Work« unter diesen Rahmenbedingungen? Inwiefern bleibt »New Work« überhaupt relevant – und was heißt das für Sie?

Und: Wo ist noch ein sicherer Ort für vertrauliche, für intensive, für sehr persönliche Gespräche? Das war die Frage, auf die ich zuerst eine Antwort finden musste.

\ Warum eine Bierbank kann, was Zoom nicht kann

Im Lockdown waren die üblichen Lobbys und Restaurants: geschlossen. Videocalls? Suboptimal, wenn im Hintergrund die Waschmaschine rumpelt, die Müllabfuhr scheppert und die Nachbarn streiten. Telefon? Schafft nicht die Resonanz, die es für Gespräche braucht, in denen es um existenzielle Fragen geht. Um Richtungsentscheidungen. Geld. Sex. Angst.

Was ich für meine Gespräche mit Ihnen brauche, ist ein Ort mit doppelter Sicherheitsgarantie: keine unerfreulichen Viren, keine unerwünschten Zuhörer. Office Design? Unerheblich. Sterneküche? Schnickschnack. Was es braucht, sind Diskretion und Sicherheit. Sonst nichts. In diesem Moment verstehe ich, dass ich einen solchen Ort längst habe: meine Bürobaustelle. Ein riesiger, zugiger, offener Raum, überall Bauschutt und Kabelsalat, eine einfache Bierbank. In einer Zeit, in der Gewissheiten schwinden und neue Perspektiven gesucht werden müssen, ist ein unfertiger Ort die richtige Kulisse.

Im Rückblick scheint diese Idee nicht nur wie der Beginn eines neuen Coaching-Formats für Sie, sondern auch wie mein eigenes Comeback. (Prompt meldet sich ein alter Ohrwurm von den Eagles zurück: »Get over it« aus »Hell Freezes Over« – das erste Album, nachdem Don Henley 14 Jahre zuvor beschworen hatte, die Band würde erst wieder zusammenspielen, »wenn die Hölle zufriert«.) Im März 2021 jedenfalls setze ich meiner persönlichen Corona-Hölle ein Ende.

Ich lade einige von Ihnen ein zu einem persönlichen Gespräch auf der Baustelle. Ich stapele Bierfässer, besorge Müllsäcke für die Pizzakartons und beschließe, gar nicht erst zu fegen. Jedem von Ihnen empfehle ich Jeans und Jacke. Nur einer von Ihnen hält Dresscode und Baustaub für einen Scherz, fährt mit Fahrer und Bodyguard am Bauzaun vor und sieben Stunden später mit Gebrauchsspuren am dunkelblauen Dreitausend-Euro-Anzug wieder nach Hause. Dankbar.

In der Tasche einen Bierdeckel mit seinen persönlichen Pain Points. Was sind Ihre Pain Points? Falls Sie gerade keinen Bierdeckel zur Hand haben, hier ist einer:

Seitdem fährt fast jeden Abend einer von Ihnen an meinem Bauzaun vor und rast nach Pizza, Bier und vier Stunden Gespräch wieder davon. Sie wollen es nicht anders. Sie wollen reden. In Ruhe nachdenken. Re\Think.

Es ist kompliziert geworden. Sogar gefährlich.

Sie wollen nachdenken, weil sie den täglichen New-Work-Corporate-Bullshit nicht mehr aushalten. Sie wollen reden, weil ihr Business-Leben oft kein lebenswertes Leben mehr ist. Sie suchen neue Perspektiven, weil Corporate Culture aus dem Abstand des Homeoffice wirkt wie absurdes Theater im 15-Zoll-Format. Für viele eine ernüchternde Erfahrung. Für manch einen eine tiefe Demütigung.

Der älteren Business-Class hat die Kombination aus New Work Spirit und Corona-Homeoffice die Macht gestohlen – zumindest gefühlt. Agile Methoden haben den Zugriff auf Skills gekappt. Die Flexibilisierung der Arbeitsorte und -zeiten haben den Draht zu wichtigen Kontakten pulverisiert.

Der Status ist weg, der Nimbus ist weg, die Privilegien sind weg. Zwar fließen Boni und Gehälter weiter, aber es steigt der Druck. Das Tempo steigt. Die Überforderung steigt.

Auch die jüngere Business-Class fühlt sich gefordert, oft überfordert. Doch sie will angreifen. Dinge bewegen. Transparenz schaffen. Disruptiv denken. Sie will nicht mehr unbedingt die Topkarriere, die Topbudgets, die Topführungsverantwortung. Sie will ein Topleben. Doch das gelingt nicht, wenn die Kader (die alten genau wie die jüngeren) auf 70 Wochenstunden Bürosessel bestehen.

Mit dem Comeback des Anwesenheitstheaters kommt der Druck mit doppelter Wucht zurück: Während die Remote-Leistung zu Hause noch argwöhnischer vermessen wird, muss die Performance vor Ort neu gelernt werden. Dabei sind viele Fragen offen: Wie geht man miteinander um in einer Zeit, in der nicht wirklich klar ist, ob nun noch Pandemie ist – oder nicht? Was zieht man an, nach zweieinhalb Jahren in Shirts und Jogginghosen?

Was kann man in einer Welt noch mit »New Work« anfangen, in der die Frage nach Selbstverwirklichung, nach Selbstoptimierung, nach Erfolg an Dringlichkeit verloren hat – angesichts der Millionen Pandemietoten, angesichts einer rasanten Inflation und Börsencrashs, angesichts von Hunger und Krieg?

Mit der tiefen, globalen Verunsicherung melden sich persönliche Unzufriedenheit und Frust zurück, Sinnkrisen und Stress, Schlafstörungen und Fatigue, Rosenkriege und Suff, Herzinfarkte und der Hass auf alles, was buntkariert daherkommt, mit Sternchen oder auf andere Weise. Jedenfalls so, wie man es in der (vermeintlich) guten alten Zeit nicht kannte, und wie man es jetzt und in Zukunft auch nicht haben will, weil derartiges »Gedöns« einer guten, neuen Zeit (so scheint es zumindest) im Weg steht. Man ahnt zwar, dass das so alles zu einfach gedacht ist – aber wie lässt sich das denken, was man nicht versteht?

Es ist kompliziert geworden, unübersichtlich. Und für nicht wenige Topkarrieren sogar gefährlich. Wo es keine Business-Class mit selbstverständlichen Reservierungen mehr gibt, da stürzen die älteren High Performer reihenweise von der Leiter, die ihre Karriere seit jeher für selbstverständlich hielten. Und auch die jungen Performer stehen vor neuen Fragen: Wie lässt sich die eigene Karriere noch planen, wenn nichts mehr planbar scheint?

Wer auf dem Weg zur Spitze ist oder sich noch an der Spitze hält, klagt über einen dunklen Schmerz, ein dumpfes Störgefühl, das wenig greifbar scheint und sich doch sehr konkret äußert: Es fehlt die Autonomie im Alltag (stattdessen: Fremdsteuerung via Kalender). Es fehlt die Anerkennung für die eigene Expertise, für die eigene Leistung (stattdessen: Gleichgültigkeit, Machtspiele, Gendersternchen). Es fehlen die vielen, die guten sozialen Beziehungen – die Voraussetzung für Resilienz.

Eine neue Richtung finden

Wenn einem der Boden unter den Füßen weggezogen wird, muss man sich neu aufstellen. Neuen Halt suchen. Eine neue Richtung finden. Ganz gleich, ob man auf eine Karriere von zwei Jahren zurückblickt oder auf eine von zwanzig Jahren. Darum geht es in diesem Buch. Darum ging es seit Ausbruch der Corona-Pandemie Anfang 2020 auch bei mir.

Lockdowns verhagelten meine Events, störten meine Coachings, steigerten die Summe der Baumängel in meinem immer noch unfertigen Haus auf groteske Weise weiter. Wenn die Wirtschaft stillsteht, dann liegt auch mein Geschäft im Dornröschenschlaf. Reisen? Um sich zumindest abzulenken? Ging nicht. Zerstreuung? Nur Netflix. Nicht auszuhalten.

Ich lieh mir Oskar, einen freundlichen, aber extrem schlecht erzogenen Hund, setzte mich in den VW-Bus und fuhr los. Weg. Mit jedem Kilometer, den ich mich von Stuttgart entfernte, entfernte ich mich von meinen früheren Gewissheiten: High Performance. Karriere. Erfolg. Image. Was zählt das alles in einer Welt ohne Bühnen? Was zählt überhaupt noch?

RE\THINK

Es geht in diesem Buch um die Frage, was wir in Zukunft unter Performance verstehen wollen. Wie wir uns Arbeit vorstellen. Es geht um die Frage, was aus unseren Ideen rund um New Work geworden ist und was aus ihnen überhaupt noch werden kann in einer Welt, in der bunte Rutschbahnen und hippe Hängematten peinlich wirken.

Es geht in diesem Buch auch um die Frage, was aus unseren Ideen für unser LEBEN geworden ist. Es geht um die Frage nach dem eigenen Lebenswerk. Was hat man geschaffen? Wen hat man geprägt? Was bleibt? Was wird bleiben, wenn das eigene Unternehmen die neuen Herausforderungen nicht überlebt: Ende der günstigen Lieferketten, Ende der billigen Energie, Ende der deutschen Exportweltmeisterschaft, Ende der Globalisierung? Was dann?

Es begann mit Euphorie

Dass das ganze Land seit Anfang 2020 plötzlich sieben Wochen im »Lockdown« war, dass es seit Ende 2020 bis in den Frühsommer 2021 noch einmal im »Lockdown« war, dass die Büros schlossen, die Schulen schlossen, die Geschäfte, dass plötzlich alle zu Hause waren, im Homeschooling, im Homeoffice, dass alle Bananenbrot backten und Regenbogenbilder in die Fenster hingen, das alles erscheint im Rückblick surreal.

Wie viele Menschen in den Pandemiemonaten ihr Büro Hals über Kopf an Küchentischen, in Hobbykellern oder Campingbussen zu Hause aufschlugen? Genau weiß man es nicht. Insgesamt war es wohl ein Drittel,[1] bei Wissensarbeitern und Führungskräften waren es mehr, in meinem persönlichen Umfeld 100 Prozent.

Die Pandemie erzwang eine Radikaldigitalisierung aller Arbeitsplätze – und das teilt die Geschichte der deutschen Wirtschaft in eine neue Zeitrechnung: vor Corona und seit Corona. Was vor Corona galt – für Unternehmen, für Karrieren – das gilt nicht mehr.

Jetzt der nächste Einschnitt: Krieg. Lieferketten, Energieversorgung, Datensicherheit – alles muss neu gedacht werden. Neu gemacht werden. Es geht vielerorts jetzt nicht mehr um die noch bessere Optimierung, um Chancen, um Selbstverwirklichung. Es geht um das nackte Überleben.

Aus heutiger Sicht scheint die »pandemische Anfangseuphorie«, der kurze und verblüffende Stimmungs-Ausschlag in der ersten Pandemiephase, ja: niedlich. Laut einer Studie von SPIEGEL und dem Arbeitgeberbewertungsportal KUNUNU hatten sich Mitarbeitende als visionär und motiviert erlebt, die Qualität der internen Kommunikation war aufgeblüht, Arbeitgeber wurden gelobt. Man hatte Werte beschworen wie »man selbst sein können« und »eine gemeinsame Identität haben«. Gut zwei Jahre später ist davon kaum mehr etwas zu spüren. Unternehmen sind in alte Muster zurückgefallen, etliche greifen autoritäre Sitten aus Zeiten auf, die man für längst überwunden hielt, greifen durch mit harter Hand, um nicht unterzugehen.[2]

Dann kam der Backlash

Zwar will längerfristig jedes fünfte Unternehmen in Deutschland die Möglichkeiten für mobiles Arbeiten ausbauen – das zeigt eine Erhebung des Nürnberger Instituts für Arbeitsmarkt- und Berufsforschung (IAB). Vor allem die Großbetriebe setzen auf Heimarbeit. Aber: Zwei Drittel der Unternehmen holten im Studienzeitraum ihre Mitarbeitenden aus den Homeoffices zurück in die Zentralen und Filialen. Jeder zehnte Betrieb schraubte das Homeoffice-Level sogar unter das Vorkrisenniveau zurück. Warum?

Wenn Unternehmen sich für mehr Homeoffice einsetzen, wollen sie ihre Mitarbeitenden damit flexibler machen, auch im Hinblick auf die viel beschworene Vereinbarkeit von Familie und Beruf; nicht zuletzt versuchen sie sich als attraktiver Arbeitgeber zu positionieren. Rufen Unternehmen ihre Manager und Fachleute zurück in die Büros, dann aus Angst, dass der Kitt des sozialen Zusammenhalts im Unternehmen bröckelt. Dass die besten Talente kündigen.

Was ist das für eine Unternehmensführung, die meint, Fach- und Führungskräfte an der kurzen Leine halten und gleichzeitig mit lustig-bunten New Workplaces bei Laune halten zu müssen?

An dieser Stelle lohnt es sich, tiefer zu graben. Je tiefer wir graben, umso sicherer stoßen wir auf ein Konzept aus den 1970er-Jahren. Ein Konzept, das sich erst kurz vor der Pandemie fröhlich verbreitet hatte, weil es so gut zur Start-up-Hippness passte. Ein Konzept, das in die Arbeitskultur der immer selbstverständlicher werdenden Heimbüros nun nicht mehr bruchlos passt: New Work.

\ Remote kills New Work

New Work braucht Nähe. Das Brainstorming am großen Tisch. Das Gespräch an der Kaffeebar. Die schnelle Absprache zwischen Teams, zwischen den Ebenen der Hierarchie, zwischen internen und externen.[3] Schnell gebaute Prototypen. Streit. Scherze. Pappkartonpizza für alle. Das alles funktioniert nicht REMOTE. Hundertprozent hybrides Arbeiten passt nicht zu New Work. Remote killt New Work.

New Work lebt von gemeinsamen Räumen. Von gemeinsamen Zeiten für Kommunikation, geplant oder en passant. Wollte man dieses (Heils-)Versprechen auf eine marktförmige Consulting-Formel bringen, käme so etwas wie Performance = Pulse x Place heraus.

Diese drei Begriffe sind so zentral für das Spannungsfeld zwischen der just vor der Pandemie zu neuem Leben erweckten New-Work-Kultur auf der einen Seite und der seit der Pandemie unverhofft erfolgreichen Remote-Work-Kultur auf der anderen Seite, dass ich in diesem Buch gemeinsam mit Ihnen jedes dieser Themen aufbohren möchte.

- **Performance**
- **Pulse**
- **Place**

Dazu kommen zwei weitere Parameter: Das eine hat schon vor der Pandemie die Karrierestrategien vieler meiner Gesprächspartner durchkreuzt. Das zweite zieht nicht wenigen meiner Gesprächspartner den Stecker, wenn ihre Laufbahn mit Mitte, Ende Fünfzig auf dem Projektfriedhof einer Auffanggesellschaft endet. Es geht um

- Diversity – der Alliteration wegen und in Anlehnung an mein jüngstes Buch »Unicorn Branding« hier firmierend unter dem Stichwort **Pink Unicorns**, und
- **Purpose.** Die Sinnfrage.

New-Work-Konzepte als Heilsversprechen misszuverstehen ist genauso naiv wie der Versuch, das Heimbüro am Bügeltisch in den Himmel zu loben. Letztendlich geht es um eine neue Balance, um ein gemeinsames Austarieren der Möglichkeiten. Um neue Perspektiven auf das Leben und auf die Arbeit. Auch um den Preis, dass die schöne, teure, bunte Welt der New-Work-Arbeitsflächen in den Konzernen nicht mehr täglich bespielt wird. Weil der Mensch mit Laptop am Küchentisch mitunter produktiver ist.

»Inhouse« ist überall

New Work gilt zwar vielen als Erlösungsformel, ist aber immer noch Arbeit. Was tatsächlich neu ist, das ist die veränderte Definition von Homeoffice: Das Heimbüro ist nicht mehr der Sonderfall, sondern das neue Normal – entweder komplett oder in Kombination mit mehr oder weniger häufigen Besuchen im Büro.

»Inhouse« bekommt so eine neue Bedeutung: Fach- und Führungskräfte sind in Zukunft möglicherweise nicht mehr im eigenen Unternehmen zu Hause, sondern nur noch zu Besuch. Es mag von der Unternehmenskultur abhängen, ob es in Zukunft die Arbeit von zu Hause aus ist, die offiziell genehmigt werden muss – oder die Büroarbeit. Und es wird vom Einzelfall abhängen, ob Manager und Mitarbeitende ihre Bürobesuche so sehr herbeisehnen wie Kurztrips mit Freunden oder so wenig wie Kontrolltermine bei Karies.

Wenn wir in diesem Buch von hybriden Arbeitswelten und New Work sprechen, geht es nicht nur darum, an welchen Orten und zu welchen

Zeiten wir arbeiten. Ebenso entscheidend wie das Wo und Wann ist das Wie und mit Wem und Warum überhaupt.

Wofür überhaupt stehen wir jeden Tag auf? Wie gelingt es uns, auch über weite Strecken zu kollaborieren? Was könnte in unserer Zusammenarbeit neu, was könnte besser sein, um so etwas zu erreichen wie Zukunftssicherheit, Erfolg – oder einfach: Lebensqualität?

Einmal die rote Pille, bitte

Lebensqualität kann trügerisch sein. Erinnern Sie sich an den Film »Matrix« aus dem Jahr 1999? In dieser Story werden zwei Welten übereinander geblendet: eine reale, dystopische Welt im Untergrund und eine virtuelle, glänzende Businesswelt als darüber geschaltetes Trugbild. Wer sich für die rote Pille entscheidet, konfrontiert sich mit der realen Dystopie – und radikaler Freiheit. Wer die blaue nimmt, bleibt geblendet vom Trugbild und freut sich über Heilsversprechen wie eine klassische Karriere – die im schlechtesten Fall in Unfreiheit endet. Man kann auch zum »Gefangenen seiner eignen Ziele« werden.[4]

Ich meine, dass die aktuellen Krisen wirken wie die rote Pille. Sie haben den Glamour der Businesswelt mit ihren Eckbüros, Flughafenlounges und opulenten Abendessen auf null geschaltet. Assistenten und Sekretärinnen, Infos auf Zuruf, der Fahrer, die inspirierenden Gespräche, die Verhandlungsrunden: Alles, was das Leben im Büro – gerade für die oberen Führungskader – durchaus angenehm gestaltet hatte, war im Lockdown weg.

Die gefühlte Überlegenheit der deutschen Industrie, die gefühlte Sicherheit im sorgfältig verschweißten Netz der Lieferketten ist angesichts der geopolitischen Spannungen, angesichts des Krieges, der Zerstörungen, der unsicheren Energieversorgung und Hilflosigkeit angesichts zunehmender Hackerangriffe … weg. Wir haben die rote Pille geschluckt. Ich auch.

Ich musste sie schon vor Jahren schlucken, unfreiwillig, sogar die doppelte Dosis. Die erste, als ein Erdrutsch samt Rohrbruch mein exklusives Besprechungszimmer mit Blick auf die Stuttgarter Halbhöhen eines Nachts in eine Kloake verwandelt hatte. Und die zweite, als sich der Um- und Neubau meines neuen Büros als eine Dauerbaustellenkatastrophe entpuppte. Meine persönliche Trugbild-Matrix hat sich schon vor Jahren deinstalliert. Seitdem arbeite ich in einem kleinen, immerhin nicht fensterlosen Eckbüro im Keller meines neuen Hauses und lebe zwischen Baggern, Baustaub und Bierbank. Ich schwieg darüber ... bis Corona über die Welt kam und Sie zu mir.

Abgründe, Auswege, Aufbrüche

Das Frühjahr 2021 war der Beginn einer ganzen Reihe sehr persönlicher Gespräche in Stuttgart. Gespräche über fehlende Bühnen für High Performer, Gespräche über nicht endende Videokonferenzen, Gespräche über Menschen auf der Überholspur, die erstmals andere sind als »alte, weiße Männer«. Gespräche über den Verlust von Sinn, wenn das Team fehlt und jede Struktur verschwimmt. Und Gespräche darüber, ob Performance-Strategien unter den Bedingungen von Hybrid und New Work überhaupt noch greifen.

Aus den Baustellen-Gesprächen mit Ihnen habe ich für Sie Fragestellungen entwickelt, die Ihnen in den kommenden Monaten und Jahren dabei helfen mögen, den Sturzgefahren der schönen, neuen Arbeitswelt sicher auszuweichen und gleichzeitig die Chancen zu sehen, die sich immer noch überall auftun.

Ich biete Ihnen diese Fragen an ohne Anspruch auf Vollständigkeit, ohne Gelinggarantie. Die Perspektiven haben ihre Gültigkeit jetzt, in einer von Krisen gebeutelten Welt, von der wir nicht wissen, wie sie morgen aussehen wird. [Wir wussten es nie].

Was morgen passiert, haben wir nicht in der Hand. Aber wir haben die Freiheit, uns auf den sich verschiebenden Spielfeldern immer wieder neu zu positionieren. Wir haben die Freiheit, unserem unternehmerischen und persönlichen Erfolg immer wieder eine neue Richtung zu geben. So schwierig die aktuelle Krisenzeit auch sein mag – dafür bietet sie perfekte Bedingungen.

Viel Erfolg wünscht Ihnen

Dr. Wolfgang K. Eckelt

PS: Sie finden auch in diesem Buch wieder Schilderungen beispielhafter Begegnungen. Ich habe jede Geschichte anonymisiert und so verfremdet, dass meine Gesprächspartnerinnen und Gesprächspartner nicht mehr erkennbar sind.

Hinweis: Wenn bei bestimmten Begriffen, die sich auf Personengruppen beziehen, im Text nur die männliche Form gewählt wurde, so ist dies als generisches Maskulinum zu verstehen und nicht geschlechtsspezifisch gemeint, es sind jeweils alle Geschlechter eingeschlossen.

Sie haben Fragen über das Buch hinaus? Oder Sie interessieren sich für mein Dienstleistungsportfolio? Kontaktieren Sie mich: info@eckelt-consultants.com

I
NEW WORK

Das Paradies ist abgebrannt
Ich hab' Heimweh,
Fernweh?
Sehnsucht!
Ich weiß nicht, was es ist.
Ich will nur weg
Ganz weit weg
Ich will raus!

Purple Schulz

\ New Work meets New Virus

Das Versprechen hätte größer nicht sein können: New Work, so die Vision ihres Schöpfers Frithjof Bergmann (1930 - 2021), dreht die Verhältnisse um. Der Mensch ist nicht mehr für die Arbeit da, sondern die Arbeit für den Menschen. New Work ist der Weg, auf dem der Mensch über sich selbst hinauswächst, weil er endlich das tut, was er »wirklich, wirklich will«. Und weil er das dann – intrinsisch allerhöchst motiviert – auch noch besonders gut erledigt, profitiert das Unternehmen gleich mit. Problem solved?

Wenn Sie Organisationsberater fragen: Ja. Wenn Sie Office-Architekten fragen: Ja. Wenn Sie Coaches fragen: Ja. New Work ist das große Glücksversprechen dieser Zeit, weil es sich perfekt vermarkten lässt. Konzerne bauen für viel Geld ihre Teams und Büroflächen um, Menschen lernen in teuren Workshops Zettel kleben und üben Performances im »Open Space«. Wenn Sie mich fragen: Nein.

Story: Versandet

Es hatte so gut angefangen: Aufstieg schon in jungen Jahren zum Bereichsleiter. Dann private Krise: Scheidung. Schlingerkurs im Job. Sein Chef sieht sich das Desaster ein Jahr lang an, dann redet er Klartext: »Entweder, du nimmst jetzt ein Jahr Auszeit, sortierst dein Leben und startest hier wieder mit voller Leistung durch – oder du bist raus.«

Im Sabbatical sortiert er sich tatsächlich neu – aber nicht so, wie vom Chef erwartet. Er sondiert den Markt, testet den eigenen Marktwert und bewirbt sich ausgerechnet bei Start-ups. Wohl wissend, dass seine Chancen mit 54 Jahren hier eher dunkelrosig aussehen. Um nicht zu sagen: Was für eine Schnapsidee!

Und doch: Es gelingt ihm, ein Start-up für sich zu begeistern, er steigt ein, er steigt auf. Dann kommt es, wie es bei erfolgreichen Start-ups immer kommt: Eines Tages klingelt das Telefon, es meldet sich ein Konzern, der das Start-up für viel Geld kauft, der sich das Start-up einverleibt und dann mit viel Schwung an die Wand fährt. Krach. Kaputt.

Nach zwei Jahren ist Schluss mit Start-up. Schluss mit Karriere. Er entsorgt noch all die jungen Talente, die er selbst eingestellt hatte, und ist irgendwann der Letzte, der das Licht ausmacht. Wenn man Mitte 50 ist und die Welt mitten in einer Pandemie steckt, ist das eine nur mittelgute Ausgangslage. Doch das ficht ihn nicht an. Wieder bewirbt er sich bei Start-ups – dieses Mal jedoch ohne Erfolg. Nach vielen Monaten Frust bleibt nichts anderes übrig, als frühere Konzernkontakte abzutelefonieren.

Wer in guten Zeiten für gute Kontakte gesorgt hat, der profitiert in schlechten Zeiten von einem Sicherheitsnetz, das Sicherheit zwar nicht garantieren kann – immerhin aber den Absturz abfedert. Nach der Logik: Wenn ich dir den tiefen Fall erspare, rettest du mich, falls ich falle.

Und siehe da: Er hatte noch einen Rettungsbonus gut. Nach Monaten intensiver Netzwerkarbeit öffnet sich also eine Überlebensnische in einem Konzern. Aufgabe: Projektkoordination der globalen Zitronenfaltaktivitäten. Perspektive: Bereichsleiter. Das typische Sterbezimmer mit schnell verderblicher Motivationskarotte, an die sich nach wenigen Jahren sowieso niemand mehr erinnert. Bezahlung: Weit über dem Durchschnitt. Genannt Schweigegeld.

Es ist viel Geld. Doch auch viel Schweigen. Im Konzern hat er keine relevanten Kontakte mehr. Und wie soll jemand neue Kontakte aufbauen, wenn er nach Sterbezimmer riecht? Er hat keine relevanten Aufgaben mehr. Woher sollen die kommen, wenn die Lieferketten haken, die Innovationen ausbleiben, der Markt einbricht? Er findet keinen Sinn mehr im Job. Keine Erfüllung. Sitzt bloß 40 Stunden da, jede Woche, noch 13 Jahre lang. Nicht jeder hat genug Humor, um ein Leben zu ertragen, dessen einzige Perspektive heißt: »Immerhin kann ich meinen Kummer in Champagner ertränken.«

Vor fünf Jahren hätte ich in dieser Situation noch geraten: »Lass es eskalieren. Gib alles. Bewirb dich neu. Wer die Spitze nicht erreicht, hat nichts erreicht.« Heute sehe ich das anders.

Wenn heute jemand – ob Mann oder Frau, jung oder nicht mehr ganz so jung – erfolgreich im Job ist und doch von plötzlichen Unlustgefühlen geplagt wird (»Ich will raus!!!«), zünde ich nicht mehr unbedingt den Karriereturbo. In vielen Fällen ziehe ich heute das Stoppschild.

Heute frage ich nach den persönlichen und familiären Umfeldern. Heute sage ich: Wenn dir deine Freiheit lieb ist, ertrage den Job. Er bringt dir Geld, und deine Freiheit braucht Geld. Suche deine Zufriedenheit, dein Lebensglück, deine Spielwiesen außerhalb der Arbeit: Sport, Reisen, Musik, Ehrenamt, Forschung, Business Angel.

Suche neue Bühnen für dich und das, was du »wirklich, wirklich willst«. Die Zufriedenheit des Lebens muss nicht aus der Konzernkarriere kommen, nicht aus der Arbeit. Sie kann möglicherweise gar nicht aus der Konzernkarriere kommen – denn genuines Ziel eines Konzerns ist Umsatz. Nicht Purpose. Nicht Lebensqualität. Dass es anders sei, ist das große Missverständnis von New Work.

\ New Work – was ist das eigentlich?

New Work, so wie es heute zumeist umgesetzt wird, ist die blaue Pille unserer Zeit – ein perfektes Trugbild, unter dessen Oberfläche eine Menge schief und viele Karrieren im Sande verlaufen. Vor allem die Karrieren derjenigen, die gerade nicht Frauen, nicht bunt, nicht divers sind. Doch auch für diejenigen gibt es keine Erfolgsgarantie. Karrieren sind nicht mehr selbstverständlich für diejenigen, die High Performance abliefern.

Die alten Seilschaften funktionieren nicht mehr, die alten Gewissheiten greifen nicht mehr, die alten Selbstverständlichkeiten gelten nicht mehr. Alles ist permanent in Bewegung: »Change« ist nicht mehr Übergangsphase, sondern Dauerzustand; Instabilität gilt nicht mehr als gefährliche Ausnahmezeit, sondern als existenzielle Vorrausetzung der permanenten Weiterentwicklung. Selbst das »Mindset« der Menschen soll heute bitte »digital« sein, »agile« oder wenigstens »new«. Digitalisierung, Agilität und Remote-Work haben alles durcheinandergebracht. Strukturen, Rollen, Erfolgskonzepte. Doch entsteht aus den vielen neuen Buzzwords tatsächlich Produktivität? Umsatz? Gewinn? Oder profitiert nur wieder eine weitere Generation von Business-Gurus?[5] Gesprochen wird darüber nicht. Wer ist schon gerne derjenige, der als einziger aufsteht und sagt: »Der Kaiser ist nackt!«

Andererseits: Richtig verstanden, könnte New Work neue Perspektiven bieten. Für alle Jahrgänge. Doch wer verschwendet schon gerne seine Zeit mit älteren High Performern, wenn sich auch neue Hoffnungsträger aus den Hüten zaubern lassen. Frischer und bunter, digitaler und billiger. Man kann sie besser zu Geld machen als die Leistungsträger alter Schule.

Auch New-Work-Konzepte lassen sich herrlich zu Geld machen. So ist New Work im Laufe der Jahre zu einem Bauchladen degeneriert, aus dem sich jeder das herauszieht, was seinen wirtschaftlichen Interessen am meisten dient. Mit dem ursprünglichen Impuls hat das nur noch wenig zu tun – nicht selten wirken New-Work-Konzepte nicht einmal mehr wie eine Weiterentwicklung der Bergmann'schen Idee, sondern wie ihre Perversion. Was ist passiert?

New-Work-Apologeten sind auf einem Auge blind

Die in den Vor-Pandemiejahren hochkochenden Erfolge der jüngsten New-Work-Konzepte verdanken sich der partiellen Blindheit ihrer Apologeten. Dazu fünf Beispiele:

New Work als Antwort auf die Herausforderungen der Digitalisierung. Frithjof Bergmann hatte als Philosophieprofessor in den USA schon in den 1970er-Jahren ein »Zentrum für Neue Arbeit« gegründet. Dies in einer Zeit, als die Automobilindustrie ihre erste, große Transformation durchlief: Automatisierung. Statt nun die Hälfte aller Arbeiter nach Hause zu schicken und die andere Hälfte in die Überlastung, so Bergmanns Idee, wäre es doch klüger, wenn alle nur noch halb so viel arbeiteten. Ihre freie Zeit könnten sie nutzen, um herauszufinden, was sie »wirklich, wirklich wollen«. New Work war eine Antwort auf die Automatisierung und könnte, so die aktuelle Hoffnung, nun Antworten auf die Herausforderungen der Digitalisierung liefern.[6] Aber: Diese Hoffnung läuft ins Leere, weil sich die Wucht globaler Wirtschaftstransformationen nicht allein mit der inneren Einkehr Einzelner abfedern lässt.

New Work als Antwort auf ungelöste Sinnfragen. Es ist kein Geheimnis, dass viele Mitarbeitende unterhalb der Führungsetagen in ihren Jobs täglich eine toxische Mischung aus mangelnder Anerkennung und Demütigung, aus Erschöpfung, Entfremdung und Sinnlosigkeit erleben. In den Auffanggesellschaften der Konzerne ist es genau dieser Cocktail, mit dem man älteren Fach- und Führungskräften die Arbeit so lange vergiftet, bis man sie endlich vergrault hat. New Work dagegen, predigt Bergmann, »sollte uns mehr Kraft und Energie verleihen« und uns »bei unserer Entwicklung unterstützen, lebendigere, vollständigere Menschen zu werden.« Es geht noch weiter: »Sex muss schon sehr gut sein, wenn er dem Vergleich mit dieser Arbeit standhalten will.« New Work ist nach Bergmann nicht einfach nur neue Arbeit, sondern eine »Erlösung«. Spätestens an dieser Stelle muss klar sein, dass wir es nicht mit einem Business-Konzept zu tun haben, sondern mit einer Utopie.[7]

New Work als Pflaster gegen Strukturprobleme. Die erfolgreichsten Unternehmen sind diejenigen, die am meisten Gewinne erzielen. Und nicht diejenigen, die die persönliche Entfaltung ihrer Mitarbeiter an erste Stelle stellen. Folglich sind die typischen physischen und psychischen Krisen ihrer High Performer – Herzinfarkt, Burn-out, Krebs – weniger individuelle Schicksale als vielmehr strukturell angelegte und sogar erwartbare Folgen.[8] Mit bunten Sofas und verchromten Espressoautomaten, so möchte man New Work gerne missverstehen, lässt sich diese Sollbruchstelle unserer Lebens- und Wirtschaftsform leicht zukleben. Dabei liegt auf der Hand, dass sich globale Strukturprobleme auch mit Interior Design nicht lösen lassen.

New Work als Killerapplikation im Kampf um Talente. Sie wissen genauso wie ich, dass es »den Fachkräftemangel« per se nicht gibt. Was es stattdessen gibt, ist eine zunehmende Abwertung von allem was den leisesten Hauch von Old School umweht. So schickt man Fach- und Führungskräfte jenseits der 50 in die Wüste und belebt die Büroetagen mit Jungvolk. Weil junge Menschen flexible Arbeitsroutinen schätzen, weil sie gegebenenfalls Kinder haben und in puncto Selbstentfaltung oft noch nicht völlig desillusioniert sind, wirken Unternehmen mit New-Work-Konzepten für die jüngeren Generationen oft tatsächlich attraktiver als solche, die herausfordernde Arbeitsbedingungen nicht mit Sofaecken abpuffern. Und ganz falsch ist es ja nicht: Je mehr der Einzelne sich im Sinne des Unternehmens selbst entfaltet – Kreativität, Kompetenz, Kommunikation – desto mehr Umsatz bringt er diesem. Das allerdings war nicht der Effekt, den Bergmann ursprünglich im Hinterkopf hatte.

New Work als Sammelbegriff für moderne Kultur- und Organisationskonzepte. Wenn wir es genau nehmen, ist an New Work sehr wenig wirklich neu. Bergmanns Idee stammt aus den 1970ern. Unter das New-Work-Label wurden seitdem auch ganz andere Organisations- und Arbeitsmodelle gepackt – etwa agile Methoden, die zurückgehen auf das »Manifest für Agile Softwareentwicklung« (agilemanifesto.org) aus dem Jahr 2001. Oder Brian J. Robertsons Holacracy-Konzept aus dem Jahr 2015, laut dem Mitarbeitende in extrem flachen Organisationsstrukturen einen Großteil der Verantwortung und Entscheidungen selbst steuern, und mit dem Robertsons Unternehmen Zappos nur haarscharf nicht gescheitert ist. In jüngerer Zeit kamen außerdem Diversity-Konzepte dazu und alle denkbaren Formen der digitalen Kollaboration.

In den vergangenen 50 Jahren hat sich der Ideenstrudel rund um New Work also heftig um sich selbst gedreht und dabei so viele Konzepte mitgerissen, dass sich die wenigsten überhaupt noch an den erinnern, mit dem die Bewegung begann – Frithjof Bergmann –, geschweige denn seine Bücher und Interviews gelesen oder überhaupt bemerkt haben, dass er kürzlich verstorben ist. Warum kennt niemand Frithjof Bergmann? Anders: Warum will ihn niemand kennenlernen? Die Antwort ist einfach.

Woher die Blindheit kommt

Frithjof Bergmann ist – auch optisch – die Hippieversion von Karl Marx. Das macht ihn für Unternehmer zum Schreckgespenst, deshalb will sich kaum jemand wirklich mit Bergmann befassen und darum ist der Urvater des New-Work-Gedankens heute jemand, dessen Name vielerorts lieber nicht genannt wird.

Für Wissenschaftler aus Wirtschaft und Philosophie ergibt sich gerade daraus ein besonderer Charme, lassen sich doch von Bergmann direkte Linien zurückzeichnen, nicht nur zu Marx, sondern auch zu Erich Fromm und seinen Gedanken zur »Freiheit der Menschen zur

Entscheidung«, die Bergmann weiterentwickelte und mit der Idee verband von »Freiheit der Menschen zum Handeln«.[9]

Für Sie – vielleicht weniger als Unternehmer mit dem Fokus auf unternehmerischem Wachstum, sicher aber als Topführungskräfte mit dem Fokus auf persönliche Entwicklung – führt hier ein direkter Weg zur Idee der »radikalen Freiheit« aus meinen früheren Büchern.

Die Kernidee heißt Freiheit

Es geht hier um nichts weniger als um Ihren mentalen Exit aus den Grenzen der selbstgemachten Vollbeschäftigung. Es geht um die Chance, im Rahmen Ihrer New-Work-Konzepte hinter den endlosen Corporate-Open-Space-Sofalandschaften einen anderen Raum als zentralen Ort der selbstgesteuerten Produktivität wiederzuentdecken: den eigenen Küchentisch. Die Finca. Den VW-Bus.

»Produktivkraft«, so hätte es Marx gesagt. Der 28-jährige Karl Marx hatte es sich so vorgestellt, dass die »klassenlose Gesellschaft« des Kommunismus den »totalen Menschen« erschaffe und die gesellschaftliche Arbeit durch »freie Tätigkeit« ersetze. So werde sie es jedem Einzelnen ermöglichen, »heute dies, morgen jenes zu tun, morgens zu jagen, nachmittags zu fischen, abends Viehzucht zu treiben, nach dem Essen zu kritisieren, wie ich gerade Lust habe, ohne je Jäger, Fischer, Hirt oder Kritiker zu werden«.[10]

Bei Frithjof Bergmann klingt die Utopie der Arbeit nicht so viel anders. New Work, um den Bergmann-O-Ton noch einmal aufzugreifen, »sollte uns mehr Kraft und Energie geben; sie soll uns zu vollkommeneren und glücklicheren Menschen machen.« Seine Utopie: »Ein Drittel der Zeit für Lohnarbeit, ein Drittel der Zeit für High Tech Self Providing und ein Drittel der Zeit, für das, was man wirklich, wirklich will.«[11]

Der Fisch kommt bei Marx noch aus dem Fluss, bei Bergmann schon aus dem 3-D-Drucker, abgesehen von diesem Detail läuft die Grundidee beider Vordenker auf den gleichen Punkt zu: Freiheit. In den Konzepten Ihrer Organisationsberater, Ihrer Open-Space-Architekten und Ihrer Coaches werden Sie diesen Begriff wahrscheinlich nicht finden. Denn wer sich intensiv mit seiner Freiheit auseinandersetzt, der stellt alles infrage. Auch Unternehmensziele. Auch Machtstrukturen. Auch die eigene Position, die eigenen Wege und Ziele, die eigene Lebensqualität. Ganz so hatte sich Ihre HR-Abteilung die Wirkung von New Work dann doch nicht vorgestellt. Und das ist der Grund, warum sie Bergmann zusammen mit Marx ganz hinten im Giftschrank versteckt.

Nach der Lesart von Humanfy, eines Think Tanks zur Zukunft der Arbeit, basiert New Work auf fünf Prinzipien:[12]

- **Freiheit**
- **Selbstverantwortung**
- **Sinn**
- **Entwicklung und**
- **soziale Verantwortung.**

Unternehmerisch vorteilhaft scheint vor allem das Prinzip Verantwortung: Was auf unteren Managementebenen verantwortet wird, kann bei Misserfolg leicht entsorgt werden, ohne dass es den oberen Ebenen schadet.

Aus Beratersicht wird eher das Thema Freiheit in den Vordergrund gestellt. »Ich habe die Erfahrung gemacht«, heißt es dann, »dass Menschen sich erst einmal an mehr Freiheiten im Unternehmen gewöhnen müssen. Das ist, wie wenn man sich mental auswildert. Dieser erste Schritt, hin zu mehr Freiheit, ist deshalb auch oft der schwierigste – weil er eben ein anderes Denken erfordert.«[13]

Das klingt so, als scheiterten New-Work-Konzepte an der mangelnden Freiheitsfähigkeit oder Selbstorganisation der Manager und sicher auch der Arbeitnehmer. Und das ist, pardon, Bullshit. Denn auch wenn der Wille und die Fähigkeit zu liberalem Denken, zu autonomem Handeln gegeben sind, steht da eine Wand. Besser gesagt: Da stehen fünf Wände.

\ Mit Vollgas gegen fünf Wände

Es sind fünf Wände, an denen New Work crasht. Es sind fünf Wände, an denen Ihre Karriere crasht. Es ist perfide zu behaupten, diese Barrieren stünden in Ihren Köpfen – und nicht da draußen. Um welche Wände handelt es sich?

1. **Globalisierung, De-Globalisierung und geopolitische Verwerfungen:** Die weltumspannende Produktion und mehr noch der weltumspannende Handel haben der deutschen Industrie glänzende Umsätze beschert. Vor allem die Autoindustrie erzielt hervorragende Gewinne in China – leider fast nur in China. Sie arbeitet mit den besten Halbleitern und Chips aus Fernost – und muss ihre Bänder stoppen, wenn der Nachschub ausbleibt.

   Hochkarätige Manager kooperieren eng mit chinesischen, taiwanesischen, russischen Tochter- und Partnerfirmen – und werden in ihren Karrieren ausgebremst durch geopolitisches Gerangel zwischen West und Ost. Und Parteikader in den eigenen Führungsriegen. Dazu kommen noch nicht übersehbare Effekte durch den Krieg in der Ukraine, durch klimakatastrophenbedingte Großbrände, durch inflationsbedingte soziale Unruhen. Diese Entwicklungen geben der ohnehin steigenden Bedeutung von ESG-Kriterien – Environment, Corporate Social Responsibility, Corporte Governance – noch mehr Dringlichkeit. Das ist die erste Wand.

2. **Transformation der Hightech-Branchen:** Die Anfänge der Robotisierung, Digitalisierung und Elektrifizierung der Autobranche gehen zurück bis in die 1970er-Jahre. Jetzt treffen diese Entwicklungen mit dem weltweiten Umbau in Richtung klimaneutrale Wirtschaft zusammen und mit der smarten Vernetzung jeglicher »Devices« im Internet-of-Things. Es ist kein Geheimnis, dass die E-Auto-Industrie mit sehr, sehr viel weniger Personal auskommt als die Benzin-im-Blut-Branche. Manchem Vorstand kamen die Corona- und Chipkrisen-bedingten Sparprogramme gelegen: Endlich hatte man externe Gründe für den Kahlschlag, der intern schon lange anstand.

   Es wird nun großflächig abgebaut: Bis 2025 fallen laut Ifo-Institut mehr als 178.000 Jobs allein in der Automobilindustrie weg, bis 2030 sollen es 215.000 sein. Jetzt werden »neue Führungsstrukturen aufgesetzt« – man versteckt die menschlichen Tragödien hinter technokratischem Jargon. »Jobforum« nennt sich diese Sammelstelle bei Daimler. Die Auffanggesellschaft der Telekom heißt laut Manager Magazin »Telekom Placement Services«, inoffiziell aber »Beamten-Guantanamo«.[14] In dieser Situation müsste New Work im Sinne seines Gründers Bergmann neue Perspektiven für Second Careers öffnen. Das wird vielerorts zwar versprochen, faktisch passiert es zumeist nicht. Das ist die zweite Wand.

3. **Egalisierung der Hierarchien:** »Hierarchieabbau« klingt immer nur so lange gut, bis es die eigene Position trifft. Ich habe viele Gespräche mit »abgebauten« Mittfünfzigern geführt, deren Bereiche immer mehr Führungstätigkeiten übernehmen und sich immer mehr selbst organisieren mussten, bis für den Manager selbst kaum mehr etwas zu tun blieb. Diese Entwicklung wird sich weiter beschleunigen, auch durch den vermehrten Einsatz von KI in der Administration. Das Zukunftsinstitut nennt diesen Effekt »Digital eats Management«. Es rechnet mit dem Entstehen einer neuen Art von Führungskräften: »Key Player« sollen es sein, »die zentrale Rollen auf Zeit übernehmen und dann wieder zu ihren Kernaufgaben zurückkehren.« Man könne sich das vorstellen wie »Leadership on demand«.[15] Damit fallen weitere Positionen weg. Dritte Wand.

4. **Neudefinition der Identitäten:** Hätten Sie mir vor 20 Jahren prophezeit, dass Menschen eines Tages relativ frei flottieren zwischen m, w und d – ich hätte es Ihnen nicht geglaubt. Ich hätte nicht geglaubt, dass sich Gendersterne zum Politikum entwickeln und ich vielversprechende Bewerberinnen im Stapel der besten Kandidaten nicht mehr gegen Widerstände rechtfertigen muss, sondern aktiv danach gefragt werde. Hier ist eine Menge passiert, es gibt tatsächlich eine neue Vielfalt von Lebensentwürfen und Kulturen in den Unternehmen. Durch die Hintertür haben sich allerdings neue Zumutungen und Einschränkungen eingeschlichen: Zwar stehen nun nicht mehr weibliche High Performer automatisch hinter männlichen zurück – gut. Auf etlichen Positionen verlieren aber nun die männlichen, noch bevor das Spiel begonnen hat – und das ist schlecht. Es ist schlecht für die Performance der Unternehmen, die nicht mehr das richtige Leistungsprofil wählen, sondern sich nur für die vermeintlich richtige Farbe ihres neuen Unicorns entscheiden: Pink.

Meiner Erfahrung nach bewegt sich die eigentlich angestrebte Vielfalt außerdem in engen Grenzen: Zog man früher reflexhaft den »Ken« aus dem Pool der Kandidaten, so nimmt man jetzt eben »Barbie« – sogar in verschiedenen Hautfarben. Doch der enge Fokus auf Mitte 30, Mittelschicht, Modelmaße ist unverändert. Und ein wichtiger Grund für fehlende Vielfalt. Vierte Wand.

5. **Ökonomisierung der Personal Brands:** Wer weder »Ken« noch »Barbie«-Attribute mitbringt, dem bleibt nichts anderes übrig als die Selbstvermarktung als »Unicorn«. Schon lange bevor uns Corona auf Kommunikationsplattformen und in endlose Bildschirmkonferenzen drängte, hat sich die individuelle Performance der Leistungsträger zu einer eigenen Karrierewährung entwickelt. Nach dem Motto: Wer unsichtbar bleibt, den gibt es nicht. Wer unangenehm auffällt – vor allem auf Social-Media-Kanälen wie Twitter – ist tot. Das ist die fünfte Wand.

Wahrscheinlich hatten Sie mit mehr Enthusiasmus gerechnet, mit hochfliegenden Entwürfen zur Zukunft der Arbeit, mit praxiserprobten Toolboxen und bunten Bällebädern. Mit etwa dieser Vorstellung war ich tatsächlich in dieses Thema gestartet – die Realität in Ihren Unternehmen sieht aber anders aus. Sie kennen mich: Schaumschlägerei ist meine Sache nicht. Und so lasse ich auch in diesem Buch vielleicht mehr Luft aus dem schönen New-Work-Luftschloss, als Ihnen angenehm ist. Dennoch meine ich: Genau diese Desillusionierung bin ich Ihnen schuldig. Denn Karrieren werden nicht auf Seifenblasen gebaut, sondern in der Realität der Unternehmen, und die ist oft dreckig. Dennoch, versprochen: Am Ende öffnet sich eine Perspektive, mit der Sie Ihr nächstes Level erreichen können. Um mit Udo Lindenberg zu sprechen: »Hinter'm Horizont geht's weiter …«

\ FAZIT

1. **New Work ist die blaue Pille unserer Zeit.** Eine perfekte Utopie, die in der Realität viele Karrieren versanden lässt. Trotzdem bietet New Work, richtig verstanden, neue Freiheiten und neue Perspektiven.

2. **Die Ursprünge des New-Work-Konzepts liegen in marxistischer Systemkritik.** Diese wird heute ausgeblendet, um New Work als Universalwerkzeug zu nutzen bei Digitalisierung, Sinnfragen, Strukturproblemen, Fachkräftemangel und Organisationsentwicklung.

3. **Die Kernidee von New Work heißt Freiheit.** Ein Mehr an Freiheit kann Mitarbeitende empowern, aber auch dem Unternehmensziel entfremden. Das macht das Thema aus HR-Sicht schwierig.

4. **Fünf Megatrends** zeigen, wie gnadenlos Ihre Karrieren von den Strukturverschiebungen der globalen Wirtschaft abhängen. Fatalismus ist trotzdem fehl am Platz.

5. **Nach Corona müssen wir New Work neu denken.** Wir müssen Paradoxien neu verstehen und Perspektiven neu ausloten. Dies alles mit einer Haltung der Resilienz: Nicht klagen über das, was nicht mehr geht. Sondern schauen, was jetzt noch, wieder und weiter geht. Und schließlich neue Erfolge feiern nicht trotz New Work – sondern mit New Work.

II
PERFORMANCE

Das Leben teilt sich nicht in Arbeits- und Freizeit. Es ist alles Lebenszeit.

Götz W. Werner
Gründer dm-Drogeriemärkte

\ Raus aus dem Panikmodus

Meetings in ruckelnden Netzwerken vom Morgengrauen bis in die Nacht, sinnlose Machtspiele um die längsten Sprechzeiten im Videocall. Nie hätte ich geahnt, welche Abgründe sich unter einer C-Level-Familie auftun, wenn die Routinen ausfallen. Auf der anderen, der guten Seite aber auch: die Wiederentdeckung der Langsamkeit, der neue Hund, das eigene Wohnmobil oder der lang ersehnte Rückzug in die Finca. Der Corona-Lockdown und der Krieg in Europa vergrößern alles – das Gute, das Schlechte, das Hässliche – wie mit einer Lupe. Jede Lupe ist ein Brennglas.

Vielen von Ihnen fehlte in den Coronajahren der ehrliche, der ungeschminkte Austausch auf Augenhöhe. Bei vielen von Ihnen hatte sich eine Menge Frust angestaut. Es ist mehr als einmal passiert, dass ich in meinen Baustellengesprächen in der ersten halben Stunde selbst überhaupt nicht zu Wort kam –, sondern mich in der Rolle eines Ein-Mann-Publikums vor tragischem Heldenepos wiederfand. Ihre Geschichten waren entsetzlich. Schlimm. Es waren persönliche Tragödien, die sich ungefiltert kaum wiedergeben lassen. Hier ein kleiner Einblick mit Opernglas-Filter:

Story: Abgesang in vier Arien

Oktober: »Ich ertrage es nicht mehr, ich ertrage diesen impertinenten CEO keinen Tag mehr! Heute erdreistete er sich zu erklären, dass meine Position in Zukunft von einer anderen, einer jüngeren, einer digitaleren Person ausgefüllt werden soll. Wie lächerlich! Unmöglich! Nur ich habe die Erfahrung, die Expertise in dieser Breite! Wer will mir denn das Wasser reichen? Mir? Das lasse ich mir nicht bieten! Unerhört! Ich rufe den Anwalt! Den Anwalt!! Am Ende setzen sie mir noch einen Hipster vor die Nase.«

Dezember: »Ein Outplacement – mit Verlaub ... Wie man Schuhe putzt, das weiß ich. Wie man im Gespräch brilliert, da macht mir niemand etwas vor. Auf der Ebene, auf der ich mich bewege, brauche ich das alles nicht. Ich doch nicht!«

Februar: »Führende Beratungen habe ich angerufen, die großen Namen. Sie suchen mir eine neue Position, haben sie gesagt. Ich soll eine Auszeit nehmen, haben sie gesagt. Im Sommer spätestens stehen Sie wieder auf der Brücke, haben sie gesagt.«

April im Jahr darauf: »Alles, alles, alles ist gescheitert! Nichts bewegt sich! Nun habe ich mich einige Monate in einem Start-up engagiert, aber diese Greenhorns, mit denen ist nichts anzufangen! Zahlen können sie nicht. Und was bringt mir die miese digitale Episode im Lebenslauf? Wieder nichts! Ich werde nicht angesprochen. Ich finde nichts. Die Kinder schauen mich nicht mehr an. Das Geld fließt mir durch die Hände. Wenn nicht bald etwas passiert, was soll ich dann tun? Soll dann das auf meiner Visitenkarte stehen, was da immer steht, wenn gar nichts mehr geht: Consultant?«

\ Absturz im Lockdown

Hinter dem Glamour der C-Level-Jobs versteckte sich immer schon eine Menge Elend: heimliche Panikattacken und Alkoholexzesse, Zeter und Mordio, das Thema Sex lassen wir hier mal außen vor. Im Lockdown potenzierte sich das unsichtbare Elend. Und die selbstgebauten Rettungsanker hielten nicht.

Die größere Nähe zur Familie: Sie ließ manchen permanent hin- und herspringen zwischen den eigenen Konferenzen, Kindern, Kühlschrank. Rückzugsräume gab es oft keine, Pausen nahm man sich nicht.

Die Finca als neues Büro: Auch diese Idee versprach mehr, als sie hielt. Denn die Insel kann noch so schön sein – wenn man morgens mit China verbunden ist, am Mittag mit Deutschland und in der Nacht mit den USA konferiert und dabei die Sonne nicht einmal zu Gesicht bekommt, geschweige denn das Meer, kann man auch im Ruhrpott sitzen bleiben und hoffen, dass mittags jemand einen Suppenteller durch den Türspalt ins Homeoffice schiebt.

Manager-Burn-outs wurden während der Lockdown-Monate nicht in täglichen Inzidenzzahlen verkündet. Wir wissen nicht, wie viele es umgehauen hat. »... es gibt keine Schnelltests für Erschöpfung, keine

Impfung gegen das Gefühl der maximalen Überforderung.«[16] Niemand weiß, wie viele sich mit Existenzängsten, Katastrophenfantasien und schlaflosen Nächten plagten und bis heute plagen. Dabei ist gerade der letzte Punkt der dickste Sargnagel.

Vor mehr als zehn Jahren schon bewiesen Wissenschaftler um Torbjörn Akerstedt am Karolinska Institut in Stockholm, dass für das Burn-out-Syndrom nicht in erster Linie Stress verantwortlich ist, sondern die Kombination aus Stress und gestörtem Schlaf.[17]

RE\THINK
Falls es Ihnen, pardon, Scheiße geht, sind Sie nicht allein. Und solange es Ihnen noch irgendwie gelingt, Stress und Schlaf unter einen Hut zu bekommen, fallen Sie nicht um. Wobei mit Schlaf »natürlicher Schlaf« gemeint ist und nicht das Koma nach der Konsultation der Minibar. Der wichtigste Burn-out-Verhinderer ist also, kurz gesagt, Regeneration.

Was Burn-out auslöst

Die Regeneration der eigenen Leistungsfähigkeit ist nicht leicht in einer Zeit, in der die Welt von einer Pandemie in eine Lieferkettenkrise, in eine Energiekrise und von dort direkt weiter in die Klimakatastrophe steuert, während Russlands Machthaber mit Panzern und Bombern versuchen, Europa nach eigenem Gusto neu aufzuteilen. Wer sich das gesamte Szenario vergegenwärtigt – Stichwort rote Pille – hat guten Grund, sich belastet zu fühlen. Gestresst.

Über diese grundlegende Verunsicherung legen sich sechs Hauptursachen von Burn-out, die völlig unabhängig von Ihrer persönlichen Resilienz täglich an Ihrer Gesundheit sägen – formuliert schon vor Corona an der Universität Berkeley:

- »Nicht zu bewältigende **Arbeitsbelastung**
- Gefühlter **Mangel an Einflussnahme**
- **Unzureichende Entlohnung** für Mühen
- **Fehlen** einer unterstützenden **Community**
- **Fehlende Fairness**
- **Werte,** die nicht vereinbar sind«[18]

Das heißt: Burn-out ist kein individuelles »Versagen«, sondern ein strukturelles, weil organisationsbezogenes Problem. Deshalb kann es nicht funktionieren, wenn man diese strukturellen Probleme mit individuellem Chichi zu lösen versucht: Achtsamkeit, Yoga, veganer Brotpaste. Strukturelle Probleme lassen sich nicht auf der individuellen Ebene lösen. Versteift man sich trotzdem auf diesen Weg, begünstigt die toxische Doppelbelastung aus Dauerweltkrise und den genannten sechs Treibern schließlich den einen vierstufigen Abstieg in den Burn-out:

- Aktivismus > Selbstzweifel > Erschöpfung > Depression.

Der Knall kommt verzögert

Was viele nicht wissen: Das dicke Ende kommt, wenn Sie es nicht mehr erwarten. Solange Sie sich in einer traumatischen Situation befinden, fährt Ihr Hirn auf Überleben im Autopilot. Entscheidungen fallen instinktiv, Sie funktionieren, halten durch. Das kostet Kraft, und um diese Kraft aufzubringen, plündert der Organismus alle psychischen und physischen Ressourcen. Und dann, wirklich erst dann, wenn Sie raus sind aus der Gefahrenzone, schaltet das System radikal um auf Re-Charge.

Das ist der Grund, warum viele von Ihnen gerade jetzt – geimpft, zurück im Büro, zurück in den alten Routinen – einknicken. Angstzustände, Erschöpfung und Depression melden sich ausgerechnet dann, wenn man eigentlich wieder durchstarten könnte.[19]

Und auch hier gilt: Mit persönlicher Schwäche hat das nichts zu tun; es ist das Erbe unserer frühzeitlichen Vorfahren, die sich auf ihren Bärenfellen auch immer erst dann ausgeruht haben, nachdem sie sich vor dem Säbelzahntiger in Sicherheit gebracht hatten. Wer diesen Zusammenhang kennt, kann Performance-Schwankungen bei sich selbst und anderen besser einschätzen und gelassener darauf reagieren.

Dass Depression potenziell tödlich verläuft und immer in professionelle Hände gehört – Gelassenheit ist in diesem Sonderfall nicht angebracht – gehört auch zu den Dingen, mit denen wir uns vor den

Lockdowns eher nicht befasst hatten. Mentale Gesundheit war in den Unternehmen kaum Thema. Viele schließen ihre Augen noch immer.

\ Der Lockdown als Karrierekiller

»Bosses Want a Return to Office. Underlings Aren't So Sure.«[20] So brachte Bloomberg die Stimmung der US-amerikanischen Banker auf den Punkt. Und dieses Ergebnis lässt sich auf Deutschland übertragen.

Laut einer Accenture-Umfrage unter 400 US-Führungskräften aus dem Finanzdienstleistungssektor wollen nach der Pandemie fast 80 Prozent der Executives für vier oder fünf Tage pro Woche ins Büro zurückkommen. Offiziell, weil sie den Verlust der Unternehmenskultur fürchten.

Die mittleren und unteren Ebenen zieht es dagegen nach Hause: Nachdem sie ihre Produktivität im Homeoffice bewiesen hatten, wollen sie ihre neue Flexibilität nicht wieder hergeben. Noch einmal anders ticken die Newcomer. Sie sind es, die zu Hause vor ihren Rechnern verzweifelt zu verstehen versuchen, was sie in ihrem neuen Job eigentlich tun sollen, wer was zu sagen hat und wie das, was getan werden soll, überhaupt gesagt wird. Sie wünschen sich den Return-to-Office.

Der inoffizielle und eigentliche Grund vieler Executives für ihre Bürovorliebe ist ein ganz anderer. Die Sorge um den Verlust der Unternehmenskultur ist es oft nicht. Sondern Panik durch Kontrollverlust, gepaart mit Einsamkeit. Ein Schock: Im Lockdown stand niemand hinter ihnen. Keine Assistenz, keine Kantinenrunde, kein Team. Es stand niemand vor ihnen, den sie mit irgendetwas beauftragen, den sie motivieren oder zumindest überwachen konnten. Der klassische Boss wurde zum »Schäferhund ohne Schafe«.[21]

Kontrollfantasie und Chaospanik

In vielen meiner Coaching-Gespräche klagen Executives über Kontrollverlust. Und das auf mehreren Ebenen. Zum einen ging es um die entgleitende Steuerung der eigenen Lebensstrukturen, wenn an die Stelle eines zumindest teilweise selbstbestimmten Tagesablaufs eine endlose Kette von Videokonferenzen trat. Zum anderen fehlte den Performern der direkte Zugriff auf ihre »Underlings«.

Wo dieser Zugriff fehlt, da fehlt auch die Gewissheit, dass die Dinge so laufen, wie sie laufen sollen, und dass auf dieser Basis auch die eigene Performance stimmt. Weiß man nicht so genau, ob das eigene Team performt oder faul vor Netflix vegetiert, kann das die eigene Selbstsicherheit zum Absturz bringen.

Es ist keine Seltenheit, dass Führungskräfte ihren gefühlten Kontrollverlust überkompensieren. Mit regelmäßigen Kontrollanrufen zum Beispiel, oder indem sie mit Überwachungssoftware mehr oder weniger heimlich und legal mitverfolgen, welches Teammitglied wann vorm Hausrechner sitzt, welches Dokument er wie bearbeitet, wann er sich an- und abmeldet, was er online sucht, mit wem er was chattet. Die Programme haben Namen wie Interguard, Forcepoint, Securonix, Sneek, Genesys. Unternehmen, die mit ihnen ihre eigenen Mitarbeiter vermessen, erklären den Einsatz gerne so: Man müsse die Arbeitszeit erfassen, die Produktivität messen, sich vor Cyberangriffen schützen.[22]

So schleppen Bosse die in normalen Zeiten schon lästige Präsenzkultur – wer am spätesten das Licht ausmacht, ist Performance-Champion – durch die Hackertür wieder ein. Es liegt auf der Hand, dass sich diese Art von Führungskultur auf die Teammotivation negativ auswirkt. Wer Misstrauen säht, erntet Dienst nach Vorschrift.

Er erntet auch Fake-Produktivität. Denn Spy-Programme können die für Innovationen oft besonders entscheidenden, nicht-digitalen Tätigkeiten wie Scribbeln oder gar Denken nicht erfassen. Sie messen nur Mausbewegungen oder die Zahl getippter Zeichen, und halten deshalb die von Mauszeiger-Bewegungsprogrammen vorgetäuschten Performances für Wertschöpfung. Und nicht für das, was sie sind: Datenschrott.

Wir haben es in Deutschland offenbar immer noch mit Managern zu tun, die Produktivität mit Pixelschieben verwechseln. Wer so denkt, hat Führung schon in Vorpandemiezeiten nicht verstanden. In der Einsamkeit der Homeoffices eskaliert das falsche Führungsverständnis dann zu dysfunktionaler Führung. Die Folge: Effizienzverluste. Misstrauenskrise. Kündigungswelle.

Und doch: Es gibt auch Gegenbeispiele. Jai Tamhane, Chef von Capacilon aus Butzbach setzt auf das Prinzip »Family First«. Seine Mitarbeiter entscheiden völlig selbstständig, wann sie arbeiten und wann nicht. In Homeoffice-Phasen bilden sie Zweierteams, damit jeder immer einen Ansprechpartner hat. Einmal in der Woche schalten sich alle per Videokonferenz zusammen, mit Ton und Bild, Partnern, Kindern und Katzen, um über Persönliches zu sprechen. Ansonsten bleiben in Konferenzen die Kameras aus. »Ich weiß, wie meine Kollegen aussehen«, sagt Tamhane, »die müssen sich nicht zeigen.«[23]

Wenn der Austausch versandet

Der Umzug ins Homeoffice hat unsere Netzwerke geschrumpft. Laut einer aktuellen Microsoft-Studie[24] nahmen zu Beginn der Pandemie zwar die Interaktionen in den engen Netzwerken zu, während die Interaktionen mit entfernteren Netzwerkpartnern zurückgingen. Man unterstützte sich also zuerst im kleinsten Kreis und hatte in der Folgezeit wenig Kapazität, über die Grenzen des eigenen, hastig aufgestellten Planwagenkreises noch hinauszudenken – um eine amerikanische Redensart aufzugreifen, die immer passt, wenn es hart auf hart kommt: »Circle the wagons.«

In der Gesamtwirtschaft führte das dazu, dass sich Unternehmen stärker voneinander isolierten. Und obwohl die engen Teaminteraktionen immer noch häufiger sind als vor der Pandemie, zeigt der Microsoft-Trend, dass auch diese im Laufe der Zeit zurückgingen. Kurz: Corona hat uns zum Schweigen gebracht. Für die Innovationsfähigkeit der Unternehmen ist das keine gute Nachricht.

Das bestätigt die Staufen-Studie »Kollaboration - Erfolgsfaktor Zusammenarbeit 2021«. Sie fokussiert sich statt auf Einzelpersonen auf Unternehmen und zeigt: Nur jedem fünften deutschen Unternehmen gelingt Zusammenarbeit auf Vorkrisenniveau. Hier haben wir es nicht nur mit einem Softskill-Problem oder schlechter Stimmung zu tun, sondern mit gravierenden, messbaren Schäden. Der Anteil der Unternehmen, die einen signifikanten Rückgang der Effizienz bestätigen, liegt bei 72 Prozent.

Die pandemiebedingten Arbeitsbedingungen haben in vielen Unternehmen jedoch nur die Schwächen in der Zusammenarbeit offengelegt, die schon vor Corona bestanden. Rund die Hälfte der Befragten bemängelte überflüssige Meetings oder solche ohne konkrete Ergebnisse bzw. Arbeitsaufträge; ein Drittel ärgerte sich darüber, dass in Meetings die falschen Teilnehmer sitzen. Das, was in der direkten Zusammenarbeit schon nicht funktioniert hat, läuft in der hybriden Zusammenarbeit nun also gar nicht mehr.[25] Was bedeuten diese Zahlen für Sie als Fach- und Führungskräfte?

RE\THINK

Remote Work führt zu isolierten Teams. Und sozialer Austausch entsteht nicht von allein. Um Innovation zu fördern, bleibt Ihnen nichts anderes übrig, als die teamübergreifende Zusammenarbeit und den Ideenaustausch unter Ihren Key Playern zu unterstützen. Ob Ihnen das gelingt oder nicht, ist entscheidend für Ihren eigenen Erfolg. Das hatte schon der US-amerikanische Stahl-Tycoon Andrew Carnegie erkannt, als er formulierte: »Den Beweis der Tüchtigkeit erbringt man nicht so sehr in dem, was man selbst leistet, als vielmehr durch die Leistungen derer, mit denen man sich zu umgeben versteht.« Der Resonanzraum macht den Unterschied.

Performance braucht Resonanz

Leader brauchen Resonanzräume. Denn Charisma ist nicht die Eigenschaft einer Persönlichkeit, sondern seine Wirkung auf andere. Als im Lockdown entscheidende, unternehmensinterne Plattformen schlossen, führte das zu einem doppelten Problem.

Erstens: Wenn »Personal Brands« sich nicht auf ihren Bühnen zeigen können,[26] dann sinkt der Wert ihrer Marke. Zweitens: Wenn sie ihre Netzwerke nicht pflegen können, dann leidet ihre Performance – denn auf Topebene besteht Performance aus Kommunikation.

In der Kommunikation lässt sich zwar viel digitalisieren, das direkte Resonanzerleben im Miteinander aber nicht. Zumindest nicht 1:1. Und so leidet die gemeinsame Vertrauensbasis innerhalb der Führungskader – aller Differenzen und Machtspiele zum Trotz gibt es zumeist ja doch so etwas wie Vertrauen –, es leidet auch die Kontaktpflege zu den relevanten Newcomern im eigenen Unternehmen, der eigenen Branche und darüber hinaus. Führen heißt Menschen zusammenbringen und Menschen zusammenhalten. Ohne direkte Resonanz gelingt das nur schwer.

Und doch gibt es auch hier eine andere Seite: Remote Work hat zwar unter den Bedingungen des Lockdowns die Kultur des Miteinanders massiv herausgefordert. Das virtuelle Arbeiten hat laut Microsoft-Studie aber auch »die Arbeit menschlicher gemacht«. Wie das?

Mit Remote-Work sahen wir private Küchen, Wohnzimmer und Bettkanten, die wir nie hätten sehen sollen. Wir lernten Babys und Katzen kennen, den Ficus und die Bilderwand und hörten im Hintergrund Waschmaschinen, Nannys, Gebrüll. Die Öffnung unserer privaten Welten im Lockdown nennt Microsoft die »shared vulnerability«. Sie habe die Zusammenarbeit authentischer gemacht – und das könne die gemeinsame Arbeitskultur langfristig verbessern: die Beziehungen, die Produktivität und das Wohlbefinden jedes Einzelnen.[27]

Neue Beziehungen entstehen oft in persönlichen Umbruchzeiten – am ersten Tag in der Universität, im Unternehmen, in einer neuen Stadt. Viele halten ein Leben lang. Vielleicht sind wir in diesen Situationen besonders offen. Vielleicht liegt es auch daran, dass wir unsere tiefsten Charaktereigenschaften dann zeigen, wenn es hart auf hart kommt. Gerade dann zeigen sich »Menschlichkeit, Kooperationsfähigkeit, Vertrauen. Nach Corona werden wir uns deshalb nicht nur daran erinnern, wie wir die Krise bewältigt haben, sondern auch: mit wem. Und das bedeutet auch: mit wem wir unsere Zukunft gestalten wollen.«[28]

RE\THINK

Mit Sicherheit haben auch Sie sich in der Krisenzeit mit einigen, wenigen Menschen intensiv ausgetauscht. Auf dieses Resonanzerleben können Sie bauen. Es lohnt sich, diese besonderen Kontakte zu pflegen.

Wie kommen wir aber aus den engen Zirkeln unserer Krisen-Buddys zurück zur Teamdynamik? Zur Performance? Und das unter den neuen Rahmenbedingen von New Work? Wer nicht abstürzen will, tut gut daran, sich mit den Abgründen unserer Arbeitswelten auszukennen. Zu den gefährlichsten Abgründen zählen ignorierte Paradoxien.

\ Paradoxien der Performance

Dass sich in hybriden Arbeitssettings das Schlechteste aus zwei Welten verbindet statt des Besten, passiert nicht trotz New Work, sondern wegen New Work. New Work macht die derzeitige Krise an vielen Stellen noch schlimmer, als sie ohnehin schon ist. Das liegt an der ureigenen Logik von Old und New Work, die sich diametral gegenüberstehen.[29]

»Old Work« löst soziale Konflikte über die Hierarchie, fachliche Konflikte via Autorität und zeitliche Konflikte durch Bürokratie. **New Work löst** soziale Konflikte mit kollegialen, lateralen oder holokratischen Konzepten, fachliche Konflikte via Design Thinking und zeitliche Konflikte durch agile Prozesse. Das klingt erst einmal nach Zukunft, doch gerade das fällt uns jetzt auf die Füße. Aus zwei Gründen.

Es braucht Raum, den es nicht gibt. Alle drei Ansätze funktionieren nur mit intensiver Kommunikation, wobei vor allem Design Thinking, Scrum und Co. sich am besten in analogen Raumkonzepten entfalten. Das alles ist remote erschwert. Zumindest so lange, bis wir auch diese Formen der Zusammenarbeit auf Zuruf in digitale Welten verschoben haben. Ich sage nicht, dass das nicht funktioniert. Im Moment sind wir noch nicht so weit.

Es braucht Zeit, die man nicht hat: Zweitens dauern die Prozesse rund um Abstimmungen, Synchronisationen und Ressourcenverteilung länger, als es die derzeitige Krisenlage erlaubt. Die basisdemokratische Einbindung aller Menschen frisst schon in normalen Zeiten viel Zeit und Nerven. Wenn Unternehmen nun mit dem Rücken zur Wand um ihre ökonomische, ökologische und digitale Transformation kämpfen, wird oft wieder hart von oben nach unten durchregiert; wenn es ums Überleben geht, gibt es keine Kapazitäten für Befindlichkeiten.[30]

Mitten im Aufbruch in die »Neue Welt der Arbeit« fallen wir also um ein halbes Jahrhundert zurück. Zurück zu Hierarchie, Autorität und Bürokratie. Schon hören wir in Politik und Wirtschaft sogenannte Vordenker rufen: Weg mit den Hierarchien! Bürokratie abbauen! Her mit neuer Autorität! Falsch sind diese Forderungen nicht, im Gegenteil. Ich meine aber: Solange wir diesen Schritt in die Zukunft nur fordern, aber die Gegenwart nicht verstehen, kommen wir nicht weiter.

Was wir in der Gegenwart nicht verstehen, sind die ihr zugrundliegenden Paradoxien. Deshalb rennen wir immer wieder mit dem Kopf an die Wand. Deshalb funktioniert New Work auch unter den Bedingungen von Remote Work nicht so, wie es längst funktionieren könnte. Der Witz einer Paradoxie besteht darin, dass sie sich nicht auflösen lässt – ganz gleich, was das neueste heiße Ding aus der Beraterbranche verspricht. Wir können noch so viel »powern«, die Paradoxien bleiben, eine »Erlösung« gibt es nicht. (Pardon, Herr Bergmann.) Das gilt für die fünf Themen Teamdynamik, Autonomie, Agilität, Kontrolle und Leistung.

1. Teamdynamik ist immer paradox

Jeder Teamplayer muss permanent Anforderungen erfüllen, die sich im Kern widersprechen. Auf der einen Seite soll er möglichst jeden an allen Fragen beteiligen, auf der anderen Seite funktioniert Produktivität nur, wenn klare Entscheidungen getroffen und Türen auch mal zugemacht werden. Dann sollen sich alle Performer mit ihrem Projekt, Team und Unternehmen identifizieren, aber gleichzeitig disruptiv sein und Dinge kaputt denken. Außerdem gilt es, sich den Teamzielen unterzuordnen und sich gleichzeitig als Einzelner im Team und gegen das Team zu behaupten. Die gewachsene Kultur und Kompetenz des Unternehmens müssen zudem gepflegt, gleichzeitig aber bitte recht innovativ über den Haufen geworfen werden.[31] Jeder soll also gleichzeitig der perfekte »Teamplayer« sein und gleichzeitig das besondere »Unicorn«.

RE\THINK

Für Sie als Führungskräfte bedeutet das: Remote Work begünstigt die Desintegration von Teamstrukturen und eine Superstar-Kultur konkurrierender Unicorns. Individuelle Ziele einzelner Performer schieben sich vor Teamziele. Und Generationenkonflikte spitzen sich zu: Während die Jungen den existenziellen Umbruch mit innovativen Ansätzen lösen wollen, halten die »Alten« umso krampfhafter am Hergebrachten fest, weil man das zumindest schon kennt. So verliert die Teamdynamik Energie. Vor diesem Hintergrund verwundert es wenig, dass Unternehmen über sinkende Performance klagen.

Die Erlösung durch New Work kommt also nicht. Stattdessen gilt es, die Spannung zwischen den Einzelnen und den vielen sowie die Spannung zwischen Stabilität und Transformation neu auszubalancieren.

2. Im Kern der Autonomie steckt Zwang

Empowerment macht Unternehmen erfolgreicher. Durch das Mehr an Entscheidungsspielraum für jeden Einzelnen sinkt der Stress, die Motivation steigt, und damit auch die Arbeitsleistung. Jedenfalls in der Theorie. Die Praxis sieht oft anders aus: Dienen offene Bürostrukturen, auf Vertrauen basierende Arbeitszeiten und »Selbstverantwortung« hauptsächlich dazu, teure Positionen im Mittelmanagement einzusparen und Arbeitnehmerrechte auszuhebeln, dann kippt der Ansatz ins Negative. Dann kommt es zu Desorientierung, zu Demotivation bis hin zu Zynismus und Performance-Strebertum ohne Sinn und Verstand.

RE\THINK

Was heißt das für Sie als High Performer? Sie wissen so gut wie ich, dass sich viele Topführungskräfte als Macher mit Start-up-Mentalität verstehen. Als Entrepreneure, die sich ihre hohen Ziele selbst setzen und diese aus eigener Kraft erreichen. Tatsächlich aber werden Ziele oft durch andere gesetzt, sie lassen sich oft kaum erreichen – und trotzdem wird Performance daran gemessen und die The-Sky-is-the-Limit-Fahne hochgehalten.

So kommt es, dass sich gerade die Leistungsträger selbst mehr antreiben, als es ein Vorgesetzter je könnte. Und so rutscht die Messlatte Stück für Stück höher und höher, bis Performance das gesamte Leben vereinnahmt: Meetings, Video- und Telefonkonferenzen auch in der Nacht, auch an den Wochenenden, auch am Strand, auch unterm Weihnachtsbaum. Hatten Sie sich Karriere so vorgestellt?

3. Überdrehte Agilität endet im Stillstand

In einer schnellen Welt sind althergebrachte Formen der Prozesssteuerung und der Bürokratien zu langsam. So langsam, dass sich die Kundenwelt nach Fertigstellung eines Auftrags so sehr weitergedreht hat, dass die präsentierten Lösungen nicht mehr passen. Das ist der Grund, warum heute immer mehr Unternehmen auf agile Methoden zurückgreifen.

Einerseits ist das eine gute Idee: Dieser Ansatz hilft, auf die Fragen einer rasend schnellen und unübersichtlichen Welt überhaupt noch Antworten zu finden. In einer komplexen Umgebung kommt man nur mit komplexen Instrumenten weiter. Wer mithalten will, braucht kontinuierliche Innovation. Anderseits: Agilität ist kein Heilmittel ohne Nebenwirkungen.

RE\THINK

Hier verlaufen die Fallstricke: Auf unternehmerischer Ebene droht die Gefahr, dass das Kerngeschäft vernachlässigt wird, während die besten Talente des Unternehmens agil um neue Ideen turnen. Wo das Kerngeschäft vergessen wird, gibt es keinen Umsatz. Agile Teams verrennen sich außerdem leicht in persönliche Differenzen, bis gar nichts mehr agil läuft. Das ist der erste Fallstrick. Der zweite besteht darin, dass Agilität Hierarchien nur scheinbar abschafft. Wenn der Chef nicht mehr »oben« sitzt, dann sitzt er »außen«. Der neue Chef ist der Kunde.[32] Wenn der Kunde nicht weiß, wohin er will, geht auch hier nichts mehr. So endet überdrehte Agilität im Stillstand. Das heißt für Sie: agile Methoden da, wo sie aus professioneller Logik sinnvoll sind. Und nur da. Ein Unternehmen ist kein Sandkasten.

4. Kontrollen befeuern Fehlverhalten

Noch nie wurde so viel Spy-Software geladen wie seit dem Lockdown. Das Ergebnis der massenhaften Ausspähung eigener Mitarbeiter ist aber nicht mehr Leistung oder bessere Leistung dank besserer Kontrolle, sondern weniger und schlechtere Leistung.

Eine aktuelle Studie aus Gießen kommt zu dem Schluss, dass Mitarbeiter, die strenger kontrolliert werden, gegen mehr Regeln verstoßen als

Mitarbeiter, die mehr Freiheiten genießen. Der Grund ist klar: Wer unter starker Kontrolle arbeiten muss, konzentriert sich auf Kennzahlen und Workarounds. Wer Freiheiten hat, orientiert sich am eigenen ethischen Kompass – und bringt so letztendlich bessere Ergebnisse.[33]

Dass strenge, IT-gestützte Mitarbeiterkontrollen mehr schaden als nutzen, liegt also auf der Hand. Trotzdem finden 28 Prozent von rund 400 Managern in einer GetApp-Umfrage die Vorschriften zur Mitarbeiterüberwachung hierzulande zu streng. Überspitzt gesagt: Sie wollen noch mehr Spitzel spielen. Ganze 38 Prozent der befragten Führungskräfte kontrollieren Mitarbeitende bereits via Software; 72 Prozent wollen so weitermachen.[34] In einer Zeit, die sich immer mehr in Richtung eines neuen War for Talents entwickelt, ist diese Haltung nicht nur rückwärtsgewandt, sondern geradezu geschäftsschädigend.

RE\THINK
Für Sie heißt das: Je mehr Sie kontrollieren, desto mehr läuft Ihnen aus dem Ruder. Deshalb ist Kontrolle zwar gut, aber Vertrauen ist besser.

5. Je mehr Sie leisten, desto weniger schaffen Sie

Die Kombination aus Leistungsdruck und Angst führt in die paradoxe Situation, dass viele von Ihnen immer mehr arbeiten, dabei aber immer weniger leisten. Vor allem Gründer stehen häufig am Abgrund ihrer eigenen Leistungsfähigkeit. Der eigene High-Performance-Anspruch ist groß, der äußere Erfolgsdruck – Investoren, Follower, Presse – noch größer. »Es wird skaliert und auf Exit getrimmt, bis alle tot sind.«[35]

Laut einer Studie der University of California San Francisco hat die Hälfte aller Gründer mit mentalen Problemen zu kämpfen. Da sind Panikattacken und Depressionen im Spiel, Alkohol, Drogen, leistungssteigernde Nahrungsergänzung und Medikamente. Viele gehen dem eigenen Lifestyle-Versprechen auf den Leim: work hard, play hard. Wie viele kaputt aus diesem Rennen fliegen, wird nicht gezählt.[36]

RE\THINK
Das heißt für Sie als Führungskraft: Topleistung erwächst aus perfekter Regeneration. Dass es so ist, weiß jeder Leistungssportler.

Wie Regeneration für jeden Einzelnen funktioniert, lässt sich pauschal nicht beantworten – und es geht Unternehmen auch nichts an. Wer sich hier trotzdem versucht, macht Regeneration zur Performance mit anderen Mitteln. Nicht für jeden ist es das Höchste der Erholungsgefühle, »während der Konferenz mit den Kollegen im Ohr« zu joggen. Nicht jeder erholt sich in der digitalen Kaffeeküche oder beim virtuellen Zwangsbacken.[37] *Wenn Sie nicht bewusst gegensteuern, machen Sie die totale Performance zum neuen Normal. Sie degenerieren Regeneration zum Gimmick und degradieren Mitarbeiter zu Teilnehmern einer Always-on-Gameshow. Hatten Sie sich Karriere, Führung, Leistung so vorgestellt? Wenn nicht, wie dann?*

\ FAZIT UND FRAGEBOGEN TEIL 1

Work smart, not hard. Wer erfolgreich performen will, sollte sich nicht »kaputtschaffen«. Um den eigenen Drang zur High Performance besser entschlüsseln, verstehen und steuern zu können, kann ein Coaching sinnvoll sein. Neue Perspektiven ergeben sich vor allem mit Gesprächspartnern außerhalb der internen Leistungsmaschinerie. Denn das Leben endet nicht an der Firmentür, sondern fängt vielleicht da erst an.

PERFORMANCE: Was leiste ich?

A: MEIN LEBEN

Karriere, Engagement, Familie: Wie groß ist meine aktueller **Mental Load**?

....

....

....

Arbeitsdruck, Schlafqualität, Erschöpfung: Meine akute **Stressbelastung**?

....

....

....

Rücken, Magen, Herz: Wie steht es um meine körperliche **Gesundheit**?

....

....

....

B: MEINE ARBEIT

Kontrolle online oder offline: **Vertraue** ich meinen Teams?

....

....

....

Treffen, Austauschen, Infos teilen: Wie belastbar sind meine **Netzwerke**?

....

....

....

Kosten, Kundenzufriedenheit, Fluktuation: Wie steht es um die Qualität meiner **Kollaboration**?

....

....

....

Freewriting: Wie will ich leben? Wie will ich arbeiten?

Freewriting ist eine kreative Schreibmethode. Sie funktioniert wie ein Selbstgespräch, nur dass Sie Ihre Gedanken aufschreiben. Schreiben Sie alles auf, was Ihnen zum Thema durch den Kopf geht. Rechtschreibung und Grammatik? Egal. Hauptsache raus aus dem Kopf. Am besten mindestens fünf Minuten am Stück – oder, bis Ihr Kopf wieder frei ist. Ihr Gewinn: Klarheit.

....

....

....

....

....

....

Wenn Sie mögen, destillieren Sie aus Ihrem Freewriting-Text und aus Ihrem Fragebogen ein oder zwei Themen, die Sie im Anschluss noch tiefer aufbohren möchten. Entweder mit einem vertrauten Gesprächspartner oder in einem professionellen Coaching.

Meine persönlichen Pain Points:

1. ....

2. ....

3. ....

4. ....

5. ....

PERFORMANCE: Leben & Arbeit

III
PULSE

Es ist nicht zu wenig Zeit,
die wir haben,
sondern es ist zu viel Zeit,
die wir nicht nutzen.

Lucius Annaeus Seneca

\ Zurück zum Rhythmus

Die Neuerfindung der Leistung als Heimarbeit mit Hybridanteil passierte von heute auf morgen. Einen Denkfehler hat man mitgenommen: Galt vorher die Büropräsenz als Performance-Marker, ist es jetzt die in Videokonferenzen verbrachte Zeit. Performance schrumpft zusammen auf »Gesicht zeigen«.

Story: Notbremse

Dreizehn Uhr. Die Tür zum Arbeitszimmer öffnet sich einen Spalt. Pizza. Die Onlinekonferenzen laufen weiter, während er isst. Sie starten um sieben Uhr in der Früh, mit China. Selbstverständlich, dass wichtige Mails dann schon beantwortet sind, immerhin sitzt er am Schreibtisch ab fünf. Oft laufen die Meetings bis 23 Uhr – dann mit den USA. Danach wieder Mails. Manchmal zwanzig, manchmal hundert.

Homeoffice kann Freiheit heißen. Es kann auch heißen: so viel gelabert, so wenig abgearbeitet. Homeoffice kann Zeit zum Joggen heißen. Es kann auch heißen: Jede Woche noch mehr auf der Waage. Noch weniger Luft beim Treppensteigen. Noch bleicher die Haut, noch tiefer die Augenringe.

Seine Situation im Konzern ist verfahren: Wo früher die Old-Boys-Netzwerke alles unter sich ausmachten und für ihn immer ein gutes Stück Projektlandschaft übrig hatten – einige Wochen Auslandsaufenthalt, Kreativarbeit, Konferenzen –, da war etwas Neues entstanden: ein Frauennetzwerk über mehrere Hierarchiestufen. Eng verflochten. Kein Durchkommen für einen 50-plus-Mann wie ihn.

Die Rollen haben sich umgekehrt. Nicht mehr ihm steht eine ganze Brigade emsiger Projektmitarbeiterinnen für das operative Geschäft zur Verfügung, deren Leistungen einen angenehmen Glanz auf ihn werfen – nun ist er das operative Geschäft und im Lichte seiner Ergebnisse sonnen sich jetzt seine Chefinnen. Dies nicht nur in der Branche, sondern auch in bunten Geschichten, publiziert in People-Magazinen rund um den Globus. Schöne Kinder, schönes Leben, schöne neue Welt – scheinbar makellos. Nur führen die neuen Business-Ladies kaum anders als ihre männlichen Vorgänger. Knallhart. Egozentrisch. Machtgeil. Es sind die gleichen, üblen Spiele.

Natürlich könnte er sich auf einen anderen Job bewerben. Aber im Marketing? Wo scheinbar niemand mehr Lust hat auf faltige Typen wie ihn? Rund um seine Kleinstadt, wo zwar Fachkräftemangel herrscht bis zur Schmerzgrenze – es aber trotzdem keine spannenden Jobs gibt für sein Profil? Externe Neuorientierung: eine Option, die keine ist.

Er könnte auch mit dem Konzernchef streiten um den tatsächlichen Wert seiner Arbeit. Um den Wert seiner Erfahrungen. Um den Wert seiner globalen Kontakte. Interne Neuorientierung: eine Option, die schon im ersten Gespräch pulverisiert wird. Aufstieg: »Nö, sorry.« Gehaltserhöhung: »Nö, sorry.« Irgendwas!? »Nö, du kannst ja gehen, wenn's dir nicht passt.«

Sich mit dem Ladies-Netzwerk anlegen – das wäre die letzte Option. Nur: Warum sollten die Bossinnen Zugeständnisse machen, wenn jemand so gut im Hamsterrad läuft? Sie lassen ihn weiterlaufen. Sobald er stoppt, schrauben sie das Hamsterrad ab und verschrotten es mit ihm darin.

So rennt er weiter. Wird krank. Durch und durch unfit. Müde. Fertig. Er zieht die Notbremse. Mistet den Terminkalender aus. Kauft einen Hund, der drei Mal täglich raus muss. Verschafft sich mehr Zeit zum Reden, zum Essen, zum Leben.

Ob er den Konzern verlassen, in eine andere Stadt gehen, noch einmal ganz anders anfangen solle, fragt er mich. Die Antwort fiel mir nicht leicht: »Die sozialen Kosten sind immer höher, als man denkt. Vor allem mit einem Kind, das nicht gesund ist …« Manchmal heißt die richtige Karriereentscheidung nicht: Die Uhr ganz zurückdrehen und neu starten. Sondern dableiben trotz allem – und den Rhythmus neu denken.

Einen neuen Taktgeber für das eigene Leben wählen. Sich KPIs selbst setzen – statt sie von oben, außen, unten setzen zu lassen. Grenzen setzen. Jeden Tag. Leben. Jeden Tag. Denn leben heißt nicht nur stattfinden. Ein High-Performance-Lebenslauf ohne Lebensqualität ist keiner.

\ Performance braucht Timing

»Facetime« ist die neue Leistung. Arbeit ist ein Fernsehformat. Und hier wie da gilt das gleiche Prinzip: Ohne Zuschauer kein Erfolg. High Performer brauchen andere High Performer, die ihnen bei der Performance zuschauen. Ist das die Erklärung für unsere ausufernden Videocalls?

Als Manager und Mitarbeiter weltweit in ihren Homeoffices verschwanden, stieg die Zahl der Konferenzen um 13 Prozent. Jeder Arbeitstag zog sich 48,5 Minuten länger als zuvor – so eine Umfrage der Harvard Business School.[38]

Als Microsoft die Produktivitätssignale in Microsoft 365 vom Februar 2020 mit denen vom Februar 2021 verglich,[39] bestätigte sich die Selbsteinschätzung der Befragten: Die Zeit, die in Microsoft-Teams-Meetings verbracht wurde, hatte sich weltweit mehr als verdoppelt (Faktor 2,5). Das durchschnittliche Meeting hatte sich auf 45 Minuten verlängert (plus 10 Minuten). Der durchschnittliche Teams-Benutzer sendete 45 Prozent mehr Chats pro Woche und 42 Prozent mehr Chats nach Feierabend. Die Anzahl der E-Mails war im Vergleich zum Vorjahresmonat um 40,6 Milliarden gestiegen. Das Rauschen stieg signifikant an – die tatsächliche Leistung nicht.

Das bestätigt eine Studie der Universität Essex. Sie maß die Homeoffice-Produktivität von 10.000 Mitarbeitern eines asiatischen Technologieunternehmens und fand: 30 Prozent mehr Arbeitszeit, null mehr messbare Leistung.

Remote arbeiten wir also länger. Aber wir erreichen nicht mehr.[40]

Zoom Fatigue: Drift durch endlose Tage

Ab der letzten Aprilwoche 2020 konnten wir einem Wort bei seiner Geburt zuschauen: »Zoom Fatigue«. Es entwickelte sich innerhalb kürzester Zeit zum Inbegriff der Zermürbung. Dies vor dem Hintergrund, dass die Nutzerzahl des Videokonferenzdienstes »Zoom« von zuvor 10 Millionen auf dann 200 Millionen hochgeschnellt war.

Seitdem hängen viele Menschen zwischen 7 und 23 Uhr durchgehend in Videokonferenzen. Erschöpfung, Frustfraß und Verlotterung ab Tischkante abwärts wurde für viele von einer Ausnahmesituation zur Regel. New Work? Hatte man sich anders vorgestellt. Work-Life-Balance. Bitte, was!?

Es ist nicht der Terminplan an sich, der High Performer in die bleierne Erschöpfung der »Zoom Fatigue« treibt – es ist das fehlende Timing. Jeder Leistungssportler, Regisseur, Komponist und jeder Comedian weiß, dass Performance auf dem perfekten Wechsel von Spannung und Entspannung beruht. Performer in den Unternehmen wissen es nicht – oder sie wagen es nicht, ihr Wissen umzusetzen. Wer Pause macht, performt nicht. Wer nicht performt, ist raus.

Warum »Zeit« ein knallhartes Thema ist

Auf den grenzenlosen Arbeitsdruck im entgrenzten Terminkalender reagieren Menschen unterschiedlich. Die einen trennen Arbeit und Privates strikt, setzen auf »Segmentierung«. Die anderen lassen beide Bereiche ineinanderlaufen, setzen auf »Integration«. Was viele unterschätzen: Zwingt man den Segmentierer, im Homeoffice zwischen Videokonferenz und Kinderzimmer zu springen, bedeutet das für ihn Stress. Der Integrierer dagegen fühlt sich gestresst, wenn er nicht zwischen Lebenswelten und Rollen switchen kann.

Laut einer Studie der Bundesanstalt für Arbeitsschutz und Arbeitsmedizin BAUA aus der Vor-Coronazeit sind zwei Drittel der Befragten Segmentierer, ein Drittel Integrierer. Wenn in hybriden Arbeitssettings nun ein Großteil der Mitarbeitenden – auch gegen ihren Willen – mit ihren Terminen zwischen Job und Privatleben hin und her springen, heißt das für einen Großteil eben: Stress. Und Stress bedeutet eine höhere Anfälligkeit für Schlafstörungen, Herz-Kreislauf-Leiden, Burn-out.[41] Für den Einzelnen kann das das Ende seiner Karriere bedeuten, für das Unternehmen den Verlust der substanziellen Beiträger ihres Erfolgs.

Das ist der Grund, warum Zeitstruktur im Rahmen von New Work kein reines Softskill-Thema ist, das sich mit Zeitplanungsseminaren eben mal zur Seite wischen lässt.

RE\THINK

Es geht hier um den wirtschaftlichen Erfolg von Unternehmen – oder ihren Misserfolg. Es geht um das Gelingen von Biografien – oder um ihr Scheitern. »Digital exhaustion« gehört als Thema auf den Tisch der Führungskräfte.

Es geht um die Frage, wie man die eigene Arbeitsbelastung und die Arbeitsbelastung der Mitarbeitenden durch bessere Workflows entlastet. Es geht um die Suche nach einem neuen und sinnvollen Gleichgewicht zwischen synchroner und asynchroner Zusammenarbeit. Es geht nicht zuletzt um den Aufbau einer Unternehmenskultur, in dem existenzielle menschliche Bedürfnisse (Essen, Trinken, Durchatmen) nicht zu schambehafteten Tabuzonen (Bett, Boxsack, Klo) erklärt werden, sondern den Raum bekommen, den sie brauchen. Den SIE brauchen.

\ Führen heißt Zeit lassen

Dynamik braucht Zeit. Zu enge Taktung ist ein Performance-Killer. Lässt sich eine komplexe und tragfähige Zukunftsstrategie in 30 Minuten skizzieren, nur weil die agile Workshopmoderation das so eingeplant hat? Lässt sich ein tiefliegender Konflikt in 20 Minuten klären, nur weil danach der nächste Videocall auf dem Programm steht?

Der im Management viel diskutierte »Freiraum« für Mitarbeitende besteht zu einem Großteil nicht aus Raum, sondern aus Zeit. Im Kontext von New Work und Remote Work kommen beide Achsen auf den Prüfstand. Die technisch veränderte Zeitdimension wird dabei häufig übersehen, wirkt vor allem in Videokonferenzen jedoch als wichtigster Störfaktor der Gruppendynamik. Der (Rück-)Blick auf persönliche Treffen zeigt, warum das so ist.

Leadership Performance ist eine Zeitkunst

Trifft sich eine Gruppe von Menschen zum ersten Mal im analogen Raum, beginnt jeder Anwesende intuitiv sofort damit, Beziehungen herzustellen: Blickkontakt, Small Talk, man geht aufeinander zu oder wendet sich voneinander ab, kann sich riechen oder auch nicht. Jeder nimmt die Mimik und Körpersprache des anderen wahr, seine Kleidung und Haltung, seine Art zu sprechen und zu Schweigen. Was in den ersten Augenblicken in einer Gruppe passiert, ist die Grundlage für alles, was folgt. Man »mustert« sich gegenseitig, soziale Muster bilden sich aus, stabilisieren sich. Das entscheidende Werkzeug dieser zirkulär ablaufenden (Mikro-)Interaktionen heißt »Wahrnehmung«.[42]

Dabei geht es nicht (nur) um den gegenseitigen Stil-Check oder um Sympathie – es handelt sich um eine konzernübliche Variante des Existenzkampfs. Denn im Zeitverlauf der Gruppendynamik geht es den Beteiligten um nicht weniger als um die Fragen: »Bin ich drin oder draußen?« und »Bin ich oben oder unten?«[43] In der persönlichen Begegnung formen sich große Karrieren – oder sie scheitern krachend.

Virtuelle Mikrointeraktion ist besonders störanfällig

Performance ist eine Zeitkunst. Eine Videokonferenz ist der schwache Abklatsch der gemeinsamen Performance auf einer realen Bühne. Es ist ein technisch gestörter Abklatsch. Denn aufgrund der technisch bedingten Zeitverzögerungen fehlt das gemeinsame Erleben von Zeit.

Das irritiert den Teamprozess massiv. Es irritiert massiv, weil sich Mobbing über verschiedene Formen des Ignorierens vermittelt. Und wer vermag schon eindeutig zu sagen, ob die Ignoranz eines Videokonferenz-Teilnehmers eine technisch bedingte Fehlleistung ist? Oder Dummheit? Oder ein Affront?

Es gibt etliche Gründe hinter der bleiernen Videokonferenz-Müdigkeit: Erstens Dekodierungsstress: Wir müssen uns sehr anstrengen, um die nonverbalen Signale unseres Gegenübers zu entschlüsseln. Normalerweise hilft uns die unbewusste Beobachtung von Mikrointeraktionen dabei, Situationen und Menschen einzuschätzen. Wo diese Informationen fehlen, müssen wir fehlende Informationen aus dem wenigen, was der Bildschirm bietet, extrapolieren.[44]

Zweitens Daueranspannung – jeder steht permanent unter Beobachtung. Auch durch sich selbst. Dazu kommt der Bewegungsmangel: Oft verharren wir über Stunden in der gleichen Position am Schreibtisch,[45] so wie Legehennen tagein tagaus in ihrem winzigen Käfig kauern. Ist das artgerecht?

Die am meisten ermüdende Irritation wird ausgelöst durch die technisch bedingte Zeitverzögerung der Reaktion unseres Gesprächspartners. Psychologischen Studien zufolge führt diese Verzögerung dazu, dass wir ihn unsympathisch finden.[46] Schon wer länger als 1,2 Sekunden auf die Antwort seines Gegenübers wartet, fühlt sich irritiert.[47]

RE\THINK

Videokonferenzen brauchen Regeln und Rituale. Ohne Regeln kommt es zu Konflikten. Daher muss im Vorfeld geklärt werden:

- *Wie erfolgen **Wortmeldungen**?*
- *Werden **Kameras** angeschaltet oder nicht?*
- *Wie werden **Ergebnisse** festgehalten?*
- *Wann gibt es **Pausen**?*
- *Welche Videokonferenzen müssen keine sein – und werden in **Telefonate** verwandelt? Diese haben den Vorteil, dass die Irritation durch Zeitverzögerung weitgehend wegfällt.*
- *Oder: In welchen Notfällen greifen wir auf jeden Fall zum Telefon?*
- *Übertragen auf andere Kanäle: Wie viel **Zeit** gestehen wir uns gegenseitig zu, um auf Chats oder Mails zu antworten?*

Warum hybride Meetings oft nicht funktionieren

Wenn fünf Kollegen vor Ort im Meeting sind und sich fünf weitere per Videoschalte einklinken, wird die Gruppendynamik oft von denen dominiert, die real dabei sind. Wer via Bildschirm von außen zuschaut, hält sich mit eigenen Beiträgen eher zurück und steht gleichzeitig unter Stress vor Sorge, er könne etwas verpassen. Er könne keine Spur hinterlassen in der Debatte. Untergehen im Ringen um Redezeit, um Kontrolle, um Macht.

»Big Brother is Watching You« funktioniert nur, wenn einer der Große ist. Wenn alle zu diesem einen aufschauen. Sitzen fünf drinnen und fünf draußen, ähnelt die Situation einem Affenhaus. Drinnen die Affen, draußen die Zuschauer. Nur, dass in diesem Fall die Affen die Entscheidungen treffen. Gerne so leise, dass es die da draußen an den

Bildschirmen nicht verstehen. So, dass sie vielmehr glauben, es werde über sie gelästert.[48]

Google versucht es mit einem Setting, das aus einer Science-Fiction-Serie stammen könnte: In einem Halbkreis werden abwechselnd ein Monitor aufgebaut und ein Mitarbeiter platziert – das Ganze nennt sich dann »Campfire-Meeting«.[49] Das funktioniert offenbar irgendwie, aber auch nur semigut. Was tun, wenn man um hybride Meetingformate nicht herumkommt?

RE\THINK

Es geht heute nicht mehr nur darum, zu kommunizieren, sondern auch darum, über Kommunikation zu kommunizieren. Je weniger homogen Teams und je hybrider sie kommunizieren, desto wichtiger wird die Metakommunikation.

Das führt zu einem weiteren Gedanken, den ich gerade jetzt für entscheidend halte: Wir sprechen schon lange über transformationale Führung. Wir wissen heute, dass Führung zunehmend individualisierter stattfinden muss und dass unser Führungsstil/-verhalten an jeden einzelnen Mitarbeiter idealerweise angepasst werden sollte.

Ein Team ist eben nicht nur »ein Team«, sondern der Zusammenklang höchst unterschiedlicher Individuen, deren Mediensozialisation höchst verschieden verlaufen ist. Ich meine: Wenn wir als »Boomer« schon nicht von jeher die Sprache der ganz jungen Generationen sprechen und uns auch nicht auf deren Kanälen bewegen, dann sollten wir uns über die Vielfalt der Sprachen und Kanäle zumindest bewusst sein. Und uns so viele aneignen wie möglich.

Es braucht Führung, die sich Zeit nimmt. Zeit, um neue Strukturen aufzubauen. Eine neue Kultur zu entwickeln. Eine Kultur, von der Führungskräfte selbst profitieren. Denn in gut durchdachten Strukturen muss man »weniger adhoc führen, sowie spontan und ständig in die Speichen greifen«.[50] Ist das die Entlastung, nach der Führung sucht?

Ich habe nicht wenige Führungskräfte erlebt, die sich gerade durch das »adhoc« Führen und das ständige »in die Speichen Greifen« besonders selbstwirksam gefühlt haben.

Wer Prozesse – also die Zeit – anhalten kann, der hat offensichtlich Macht. Ein solches Gehabe passt schlecht in die Welt von New Work. Warum ist es für viele trotzdem attraktiv? Warum wirkt es in einer Business-Welt, deren technische Systeme auf permanente Unterbrechung aller Mitarbeitenden optimiert sind, nicht einmal unprofessionell?[51]

Wenn wir ehrlich sind, müssen wir viel mehr über diese Fragen diskutieren. Über die dunklen Seiten der Macht, die auch in der hellen New-Work-Zukunftswelt nicht einfach so verschwinden. Sie verschwinden so wenig wie der Konsens, darüber zu schweigen.

\ FAZIT UND FRAGEBOGEN TEIL 2

Form follows function – nicht umgekehrt. Das gilt auch für Zeitstrukturen. Und so faszinierend neue technische Möglichkeiten auch sein mögen: Sie sollten nicht ausgehen von Technikfragen – Wer kann wie und wo zugeschaltet werden? Vielmehr sollten sie ausgehend vom Use Case entworfen werden: Was wird in welchem Zeitfenster von wem mit welchem Ziel erledigt? Das ist wichtig zu klären, weil effektive Zusammenarbeit auch dann nicht von selbst entsteht, wenn man sie New Work nennt.

PULSE: Wie gelingt mein Timing?

A: MEIN RHYTHMUS

Überstunden, Pausen, Meetings: Wie strukturiere ich meine **Arbeitszeit** effizient?

....

....

....

Zoom Fatigue, Frustfraß, Verlotterung: Wie reagiere ich auf **Entgrenzung**?

....

....

Arbeit und Privates integrieren oder segmentieren: Was ist meine optimale **Arbeitsstruktur**?

B: MEIN FÜHRUNGSSTIL

Fordern, fördern, machen lassen: Wie **empowere** ich meine Teams?

Drinnen, draußen, oben, unten: Wie unterstütze ich konstruktive **Teamdynamik**?

....

....

....

Bild, Ton, Pause: Welche **Regeln** und **Rituale** will ich für meine Teams?

....

....

....

Freewriting: Wie will ich meine Zeit strukturieren? Wie will ich führen?

....

....

....

Meine persönlichen Pain Points:

1. ....

2. ....

3. ....

4. ....

5. ....

PULSE: Rhythmus & Führungsstil

IV
PLACE

Sind der Bauleute zu viele,
so wird das Haus schief.

aus China

\ New Work ist überall

New Work ist eine Utopie – und Utopien sieht man nicht. Um das eigene Unternehmen trotzdem unter dem New-Work-Label sichtbar und damit für Kunden, Mitarbeitende und Bewerber attraktiv zu machen, setzen Unternehmen auf eine Ausdrucksgestalt, auf die selbstbewusste Player in Politik und Wirtschaft schon immer setzen: Architektur.

Story: Babylon

Ich stand auf einem »Campus«, wie es in New-Work-Settings so gerne heißt, und wartete auf meine Gesprächspartnerin. Um mich herum überall Sessel. Bunte Sofas. Hohe Lehnen. Niedrige Tische. Heller Holzfußboden. Teure Leuchten. Kunst, wahrscheinlich.

Überall laufen Menschen, stehen Menschen, sitzen Menschen. Alle sind [scheinbar] fünfunddreißig. Alle sprechen durcheinander. Niemand spricht miteinander. Niemand ist [scheinbar] langweilig. Karierte Hosen. Teure Shirts. Sneaker mit offenen Schnürsenkeln.

Massenimprovisation einer hochprofessionellen Industrieschauspielertruppe. Jeder mit konzentriertem Blick. Jeder mit Kopfhörern in den Ohren. Jeder mit Smartphone in der Hand. Ferngesteuerte Zombies, babylonisches Sprachgewirr im Open Space:

»Tempo machen.« »Ich gebe dir Feedback.« »Wir finalisieren das.« »Lasst uns das challengen.« »Schick Infos.« »Hab dich lie-hieb!« »Ich melde mich.« »Habe mir ein Spielzeug aus Zuffenhausen gegönnt.« »Magst du uns connecten?« »Muss noch OKRs schrubben.« »Ich störe doch nicht?« »Herausfordernd.« »Zum Lunch treffen?« »Irritierend.« »Bussi.«

\ Fantastische Welten. Leer.

Der Königspalast von Versailles bei Paris ist im Vergleich zu den neuen Palästen der US-amerikanischen Tech-Giganten mickrig: Apple in Cupertino und Google in Mountain View sind mehr als vier Mal, Facebook in Menlo Park ist fast acht Mal so groß.

Die Tech-Paläste sind gigantische Utopiemaschinen, sie waren gedacht als Orte der Identifikation und Innovation. Dann kam Corona und damit eine neue Ära der Arbeit, die keinen festen Ort mehr brauchte: Homeoffice. Smartphone. Zoom. Fertig. Die Paläste entvölkerten sich – gegen Killerviren ist auch gigantische Architektur machtlos.

Im Laufe des ersten Pandemiejahres 2020 sorgte Twitter dafür, dass seine Mitarbeitenden von überall arbeiten durften; Facebook machte Homeoffice möglich, wollte dafür aber die Gehälter an die günstigeren Wohnorte anpassen, während sich Apple für einen hybriden Ansatz entschied und die Menschen an drei Tagen pro Woche weiter bei Hofe zu sehen verlangte.

2022 ist die Pandemie Teil der neuen Normalität, in den westlichen Ländern sind die meisten Menschen geimpft, die Pandemie-Todeszahlen sinken – doch das Silicon Valley will nicht zurück ins Büro. Und viele Menschen hierzulande auch nicht.

Was wird nun aus den teuren Tech-Palästen? Was passiert, wenn die Belegschaft sich den gebauten Utopiemaschinen verweigert – und lieber am Küchentisch arbeitet?

Auf diese neue Situation reagieren Unternehmen unterschiedlich: Die einen machen Druck. Im Mai 2022 besteht zum Beispiel Apple darauf, dass Angestellte montags, dienstags und donnerstags ins Büro kommen. Kommen müssen. Postwendend erreicht das Apple-Management ein Brief mit 1.400 Unterschriften: »Hört auf, uns wie Schulkinder zu behandeln, denen gesagt werden muss, wann sie wo sein müssen und welche Hausaufgaben sie zu machen haben.«[52] Wichtige Apple-Experten kündigten. Die Drei-Tage-Regel wird zurückgenommen.

Auch bei anderen, scheinbar zukunftsorientiert aufgestellten Unternehmen wie Google, Uber und Tesla erwacht der Wunsch, die Angestellten zurückzuholen in die Büros. »Jeder, der bei Tesla arbeitet, muss mindestens 40 Stunden in der Woche im Büro verbringen«, wird im Sommer 2022 ein Brief Elon Musks an die Beschäftigten seines Elektroauto-Unternehmens zitiert. »Wenn jemand nicht erscheint, müssen wir davon ausgehen, dass diese Person das Unternehmen verlassen hat.«[53]

Dass sich gerade die avanciertesten der Tech-Unternehmen an einer Kultur orientieren, die sie eigentlich nicht mehr leben wollten, ist erstaunlich. Doch es ist Fakt: Wer nicht spurt, fliegt raus.

Wenn Unternehmen keinen Druck machen wollen – etwa, weil sie Fachkräftemangel fürchten – greifen sie zur Konfettipistole: Google zum Beispiel engagierte einen Popstar für einen Auftritt in Mountain View. Qualcomm verteilte Gratisessen und T-Shirts. Microsoft spendierte Bier und Spiele.[54] Klingt das nicht alles nach Kindergeburtstag? Was sagen derartige Aktionen über das Bild aus, das sich Arbeitgeber von Angestellten machen?

Andere Unternehmen lassen sich zu Zugeständnissen hinreißen: Bei Amazon entscheiden mittlerweile die einzelnen Führungskräfte, wer wann wo wie lange arbeitet. Bei Microsoft dürfen Mitarbeiter individuelle Hybrid-Arbeitsmodelle aushandeln. Bei Google und Meta (vormals Facebook) kann sich jeder um permanente Heimarbeit bewerben, auch Twitter bietet Never-ending-Homeoffice an.

Dropbox ist bereits so weit gegangen, Büroarbeit im Büro zu verbieten. Wer am Schreibtisch arbeiten muss, soll das bitte zu Hause tun. Die Büros sind jetzt »Studios« nur für Teams, die gemeinsam arbeiten oder am Teamspirit feilen wollen.[55]

Performen zwischen Sofa und Stellwand

Eigentlich war die Idee so einfach wie bestechend: In Zukunft arbeitet jeder Mensch genau dort, wo es für seine Aufgabe gerade am besten passt. Ein paar Tage zu Hause, gelegentlich beim Kunden und ein paar Tage im Büro. Dort setzt sich, wer sich nur eben mit Kollegen abstimmen will, aufs Sofa im Open Space. Zum Beantworten von E-Mails begibt man sich an einen beliebigen Stehtisch, ins openspacige Café oder auf einen Sitzsack.

Für Meetings zu vertraulichen Themen gibt es Besprechungsräume hinter Schallschutzglas. Sind komplexe Verträge oder Fachaufsätze zu bearbeiten, zieht man sich in den Fokusraum zurück. Für diskrete Telefongespräche zwängt man sich in eine der Indoor-Telefonzellen. Und hat jemand im papierlosen Büro mit den typischen schwer beweglichen Dingen zu tun – Akten, Flipcharts, Kabel – darf er das gerne am immer gleichen Ort tun.

Neu ist, dass er diesen festen Ort an seinen Homeoffice-Tagen jemand anderem zur Verfügung stellt. Teilen ist das neue Haben! Ansonsten ist alles beweglich: Sofas, Sessel, Tische und Wände lassen sich verschieben, die Wände sogar umfunktionieren in Whiteboards, Bildschirme und als Sichtschutz. Ist das die Antwort auf alle Raumfragen?

Activity based working [kurz: ABW] nennt sich die Idee, die verschiedenen Performance-Disziplinen der Büroarbeit – kommunizieren, konzipieren, koordinieren, korrigieren, konstruieren, programmieren, recherchieren, verhandeln etc. – nicht alle gleich gut am gleichen Turngerät zu performen: dem Tisch. So steht man vom Tisch auf [»Sitzen ist das neue Rauchen«] und erklärt das Büro zum non-territorialen Performancegebiet. Im Idealfall ist diese Fläche abgestimmt auf die jeweiligen Erfordernisse, die sich entlang folgender Achsen definieren:

- **Kommunikation**: persönlich oder medial?
- **Diskretion**: öffentlich oder privat?
- **Interaktion**: viele oder wenige Teilnehmer?
- **Produktion**: digital oder analog?
- **Prozess**: Sprint oder Marathon?
- **Konzentration**: langfristig oder punktuell?

Der New Workplace verwandelt die dröge Acht-Stunden-Schreibtisch-Pflichtübung in eine muntere Kür zwischen Begegnungszone und Kaffeemaschine, Denkerzelle und Rekreationspolster. So die Idee.

Eine schnelle Umwandlung des Wunsches in die Wirklichkeit versprechen New-Work-Performanceflächen von der Stange: etwa vom Schweizer Möbelhersteller Vitra, der sein System das »Club Office Prinzip« nennt, oder bei der österreichischen Bene Gruppe, die Büros komplett mit digitalem Tischbuchungssystem einrichten. Unternehmen wie Unilever und die schon oft besungenen New-Workplace-Vorreiter Google, Apple und so weiter haben derartige Konzepte längst umgesetzt. Sie gelten als Vordenker und Vormacher, schon werden andere zu Nachmachern – oft ohne nachzudenken.[56]

High Performer schaukeln nicht

Das Ergebnis sind oft irrsinnig teure Open Spaces, die kaum jemand nutzt, mit High-End-Kaffeemaschinen, die niemand zu bedienen weiß, und Tischkickern, an denen sich keiner zum Affen machen will. Wir sehen teure Bibliotheken, in denen nicht einer liest, und Hängematten, in denen man nur liegt, wenn die Presse kommt. Wir haben es mit Mitarbeitern zu tun, die sich in ihren Privatküchen verschanzen, die in ihren Campingbussen an der Algarve arbeiten oder bei Starbucks.

Dies alles, während Ex-Facebook- und nun Meta-Chef Mark Zuckerberg mit einer VR-Brille im Gesicht davon träumt, uns alle in ein noch viel gelobteres Land der neuen Arbeit zu führen: ins Metaverse, in dem wir als comicbunte Avatare zu Meetings schweben und unfassbar produktiv sein werden.

Wer New Workplaces noch vor dem Corona-Break in Aktion erlebt hat, der weiß, dass Versatzstücke wie Tischkicker vielerorts mehr als Symbole für Teamspirit zu verstehen sind denn als tatsächliche Spielaufforderung. Der weiß, dass das Sofa oft mehr Zeichen für entspannte Zusammenarbeit ist als eine tatsächliche Aufforderung zum Abhängen. Der weiß auch, dass mancher Open Space einfach deshalb nicht genutzt wird, weil an der Sitzecke die Steckdose fehlt. Schon vor Corona waren die New Work Playgrounds oft seltsam leer. Dafür sehe ich zwei Gründe: Blindheit und Wunschdenken.

RE\THINK

Das Büro ist eine Performancefläche. Das öffentliche Tippen auf dem Sofa ist eine Bewährungsprobe, jeder peinliche Abgang von der Büroschaukel ein persönliches Fiasko. Jeder Auftritt ist riskant – und erfolgreiche Player spielen nicht zum Spaß auf Risiko. Wer das nicht sieht, ist für einen wesentlichen Erfolgsfaktor individueller Karrieren blind.

Architektur mag bestimmte Verhaltensw[illegible] Stichwort »Nudging«. Eine einfache Ursache-Wirkungskette besteht aber nicht. Eine flexible Tischplatte macht [illegible] wenig fit für New Work wie eine fesche Sporthose fit für den Boston Marathon. Dass mit dem Umbau automatisch New Work entsteht, ist [illegible]

Die Revolution findet so nicht statt – sie tut nur so. Und während sie so tut, entpuppen sich Nebenwirkungen und Langzeitfolgen, mit denen, meinem Eindruck nach, die meisten nicht gerechnet haben und über die man ungern spricht. Warum nicht? Es ist riskant, sich als New-Work-Kritiker zu positionieren, während New Work als der neueste, pardon, »heiße Scheiß« gehyped wird. Besonders riskant ist es für Boomer. Sie kennen mein Geburtsjahr.

Alles schon mal da gewesen

Die Dysfunktionalität unserer Offices hat Tradition. Dass sich »Worst Practices« so hartnäckig halten, hat mit ihrer historischen Entwicklung zu tun, die heute an ihnen hängt wie Ballast.

Unsere Wirtschaftsform ist auf Bettkanten und an Küchentischen entstanden. Denken Sie an die Weber mit ihren Webstühlen zu Hause, an die Näherinnen, die Klöpplerinnen, die frühe Herstellung von Streichhölzern, Mausefallen, Ketten und Spielzeugen – die Geschichte der Heimarbeit lässt sich bis in das 14. Jahrhundert zurückverfolgen. Sie ist eine Geschichte des Elends: endlose Arbeitsstunden auf schlechten Stühlen bei schlechtem Licht, während im Hintergrund die Kinder schreien und draußen die Seuchen wüten. Auch wenn sich die soziale Lage der Heimarbeiter zumindest hierzulande dramatisch verbessert hat, erinnert das alles doch noch an die Situation vieler Angestellter in den Corona-Pandemiejahren.

Anders als die Weber mit ihren engen Stuben und Hungerlöhnen, bewohnen Fach- und Führungskräfte heute oft großzügige Eigenheime mit offenen Wohnküchen – optimiert für das muntere Zusammenleben der Familie, doch ungeeignet für effektive Stillarbeit im Homeoffice. Das führt zu der Situation, dass immer mehr Menschen in ihren Einfamilienhäusern neue Schreibtische auf- und neue Einzelbüros einbauen, um offene Flächen zu verkleinern, während Unternehmen Einzeltische abbauen und Einzelbüros abreißen, um offene Flächen zu vergrößern.

Nicht überall gelingt das: Wo der Platz für ein eigenes Homeoffice nicht reicht, wandert die Büroarbeit in den Keller oder in den begehbaren Kleiderschrank oder an andere, eher ungewöhnliche Orte, wie eine Studie von Uswitch aus dem Corona-Mai 2020 nahelegt. In Großbritannien

\ Arbeitsorte neu denken

Wenn New-Work-Konzepte nur den Use Case betrachten, gehen sie einem Denkfehler auf den Leim. Denn der Use Case ist nicht nur eine Frage der Einzelbedürfnisse und der individuellen Aufgaben, sondern eine Systemfrage. Und zwar gleich dreifach.

Wie schnell drehen sich die Produktzyklen? Arbeitskonzepte für IT-Produkte müssen zwangsläufig anders aussehen als solche für Grundlagenforschung.

Wie und wo kommen Kunden ins Spiel? Findet Kundenkontakt innerhalb der New Workplaces statt, außerhalb in Showrooms oder ausschließlich über digitale Schnittstellen? Wenn Online-Vertrieb immer wichtiger wird, was heißt das dann für die Gestaltung der internen Arbeitsflächen? Diese Frage muss zum Beispiel Tesla beantworten. Der Elektroautobauer Tesla hatte im Jahr 2020 mit seiner Ankündigung für Schlagzeilen gesorgt, sich von teuren Innenstadt-Showrooms zu trennen und mehr auf Online-Vertrieb zu setzen.[66]

Wie hoch ist der Innovationsdruck? New Workplaces suggerieren eine offene Atmosphäre. Wenn es um technische Innovationen geht – das neueste Produktdesign, die jüngste Chiparchitektur – ist dennoch absolute Diskretion erforderlich. Das ist der Grund dafür, dass Unternehmen wie Apple zwar innen in manchem Bereich maximal offen wirken, nach außen aber maximal abweisend – ein Spannungsfeld, das auf die Menschen innen zurückwirkt und mitunter absurde Blüten treibt. So hatten Apple-Mitarbeiter nach dem Neubezug ihres kalifornischen Glashauses versucht, die spiegelfreien Glasscheiben mithilfe von Post-it's sichtbar zu machen – um nicht dauernd dagegen zu laufen.[67]

Wer funktionierende New Workplaces will, sollte also nicht nur danach fragen, was Mitarbeitende tun, sondern, in welchem Business-Umfeld sie es tun.

Er sollte außerdem fragen, wie Mitarbeitende interagieren: In welcher Phase ihrer Projekte oder persönlichen Entwicklung stehen sie? Wie begegnen sie sich idealerweise, um ihre Entwicklungsaufgaben zu lösen?

Und er sollte nach der professionellen Logik der jeweiligen Produkte und Dienstleistungen fragen: Ein Tech-Unternehmen braucht höhere Effizienz als ein Institut für Grundlagenforschung. Es braucht eine höhere Interaktionsdichte und viel mehr Innovation als eine Kanzlei.[68]

Jedes Team hat andere professionelle Anforderungen und persönliche Bedürfnisse. Wenn 95 Prozent der Arbeitszeit aus Meetings bestehen, braucht es offensichtlich kaum Fokusarbeitsplätze; wenn 95 Prozent der Zeit aus konzentrierter Einzelarbeit bestehen, braucht es hauptsächlich Fokusarbeitsplätze – auch wenn diese nicht nach »neuer Arbeit« aussehen. Ist Innovation erfolgsentscheidend, braucht es am Arbeitsplatz gemischte Teams; geht es um Effizienz, können getrennt arbeitende Teams vorteilhafter sein – auch wenn das wiederum nicht nach »neuer Arbeit« aussieht.

RE\THINK

*Orientierungspunkt für zukunftsfähige Arbeitsorte sollte nicht eine New-Work-**Ästhetik** sein, so wie Architekten sich die Sache vorstellen. Sondern **das professionelle Handeln** der konkreten Teams in ihrer gesamten Komplexität – unter Einbeziehung der Branchendynamik, der Kundenbedürfnisse, der Entwicklung der Projekte und Persönlichkeiten auf der Zeitachse und der professionellen Logik der spezifischen Produkte.*

Drei Wege zum Büro der Zukunft

Es geht um nichts weniger als darum, unsere Büros zukunftsfähig zu machen. Wie das gelingt? Drei Wegweiser.

Selbstversuch im Feld

Snowflake, ein US-amerikanischer Anbieter von Data-Warehouse-Diensten und Cloud-Datenanalysen, hat sich in die lange Reihe derjenigen Technologieunternehmen eingereiht, die Kalifornien verlassen haben. Anders als Tesla, Oracle, HP und Toyota, die ihre Firmensitze ins kostengünstigere Texas umgezogen haben, hat Snowflake seine Zentrale komplett abgeschafft und umgestellt auf eine »globally distributed workforce and no corporate headquarters«. In Dokumenten für die Börsenaufsichtsbehörde SEC gibt das Unternehmen nun »No-Headquarters/BOZEMAN, Mont.« an, weil CEO Frank Slootman sein Büro ohnehin in dieser Kleinstadt aufgeschlagen hat: zwischen Post, Bowlingbahn und einem Café. Zwar wird Snowflake weiterhin eine Niederlassung im Silicon Valley betreiben, es wird aber kein einzelnes Büro mehr im Zentrum stehen. Es ist aus der Welt weggezogen. In die Cloud.[69]

Andere machen aus dem Büro ein Hotel. Ein solcher Selbstversuch läuft in der 28. Etage der DZ Bank nahe des Frankfurter Hauptbahnhofs. Hier hat das Spitzeninstitut der Volks- und Raiffeisenbanken eine Musteretage für New Work gebaut: mit Schreibtischen, die niemandem mehr persönlich zugeordnet sind, sondern von allen genutzt werden können – und deshalb nach jeder Arbeitseinheit aufgeräumt werden müssen (»Clean-Desk-Konzept«). »Das postpandemische Büro wirkt mit seinem gelbgrünen Sofa und den Wänden aus Naturholz wie ein Hotelzimmer«, findet Notker Blechner, der die Etage für die Tagesschau besichtigt hat. Es könne für Gruppenbesprechungen genutzt werden oder als Lounge, als Schreibarbeitsplatz oder als Rückzugsort für einzelne Mitarbeiter. In den offenen Flächen wächst Dekomoos an den Wänden, Bogenhanf ragt aus Raumteilern und mannshohe Benjamini begrünen Pflanzkübel zwischen den Arbeitsplätzen. Mit beweglichen Kameras und Deckenmikrofonen sollen optimale Bedingungen für Videocalls mit Heimarbeitern geschaffen werden. Wer will, kann die Etage testen. Laut DZ ist die Nachfrage nach Probewochen groß.[70]

Dass das nicht immer der Fall ist, zeigte sich in einem schwedischen Unternehmen. Hier verweigerten Mitarbeitende den Umzug auf die New-Work-Testfläche. Also schickte man sie dorthin und verriegelte die alte Bürofläche. Dann geschah das Unerwartete: Nach dem erfolgreichen Probelauf waren etliche Probanden von ihrem New Workplace so begeistert, dass sie sich weigerten, in ihre ursprünglichen Büros zurückzukehren.[71]

RE\THINK

Architektonische Experimente bringen das Neue erst hervor. Sie erschaffen ein Phänomen wie New Work, das sich erst anschließend strukturiert beobachten lässt.[72] Das ist der Grund, warum Sie mit Mitarbeiterumfragen oder -beobachtungen im Vorfeld von New-Work-Umbauarbeiten immer im Nebel der Vorannahmen und

Wunschträume stochern, aber kaum belastbare Ergebnisse erhalten. Besser also: Ausprobieren.

Probearbeit im Prototyp

Wo New Work mit agilen Konzepten zusammengedacht wird, kommt dem Prototyping eine tragende Rolle zu. Im analogen Feld handelt es sich um Konstruktionen aus Klebeband und Wellpappe – im virtuellen Feld wird so intensiv an der Entwicklung des digitalen Zwillings gearbeitet, dass mitunter die Digitalversion als Original gilt und die analoge Realisierung als Kopie.

In der Architektur haben sich Entwurfsprozesse nach dem gleichen Prinzip etabliert: Nach der Erhebung von Wunschvorstellungen, Bedürfnissen und Arbeitsprozessen wird ein erstes Konzept virtuell umgesetzt und von den zukünftigen Nutzern mit Virtual-Reality-Brille besichtigt – mehr noch: begangen.

Es folgen »mehrfache Iterationen von Entwurf, Begehung, Kritik und Neuentwurf«. Bürokonzepte nähern sich auf Grundlage von Datenerhebungen und Rekursionen den Kundenvorstellungen immer mehr an.[73] Das funktioniert auch ohne teure Datenerhebung, Renderings und VR-Brillen. Und zwar in der Sandkastenversion des Metaverse: im Computerspiel Minecraft. Nichts anderes hatten die Macher des Softwarehauses Contact und der Veranstaltungsagentur Event Punks im Sinn, als sie das neue Firmengebäude des Softwarehauses aus virtuellen Klötzen nachbauten: »jede Glasscheibe, jede Treppenstufe«. »Die User sollten das Gebäude sehen und sich mit einem ›Wow‹ da durchbewegen.«[74]

Als das Minecraft-Gebilde stand, trafen sich Gruppen von 15 bis 20 Mitarbeitenden, um ihr neues Domizil eine Stunde lang zu besichtigen und zu bespielen. Dabei entstanden offenbar auch neue Ideen für das Gebäude, von denen die meisten allerdings kaum umsetzbar sein werden: »Ob der Aufzug aus Wasser, der einen auf andere Etagen hoch und hinunterspülte, der Raum voller Papageien oder die von Mitarbeitenden neben dem Gebäude aufgebaute Strandbar auch später den Weg in die Umsetzung finden werden, bleibt abzuwarten«, schreibt Contact auf Microsoft.com. Subtext: Es wird nicht passieren.

RE\THINK

Virtuelles Prototyping kann falsche Erwartungen wecken. Geht es wirklich darum, zusammen mit den eigenen Teams neue Ideen zu entwickeln? Oder werden die Mitarbeitenden im virtuellen Raum vor vollendete Tatsachen gestellt, in denen sie spielen dürfen, weil es viel mehr um die Identifikation mit dem neuen Gebäude geht als um dessen Entwicklung? Beides ist machbar. Wer nicht transparent macht, was er mit Prototyping vorhat, muss mit erheblicher Frustration auf Seite der Mitarbeitenden rechnen.

Büro aus der Rechenmaschine

Statt New Workplaces in der Realität oder im virtuellen Raum zu testen, lassen sich Nutzungspotenziale auch statistisch berechnen. Grundlage sind Wegenetze durch Flure, Büros, Küchen und Treppenhäuser, die sich dann im Hinblick auf verschiedene Kriterien verändern und optimieren lassen: Wie verlaufen die kürzesten Wege? Wo liegen Knotenpunkte im Netzgefüge? Wo gibt es welches Potenzial für Begegnungen? Welche Blickachsen und »Sichtbezüge« zwischen Mitarbeitenden möchte man unterstützen, und welche nicht?[75]

RE\THINK

Arbeitsprozesse und Unternehmenskultur sind einerseits gewachsen. Andererseits wachsen sie fortlaufend weiter. Dieses Wachstum lässt sich mit Büroarchitektur gezielt beeinflussen.

Angesichts dieser Möglichkeiten scheint es geradezu absurd, wenn Unternehmen, die in anderen Bereichen alles Mögliche und Unmögliche zu simulieren in der Lage sind, New Workplaces von der Stange einkaufen.

\ Auf der Suche nach Resonanz

Ob Arbeit nun in alten Cubicles, in modernen Open Spaces oder gar im Metaverse stattfindet – sie »spielt« sich ab. Arbeit ist Performance, ist Beziehungsgestaltung zwischen Menschen. Und die persönliche Erfahrung zeigt genau wie Studien zu diesem Thema, dass diese Beziehungen auf Vertrauen basieren und dass dieses Vertrauen in der persönlichen Begegnung entsteht. Persönliche Begegnungen legen den Grundstein für gemeinsame Projekte, es entstehen Verbundenheit und Verbindlichkeit.

Das ist der Grund, warum auch die Unternehmen, die heute komplett vernetzt und damit eigentlich »ortlos« arbeiten, ihre Mitarbeitenden doch gerne regelmäßig zusammentrommeln. Bei Automattic – zu diesem Unternehmen gehören WordPress und Tumblr – kommen zum Beispiel einmal pro Jahr alle Mitarbeitenden für sieben Tage zusammen, um die Kontakte zu knüpfen, von denen sie dann das ganze Jahr über profitieren.[76] Profitieren sollen.

So wird das Unternehmen zu einer Mischung aus Fachmesse und Klassenfahrt. Warum funktioniert das? Ich meine, es liegt am Schlüsselfaktor Resonanz.[77]

In der persönlichen Begegnung mit Kollegen, Führungskräften, Gründern entsteht Resonanz zu den Werten des Unternehmens (»vertikale Resonanz«). Was sich gemäß traditionellerer Vorstellungen über die Architektur und darin verorteter Rituale eines Unternehmens vermittelt, das lässt sich offenbar auch in einem gemeinsamen Event an einem beliebigen anderen Ort erleben. Resonanzexperte Prof. Hartmut Rosa versteht unter »vertikalen Resonanzachsen« große Kollektivsingulare wie Natur, Kunst, Geschichte oder Religion. In einer Zeit, in der das Silicon Valley nicht mehr als Ort, sondern immer mehr als »Geisteshaltung« verstanden wird, scheint mir diese Übertragung nicht abwegig.

Horizontale Resonanzen schwingen laut Rosa zwischen Menschen, zum Beispiel in Freundschaften und Familien oder im politischen Raum. Warum also nicht auch in professionellen Teams? Je mehr Menschen in einem Raum in eine Resonanzbeziehung treten, desto wahrscheinlicher schaukelt sich eine Gruppendynamik auf, die in produktiver Tätigkeit mündet.

RE\THINK

New Workplaces begünstigen das Resonanzgeschehen zwischen Menschen und damit neue Formen der Kooperation. Der Effekt funktioniert aber auch umgekehrt: Horizontale Resonanz zwischen Menschen begünstigt die Entstehung von Orten für neue Arbeit.

Ein New Workplace wäre damit nicht nur Haus, sondern auch Handlung. Und das heißt für Sie, für Ihr Unternehmen und für Ihren persönlichen Erfolg: Je weniger formelle Bühnen zur Verfügung stehen, desto wichtiger werden informelle Bühnen: das Lagerfeuer, der Pool, der Wasserspender.

Zwischen Lagerfeuer und Wasserspender

Es ist kein Zufall, dass Team-Events immer am Lagerfeuer enden, dass Karrieren am Kamin geschmiedet werden, dass man sich in der Raucherecke gegenseitig Feuer gibt, während man Budgets verschiebt. Feuer potenziert Resonanz.

Auch Wasser potenziert Resonanz. Wie sonst ist es zu erklären, dass Sipgate-Chef Tim Mois seinem Team nicht nur eine blaue Strandhütte im Innenhof spendiert, sondern auch einen eigenen Pool versprochen hat? Hier sollen sich Teams zurückziehen können, hier sollen sie am gemeinsamen Bürotag »unter freiem Himmel grillen, essen, die nächste Woche planen oder einen Workshop abhalten.« Jedes Team könne sich die »Blaue Bude« für ein »Retreat« reservieren, um »endlich mal wieder zusammenzuarbeiten – in echt und 3D«.

Eine überraschende Kehrtwende der Ortsgestaltung: Während sich die improvisierten Heimbüros immer mehr in professionelle Büros verwandeln, macht man die offiziellen Büros zu improvisierten Urlaubsorten. Besonderheit bei Sipgate: Wer sich zu Hause kein Office einrichten kann, bekommt im Unternehmen einen abgeschlossenen Raum als »Homeoffice im Office«.[78] Würden Sie das wollen?

Schon in den 1970er-Jahren hatte die sogenannte Allen-Kurve gezeigt, wie die Häufigkeit der Kommunikation abnimmt, je weiter die Kollegen voneinander entfernt sitzen. Resonanz braucht Nähe – aber nicht zwingend immer physische Nähe. Heute kann der reale Abstand zwischen zwei Stockwerken in einem Bürohaus gefühlt größer sein als der virtuelle Abstand zwischen zwei Kontinenten. Und der virtuelle

Abstand so klein wie bei einem vertraulichen Gespräch in der Küche. Auch in der virtuellen Küche.

Praktikanten, die sich während des Lockdowns mit leitenden Angestellten an einem »virtuellen Wasserspender« tummeln, erhielten jedenfalls mit größerer Wahrscheinlichkeit ein Angebot für eine Vollzeitstelle als diejenigen, die dies nicht taten. So eine Studie der Harvard Business School.[79]

Eine von LinkedIn in Auftrag gegebene Studie kommt zu einem ähnlichen Ergebnis: 83 Prozent der Befragten (bei den Jüngeren 53 Prozent) befürworten Homeoffice oder eine Mischung aus Büro und Homeoffice. Dies wegen der gesparten Pendelei (45 Prozent), der besseren Work-Life-Balance (38 Prozent) oder der höheren Produktivität zu Hause (29 Prozent). Aber: 40 Prozent (!) der Befragten waren auch überzeugt: »Wer mehr vom Büro aus arbeitet, wird eher von Vorgesetzten und Führungskräften bevorzugt.«[80]

Anders gesagt: Der klassische Boss sieht nur im Büro gut. Heimwerker sind für ihn unsichtbar. Warum das so ist, lässt sich leicht erklären: Im Büro haben Führungskräfte die besten Räume, ein leistungsstarkes Backoffice, den besten Platz im Meeting und einen Dining-Room. Auf Zoom sind alle Kacheln gleich. In der Bürokulisse hat der »alte, weiße Mann« selbst Karriere gemacht. Er weiß, wie man diese Bühne bespielt, er ist Mentor für nachwachsende Industrieschauspieler und zieht Klone nach. Das Internet ist für ihn Neuland.

RE\THINK

Trifft diese Diagnose zu, werden Old-School-Führungskräfte in der hybriden Zukunft der Arbeitswelt falsche Entscheidungen treffen. Dies, weil sie den in ihrem bevorzugten Büro sichtbaren Menschen den Vorrang geben vor den Menschen, die sich in dem von ihnen ignorierten Homeoffice aufhalten. Karriere macht dann nicht derjenige, der Leistung bringt, sondern derjenige, der seine Jacke da aufhängt, wo der Chef sitzt.

Trifft diese Diagnose zu, teilt sich New Work in ein Oben und in ein Unten. Unten verwandelt sich die neue Arbeitswelt in eine virtuelle Blaue-Pille-Scheinwelt für Klickworker. Und oben in einen realen

New Workplace mit Ausblick, virenfreier Luft und rituellen Schöpfungsflächen für Design-Thinking, Scrum und was New Work sonst noch an Performance-Disziplinen zu bieten hat. Das ist der neue Luxus, das ist der Status der nächsten Dimension. Live ist wieder Premium.[81]

Für Nachwuchstalente mag das eine gute Nachricht sein. Denn solange Unternehmen sich nicht vollständig in der Cloud, im Metaverse oder sonst wo entmaterialisiert haben, brauchen Juniors die Strukturen einer Bürokulisse, um in ein Unternehmen wirklich hineinzuwachsen und wirklich erfolgreich zu sein. Oder?

\ FAZIT UND FRAGEBOGEN TEIL 3

Die Vergangenheit – Heimarbeit, Fabriklogik, Palastarchitektur – hängt New Workplaces wie ein Klotz am Bein. Zuckerbergs Reich der Zukunft, das Metaverse, ist noch nicht wirklich angekommen, sein Wille ist noch nicht geschehen. Und in der Gegenwart werden Büros viel zu oft an der Logik der Professionen vorbeigebaut. Hier gilt es, Systemdynamiken neu zu denken, in New Workplaces umzusetzen und in der Praxis zu testen. Solange das noch nicht geschieht, tun High Performer gut daran, ihre Bühnenerfahrung da auszuspielen, wo sie herkommt: im Büro.

PLACE: Wo will ich arbeiten?

A: SYSTEMDYNAMIK

Branchengesetze, Kundenbedürfnisse, Innovationsdruck: Welche Workplace-Anforderungen ergeben sich durch **Umfeld und Organisation**?

....

....

....

Kollaboration, Projektphasen, Personalentwicklung: Wie müssen New Workplaces aussehen, damit sie zum Spannungsfeld **Organisation und Team** passen?

....

....

Effizienzdruck, Vertraulichkeit, Originalität: Welche Räume brauchen meine **Teams**, um ihre **Aufgaben** professionell zu bewältigen?

B: RESONANZ

Nach oben, zur Seite: Wie nutze ich **vertikale Resonanzachsen** für die Vermittlung von Unternehmenswerten und **horizontale Resonanzachsen** für persönliche Begegnungen?

Live, echt, persönlich: Auf welchen realen **Unternehmensbühnen** gelingt mir Resonanz am besten?

....

....

....

Medial, digital: Wie gelingt meine Performance in **hybriden oder virtuellen Settings**?

....

....

....

Freewriting: Wo will ich arbeiten? Wo will ich in Resonanz gehen?

....

....

....

....

Meine persönlichen Pain Points:

1. ....
2. ....
3. ....
4. ....
5. ....

PLACE: Systemdynamik & Resonanz

V

PINK UNICORNS

*Wer unersetzbar sein will,
muss vor allem anders sein.*

Coco Chanel

\ Vielfalt leben

Mit dem Thema »Frauen in Führungspositionen« ist es ein wenig so wie mit dem Thema »Elektromobilität«: Manch ein Mann versteht einfach nicht, dass sich die Welt längst weitergedreht hat – und spielt so lange im alten Film weiter, bis er mitsamt seiner Kulisse von der Bühne geschoben wird. Andererseits: Manch eine Frau erlebt im Big-Tech-Business bittere Ernüchterung. Weil man hier längst nicht so offen, so transparent und fair ist, wie man gerne behauptet. Drei Geschichten aus der Praxis:

Story: Kostümfest

Eines Abends im Herbst, es ist schon dunkel, parkt seine Limousine am Bauzaun. Er sieht aus wie 60, ist eher 50, tritt auf wie eine Testosteronpumpe Ende 20. Breitbeinig kracht er auf die Bierbank.

»Man will eine Frau auf meinem Posten. Da soll irgendeine Frau von irgendeinem Mittelständler kommen. Absurd!« Ich horche auf. »Das sollten Sie ernst nehmen. Ihren Job sind Sie bald los!« Er: »Und wenn schon! Mit meiner Erfolgsbilanz, da wird der Konzern doch eine Lösung wissen. Und wenn die Welt da draußen erfährt, dass ich auf dem Markt bin, steht das Telefon sowieso nicht mehr still. Ich hätte gar nicht zu Ihnen kommen sollen …«

Schon ruckelt die Karriererolltreppe nach unten: Man stellt ihm den Stuhl vor die Tür, das Telefon klingelt nicht, auf dem Konto geht die Abfindung ein, das Telefon klingelt immer noch nicht, das Konto leert sich, das Telefon klingelt weiterhin nicht, die Privatuni wirft die Kinder raus, die Frau zieht aus.

Er tindert eine Barbie, züchtet einen Bart, besorgt weiße Sneaker, kauft enge Jeans und vorverlagerten Haaransatz, er bestellt Rennrad und Smartwatch. Dann endlich ruft er an: »Eckelt! Machen Sie was!«

Wem das Wasser bis zum Hals steht, der geht, verkleidet als Berufsjugendlicher, irgendwann genauso unter wie im Boomer-Anzug. Der braucht kein neues Kostüm. Der braucht einen Rettungsschwimmer. Genannt Coach.

Story: Reise nach Jerusalem

Niemand arbeitete härter als sie. Niemand erreichte so gute Performancewerte. Niemand gewann so viele Awards. Sie war die Beste in ganz Europa. Ihren Konzern kannte sie auswendig, nachdem sie hier schon als Studentin gearbeitet hatte. Jetzt stand sie kurz vor der Spitze. Im besten Alter. Ihr ging es blendend – doch dem Konzern ging es nicht gut.

So stand bei jedem globalen Meeting ein Stuhl weniger im Raum. Jahr für Jahr nahm jemand seinen Hut. Immer unfreiwillig. Immer für immer. Als beste Performerin, so dachte sie, entscheidet sie selbst, wohin die Karriere sie führt.

Als es sie doch traf, brach für sie eine Welt zusammen. Hatte sie nicht die Regeln der neuen Arbeitswelt eingehalten? Hatte sie nicht Tag und Nacht gearbeitet? Hatte sie nicht alles gegeben? Immer? Trotzdem war sie jetzt dran. Sie war draußen. Game over.

Es dauerte nicht lang, bis die Headhunter klingelten. Binnen weniger Tage liefen die ersten Vorstellungsgespräche. Ihre Stimmung stieg. Schließlich war sie siegesgewiss: Mit ihrer Performance, in ihrem Alter, und dann noch »als Frau« – die gut dotierte Position beim wichtigsten Gegenspieler ihres früheren Arbeitgebers schien ihr sicher. In Gedanken zog sie schon um. Doch dann ging der Job an einen Mann.

Wieder brach eine Welt für sie zusammen. Nichts von dem, was in ihrem Business-Leben passierte, passte zu dem, was sie über Business wusste. Was sie zu wissen meinte. Was sie glaubte. Sie kam ins Grübeln: Wenn Big Tech sie so knallhart rauswarf, wenn Big Tech sie wider Erwarten nicht mit offenen Armen zurückwollte – war es dann nicht eine Frage der Logik, der vermeintlich neuen Welt den Rücken zu kehren – und sich in der alten Welt zu bewerben? Bei einem traditionellen Unternehmen?

Heute ist sie CEO im Mittelstand. Mit besserem Gehalt. Mit mehr Respekt. Mit weniger Workload. Happy End in einer Welt, die ganz anders tickt als gedacht.

Story: Königsmord

Für seine Auszubildende war er ein Mentor, wie man ihn sich nur wünschen kann: ein intelligenter Gesprächspartner, ein väterlicher Ermutiger und als langjähriger Vertriebschef in der Branche bestens vernetzt. Dann drehte sich der Wind – gleich drei Mal:

Erstens: Die Geschäftsführerin ging in den Ruhestand, das Unternehmen wurde verkauft. Mit der neuen, sehr viel jüngeren Chefin wurde er nicht warm – und sie mit ihm auch nicht. Zweitens: Die Firma positionierte sich neu. Internationaler, innovativer, jünger. Drittens: Unter den High Performern tauchten immer mehr junge Frauen mit internationalem Hintergrund auf. Erstmals hörte man in den Fluren des süddeutschen Mittelständlers andere Sprachen als Schwäbisch; erstmals war der weiße Mann im hellblauen Hemd nicht mehr der häufigste Mitarbeiter-Typus.

Kaum, dass die jungen, internationalen Nachwuchskräfte erste Erfolge erzielt hatten, kaum dass sie sich intern und in den Kundenbeziehungen auskannten, taten sie genau das, was die hellblauen Hemdmänner schon immer getan hatten: Sie vernetzten sich, zogen immer mehr Performer aus ihren Kreisen nach, bildeten Seilschaften und krempelten nach und nach alles um. Alles. Und alles mit dem ausdrücklichen Placet der neuen Geschäftsführung.

In diesem neuen Setting sah der Vertriebschef sehr schnell sehr alt aus. Dann passierten zwei Dinge, mit denen er nicht gerechnet hatte: Nach Abschluss ihrer Prüfungen stieg seine Ex-Auszubildende gleich über mehrere Karrierestufen auf. Oben angekommen legte sie die Idee zu einer grundlegenden Neustrukturierung des Gesamtunternehmens auf den Tisch, die vor Jahren eigentlich auf seinem Mist gewachsen war.

Es war ein Plan, der sich von der alten Schubladendenke verabschiedete und jede Position vom Produkt ausgehend dachte. Kühn, neu, anders. An der Spitze dieser Struktur hatte er sich selbst gesehen. Alle seine Ideen hatte die Ex-Auszubildende übernommen – nur an der Spitzenposition stellt sie sich jemand anderen vor. Jünger, cooler, besser: sie selbst.

Doch sie hatte nicht nur an sich selbst gedacht. Um ihren früheren Mentor hierarchisch erst gar nicht unter sich selbst einzuordnen, verschob sie seine Position radikal zur Seite: Sie machte ihn zum Vertriebschef für

Südamerika. Standort: Brasilia. Arbeitsbeginn: Sofort. Sein erster Impuls: Kündigung. Doch mit Ende 50? Keine gute Idee. Also packte er die Koffer und ging.

Nie hätte er geglaubt, dass am Schluss seiner Karriere einmal nicht ein blumenreicher Abschied mit großem Tamtam stehen würde. Sondern ... nichts.

\ Das Privileg wackelt

Die Businesswelt ist bunter geworden. In den Vorstandsetagen der großen Tech-Unternehmen sitzen People-of-a-different-colour-than-mine. Es sitzen dort Menschen jenseits der 35. Und es sitzen dort Frauen. Frauen! Für viele Boomer immer noch eine Entwicklung, die sie nicht wollen, die sie nicht verstehen, die sie zu verhindern suchen mit aller Kraft.

Etwa, indem sie auf wichtige Positionen Frauen setzen, die zwar ganz ordentlich performen, ganz okay, aber nicht exzellent. Dies in der Hoffnung, dass die neuen Kandidatinnen sich auf ihren Positionen nicht halten können und dann ausgetauscht werden durch den (männlichen) Kandidaten, den man sich von Anfang an gewünscht hatte.

Oft gehen solche Strategien nach hinten los. Entweder, weil die positionierte Kandidatin einen viel besseren Job abliefert als vermutet. Oder weil sie sich sofort verbündet mit anderen, jüngeren Führungskräften, denen die Hinterzimmerstrategien der Old Boys Networks egal sind. Die sich einem Boomer gegenüber für eine einzige Karrierechance nicht ein Leben lang dankbar zeigen. Die alte, weiße Männer nicht jahrelang mit hoch dotierten Jobs bis zur Rente füttern. Die keine Scheu haben, den (vermeintlichen) Gönnern in den Rücken zu fallen, um sie so schnell wie möglich aus dem Weg zu schaffen. Königsmorde verüben junge Männer schon immer. Seit junge Frauen steile Karrieren machen, morden diese eben auch. Es ist eine Frage der Macht. Nicht des Geschlechts.

Die Geschichte der Karriere war in ihren Anfängen alles andere als divers. Erst 1964 wurde die Rassentrennung in öffentlichen Einrichtungen in den USA aufgehoben. In Deutschland können Frauen erst seit 1977 überhaupt über ihr eigenes Berufsleben entscheiden. Und noch bis 1994 galten manche Formen von »queer« in Deutschland als strafbar. Das allgemeine Gleichbehandlungsgesetz (AGG), das Benachteiligungen unter anderem aus Gründen einer Behinderung oder des Alters verbietet, wurde erst 2006 erlassen. Vielfalt im Job ist also eine ziemlich junge Idee. Sie ist etwa so jung wie die Idee von »New Work«.

Was mich immer wieder verwundert, ist die Kombination aus testosterongesteuerter Selbstgewissheit und Blindheit, mit der die Spezies »alter, weißer Mann« in die Falle tappt. Wie viele mögen es jedes Jahr sein. Hunderte? Tausende? Sie alle haben nicht verstanden, dass die Zeit der vorinstallierten Männervorfahrt vorbei ist. Sie alle gerieten in heftigen Shitstorm. Vier Beispiele:

Snowflake-Chef Frank Slootman geriet in die Schlagzeilen mit seiner Interviewaussage, der Wunsch nach Diversität in Unternehmen dürfe nicht »die persönlichen Verdienste überwiegen«. Als CEO müsse man »Ergebnisse für unsere Mitarbeiter und unsere Partner, unsere Investoren und unsere Kunden erwirtschaften«. Andere CEOs, gab er sich sicher, sähen das auch so, sagten dies jedoch nicht öffentlich.[82] Was sind »persönliche Verdienste« in einer Businesswelt, die über Männerseilschaften funktioniert?

Der US-amerikanischen Palantir-Gründer und Tech-Investor Joe Lonsdale schrieb auf Twitter, Mutterunterstützung sei gut und schön, aber »jeder Mann in einer wichtigen Position, der für ein Neugeborenes sechs Monate freinimmt, ist ein Verlierer.« Außerdem: »Früher hatten Männer Kinder und arbeiteten härter, um für ihre Zukunft zu sorgen – das ist die richtige männliche Antwort.«[83] Was heißt »Zukunft« für eine Frau nach der Midlifecrisis dieses Mannes?

In diese Reihe lässt sich auch Wolfgang Joop stellen, der in einem Spiegel-Interview dem Sexismus der 1990er-Jahre hinterherweinte, weil »diese Welt so wunderbar frivol und frigide war. Alles war käuflich. Die Agenturen gaben die Schlüssel zu den Zimmern der Models, die nicht so viel Geld brachten, an reiche Männer. Und wenn sich ein Mädchen beschwerte, hieß es: Wir können auch auf dich verzichten.«[84]

Bezieht sich Social Responsibility nur auf ferne Lieferketten, nicht aber auf die Mitarbeiterin im gleichen Raum?

Deutz Aufsichtsratschef Bernd Bohr zählte Ende 2021 vier Männer im Vorstand. Klar war, dass aufgrund eines neuen Gesetzes zeitnah mindestens eine Frau ins Gremium berufen werden musste. Um das zu verhindern, versuchte Bohr, seinen Vertriebsvorstand zum Generalbevollmächtigten herabzustufen – für Dreiervorstände gilt das Gesetz nicht. Doch der wehrte sich. Dann mischte sich CEO Frank Hiller mit dem Vorschlag ein, das Gremium um einen zusätzlichen Posten zu erweitern, und diesen mit einer Frau zu besetzen. Das empfand Bohr als unangemessene Einmischung. Anfang 2022 kommt es im Aufsichtsrat zum Eklat: Hiller wird entlassen. Bohr tritt zurück.[85] Kosten: bis zu fünf Millionen Euro.[86]

Schluss mit »Schnitzel- und Blowjob-Tag«

Die Welt hat sich weitergedreht, die Zeichen stehen auf Respekt und Diversity. Zumindest offiziell. Hinter verschlossenen Türen feiern »Schnitzel- und Blowjob-Tage« fröhliche Urständ.[87] Dass ein Arbeitgeber wie die Bildzeitung einen Chefredakteur schasst mit dem Vorwurf, »seine Führungsposition auszunutzen, um sexuelle Beziehungen mit jungen Mitarbeiterinnen einzugehen«[88], ist nicht die Regel.

Mit Diversity ist nicht nur gemeint: mehr Frauen. Es ist auch gemeint: mehr auch ältere Menschen, Menschen mit Behinderungen und nicht zuletzt Menschen, die nicht weißer Hautfarbe sind. Sundar Pichai, Chef der Google-Mutter Alphabet, will deren Zahl bis 2025 auf 30 Prozent steigern, Microsoft-CEO Satya Nadella will sie im gleichen Zeitraum verdoppeln.[89]

In Deutschland gilt seit August 2021 eine gesetzlich verpflichtende Frauenquote für börsenorientierte und paritätisch mitbestimmte Unternehmen ab 2.000 Mitarbeitern: Sie alle müssen mindestens eine Frau in den Vorstand berufen, wenn ihr Vorstand aus mehr als drei Personen besteht. Mit dem Inkrafttreten dieses Gesetzes dürfen sich Unternehmen für die Besetzung ihrer obersten Führungsebenen nicht mehr einfach so eine Zielgröße von null setzen. Wenn sie es tun, müssen sie es begründen, und wenn sie es nicht begründen, müssen sie Strafe zahlen. Und jetzt? Ist für Männer Schluss mit Karriere?

Der Mann, eine Sättigungsbeilage?

Zwar gibt es immer mehr weibliche Vorstände in Deutschland. 28 Prozent der seit September 2020 neu installierten Vorstände waren Frauen, so das Ergebnis einer Studie der deutsch-schwedischen AllBright Stiftung. Doch damit liegt der Frauenanteil in den 160 deutschen Börsenvorständen immer noch bei nur 13,4 Prozent. Betrachtet man den ehemaligen DAX-Leitindex, finden sich dort nun 18,2 Prozent Frauen, nach mageren 12,8 Prozent im Corona-Jahr 2020.

2021 gingen 42 Prozent aller Neubesetzungen von Vorständen im DAX an Frauen, so eine aktuelle Zählung der Personalberatung Russell Reynolds Associates. Perspektivisch sei damit bald jeder fünfte Vorstand weiblich. Also mickrige 20 Prozent. Spricht eine 80-Prozent-Männerquote wirklich für eine neue Ära? Für eine Zukunft unter dem Motto »End of Men«? Schon aus mathematischen Gründen: Nein. Dennoch bescheren die neuen Gesichter, beschert vor allem die neue Gesetzeslage in den männerdominierten Etagen deutliche »Störgefühle.«[90]

Und doch: Es tut sich was, aber die massive Frauenbewegung Richtung Vorstandsetage, die gibt es nicht. Dies auch im internationalen Ranking: In den USA, in Großbritannien und in Schweden sind die Vorstände der 30 größten Börsenunternehmen zu jeweils rund einem Drittel weiblich besetzt.[91] In Deutschland nicht. Deutschland ist Entwicklungsland.

Hier stellt man lieber ein paar zusätzliche Stühle an den Vorstandstisch, erfindet neue Ressorts zum Beispiel für Digitales, für Nachhaltigkeit, für Compliance, manchmal werden auch Vertriebs-Ressorts neu erfunden, um Frauen unterzubringen, die dann zwar etwas zu tun haben, aber Macht nur in übersichtlicher Dosis.

Die Formulierung »in Deutschland« ist übrigens nicht ganz präzise. Internationale Unternehmen mit Sitz in Deutschland sind beim Thema Frauen in Führungspositionen weiter, obwohl ihnen der gleiche Brainpool zur Verfügung steht. Es ist also nicht so, dass es zu wenige kompetente Frauen für Führungspositionen gibt, und es ist auch nicht so, dass die kompetenten Frauen, die es gibt, keine Führungsjobs übernehmen wollen. Kompetente Frauen wollen weniger zu Daimler und mehr zu Ikea.[92] Wer könnte es ihnen verdenken?

Wenn wir die KfW-Research-Daten umgekehrt lesen, haben wir hierzulande im mittleren und höheren Management nach wie vor eine Männerquote von 72 Prozent. Das ist im Hinblick auf Diversity zwar eine bessere Quote als in Italien (78 Prozent Männer) oder Luxemburg (84 Prozent Männer), aber ein deutlich weniger ausgeglichenes Geschlechterverhältnis als in den skandinavischen, baltischen und osteuropäischen Ländern mit Männerquoten von 60 Prozent und weniger.

Laut KfW liegt der Frauenanteil tendenziell auch umso geringer, je höher die Führungsposition angesiedelt ist. Und: Je größer das Unternehmen, desto weniger Frauen in der Belegschaft insgesamt. In Kleinstunternehmen sind fast 60 Prozent der Beschäftigten weiblich, in großen mittelständischen Unternehmen 40 Prozent, in DAX-Konzernen weniger als 36 Prozent.[93]

Frauen sind in den Vorständen und auf den Ebenen darunter also aufgetaucht, aber immer noch nicht sehr zahlreich. Unter männlichen High Performern herrscht dennoch Alarmstimmung: Bei so vielen Frauenförderprogrammen, bei Frauenquoten als Bemessungsgrundlage für Manager-Boni, bei so harten gesetzlichen Bestimmungen ... wo bleiben dann wir?

»Früher war es schöner, früher hatte Karriere nur ein Geschlecht – das männliche«, wird dann geklagt. »Der Managermann muss in sich gehen und sein Weltbild neu justieren«, heißt es dann pseudoklug im Wirtschaftsmagazin. Außerdem, dass »es jetzt stärker denn je auf Eignung ankommt, dass Wettbewerb notwendig und erwünscht ist«. Als hätte »Eignung« zuvor keine Rolle gespielt? Als hätte es keinen »Wettbewerb« unter Kandidaten gegeben? »Umarmt Diversity«, rufen Expertinnen den Männern zu. »Lernt Empathie und gute Kommunikation. Command und Control sind out. Wer sich all dem gedanklich widersetzt, dessen Karriere kann schnell vorbei sein.«[94]

Selten klangen so viele Buzzwords nach so wenig Trost für den weißen Mann um die 50, spezialisiert auf die Managementaufgaben, die zunehmend nur noch an Frauen vergeben werden. Dies mit einer Vehemenz und Engstirnigkeit, die mancherorts wirkt wie eine Neuauflage der Frauenzuständigkeitsbereiche der 1950er-Jahre. Früher »Kinder, Küche, Kirche«, heute Personal, Finanzen, Marketing/Kommunikation. Ist das der Fortschritt? Oder nicht vielmehr Rückschritt – für Frauen und Männer? Müsste Diversity nicht eigentlich sehr viel offener sein – für alle?

»Männer«, so ließ sich Managementberater Reinhard Sprenger in der Wirtschaftswoche zitieren, »sind schon heute bei vielen Bewerberrunden nur noch Sättigungsbeilage.«

Und Männer, so die Wirtschaftswoche weiter, würden es in den kommenden Jahren in den Konzernen schwer haben, die unter besonderer Beobachtung der öffentlichen Meinung und der Investoren stehen, und außerdem in den Abteilungen, in denen Frauen schon lange stark vertreten sind. »Seinen Arbeitgeber sollte man sich also ganz genau aussuchen«, warnt die WiWo, und das alles – jetzt wird's interessant – in einem Beitrag vom August 2012.[95]

Ein wenig Trost weiß das Manager Magazin im Jahr 2022 doch aus dem Hut zu zaubern: Es gibt sie ja noch, die guten Dinge, etwa »noch relativ frauenfreie und gesetzlich ungeregelte Zonen: in der Private-Equity-Welt etwa, bei vielen Start-ups oder im Mittelstand.«[96] Also da, wo Geld und Macht zu Hause sind. Hurra?

Und was heißt das alles vor dem Hintergrund, dass der Wunsch nach einer steilen Karriere nach dem klassischen »Schornstein-Modell« (es gibt nur eine Richtung: nach oben) immer schwächer wird? Bei Frauen noch schwächer als bei Männern?[97]

High Potentials im Jammertal

Das Gejammer vom Ende der Männerkarriere ist nicht neu. Und ganz aus der Luft gegriffen ist es ja nicht: Gerade in den DAX-Konzernen, in denen insgesamt weniger Frauen arbeiten, steigen nun die wenigen weiblichen High Performer schon aus statistischen Gründen leichter auf als die männlichen. Dass das vor allem in den Abteilungen passiert, um die sich Männer traditionell weniger schlagen – Personal, Marketing, zunehmend auch Finanzen – ist bekannt.

Mann jammert, Frau jammert auch. Grund war und ist die nach wie vor virulente Mehrfachbelastung vieler Frauen als professionelle Mitarbeiterin, als semiprofessionelle Hilfslehrerin, Krankenschwester, Putzfrau, Köchin. In einer Bertelsmann-Studie unter 1.100 Frauen gab mehr als jede fünfte an, ihre beruflichen Perspektiven hätten sich im Corona-Lockdown verschlechtert. Dies, weil die konzentrierte Arbeit zwischen Kühlschrank und Kids tatsächlich schwieriger zu bewerkstelligen war. Aber auch, weil Old-School-Chefs sich unter einem Männer-Homeoffice ein schickes Arbeitszimmer vorstellen, und unter einem Frauen-Homeoffice den Küchentisch, um den schreiende Blagen toben.[98]

Doch auch ohne Pandemie läuft die Frauenkarriere nicht rund. Immer noch gibt es Unternehmen mit einer Kultur, die nicht anders funktioniert als das »Werbeagenturdrama Mad Men, nur ohne den Vintage-Filter auf der Oberfläche, und gänzlich ohne Glanz und Glamour.«[99] Eine Kultur, in der Männer sich nicht vor Quoten fürchten, sondern vor dem Untergang ihrer Buberl-Welt. Wo stehen wir?

Auf den unteren Ebenen verschwinden Frauen in ihren Homeoffices, fallen mit ihrer Performance niemandem mehr auf und damit von der Karriereleiter. In den mittleren und höheren Etagen der DAX-Konzerne stehen männliche High Performer vor attraktiven Positionen zunehmend mit weiblichen Talenten in der Schlange, wobei die wenigen weiblichen Performer aus statistischen Gründen von besseren Startchancen profitieren. In den oberen Führungsetagen starten – nicht zuletzt, um den Gesetzen zu genügen – einige wenige Frauen durch.

RE\THINK

Wer sich mit der Mechanik von hoch dotierten Karriereschleudersitzen auskennt, der weiß, dass manch ein rechtzeitig geschickt besetzter Stuhl – Vorstände werden für fünf Jahre berufen – dem Gesetz zum Trotz auf absehbare Zeit nicht mit einer Frau besetzt wird. Der weiß auch, dass mit Frauen besetzte Stühle mit geschickten Winkelzügen – weniger talentierte Kandidatinnen fördern und dann ins Messer laufen lassen – auch schnell wieder frei werden können. Der weiß möglicherweise nicht, dass derartige Strategien aus unternehmerischer Perspektive suboptimal sein können.

Boomer – viel besser als ihr Ruf

Eine oft übersehene Konfliktlinie im Diversity-Feld verläuft zwischen den Generationen. Genauer: zwischen vier verschiedenen Generationen, die im Business zwar kooperieren müssen, sich aber gegenseitig tendenziell als inkompetent, realitätsfern, abgehoben und respektlos erleben. Babyboomer (die Jahrgänge 1946 bis 1964) verstehen häufig nicht, wie die Generation X tickt (Jahrgänge 1965 bis 1980). Und gemeinsam stehen Boomer und Xer so staunend wie begriffsstutzig vor dem Mindset der Millennials (Jahrgänge 1981 und 1995) und der noch jüngeren Generation Z (Jahrgänge 1996 bis 2010). Vier Generationen. Vier Mal »wir gegen die«. Vier Mal Unverständnis. Missverständnisse. Warum?

Holzschnittartig gesagt, stammen die **Babyboomer** aus einer autoritären (Männer-)Welt, in der man gehorcht, sich hocharbeitet und irgendwann zu einem Silberrücken aufsteigt, dem sich Jüngere ehrfurchtsvoll andienen. (Modell Martin Winterkorn, *1947, ehemaliger Volkswagen-Chef).

Die Generation X dagegen, aufgewachsen im Glam der 1980er, wollte »Prestige, Karrierechancen, Geld und irgendwann am liebsten CEO werden« – und war bereit, für den persönlichen Erfolg einen hohen Preis zu zahlen.[100] (Modell Ola Källenius, *1969, Vorstandsvorsitzender Mercedes-Benz Group).

Für Millennials dagegen sind Porsche, Pool und stressinduzierter Herzinfarkt wenig erstrebenswert. Sie suchen Spaß, Wertschätzung, persönliche Entwicklung ... »und Avocadoschnitte!!!«, möchte man allzu gern anfügen, zementiert damit aber doch nur Boomer-Vorurteile gegenüber dieser oft als privilegiert, verweichlicht, egozentrisch und ökohipsterhaft gebrandmarkten Generation. (Modell Christoph Bornschein, *1983, Gründer und CEO der Agentur TLGG).

Die Generation Z dagegen setzt angesichts der näher rückenden als apokalyptisch empfundenen Klimakatastrophe auf Sinn, Innovation,

Veränderung – aber auch auf Ironie, dadaistischen Humor und radikale Protestformen.

In vielen Unternehmen verlief (und verläuft immer noch) die Konfliktlinie zwischen dem Lager der Boomer und Generation X auf der einen Seite und den Millennials und der Generation Z auf der anderen. Jeder setzte sein Weltbild absolut. Die älteren pochten auf Führungsanspruch, Härte, Leistung, Präsenz. Die jüngeren auf Empathie, Achtsamkeit, Kooperation, Homeoffice. Dann kam Corona.

Es war die Seuche, die die Generationen mancherorts näher zusammenbrachte. Die Jüngeren erlebten, dass nicht jede und jeder Alte in digitaler Unterbelichtung dämmert. Die Älteren sahen, dass die Flexibilität der Arbeitszeiten und -orte, die die jüngeren schon lange gefordert hatten, auch für sie neue Freiheiten brachte – und die Arbeit trotzdem lief.

Angesichts der kommenden Krisen – Kriege, Hunger, Seuchen – wird die Zusammenarbeit der Generationen möglicherweise zu einer Selbstverständlichkeit. Schon jetzt wird klar, dass jeder von der Perspektive der anderen profitiert. Dass diese Perspektivenvielfalt die Stressresistenz in den Teams, in den Unternehmen, in den Gesellschaften und in der globalen Wirtschaft erhöht. Und dass es angesichts der Krisenlagen schlicht und ergreifend dumm wäre, diese Ressource nicht zu nutzen.

Wenn es hart auf hart kommt, wird es nicht schwerer, sondern leichter, über den eigenen Schatten zu springen.

\ Diversity zahlt sich aus. Eigentlich.

Viele männliche Hochleister leisten am liebsten unter ihresgleichen. Östrogen (das weibliche Sexualhormon), Oxytocin (das Kuschelhormon) stören die biochemische Grundlage der Work-hard-play-hard-Performance. Vermeintlich.

McKinsey zeigte in einer Studie, dass Unternehmen mit viel Geschlechterdiversität 25 Prozent häufiger überdurchschnittliche Rentabilität erzielen als Unternehmen mit wenig Geschlechterdiversität.

Bei der ethnischen Diversität war der Unterschied noch größer: 36 Prozent.[101]

McKinseys jüngster Bericht »Diversity wins: How inclusion matters« unterstreicht den wirtschaftlichen Nutzen erneut. In den vergangenen fünf Jahren ist laut Studienautoren die Wahrscheinlichkeit weiter gestiegen, dass Unternehmen mit einer diversen Belegschaft besser abschneiden als ihre weniger divers aufgestellten Mitbewerber. Natürlich kann man derartige Studien als Zeitgeistquatsch abtun – man kann sich die Ergebnisse aber auch näher anschauen, und einige stichhaltige Argumente finden.[102]

Führungsstile: Frauen neigen zu einem Führungsverhalten, das positiv auf die Unternehmensleistung einzahlt, zum Beispiel Talententwicklung. Frauen zeigen laut McKinsey tendenziell häufiger als Männer drei der vier Verhaltensweisen, mit denen sich die globalen Herausforderungen der Zukunft am effektivsten bewältigen lassen: intellektuelle Anregung, Inspiration und partizipative Entscheidungsfindung.

Kampf um Talente: Je mehr sich Unternehmen auf unterschiedliche Mitarbeiter einstellen – neben Frauen zum Beispiel auch auf berufstätige Eltern und Alleinerziehende – desto größer wird der Talentpool. Ein wichtiger Punkt in Zeiten des Talentmangels.

Bessere Entscheidungen: Vielfalt in der Belegschaft begünstigt verschiedene Perspektiven auf Probleme und erhöht damit die Chancen auf kreativere Lösungen. Laut McKinsey hat darüber hinaus die Forschung gezeigt, dass sich vielfältige Teams intensiver auf Fakten konzentrieren und diese sorgfältiger verarbeiten.

Mehr Kundennähe und Innovation: Diverse Teams sind besser in der Lage, Kundenbedürfnisse zu antizipieren und sich verändernde Muster zu erkennen, die neue Produkte und Services und damit klaren Wettbewerbsvorteil möglich machen.

Mehr interne Motivation und Zufriedenheit: McKinsey-Untersuchungen in Lateinamerika haben gezeigt, dass Unternehmen, die sich für Vielfalt einsetzen, mit 75 Prozent höherer Wahrscheinlichkeit eine teamorientierte Führungskultur aufweisen.

Ein besseres Image: Diversity ist als Wert heute nicht mehr nur ein Nice-to-Have, sondern ein Must-have. Unternehmen, die sich für diesen Wert nicht engagieren oder hier sogar Fehler machen, müssen mit dem Verlust von Kunden rechnen, mit Schwierigkeiten bei der Rekrutierung neuer Talente, mit dem Verlust von Geschäftspartnerschaften und von staatlichen Unterstützungsleistungen.

RE\THINK
Nachdenken. Bitte.

Wann Diversity nervt

Was macht Diversity so anstrengend? Aufgrund der erhöhten Shitstorm-Gefahr rund um dieses Thema wird recht wenig darüber diskutiert. Dabei lohnt ein näherer Blick auf die Zusammenhänge. Die zeigen: Diversity ist durchaus nicht die eine Antwort auf alle Fragen. Manchmal stört sie. Sie nervt tatsächlich. Warum?

Komplizierte Aufgaben lassen sich am besten durch eher homogene Teams mit durchgehend hoher Fachexpertise bearbeiten. Am besten sind derartige Teams, wenn sie möglichst wenig Kommunikationsaufwand betreiben müssen, um ihre »Teamgrenzen stabil zu halten«, und sich komplett auf ihre Aufgabe konzentrieren können. Homogenität ist in diesem Fall nutzenstiftend, Diversität dagegen problemerzeugend.[103]

Komplexe Aufgaben dagegen lassen sich am besten durch heterogene Teams mit vielen verschiedenen Perspektiven lösen. Die Verschiedenheit der Teammitglieder eröffnet ein breiteres Feld an Reaktionsmöglichkeiten auf unvorhergesehene Herausforderungen. Die Unterschiedlichkeit der Mitglieder wird »eher als Bereicherung und nicht als etwas Trennendes erlebt.« Homogenität ist in diesem Fall problemerzeugend und Diversität nutzenstiftend.[104]

Diversität bezieht sich hier – Achtung, wichtig!!! – ausdrücklich nicht auf Merkmale wie Geschlecht, Ethnie oder Milieu. Hier geht es um Expertise und Perspektivenvielfalt. Dass man darauf überhaupt hinweisen muss, zeigt, wie schnell diese Kategorien durcheinandergeraten. Der mentale Kurzschluss von Stallgeruch und Bauchgefühl (»der ist wie ich«) zu Kompetenzvermutung (»der kann was«) ist erwiesenermaßen verbreitet. Warum das so ist? Die Geschichte der Karriere ist eine Geschichte weißer Mittelschichtmänner.

Wo die grauen Männer herkamen

Grund genug, noch einmal auf die Anfänge zu schauen: Wer waren die Vorgänger des heutigen »weißen, alten Mannes«?

»The Organization Man« dominierte die Arbeitswelt etwa 1950 bis 1970, seine Leitmedien waren der Brief, die Akte und das klobige Tischtelefon. In seiner Zeit wurde das Großraumbüro und in den USA das Cubicle erfunden. Wir können uns diese Workplaces als Verlängerung der industriellen Fließbänder auf die Resopalplatten identischer Schreibtische vorstellen. Die mit Gummibäumen und Kunststoffteppichen ausstaffierten Wissensfabriken ermöglichten die effiziente Unterbringung vieler Gabrieles [die Schreibmaschine von Triumph-Adler] und vieler Akten, und ermöglichte wie in Jeremy Benthams panoptischen Gefängnissen die Überwachung vieler Angestellter durch eine einzige Führungskraft. Das Büro formte die Rolle sowohl der »Schreibdamen« als auch der Vorgesetzten.

Der Non-Territoriale erschien etwa 1970 bis 1990 auf der Bürofläche. Seine bevorzugten Medien waren der Taschenrechner, die elektrische Schreibmaschine und das immer noch ortsgebundene Telefon. In Folge der Ölkrise entstanden die ersten Satellitenbüros und IBM experimentierte mit den ersten »non-territorialen Büros«. Das führt zu einer zunehmenden Abkopplung der überwiegend männlichen Vorgesetzten von ihren überwiegend weiblich besetzten Sekretariaten. Komplexe Entscheidungen, so meinte man, ließen sich am besten mit vielen Menschen auf einer Fläche treffen. Frauen übernahmen verantwortungsvollere Positionen. Führungskräfte wurden nahbarer. Managementguru Peter Drucker dachte nach über »The Changing World of the Executive« [1982]

Der flexible Mensch löste seinen Vorgänger etwa 1990 ab und blieb bis 2010 im Amt. Die zunehmende Verbreitung von SMS, Fax, Laptop und WLAN machten ihn mobil. Büroarbeit löste sich vom fixen Tisch ab, Arbeit geriet in Bewegung, die Industrie beschleunigte sich. Die Digitalisierung veränderte den Lageplatz von Informationen: nicht mehr

»oben« oder »außen«, sondern »verteilt« und (zumindest theoretisch) für alle zugänglich. Frauen in Führungspositionen waren keine Seltenheit mehr; Erfolg basierte zunehmend auf Beziehungen; und Beziehungen formen die Rolle. Die Führungskraft wurde zum Ermöglicher. Richard Sennett entwirft »Der flexible Mensch« (1998) Sascha Lobo und Holm Friebe machten sich Gedanken über die »digitale Bohème« (»Wir nennen es Arbeit«, 2006).

Der High Performer hat seinen großen Auftritt seit etwa 2010. Das Smartphone ist sein wichtigstes Arbeitsgerät und Verlängerung seiner selbst. Die umfassende Digitalisierung von Business, Bildung und privater Kommunikation macht das Büro einerseits überflüssig. Andererseits avancieren Firmengebäude zu Palastbauten, innen entstehen mehr und mehr fabrikartige Großraumflächen neben Spielplätzen für »rituelle Handlungen« und »Schöpfungszeremonien« im Rahmen von Design-Thinking-Methoden[105]. Büroräume gelten nicht mehr nur als Möglichkeitsräume für Produktivität, sondern als Wahrscheinlichkeitsräume: Je mehr Männer und Frauen hier zusammenkommen, desto wahrscheinlicher entsteht »das nächste große Ding«. Das Motto: »Work hard, play hard«. Die Performance formt die Rolle. Die Führungskraft wird zum Zeremonienmeister der Gruppendynamik.

»The Unicorn Brand« betritt 2020 nicht nur die reale Bühne der Büros, sondern auch sein digitales Pendant: Social Media, Videokonferenz, Metaverse. Sein Leitmedium ist nach wie vor das Smartphone, dazu kommen smarte Armbänder, smarte Brillen, smarte Elektroautos. Er oder sie ist nicht mehr nur ein Mensch, sondern eine Marke: eine Unicorn Brand. Sein oder ihr Arbeitsplatz multipliziert sich: Das Unicorn arbeitet im Homeoffice, an Third Places wie Cafés, Bibliotheken, auch in Flughafen Lounges, in Flugzeugen, Bahnabteilen und mithilfe seines mehr und mehr vernetzten Privatautos, das als Smart Device nun ebenfalls zur persönlichen Bürofiliale avanciert. Er spielt seine Rolle in einer zunehmend virtuellen Welt. Seine mediale Kommunikation formt die Rolle. Als Führungskraft wird er oder sie zum Influencer und zum Mittler zwischen den Welten – vom Küchenarbeitsplatz bis zum Metaverse.

In den neuen Welten der Arbeit ist dann – theoretisch – New Work endlich möglich, endlich real. Alle haben dann – theoretisch – die gleichen

Chancen auf Selbstverwirklichung: Geschlechter, Ethnien, Orientierungen, Befähigungen. Praktisch aber nicht. Warum nicht?

\ New Work braucht Unicorn Branding

Zwar öffnen flexiblere Arbeitsformen Karrierechancen für Menschen abseits der Städte, für Menschen mit Care-Aufgaben zu Hause, für People of Color und alle anderen, die sich unter dem großen Regenbogen der Diversität aufgehoben fühlen. Zwar öffnen diese neuen Karrierechancen auch neue Möglichkeiten für Unternehmen, die unter dem (oft hausgemachten, aber das ist ein anderes Thema) Fachkräftemangel ächzen. Aber: die ungleichen Chancen bleiben. Vielleicht verschärfen sie sich sogar bis hin zu einer neuen Zweiklassengesellschaft.

Die neue Zoom-o-kratie

Aus technischer Sicht sind vor Slack, Zoom oder Teams alle Menschen gleich. Aber eine gleich große Kachel heißt nicht automatisch gleich großes Selbstbewusstsein, gleich großer Respekt oder eine gleich lange Redezeit. Es gibt wenig Anzeichen für die erhoffte »Zoomokratie«, in der alle Stimmen gleichermaßen gehört werden. Vielmehr gibt ein Drittel der Frauen in der Tech-Branche an, dass sie in virtuellen Sitzungen sogar noch häufiger unterbrochen werden als in persönlichen Gesprächen.[106]

Dennoch arbeiten Frauen, Eltern von kleinen Kindern oder andere, die zufällig nicht mit der Attributkombination jung-weiß-hetero-mittelkonservativ-männlich daherkommen, am liebsten da, wo das Büro nicht ist. Studien aus den USA zeigen, dass sich die Zufriedenheit schwarzer Wissensarbeiter im Vergleich zu ihren weißen Kollegen durch Fernarbeit deutlich verbessert hat. Gut die Hälfte der Frauen und der nicht-weißen Angestellten würden sogar kündigen, wenn ihr Arbeitgeber die Vollzeit-Rückkehr ins Büro verlangte.[107] In einer weiteren Studie erklärte die Mehrheit der befragten Amerikanerinnen, dass sie für ihr Homeoffice lieber auf sieben Prozent (!) ihres Gehalts verzichten würden, als Vollzeit in ihre Cubicles zurückzukehren.[108]

Kurz: New Work unter dem Eindruck der Pandemie und in den Rahmenbedingungen der Digitalisierung öffnet diversen Menschen die Chance, ihr Talent überhaupt ins Business einzubringen. Im gleichen Atemzug nimmt sie ihnen diese Chancen jedoch wieder, weil sich der traditionelle Habitus durchsetzt: Wer seine Performance vor Ort zur Aufführung bringt, der wird wahrgenommen, der macht Karriere. Wer im Homeoffice sitzt, der nicht.

Die Einhörner kommen

Bei allen neuen Möglichkeiten der Kommunikation und Kooperation, die gelungene New-Work-Konzepte auch bieten: der Performancedruck bleibt. Nur, dass es jetzt nicht mehr um »Überwachen und Strafen« geht, sondern um »Gucken und Liken«. Der New Workplace ist eine Performancefläche. Auf dieser Fläche kann man nicht nicht performen. Performance ist die Währung, mit der man auf die eigene Karriere einzahlt. »Bei Strafe des Untergangs«, hätte Marx gesagt.

Was sich verändert hat seit den Großraumbüros der 1960er-Jahre: Am großen New-Work-Tanz nehmen jetzt neben den weißen Mittelstandsmännern immer mehr Frauen, immer mehr People of Color und alle Unicorn Brands teil, die man sich überhaupt vorstellen kann. Das eröffnet für viele neue Chancen. Und das macht den Konkurrenzkampf härter für alle. Es ist ein Kampf um Sichtbarkeit. Denn nur, so habe ich es in meinem Buch »Unicorn Branding« formuliert: Wer sichtbar ist, fällt auf, und wer auffällt, der fällt im richtigen Moment dem relevanten Entscheider ein.

Der älteren Führungskräfte-Generation galt und gilt das private Einzelbüro mit Namensschild und Familienbildern als Rahmen und Garant ihrer professionellen Sichtbarkeit und als Bühne für ihre professionelle Performance. Was bleibt davon remote? Man schiebt ein Bücherregal ins Bild, knipst seine professionelle Identität mit Ringlicht und Webcam an. Für diese Rolle braucht es keinen Dienstwagen, kein Eckbüro mit Extrateppich, nicht einmal eine Hose.

RE\THINK

In der Welt der Remote Worker ist Arbeit nicht mehr Ort plus Performance. Arbeit ist Kooperation plus Personal Branding – und das macht den Aufbau der eigenen Personenmarke so erfolgsentscheidend.

Warum das so ist, liegt auf der Hand: In einer Welt, in der eine Konferenz der nächsten gleicht, sind Typen gefragt, die man nicht so schnell vergisst. Darum die vielen Hüte, Brillen und Bärte auf LinkedIn und Co. Darum die schrägen Marotten. Sie müssen sich selbst zum Icon machen, damit man Sie im Videocall als Personenmarke erkennt.

Und das ist erst der Anfang. In Zukunft – Stichwort Metaverse – brauchen Sie einen prägnanten Avatar, der Sie glaubhaft vertritt. Und jetzt wage ich eine Prognose: Die Unicorn Brand wird der Digital Twin des High Performers. [Excuse my Denglish.]

Sind wir nicht schon auf dem besten Wege dahin? Meta-Chef Marc Zuckerberg hat seinen Avatar längst am Start, und Nvidia-Chef Jensen Huang hat sich in eine virtuelle Spielfigur verwandeln lassen, die über eine KI völlig selbstständig kommuniziert.[109] Perspektivisch könnten wir also unsere Unicorn-Avatare als High Performer aufs Spielfeld schicken, während wir selbst die Füße in den Sandstrand stecken und Cocktails schlürfen.

Slim, slimmer, am slimmsten

Das heute schon reale und vielleicht Beste an Avataren ist ihre immerwährende Faltenfreiheit. Die typischen Männerproblemzonen von den Geheimratsecken über die müden Augen, das hängende Kinn, das Bauchgewölbe bis zum Schwundgesäß lassen sich ohne sinnlos auf Fitnessgaleeren verhampelten Stunden einfach wegprogrammieren – nein, besser noch: All das ästhetische Ungemach taucht erst gar nicht auf! Was Physis und Psyche betrifft, ist das Metaverse ein sorgenfreies Gebiet.

Die neuen Insignien der Macht – Sixpack unter T-Shirt, Badekappenfrisur, Knackarsch – im Metaverse kann sie jeder haben. Virtuell. Ist das jetzt die neue Freiheit? Mitnichten. Man kann sich nicht ewig hinter schwarzen Kacheln verstecken, und deshalb sind unsere virtuellen Stellvertreter-Unicorns nicht Entlastung, sondern Zusatzstress.

Metaverse hin oder her, der Zeitgeist gebietet: Man[n] muss an sich arbeiten, um instagrammable zu bleiben, und Frau natürlich auch. Ein CEO sollte, bitte schön, bis ins hohe Alter durchtrainiert, sportlich und gutaussehend sein. Die aktuelle Mode ist ein Spiegel dieses Imperativs: Baumwollanzug in slim, besser noch superslim. Nach der Ablösung des grauen Herrenanzugs durch das graue Zuckerberg-Shirt kommt nun also der in Anzugform umgeschneiderte Schlafanzug.[110]

Lustig ist das nicht. Denn genau wie das formlose Gründer-T-Shirt hebt der Jersey-Anzug ungünstig all das hervor, was niemand sehen soll. Es gibt keine Schulterpolster, das fallende Schultern hebt, keinen Halt für den Rücken, keine verstärkende Brustpartie. Der Uniformitätsdruck verschiebt sich so vom gleichmachenden Anzug-Imperativ in den Manager-Körper selbst.

Magerkeit ist der neue Standard, und wer sich mit unerbittlicher Morgenroutine nicht selbst gestählt hat und dies der Welt nicht täglich via Instagram beweist, der spielt nicht mit – meinen zumindest die Hochglanzmagazine, die tief beeindruckt über frühsportelnde Manager in Parkhäusern berichten.[111]

Unter diesen Spielregeln, so scheint es, wird alles zum No-Go, was nach dem Zuschalten des Zoom-Schönheitsfilters immer noch nach Schlupflid, Segelohr oder Doppelkinn aussieht. Dass dies mehr als mein persönlicher Eindruck ist, zeigt die seit der Pandemie sprunghaft gestiegene Zahl der Schönheitsoperationen: Allein bei den rund 100 VDÄPC-Ärzten, bei denen ein Zehntel der Schönheitschirurgen in Deutschland organisiert ist, stieg die Zahl der Eingriffe von 77.000 im Jahr 2018 auf 83.000 in 2019; sie liegt 2020 bei geschätzten 100.000 und 2021 wahrscheinlich noch darüber.[112] Von einem Plus von 15 Prozent geht die Deutsche Gesellschaft der Plastischen, Rekonstruktiven und Ästhetischen Chirurgen e. V. [DGPRÄC] aus.

Müde Augen und Zornesfalte kommen besonders häufig unter Messer und Spritze. Gespritzt wird vor allem Botulinumtoxin A, kurz Botox. Hängende Lider werden operativ gestrafft – zunehmend beliebt sind auch Plasma- oder Eigenbluttherapien, tatsächlich genannt »Vampir Lifting«. Oder es werden »Filler« unterspritzt in der Hoffnung, eingefallene Wangenpartien wirklich wieder frisch aussehen zu lassen und nicht nur so, als sei das Gesicht nach der Zahn-OP nicht wieder abgeschwollen.

Diese Hoffnung ist nicht nur bei Frauen groß, sondern auch bei immer mehr Männern. Zwar wurden laut einer Umfrage der Deutschen Gesellschaft für Ästhetisch-Plastische Chirurgie (DGÄPC) im Jahr 2020 ganze 87,8 Prozent der Schönheitseingriffe und 95,3 Prozent der Botox-Behandlungen an Frauen unternommen. Das heißt aber auch: an 5 Prozent Männern[113]. Wundern wir uns also, wenn uns Jahr für Jahr immer mehr Manager aus Betongesichtern anstarren?

Hätte man da nicht, frage ich mich, gleich den Avatar schicken können? Natürlich ist es leicht, sich über das Spiel der ultrafitten, ultraleichten und ultraperfekten Unicorns zu mokieren. Wenn Sie mich kennen, dann wissen Sie, dass ich das alles nicht bin. Und weil ich Sie kenne, ist mir klar, dass auch viele von Ihnen eher nicht so aussehen wie ein Zuckerberg. Und? Ist das ein Problem? Muss jetzt jeder unters Messer?

RE\THINK

Gutes Aussehen kann einer Karriere tatsächlich Schub geben, muss aber nicht. Ich habe schon unzählige Charakterköpfe erfolgreich vermittelt, die mit Authentizität, Schlagfertigkeit und einer langen Erfolgsliste punkten konnten – aber noch nie ein Nullachtfuffzehngesicht nur wegen seiner »frischen Augen«. Also, bitte. Und wenn Sie Ihr Spiegelbild im Zoom-Fenster jetzt immer noch nicht ertragen, kann Ihnen vielleicht ohnehin kein Experte für Lidstraffungen weiterhelfen, sondern einer für, nun ja: narzisstische Störungen.

»Nerdish in a way«

Nerd ist das neue Cool. Dabei haben sich die Nerds der frühen Jahre gar nicht verändert – verändert hat sich das Cool. Denn Coolness ist da, wo die Macht ist. Und die Macht ist heute da, wo Hightech ist. Und weil Nerds da sind, wo Technologie ist, sind sie jetzt am Hebel.[114]

Nerds sind schon lange nicht mehr so niedlich wie Nerd 1.0, der Junge aus »Zurück in die Zukunft«. Nerds sind die knallharten Typen: Bezos, Zuckerberg, Musk. Sie werden nicht mehr ausgeschlossen, sie schließen aus. Das zeigte sich zum Beispiel 2017, als ein Google-Mitarbeiter mit einem Anti-Diversity-Manifest für Aufregung sorgte –, bevor er seinen Job verlor.

Sieht sich der auf dem Schulhof geschmähte und im Job gehypte Nerd bedroht angesichts der neuen Rede von Vielfalt und Gleichstellung? Sind sexistische und diskriminierende Manifeste also nichts als seine verständliche Notwehr? [115]

Verordnete Diversity schlägt in einem Unternehmen keine tiefen Wurzeln. Gelebte und erlebte Diversity schon. Es bleibt uns also nichts anderes übrig, als das abstrakte Diversity-Konzept mit konkretem Leben zu füllen. Und zwar nicht aus ideologischem Prinzip. Sondern genau da, wo es für die Teams und ihre Aufgaben sinnvoll ist. Dann zahlt sich Diversity aus, dann macht sie Spaß, dann macht sie erfolgreich.

Wir können uns die »diverse Karriere« als nächste Diversity-Dimension vorstellen – und damit anknüpfen an das, worum es im nächsten Kapitel geht: Sinn.

\ FAZIT UND FRAGEBOGEN TEIL 4

Diversity macht Unternehmen messbar erfolgreich – allerdings nur dann, wenn sie Vielfalt an den richtigen Stellen einführen und konsequent leben. Parallel dazu sorgt die größere Vielfalt auf der Karriereleiter für größere Konkurrenz. Und das macht in Verbindung mit der Virtualisierung der Arbeitswelt den Entwurf eines persönlichen Brandings von einem Nice-to-have zu einem erfolgsentscheidenden Must-have.

PINK UNICORNS: Wer will ich sein?

A: DIVERSITY

Geschlecht, Herkunft, Umfeld: Welche Vielfalt ist für mein Unternehmen aus professioneller Sicht optimal, und lässt sich das mit einer **Quote** abbilden?

....

....

....

Kompliziert oder komplex: Welche Art von Vielfalt erfordern die Aufgaben meiner Teams, und welcher **Nutzen** ergibt sich daraus?

....

....

....

....

Frust, Stress, Neid: Welche **Herausforderungen** bringt Diversität in meinem Umfeld?

....

....

....

....

B: UNICORN BRANDING

Interessen, Skills, Weirdness: Wie **»nerdish cool«** will ich mich darstellen?

....

....

....

....

Hut, Bart, Brille: Was macht meine Personal Brand zum **Icon**?

....

....

....

Punkt, Punkt, Komma, Strich: Wie gestalte ich meinen persönlichen **Digital Twin**?

....

....

....

Freewriting: Welche Vielfalt will ich im Job? Welche Personal Brand macht mich in der Vielfalt sichtbar?

....

....

....

....

Meine persönlichen Pain Points:

1. ....

2. ....

3. ....

4. ....

5. ....

PINK UNICORNS: Diversity & Unicorn Branding

VI
PURPOSE

Wir leben in einer Zeit vollkommener Mittel und verworrener Ziele.

Albert Einstein

\ New Work und die Sinnfrage

New Work ist Work in Progress. In Reinform wird sich die Utopie nicht verwirklichen lassen, das geht nicht, und darum geht es auch gar nicht. Es geht um die beharrliche Suche nach neuen, nach besseren Formen, gemeinsam produktiv zu sein. So weit, so klar, solange sich das Hamsterrad dreht. Stoppt das Rad – Krankheit, Insolvenz, Krieg – steht plötzlich die Produktivität an sich in Frage: die Rastlosigkeit, die Termine, die Erfolge. Dann steht etwas Neues im Raum. Groß. Unheimlich. Bedrohlich: die Sinnfrage.

Story: Kaschmir

Ein leises Knacken, der Plastikbügel bricht. Lautlos gleitet der Kaschmirmantel in den Baustaub und bleibt so erbärmlich liegen wie ein Unfallopfer. Siebentausend Euro im Dreck. Wenn Blicke töten könnten … ich hätte mich gleich dazulegen können.

Es war ein Gesprächspartner Larger-Than-Life. Was auch immer er anfasste, wurde zu Gold. Klug. Distinguiert. Einer, neben dem George Clooney zum Langweiler wird. Alles, was ein High Performer werden will – CEO, Vorstand, Aufsichtsrat – er hat es längst geschafft. Doch er ist unglücklich.

Als leidenschaftlicher Unternehmensentwickler will er Business aufbauen, er will Menschen fördern. Das ist sein persönlicher Purpose. Seine tatsächliche Aufgabe sieht anders aus: Talente entlassen, Standorte schließen. Er will raus.

Start-ups begleiten, Rennrad fahren, Reisen. Aussteigen auf hohem Niveau. Die Frage an mich: »Geht das? Was, wenn es nicht gelingt? Ist dann eine Rückkehr möglich in die klassische Karrierespur?«

Meine Antwort: Nein. Wer eine Burnrate von einer Million Euro pro Jahr seinen Lifestyle nennt, kann sich nicht auf Start-ups konzentrieren, von denen aus tausend nur zwei erfolgreich sind.

Es ist eine Entscheidung. Eine Lebensentscheidung. Purpose oder Kaschmir. Jeder Traum hat seinen Preis.

\ Wenn der Stress geht, kommen die Fragen

Viele High Performer kommen über lange Strecken ihrer Biografie ohne Sinnfragen aus. Es geht um anderes: die besten Jobtitel, die richtigen Kontakte, die coolsten Projekte. Das ist es, was sie »wirklich, wirklich wollen«. Mit dieser Haltung sind sie nicht allein:

Laut Tatjana Schnell, empirische Sinnforscherin und Professorin an den Universitäten Oslo und Innsbruck, denkt heute ein Viertel der Deutschen überhaupt nicht über Sinn nach, ist also »existenziell indifferent«. Vor 15 Jahren hatten mehr als ein Drittel angegeben, keinen Sinn im Leben zu haben und sich daran nicht weiter zu stören. Vor 15 Jahren meinten in einer Studie vier Prozent der Befragten, in einer Sinnkrise zu stecken. 2018 waren es schon 14 Prozent insgesamt, und bei jungen Erwachsenen ganze 27 Prozent.[116] Zwischen diesen beiden Extremen gibt es dann diejenigen, die ihren Sinn gefunden haben. Sinnquellen gibt es viele: Natur oder Nation, Musik oder Marathon, Autos oder Arbeit und viele mehr.

Hier ist die Stelle, an denen Unternehmen mit ihren New-Work-Konzepten andocken. Hier ist die Stelle, an der sie Selbstverantwortung, Selbstbestimmung, Selbstentfaltung versprechen. Manche versprechen sogar Sinn.

Die Überhöhung der Arbeit als Sinnstifter ist schon vor gut 500 Jahren passiert: Wenn wir heute von unseren Jobs wie von einer »säkularen Religion« sprechen, wenn wir unsere Sinngebung, unsere Rituale, unsere Rolle und Identität, unser Selbstbewusstsein und unsere Selbstverwirklichungsversuche mit unseren Jobs verbinden, dann haben wir es mit Langzeitfolgen der Reformation zu tun.

Meine Firma, mein Job, mein Sinn

Es war der Soziologe Max Weber, dem das als Erstem aufgefallen war. Im Jahr 1904 war er nach Amerika gereist, um dort die protestantischen Sekten und ihren wirtschaftlichen Erfolg zu studieren. Aus seinen Beobachtungen entstand sein Werk »Die protestantische Ethik und der Geist des Kapitalismus«. Sein Befund gilt bis heute als wegweisend: Der Protestantismus, so Weber, hatte den Fokus des Menschen verschoben. Weg von den paradiesischen Aussichten im Jenseits, hin zum Erfolg hier und heute. Dies in Kombination mit einem Höchstmaß an Selbstdisziplin und Leistungsethik ebnete einer rationalen Berufsethik den Weg, die wir heute als selbstverständlich empfinden. Sie ist es nicht, sie ist historisch gewachsen.

Webers Antagonist heißt Karl Marx. Für ihn war Arbeit keineswegs eine Sinnmaschine, sondern nur ein notwendiges Übel. Er kämpfte nicht für mehr Freiheit in der Arbeit, sondern nach der Arbeit. Denn dort, »jenseits der Sphäre der eigentlichen materiellen Produktion«, da beginne »das Reich der Freiheit«[117] Was Marx viel mehr umtrieb als die Frage nach Sinn, war die Frage nach Würde, Fairness, Sicherheit und die Sicherung des Überlebens überhaupt. Erst kommt das Fressen, dann kommt die Moral.

RE\THINK
Nun haben wir zumindest hierzulande genügend »Fressen« und sind konfrontiert mit der Next-Level-Frage: Sinn. Was also macht Arbeit sinnvoll? Was macht Arbeit FÜR SIE sinnvoll?

Arbeit ist Sinn – Sinn ist Arbeit. Wirklich?

Am »Institut für Marketing und Customer Insight« der Universität St. Gallen wollte ein interdisziplinäres Forschungskonsortium wissen: »Wie können Führungskräfte Sinn ermöglichen, um die Leistung und Motivation ihrer Mitarbeiter und Mitarbeiterinnen zu erhöhen sowie Stress und Fehlzeiten zu reduzieren?«[118]

Um diese Frage zu beantworten, startete das Forscherteam eine »quantitative Purpose-Messung« plus 33 qualitative Interviews mit mehr als 600 Managerinnen und Managern. Alles mit dem Ziel, »Mechanismen zur Sinnerhöhung für die verschiedenen Arbeitsorientierungen zu entwickeln und in die jeweiligen Unternehmen einfließen zu lassen«. Das brachte drei intrinsische und zwei extrinsische Quellen des Antriebs ans Licht.

Extrinsische Arbeitsorientierungen: Nutzenorientierte Mitarbeiter sehen ihre Tätigkeit als Mittel zum Zweck. Sie folgen dem Motto »Arbeite, um zu leben, nicht: lebe, um zu arbeiten«. Statusorientierte Mitarbeiter wollen mit ihrer Arbeit Anerkennung, Titel oder Macht erreichen. Sie arbeiten, um in den Genuss von Privilegien zu kommen.

Intrinsische Arbeitsorientierungen: Beitragsorientierte Mitarbeiter wollen einen gesellschaftlichen Beitrag leisten. Sie empfinden Sinn, wenn sie Mehrwert für andere schaffen. Gemeinschaftsorientierte Mitarbeiter empfinden Sinn, wenn sie in ihrem Job das Miteinander von Menschen mit ähnlichen Werten und Interessen pflegen und freundschaftliche Beziehungen unterhalten. Leidenschaftsorientierte Menschen streben nach Entfaltung ihrer Talente und dem Ausschöpfen ihrer Potenziale.

RE\THINK

Wer nun »Mechanismen zur Sinnerhöhung für die verschiedenen Arbeitsorientierungen« einführen möchte, sollte folgende Risiken und Nebenwirkungen kennen: Schüttet man intrinsisch motivierte Mitarbeitende mit extrinsischen Stimuli zu – Boni, Incentives, Privilegien – begräbt man ihre Motivation gleich mit. Das kann im nächsten Schritt die Bindung zum Arbeitgeber unterminieren: Wer seine Mitarbeiter auf extrinsische Statusversprechen fixiert, der verliert sie, sobald ein Mitbewerber die besseren bietet. Die Lösung der Schweizer Forscher liest sich so: »Organisationen sollten die Zeichen der Zeit erkennen und jetzt eine Unternehmenskultur schaffen, in welcher nicht nur über externe Anreize aktiviert wird, sondern die Arbeit an sich als sinnstiftend empfunden wird.«

Heißt das nun: Die Unternehmenskultur beantwortet die Sinnfrage? Und wenn es das heißt: Kann New Work diese Antwort geben?

Purpose gibt keine Antwort

Menschen, Material und Büromieten werden nicht mit Sinn bezahlt, sondern mit Geld. Das Ziel von Business ist nicht zuerst Sinngebung, sondern Geschäftserfolg. Unternehmen mit dem Zweck »Sinngebung« sind keine Unternehmen, sondern Religionsgemeinschaften. Alle anderen produzieren Mehrwert, aber nicht zwingend Sinn.

Was also tun, wenn Mitarbeitende nun ihr Sinnerleben in ihrem Job befriedigen möchten? Was tun, wenn Kunden nicht einfach nur Turnschuhe kaufen, sondern auch die Welt retten wollen? Was tun, wenn Tech-Kunden nicht einfach nur ein Smartphone haben, sondern Teil einer sinnstiftenden Gemeinschaft sein wollen? Wenn sie nicht nur Chardonnay kaufen wollen, sondern persönliches Wachstum fühlen?[119]

Das Wort »Purpose« heißt »Absicht, Aufgabe, Bestimmung, Intention oder Sinn«. Im Kern steht die Frage nach der Sinnhaftigkeit. Was in Bezug auf Business heißt: Was ist der höhere Zweck eines Unternehmens? Der höhere Zweck eines Lebensmittelunternehmens kann sein einen Beitrag zur Reduktion von Verpackungsmüll und Chemieeinsatz in der Lebensmittelindustrie zu leisten. Kurz: eine bessere Welt mit glücklicheren Menschen. Der höhere Zweck eines Herstellers von Elektroautos ist Reduktion von Treibhausgasen. Kurz: eine bessere Welt mit glücklicheren Menschen. Der höhere Zweck einer Tech-Marke ist ein Beitrag zur Zukunftsfähigkeit von High Performern. Kurz: Blablabla. Soweit die Theorie.

In der Praxis errichten Tech-Giganten statt gewöhnlicher Läden weiße Tempel, an denen Jünger rund um »Genius Bars« im globalen Gemeinschaftsgefühl ihrer Marke schwelgen dürfen, solange sie die neuesten Produkte erwerben.[120] In der Praxis ist die Frage nach dem sinnvollen Recycling von Autobatterien nicht gelöst. In der Praxis fliegen Biosupermärkte ihre Äpfel aus Neuseeland ein. Und in der Praxis erfinden Modehändler, um dem Trash-Image zu entkommen, für ihre Kunden ganz neue Purpose-Ideen: »Schenken Sie der Kleidung, die Sie nicht mehr tragen, ein neues Leben.« Schon verwandeln sich konsumfreudige Fashionistas in vermeintliche Wohltäter, und ihre Tausend-Euro-(Alt-)Kleider in Fernwärme.[121]

Purpose, so die Idee, lässt das Business weiter rollen, erhöht die Motivation der Mitarbeiter, poliert das Image, befeuert den Kampf um Talente. In der Praxis kommt Purpose über Greenwashing und absurde Kundendialoge dann oft nicht hinaus. Worüber man großzügig hinwegsieht, weil Purpose heute als Erfolgstool schlechthin gilt.[122]

Nur: Die »optimale Leistungssteigerung durch (...) Begeisterung, Arbeitsfreude und Wohlbehagen«, von der die Leistungsoptimierer in den Großraumbüros der 1960er-Jahre geschwärmt hatten,[123] sie findet auch mit den Sinnangeboten der New-Work-Konzepte nicht statt. Die

Purpose-Vorschläge aus den Marketingabteilungen für den einzelnen Mitarbeitenden passen immer nur so gut wie Corporate-Identity-Uniformen: irgendwie schon, aber die Ärmel sind dann doch zu kurz, der Hut zu groß und zu weit der Hintern.

Arbeit – um die Sache kurz zu machen– kann die individuelle Sinnfrage nie erschöpfend beantworten. Auch New-Work-Konzepte können es nicht.

\ Sinn als Freiheit denken

Arbeit macht Geld. New Work macht Geld. Was macht Sinn? Hannah Arendt beschreibt in »Vita activa oder Vom tätigen Leben« (1960) nicht die Arbeit als zentrale Tätigkeit des Menschen, sondern sein Handeln. Natürlich müsse der Mensch arbeiten, um zu überleben, er könne auch seine Talente entfalten und ein Werk hinterlassen, aber erst in der Würde des Handelns entfalte sich die ethische Qualität der Beziehungen zwischen Menschen.

RE\THINK

Wenn der Mensch nur Zahlen hin- und herschiebt, hat seine Arbeit keinen Sinn. Wenn eine ethische Qualität dazukommt, wenn er gemeinsam mit anderen die Welt konstruktiv verändert, dann hat seine Arbeit einen Sinn. Dann sind alle drei Aspekte der intrinsischen Arbeitsorientierungen abgedeckt: Beitrag. Gemeinschaft. Leidenschaft. Und damit gelingt so etwas wie ein sinnvoller Selbstentwurf.

Wirklich wissen, WIE und WARUM

Ziehen wir Friedrich Schiller aus dem Regal. In seinem 1793 erschienenen Aufsatz »Über Anmut und Würde« schreibt er, dass eine Arbeit dann sinnvoll sein kann, wenn sie »schön« ist. Das wiederum wird sie dann, wenn man einer Arbeit nachgeht, »wo Vernunft und Sinnlichkeit, Pflicht und Neigung zusammenstimmen.« Auch hier wieder alles auf einmal: Beitrag, Gemeinschaft, Leidenschaft. Und das auch noch so, dass in der Arbeit die Pflichterfüllung Spaß macht.[124] So kommen wir mit einem Schritt vom Schönen wieder zum Guten. Denn Mühen und

Strapazen lassen sich bekanntermaßen aushalten, wenn der Mensch weiß, wozu er sich plagt. Das ist der ethische Mehrwert.

Und das schönste Zitat dazu stammt von einem anderen alten, weißen Mann. Friedrich Nietzsche. »Hat man sein Warum? des Lebens, so verträgt man sich fast mit jedem Wie? – Der Mensch strebt NICHT nach Glück; nur der Engländer thut das.«[125]

Mit den »Engländern« zielt Nietzsche hier auf keinen Nationalcharakter, sondern auf die englischen »Utilitaristen« mit ihrer Vorstellung des größten Glücks für alle (»The greatest happiness of the greatest number is the foundation of morals and legislation.«) Um Glück geht es Nietzsche nicht. Wer seinen Sinn gefunden hat, der weiß, was er tun will. Und das unabhängig davon, ob das Glück gerade weg ist oder nicht. So viel zum Warum.

Das Wie sollten wir gleichwohl nicht unter den Tisch fallen lassen. Der Sinn einer Arbeit kann sich auch aus dem Flow speisen, den sie ermöglicht. Gemeint ist ein »autohypnotisches Dahinfließen der Produktivität, ein zeitloser Funkenflug der Selbsterfüllung«. Kurz: »die Abwesenheit von Fragen«.[126]

Kennt jeder, der bei einer Tätigkeit schon einmal alles um sich herum vergessen hat. Und nicht zuletzt entsteht Sinn auch aus der sinnvollen Ordnung des Tages, die unsere Arbeit mit sich bringt, wenn nicht gerade Lockdown ist. Oder Krieg.

Resilienz – die vergessene Mit-WEM-Frage

Nach dem Wie und Warum wirft sich die populäre Selbsthilfeliteratur gerne erschöpft aufs Daybed. Individuelle Bedürfnisse sind erfüllt, Ego-Ansprüche sind abgeholt und Machbarkeitsfantasien bedient. Fertig. Offen bleibt die Leerstelle rund um die Mit-WEM-Frage. Und das passt gut in unsere Zeit, in der vor lauter Freiheit die Verantwortung füreinander vergessen wird und die existenzielle Bedeutung der Verbindungen untereinander.

Zurück zu diesen Verbindungen führt uns das Buzzword Resilienz. Warum brauchen wir das Thema hier? Weil so viel Falsches dazu geschrieben wird und weil das Thema weiterführt zum Begriff der Freiheit. Aber von vorne:

Was ist Resilienz? Sie ist keine Eigenschaft, sondern ein Netzwerkeffekt. Sie ist keine einmal erworbene Kompetenz, sondern »ein Phänomen, das vom Zeitpunkt abhängt und von der Situation, in der sich eine Person gerade befindet«.[127]

Resilienz ist auch die Fähigkeit, »förderliche Beziehungen einzugehen und sich Unterstützung bei Personen und Institutionen zu holen«, also um Hilfe zu bitten und auch selbst Hilfe anzubieten. Noch einmal: Resilienz ist ein Netzwerkeffekt.

Je mehr High Performer sich nicht nur als Ego-Shooter begreifen, sondern als Teil eines größeren Netzwerks, in dem sie Verantwortung übernehmen, werden sie nicht trotzdem, sondern gerade deshalb Freiheit leben können.

RE\THINK
Die Widerstandskraft des Einzelnen wächst nicht allein dadurch, dass er an sich selbst arbeitet. Sondern daran, dass er sich mit anderen verbindet. In den meisten Fällen tun wir das, was wir »wirklich, wirklich wollen« ohnehin nicht für uns allein, sondern für andere: Kunden, Klienten, ein Publikum.

»Wirklich, wirklich wollen«

Noch einmal zurück zu Frithjof Bergmann, der sich Arbeit als das vorgestellt hat, was wir »wirklich, wirklich wollen«. Diese ursprüngliche Idee hatte mit der Marx'schen Vorstellung zu tun, die »Entfremdung« des Arbeiters von seiner Arbeit zu überwinden. Denn diese Entfremdung war es, so die Idee, die seine Selbstverwirklichung in der Arbeit unmöglich machte.

Wir stehen heute vor einem solchen Übermaß an Selbstverwirklichungsangeboten und im Rahmen von New-Work-Konzepten profitieren wir von einem derartigen Übermaß an Freiheit, dass die Utopie sich vielerorts in ihr Gegenteil verkehrt hat. Was wir sollen, interessiert uns nicht. Was zählt ist, was wir wollen. Was wir wollen, ist grenzenlos.

»The Sky is the Limit.« Wir selbstverwirklichen uns zu Tode, wenn uns nichts davon abhält.

Bei allem Grauen war die Pandemie, war der Lockdown, war der plötzliche Wechsel in die Hybridarbeit für manche Menschen auch eine Erfahrung, die sie davon abgehalten hat, sich zu Tode zu optimieren. Die ein Türchen zum Sinn geöffnet hat. Manch einer entdeckte am eigenen Küchentisch neue Quellen der Sinngebung. Fand alte wieder. Und kündigte.

Das ist ein Grund dafür, warum Unternehmen ihre Mitarbeitenden wieder in die Büros und damit unter das eigene Pseudo-Purpose-Dach zurückholen wollen. Viele werden sich nicht wieder einwickeln lassen.

RE\THINK

Eine Purpose-Broschüre ist keine Antwort auf existenzielle Sinnfragen. New Work ist kein fertiges Sinnkonzept. Schublade zu, Diskussion beendet. New Work kommt mit vielen Fragezeichen: Was ist gutes Business? Was ist gelingendes Leben? Wie gelingt eine lebenswerte Zukunft? Wer nach einer neuen Richtung für sein Leben, für seine Arbeit sucht, der ringt mit genau diesen Fragen. Und dieses tägliche Ringen um das, was man »wirklich, wirklich will«, das ist der Wert von New Work. Mehr nicht. Aber auch nicht weniger.

\ FAZIT UND FRAGEBOGEN TEIL 5

Und jetzt? »Wir stehen selbst enttäuscht und sehn betroffen, den Vorhang zu und alle Fragen offen« – so könnten wir jetzt Bertolt Brecht zitieren und dann ratlos abziehen. Dass es keine einfachen Antworten gibt, ist aber keine schlechte Nachricht, sondern eine gute.

Der überraschende Zusammenprall von New-Work-Konzepten und Pandemie hat uns herausgerissen aus unseren Routinen und uns Freiheit gegeben für neue Fragen. Es sind neue Freiräume entstanden für vielfältigere Formen von High Performance. Das ist eine Chance für Unternehmen und vielleicht wichtiger noch: für Sie.

PURPOSE: Was suche ich?

A: SINN

Nutzen, Status: Wie sieht für mich **Erfolg** aus?

....

....

....

Beitrag, Gemeinschaft, Leidenschaft: Welches **Werk** will ich hinterlassen und welche meiner **Werte** werden darin sichtbar?

....

....

....

....

Flow, Tagesstruktur: Welches Sinnerleben ermöglicht mir meine **Kreativität**?

....

....

....

....

B: FREIHEIT

Handeln: Was will ich in der **Welt bewegen**?

....

....

....

....

Wirken: Von welchem **Warum** will ich mich bewegen lassen?

....

....

....

Wollen: Wie nutze ich die **Freiheit** von New Work?

....

....

....

Freewriting: Was ist es, was ich »wirklich, wirklich will«?

....

....

....

....

Meine persönlichen Pain Points:

1. ....
2. ....
3. ....
4. ....
5. ....

PURPOSE: Sinn & Freiheit

\ Meine Pain Points auf einen Blick

Destillieren Sie aus Ihren Antworten gerne Themen, die Sie im Anschluss tiefer aufbohren, verstehen und für sich weiterentwickeln wollen. Entweder mit einem vertrauten Gesprächspartner oder in einem professionellen Coaching.

Welche Pain Points treiben Sie am meisten um? Was gilt es, aus Gründen der Vernunft »einfach« weiter auszuhalten? Welche Aspekte können Sie ändern? Wie und wo können (oder sollten) Sie umsteuern?

PERFORMANCE: Leben & Arbeit

1. ....
2. ....
3. ....
4. ....
5. ....

PULSE: Rhythmus & Führungsstil

1. ....
2. ....
3. ....
4. ....
5. ....

1. ....
2. ....
3. ....
4. ....
5. ....

PLACE: Systemdynamik & Resonanz

....
....
....
....
....

PURPOSE: Sinn & Freiheit

1. ....
2. ....
3. ....
4. ....
5. ....

PINK UNICORNS: Diversity & Unicorn Branding

Kommen Sie mit Ihren gesammelten Pain Points gerne nach Stuttgart, zur wohl bekanntesten Bierbank der Stadt. Ganz gleich, ob Sie am Anfang Ihrer Karriere stehen, kurz vor dem Zenit, an der Spitze oder in einer Suchbewegung Richtung Second Career. Lassen Sie uns in Ruhe darüber reden, welche Perspektiven Ihnen gerade jetzt offenstehen. Gönnen Sie sich ein Coaching. Und schon höre ich Sie sagen: »Coaching? Ich!??«

VII

NEW WORK COACHING

Gold und Silber lassen einen Mann sicher stehen, aber mehr als beides ein guter Rat.

Bibel – Sir 40,25

\ Coaching: eine sinnvolle Option

Wenn Sie entscheiden wollen, ob Coaching für Sie sinnvoll ist, sollten Sie wissen, was Coaching überhaupt ist. Eine der besten Definitionen beschreibt Coaching als »maßgeschneiderte Problemlösung im Spannungsdreieck zwischen Beruf, Organisation und Privatleben oder in einem dieser Bereiche – eine Problemlösungsmethode, in welcher der Coach für die passenden Fragen, hilfreichen Zusammenfassungen und die Einhaltung des Ablaufs verantwortlich ist, und der Coachee eigenständige Lösungen für seine Situation – für seine anstehenden Fragestellungen – findet.«[128]

Was heißt das? Erstens heißt es: Es geht nicht nur um Ihren Job. Es geht um alles: Ihre Position, Ihre Firma, Ihr Privatleben. Es geht darum herauszufinden, wo in diesem Dreieck möglicherweise etwas nicht mehr zusammenpasst. Wo Sie sich weiterentwickelt haben, wo Sie sich weiterentwickeln möchten. Es geht um neue Perspektiven, es geht um einen frischen Blick auf Ihre Möglichkeiten in Ihrer Position, in Ihrem Unternehmen, in Ihrem Privatleben – und außerhalb dieser Felder.

Was Coaching eigentlich ist

Ein Coach stellt (vielleicht auch unangenehme, schmerzhafte) Fragen. Er diskutiert mit Ihnen (möglicherweise nicht mehr passende, Ihre Entwicklung blockierende) Glaubenssätze. Er hilft Ihnen dabei (eventuell niemals gesehene, irritierende) Möglichkeiten zu erkennen. Er unterstützt Sie bei der Entwicklung persönlicher Change-Strategien. Er begleitet Ihre Entscheidungsschritte, Ihren Umsetzungsprozess. Den Prozess! Aber – wichtig! – die Entscheidungen treffen Sie. Die Umsetzung ist Ihre Sache. Die Verantwortung für Ihr Leben liegt bei Ihnen. Immer.

Das heißt auch: Wirft Ihnen ein Coach freudestrahlend »Ich löse Ihre Probleme!« oder »Ich mache Sie erfolgreich!« entgegen, dann ist er kein Coach. Ein professioneller Coach macht sich nicht zum Experten für seinen Coachee. Ein professioneller Coach ist Experte für Coaching. Er überlässt dem oder der Coachee die Expertise für sich selbst. Was ein Coach aber tun kann, tun muss: Er sensibilisiert – um eine Metapher von Udo Lindenberg aufzugreifen –, das zu hören, »was die innere Stimme sagt«.

Und dann kommt man ins
Schleudern und nichts geht mehr
Aber dann wird mir wieder klar
Von Norden bis Süden,
von Ost bis nach West
Hab' ich was dabei,
das mich nie hängen lässt
Auch wenn sich das Chaos
wie wild um mich dreht
Mein Herz ist mein Kompass
und zeigt mir den Weg
Er ist immer da,
in jedem Moment
Auf diesem Trip,
den man das Leben nennt
Und wenn ich mal durchdreh,
nich' weiß, wohin's geht
Mein Herz ist mein Kompass
und zeigt mir den Weg.

Udo Lindenberg
Kompass – Udopium, 2021

Noch einmal, und diese Aussage kennen Sie schon aus meinem Buch »Second Career«: Der Coach sieht zwar Potenziale in Ihnen, die Sie vielleicht noch nicht gesehen haben – es sind aber Ihre Potenziale. Er empowert Sie in Sachen Networking – in Ihrem Netzwerk. Und er coacht Sie durch die Strategie-Umsetzung – Ihre Strategie, Ihre Karriere, Ihr Leben.

Gut möglich, dass Sie sich im Coachingprozess immer mehr an Ihren Coach annähern. Dass Sie so etwas wie einen »professionellen Freund« gewinnen. Dagegen ist nichts einzuwenden, solange sie den Zusatz »professionell« nicht unter den Tisch fallen lassen.

Nur wer professionell coacht, bewahrt den notwendigen Abstand. Ein enger Freund wird Sie im Zweifelsfall immer bestärken, trösten, empowern. Anders ein Coach: Wenn er professionell ist, wird er zur rechten Zeit eben kein Trostpflaster auf Ihre Seele kleben, sondern Ihnen einen Spiegel vorhalten, in dem Sie sich die Widersprüche Ihres Lebens ungeschönt anschauen können.

Oft werden Sie sehen: Gerade da, wo Sie sich überhaupt nicht verändern wollen, wäre Veränderung notwendig. Keine schöne Erkenntnis. Da platzen Illusionen. Doch nur so kommen Sie weiter.

Wann Coaching sinnvoll ist

Coaching ist immer dann sinnvoll, wenn eine herausfordernde Entwicklungsaufgabe vor Ihnen liegt, bei der Sie mit Ihren bisherigen Strategien nicht weiterkommen.

Auslöser kann eine handfeste Krise sein: Sie haben sich karrieretechnisch in eine Sackgasse manövriert, man sägt an Ihrem Stuhl, vielleicht droht sogar die Kündigung. Oder: Nach einer Umstrukturierung haben Sie Stress im Team, Stress mit den Kunden, Stress mit anderen Abteilungen im Unternehmen. Oder: Sie sehen keine Herausforderung mehr in Ihrem Job, vielleicht fehlt Ihnen auch der Sinn der Sache. Oder: Sie stehen am Anfang Ihrer Karriere und alle Türen sind zu.

Coaching kann auch bei konkreten Herausforderungen hilfreich sein: Vorbereitung auf ein wichtiges Meeting, auf ein Bewerbungsgespräch, auf einen Vortrag, eine Gehaltsverhandlung, auf ein TV-Interview. Wer sich coachen lässt, erhöht seine Chancen, erfolgreich zu sein. Den Erfolg selbst aber »kauft« er nicht. Erfolg ist nicht käuflich.

Branchenspezialisierte Personalberater können mit Ihnen über die Frage Ihrer Karrierestrategien, Ihrer Talente und Potenziale hinaus klären, welche Potenziale in Ihrem persönlichen Business-Netzwerk verborgen sind und wie Sie diese Potenziale ausbauen und nutzen können.

Sie können im Rahmen einer Fachberatung zeigen, welche Chancen auf welchen Märkten sich Ihnen bieten, was jenseits konventioneller Märkte für Sie möglich ist. Persönliches Coaching plus branchenspezifische Strategieberatung bieten nur wenige Berater. Ich zähle mich dazu.

Braucht es New-Work-Coaching?

Wenn Unternehmen New-Work-Konzepte einführen, bricht für den typischen »alten, weißen Mann« oft eine Welt zusammen. Die Konzerngorilla-Regeln der Meetingräume gelten nicht mehr, die Vorzimmertänze tanzt niemand mehr, und wenn niemand mehr Aufzug fährt, ergibt auch der Elevator-Pitch nicht wirklich mehr Sinn.

Stattdessen: neue Performance-Regeln in hybriden Settings. Führen ohne Order, ohne Control, ohne Gebrüll und ohne Krawatte. Junge Menschen führen, die Dinge tun, die man nicht mehr wirklich versteht. Noch jüngere Menschen führen, für die »Mental Health« wichtiger ist als KPIs. Teams führen über Zeitzonen hinweg, über Milieugrenzen hinweg, über Sprachgrenzen hinweg. Vertrauen, dass schon jeder seine Arbeit tut, auch wenn man niemandem dabei über die Schulter schaut.

Außerdem: Fachkräfte finden auf einem leergefegten Markt. Führungskräfte begeistern in einer Welt, in der Führung nicht mehr attraktiv scheint. Frauen aufbauen, mit Frauen kooperieren, Frauenseilschaften verstehen und mit ihnen arbeiten – statt gegen sie.

Und: Diversity gutheißen – aber nicht naiv. Veränderungen mitgehen – und die richtigen Fragen stellen. New Work als Chance sehen – aber nicht innovationsbesoffen jedem Buzzword hinterherlaufen. Den eigenen Weg gehen, gerade jetzt, wo sich klar definierte Wege auflösen.

Etliche der alten High-Performance-Geheimnisse gelten nicht mehr. Die klassische Konzernkarriere ist nicht mehr der einzige Weg zum Erfolg. Die Welt ist sehr, sehr unübersichtlich geworden – all das macht New-Work-Coaching sinnvoll.

Wobei es das Extrawort eigentlich nicht braucht. Jedes gute, jedes professionelle, jedes wirksame Karriere-Coaching muss heute immer auch New-Work-Coaching sein.

Coaching ist Reflexion

Aus meinem Buch »Second Career« kennen Sie möglicherweise folgenden Gedanken, den ich mit Ihnen an dieser Stelle noch einmal teilen möchte:

Seit den 1980ern haben wir die »Risikogesellschaft« diskutiert und die »reflexive Modernisierung«, wir haben gelernt, statt in Hierarchien in Netzen zu denken, in Disruptionen statt in Kontinuitäten, wir sagen heute selbstverständlich »sowohl-als-auch« statt »entweder-oder«. Wir erleben ein hohes Maß an Freiheit – vor allem, wenn finanzielle Freiheit schon erreicht ist – gleichzeitig aber ein so hohes Maß an gefühlter Fernsteuerung über digitale Terminplanung, Selbstinszenierungs- und Reaktionsdruck in Social Media und Tracking persönlicher Spuren via Big Data, dass ein Leben mit hohen Maßen an Authentizität und Autonomie kaum mehr möglich scheint.

Bei den meisten Anliegen meiner Klienten steht eine große Sehnsucht im Vordergrund: Freiheit. Radikale Freiheit. Und was wird nicht alles unternommen, um frei zu werden? Urlaub! Doch beim Chillen im Club wird eine zu Freiheit fähige Persönlichkeit eher nicht zum Vorschein gebracht. Strecke machen! Doch auch in Kurvenlage auf der Harley ist das Freiheitsgefühl gekoppelt an die Fliehkraft und weg, wenn der Tank leer ist. Auf Freiheit kann man nicht warten, man kann sie nicht buchen und nirgendwo runterladen.

Wer radikal frei sein will, muss machen.

Wer das schafft, wer dann die Freiheit einmal gespürt hat, erlebt sie mit ihrer ganzen Faszination, aber auch in ihrer ganzen Härte: Freiheit kann schmerzhaft sein, Freiheit verlangt Entbehrung. Doch ist und bleibt Freiheit hoch attraktiv. Sie ist ein Abenteuer ungeheurer Kraft. Wenn Sie mich fragen: Eine Karriere ohne diese Qualität verdient den Namen nicht. Ein Coaching auch nicht.

Warum Coaching kein Spaziergang sein darf

Meiner Überzeugung nach haben Sie nichts von einem Coaching, das Sie vor allem bestätigt. Ihnen Honig um den Bart schmiert. Mag sein, dass Sie sich in solchen Coachings wohlfühlen – persönliche Entwicklung ist aber nicht »wohlfühlen«. Wachstum ist immer auch schmerzhaft.

Wenn Sie bereit sind, persönlich zu wachsen, bin ich bereit, Sie nicht zu schonen. Viele von Ihnen sind das nicht gewohnt. Als Newcomer warten Sie oft vergeblich auf Feedback, weil Sie in den Augen der Old Boys ein Niemand sind.

So macht sich niemand die Mühe, über Sie nachzudenken. Ältere Kader arbeiten seit Jahren, manche seit Jahrzehnten auf Positionen, auf denen sie kaum mehr ehrliches und direktes Feedback erhalten. Eine (leider) normale Begleiterscheinung äußerst erfolgreicher Karrieren: Je höher die eigene Position in einer Organisation, desto größer die Anzahl der Opportunisten.

Das ist auch der Grund, warum Outplacement-Beratungen nicht zu vergleichen sind mit unabhängigen Coachings: Ein Outplacement-Berater ist finanziell abhängig von Ihrem (Ex-) Arbeitgeber. Er wird Sie tendenziell so »coachen«, dass er seine eigene Jobsicherheit höher priorisiert als Ihre persönliche Entwicklung. Aus Opportunismus.

Ich habe kein Problem damit, Sie mit Ihren Untiefen zu konfrontieren. Wenn Sie auf mich arrogant, egozentrisch, unverträglich wirken, sage ich Ihnen das. Wenn es Ihnen gelingt, das konzerntypische Industrieschauspielerverhalten zu kombinieren mit sympathischem Humor, sage ich Ihnen das gerne auch.

Zweitens habe ich kein Problem damit, mit Ihnen gemeinsam einen nüchternen Blick auf Ihre privaten Fragestellungen zu werfen: Wie kann es gelingen, sich vom CEO zum Investor zu entwickeln (oder ganz aufzuhören), gleichzeitig ein »Second Life« aufzubauen, vielleicht mit einer neuen Partnerin oder einem neuen Partner, während die Studienkosten für die Kinder aus erster (zweiter, dritter) Ehe weiterlaufen?

Drittens habe ich auch kein Problem damit, die Grundannahmen der High Performance selbst in Frage zu stellen. Es wird Ihnen nicht entgangen sein, dass Erfolg heute nicht mehr per se als Garant von Anerkennung, von Erfüllung, von Lebenssinn gelesen wird. Im Gegenteil: Die Zahl derjenigen, die gar kein Interesse mehr an Spitzenpositionen mit großer Budget- und Personalverantwortung haben, steigt. Unter dem Eindruck von Pandemie, Inflation, Krieg, Hunger, Dürre relativiert sich auch die Bedeutung immer neuer Selbstoptimierungsstrategien. Denn: Wozu soll das alles gut sein, wenn nichts mehr gut ist?

Kann Coaching die Sinnfrage klären?

Viele von Ihnen wissen noch nicht ganz genau, was sie finden wollen, aber sie sind sicher, dass sie etwas vermissen: Sinn.

Das trifft vor allem auf diejenigen zu, die über Monate, über Jahre, über Dekaden von Erfolg zu Erfolg geeilt sind. Die für ihren Erfolg alles geopfert haben: Familie, Freunde, Gesundheit. Die überaus erfolgreiche Lebensläufe in der Tasche haben, aber eine unerträgliche Leere in der Seele, im Herzen – oder wo immer sie ihr Unglück verorten.

Die Sinnfrage taucht in Krisensituationen auf. Also dann, wenn auf einmal alles sinnlos scheint: Wenn nach aufopferungsvollen Konzernjahren dann doch die Kündigung auf dem Tisch liegt. Wenn nach (vermeintlich) glücklichen Familienjahren die Trennung ins Haus steht. Wenn die eigene Leistungsfähigkeit jäh am Ende ist durch Krebs, Depression, Burn-out. Wenn wichtige Menschen sterben im Familienkreis, Freundeskreis oder im Kreise der Geschäftspartner. Wenn die Inflation das Vermögen frisst, wenn eine Klage die Existenzgrundlage zerstört, wenn eine Verleumdung die Reputation vernichtet.

All das führt zu existenziellem Stress. Das hält man nicht aus, wenn man nicht weiß, wozu man das aushält. Also brauchen wir Sinn. Nur: Wo kriegen wir Sinn her? Reinhard Sprenger schreibt:

»Es gibt keine administrative Erzeugung von Sinn. Er liegt nicht im Regal, darauf wartend, bei Bedarf herausgeholt zu werden. In Wahrheit kann nur der Einzelne den Dingen Sinn verleihen. Deshalb heißt es Sinn-»Gebung«, nicht Sinn-»Nehmung«. Und dieser Sinn ist so unterschiedlich wie die Angestellten selbst. Für den einen ist es der Lebensunterhalt, für den anderen der soziale Austausch, für den dritten Unterhaltung. Ja, dabei fehlt das Pathos – aber was ist daran verkehrt?«[129]

Wir müssen uns unseren Leuchtturm selbst aufstellen, um unserem Leben eine Richtung zu geben. Das kann uns niemand abnehmen: kein Guru, keine Partei, kein Trainingsplan, keine Konzernstrategie, keine App. Natürlich ist es angenehm, die Sinnfrage outzusourcen. Kann man machen. Aber erreichen Sie so das, was Ihnen wirklich wichtig ist?

Wer seine Sinnfrage nicht geklärt hat, performt wie ein Duracell-Hase. (Sie erinnern sich an die Batteriewerbefigur?) Volle Power voraus, egal wohin. Irgendwann ist die Batterie leer. Und dann?

Coaching ist keine Therapie

Wenn Sie in eine Depression rutschen, brauchen Sie kein Coaching, sondern eine Therapie. Wenn Sie tief im Burn-out stecken, brauchen Sie kein Coaching, sondern eine Kombination aus psychologischer und medizinischer Hilfe. Wenn Sie suizidal gefährdet sind, sollten Sie keinen Coach anrufen, sondern eine Klinik. Dann geht es nicht mehr um Ihre Karriere, sondern um Ihr Überleben.

In einer Therapie schauen Sie möglicherweise oft zurück. Woher kommen Ihre Glaubenssätze? Warum sind Sie in einer bestimmten Situation in die eine Richtung abgebogen, nicht in die andere? Wer wollte das? Sie?

Coaching schaut vor allem nach vorn. Wohin wollen Sie? Was ist möglich? Was ist realistisch? Und was heißt das alles unter den Rahmenbedingungen von New Work?

An dieser Stelle möchte ich kurz auf die konzeptionelle Weiterentwicklung des Feedbacks eingehen, und zwar dem Begriff des »Feedforwards«. Die Idee dahinter ist, sich im gemeinsamen Gespräch nicht auf das Scheitern in der Vergangenheit zu konzentrieren, sondern auf die in der Zukunft liegenden Chancen. Der Ansatz geht wesentlich auf Marshall Goldsmith zurück.[130] Goldsmith unterstreicht folgende Argumente:

1. Wir können nur Zukunft verändern, nicht die Vergangenheit.
2. Es ist produktiver, Menschen zu helfen, Recht zu haben, als ihnen das Gegenteil zu beweisen.
3. Erfolgreiche Menschen bevorzugen Ideen, die ihnen helfen, ihre Ziele zu erreichen.
4. Feedforward kann von jedem kommen, der die Aufgabenstellung kennt – er muss nicht notwendigerweise auch die zu beratende Person kennen.
5. Menschen nehmen Feedforward nicht so persönlich wie Feedback.
6. Feedforward setzt auf Ressourcen, während Feedback Stereotypisierungen, sich selbst erfüllende Prophezeiungen und Gefühle des Versagens verstärkt.
7. Die meisten Menschen lehnen negatives Feedback instinktiv ab, und die meisten geben es auch nicht gerne.
8. Feedforward erspart es dem Gegenüber, eine unangenehme Erfahrung im Gespräch noch einmal zu durchleben, und arbeitet doch mit den gleichen Inhalten.
9. Feedforward ist in der Regel effizienter und effektiver als Feedback.
10. Feedforward kann für Manager, Kollegen und Teammitglieder verwendet werden.

Die Idee dahinter ist klar: Stärkung der Selbstwirksamkeit, Stärkung des Selbstbewusstseins. Vor allem dann, wenn die Konfrontation mit vergangenem Scheitern im Moment überfordert.

Auch ich arbeite, wo es sich anbietet, mit der Feedforward-Idee. Anders als orthodoxe Vertreter dieser Methode scheue ich aber auch nicht davor zurück, den Finger in die Wunde zu legen, wenn dies im Coaching-Prozess notwendig erscheint.

Es ist eine Frage der Logik: Wie wollen wir aus vergangenen Fehlern lernen, wenn wir vor diesen Fehlern die Augen verschließen? Manchmal kommen wir um Ugly Feelings nicht herum. Manchmal brauchen wir sogar genau diese, um mit Haltung und Persönlichkeit einen entscheidenden Schritt weiterzukommen. Entwicklung kann wehtun. Coaching ist kein Wollwaschgang.

Machen Sie doch, was Sie wollen

Und noch ein Gedanke, den Sie möglicherweise schon aus »Second Career« kennen:

Wenn Sie ein Kind der 1960er-Jahre sind, haben Sie gute Chancen, durch merkwürdige Erziehungsmethoden deformiert worden zu sein. Als Spross aus gutem Hippie-Hause waren Sie möglicherweise immerfort gezwungen, das zu wollen, was die Eltern liberal fanden. Und als Kind autoritärer Eltern hatte man das zu wollen, was die Eltern vorschrieben.

Es kam aufs Gleiche raus: Was Sie selbst wollten, das interessierte niemanden. Der US-amerikanische Psychoanalytiker Irvin D. Yalom beschreibt die Folgen so: »Unterdrückung seines gesamten Gefühlslebens und verkümmerter, schuldbeladener Wille. Das Kind wächst dann zu einem Erwachsenen heran, der seine Gefühle unterdrückt und den Akt des Wollens selbst als schlecht und verboten betrachtet.«[131]

Natürlich will man als Erwachsener dann trotzdem irgendwas – agiert aber deformiert: Als Neurotiker will man zwar, fühlt sich aber gehemmt und schuldig. Als antisozialer Typ unterdrückt man seinen Willen, wird aber hinterrücks von seiner eigenen Triebhaftigkeit beherrscht. Nur diejenigen, denen ihr »Gegenwille« weder aus dem Leib geprügelt noch aus der Seele manipuliert wurde, haben freien »Zugang zu Gefühlen und zum Wollen dessen, was er oder sie braucht«. Das sind dann die Kreativen, die einfach durchstarten, ohne dass sie erst Seelentrümmer wegräumen müssen.

Was ist mit den anderen? Verbreitet ist diese Variante: Wer nicht weiß, was er wirklich braucht, bucht eine »Druckbetankung« beim Motivationstrainer. Ein rauschhaftes Erlebnis, cool, man kommt mit breiter

Brust heraus und meint, man kann jetzt alles schaffen. Kriegt man ja auch dort gesagt: »Du kannst alles schaffen. Mach es jetzt sofort. Keine Kompromisse. Du hast 72 Stunden.«

Und so weiter ... Nur: Was hat das mit Ihren Potenzialen, Ideen, mit Ihrem Wollen zu tun? Im schlechtesten Fall: Nichts. Die Mach-es-so-fort-Doktrin ist im Kern autoritär. »Autoritarismus bringt keine persönliche Autonomie hervor, sondern erstickt im Gegenteil immer die Freiheit.«[132]

Was heißt überhaupt »Wollen«? Yalom unterscheidet drei Formen:

Negativer Wille: Etwas wollen gegen den Willen eines anderen. Beispiel: Ihre Partnerin oder Ihr Partner will das C-Level auf Ihrer Visitenkarte sehen, Sie wollen einen Craft-Beer-Kiosk aufmachen.

Positiver Wille: Etwas wollen, was man ohnehin muss. Dazu passt der Posterspruch: »Success is getting what you want, happiness is wanting what you get.«

Kreativer Wille: Etwas wollen, was man braucht.[133]

Viele High Performer sind über Dekaden dem Muster gefolgt: Erfolg, mehr Erfolg, noch mehr Erfolg. Da wurde das eigene Zeitmanagement optimiert, es wurden imaginäre, innere Hebel auf Erfolg gestellt. Hauptsache »rauf« und niemals »runter«. Ihre Lebensläufe lesen sich entsprechend beeindruckend.

Was sich bei manchem aber nicht erschließt, ist die Motivation dahinter. Warum wurde da über Dekaden auf jegliche freie Minute verzichtet? Warum wurde die selbstoptimierte Power-Performance der Competitive Herd nicht in Frage gestellt? Warum wurde der Drang nach immer mehr Erfolg nicht auf den Prüfstand gestellt – und lieber ein Leben ganz knapp an der Kante der Selbstzerstörung kultiviert?

Ja: Warum?

Wer die Antwort auf die Warum-Fragen des Lebens anderen überlässt, der lebt nicht sein eigenes Potenzial, erfüllt nicht seine eigenen Bedürfnisse, verwirklicht nicht eigene Ideen.

Und wollen Sie jeden Tag aufstehen und wertvolle Zeit damit verbringen, den Lebenssinn eines anderen zu verwirklichen? Realisieren Sie doch lieber Ihr eigenes Potenzial in eigenen Projekten – Ihr Sinn ist Ihre Sache.

Der österreichische Neurologe, Psychiater und KZ-Überlebende Viktor Frankl hat eine sehr klare Verbindungslinie zwischen dem Sinn und dem Handeln gezogen. Und zwar mit drei Wertekategorien, die einen Menschen so motivieren, dass er sich von ihnen »gezogen« fühlt – statt von finsteren Trieben »getrieben«.

Homo faber: Ein Werk hinterlassen. Es ist das, was High Performer antreibt: Die Idee, ein Werk zu hinterlassen, das die eigene Zeit überdauern wird. Hinter diesem »schöpferischen Wert« kann die Hingabe an eine bestimmte Sache stehen, die Freude an Leistung, Kreativität, Selbstverwirklichung. Es kann die Idee sein, diese Welt schöner, humaner, freundlicher zu machen und unser Leben besser, leichter, sicherer. Oder es ist die Freude daran, anderen Menschen Chancen zu geben, ihnen neue Welten zu öffnen, ihre Potenziale zu wecken.

Unternehmer und Führungskräfte, die New-Work-Konzepte einführen, haben oft dies im Sinn: Eine neue Welt der Arbeit aufbauen. Menschen dabei unterstützen, ihr Potenzial zu leben. Innovationen hervorbringen für eine bessere Welt.

Homo amans: Intensive Erfahrungen sammeln. Wenn Sie Ihre Lieblingsband live hören, Ihre Lieblingsstrecke mit dem Motorrad fahren, in Ihrem Lieblingsrestaurant essen oder die Ausstellung Ihres Lieblingskünstlers besuchen – und dann fragt Sie jemand, ob Sie bei Ihrem Tun Sinn empfinden – was sagen Sie dann? Ganz klar: »Ja!«

Tiefe Erfahrung ist intensive Resonanz, tiefe Erfahrung konstituiert Sinn.[134] Und das gilt auch für den Fall, dass Sie einen anderen Menschen in einer Begegnung erleben, vielleicht sogar neu erleben. Frankl nennt diese Wertkategorie »Erlebniswert«.

Im Kontext von New Work bekommen Begegnungen einen neuen Stellenwert. Sie finden nicht mehr nur nebenbei zwischen Tür und Angel statt, zwischen Kaffeemaschine und Raucherecke. Begegnungen werden gefeiert. Menschen kommen ins Büro, um andere Menschen zu treffen. Um mit ihnen zu arbeiten. Statt sich unter Noise-Cancelling-Kopfhörern vor ihnen zu verstecken.

Homo patiens: Haltung zeigen. Das Verwirklichen von »Einstellungswerten«, also die Fähigkeit, an einer Krise nicht zu zerbrechen, sondern daran zu wachsen, zählt zu den höchsten Leistungen, die ein Mensch überhaupt erbringen kann.

Der Übergang vom Büro ins Homeoffice und das Comeback aus dem Homeoffice zurück in mehr oder weniger gelungene New-Work-Kontexte gehört für viele Führungskräfte, für Fachkräfte und vor allem für Newcomer zu den zentralen Krisenerfahrungen seit 2020. Viele sind darüber verzweifelt, nicht wenige haben gekündigt, einige haben die Krise als Chance genutzt und woanders neu angefangen.

Sie sind aufgebrochen in einen neuen Lebensabschnitt, sind ein persönliches Risiko eingegangen und konnten und können so ihrer Krisenerfahrung eine produktive Wendung geben.

Für sich selbst, indem Sie Ihre Autonomie vergrößern. Für andere, indem Sie Ihre Potenziale in Projekte einbringen. Und damit wiederum für sich selbst – denn »es ist ein konstitutives Merkmal des Menschlichseins, dass es immer auf etwas anderes hinweist und gerichtet ist als auf sich selbst.«[135]

Auch das ist eine wichtige Erkenntnis zum Thema New Work: Wenn Sie etwas gefunden haben, das Sie »wirklich, wirklich wollen«, poliert das in den allermeisten Fällen nicht einfach nur Ihr Ego – es verändert die Welt.

Warum kann man sich nicht selbst coachen?

Das Wort Reflexion meint eigentlich die menschliche Fähigkeit, über das Denken nachzudenken. Das führt erstmal zu nichts. Wenn es aber gelingt, mit dem Mittel des Denkens Abstand zu gewinnen von der sinnlos trommelnden Competitive Herd, wird neues und sinnvolles Handeln möglich.

Im Dialog. Im Coaching.

Im Coaching geht es um das Verstehen von Uneindeutigem, Unverstandenem, Halbverdautem. Es geht um das Verstehen von Emotionen, Einstellungen, um ethische Fragen. Erst verstehen, dann verändern. In dieser (nicht immer angenehmen) Reihenfolge.

Wer die unangenehmen Emotionen überspringt und sofort aktionistisch irgendetwas tut, entscheidet, auf den Weg bringt, der ist dann zwar vielleicht schnell einen Schritt weitergekommen, aber in die falsche Richtung gelaufen, weil er dem Current-Moment-Denkfehler aufgesessen ist: Der Mensch neigt dazu, nicht weiterzudenken, sobald eine Belohnung in Sicht ist. Für die schnelle Belohnung ist er bereit, auf die bessere Möglichkeit, die größere Chance zu verzichten. Wenn es dabei nur um den Spatz in der Hand oder die Taube auf dem Dach geht – geschenkt. Bei Ihnen geht es um existenzielle Lebensentscheidungen. Je wichtiger diese Entscheidung, je länger darf das Denken dauern. Coaching hilft dabei, die damit verbundene emotionale Achterbahn auszuhalten.

Was Coaching kostet

Coachingkosten sind Verhandlungssache. Eine einfache Stunde Business-Coaching kann 150 Euro kosten oder auch 300. Die Honorare der Coaching-Stars liegen im vierstelligen Bereich. Und wer einen Ex-DAX-CEO auf seiner Privatyacht sprechen möchte, sollte sich auf einen nach oben offenen Preisrahmen einstellen.

Branchenanalysen[136] zufolge übernimmt etwa ein Drittel der Coachingkunden die Kosten selbst – eine gute Entscheidung immer dann, wenn es um Krisen geht, die nicht an die Öffentlichkeit gelangen sollen, oder um den Wunsch nach einem Jobwechsel.

In etwa der Hälfte der Fälle übernimmt das Unternehmen die Kosten. Interessant sind diese Kostenübernahmen vor allem im Rahmen von Abfindungszahlungen. Coaching lässt sich separat verhandeln.

Wie man den passenden Coach findet

Coach kann sich jeder nennen. Die Berufsbezeichnung ist nicht geschützt. Entsprechend groß ist der Wildwuchs. Aktuelle Marktanalysen sprechen von gut 12.000 »Business-Coaches« allein in Deutschland. Einige von ihnen sind gar nicht oder nur dubios ausgebildet, andere sind ausgebildet nach Standards diverser Verbände (Deutscher Bundesverband Coaching e. V., Deutscher Coaching Verband e. V., Dachverband Roundtable Coaching e. V.), die sich ihre Standards wiederum selbst setzen. Da fällt die Wahl schwer.

Es empfiehlt sich nicht nur, Angebote zu vergleichen, sondern auch Empfehlungen von Menschen einzuholen, die ähnlich ticken wie Sie selbst und die gute Erfahrungen mit ihrem Coach gemacht haben.

Dabei gilt, ganz gleich, ob Sie Berufseinsteiger sind oder auf dem Weg zu Ihrem nächsten Karriereabschnitt: Eine gestandene Persönlichkeit hat immer mehr Lebenserfahrung, mehr Branchenerfahrung, mehr Medienerfahrung und mehr Einblicke in die unternehmensinternen Fallstricke. Diese Erfahrungen und Einblicke fehlen einem Coach, der nur über eine simple Wochenend-Ausbildung in Coachingmethode XY verfügt und noch nie ein Unternehmen von innen gesehen hat – geschweige denn einen Konzern.

Was viele nicht wissen: Die entscheidenden Momente passieren unabhängig von der gewählten Coachingmethode. Im Dialog. Entscheiden Sie sich deshalb für einen Coach mit schneller Auffassungsgabe, hohem Reflexionsniveau, hoher Empathiefähigkeit und möglichst auch mit Branchenkenntnis. Natürlich können Sie sich auch mit vorgefertigten »Methodenkoffern« beschäftigen und mit weichgekochtem Beratersprech bei Laune halten lassen – dann aber ist das, was Sie gebucht haben, ein Wellnessprogramm. Jedenfalls kein Coaching.

Und wählen Sie jemanden, der das Wörtchen »professionell« in der Wortkombination »professioneller Freund« nicht vergisst. Jeder gute Coach gibt neutrales, wenn es sein muss auch knallhartes Feedback. Und jedes gute Coaching hat ein Ende.

Wie schnell wirkt Coaching?

Coaching ist nicht autoritär. Es wird Ihnen kein ernstzunehmender Coach ein »Tschakka!« entgegenblasen oder Sie zwingen, binnen 72 Stunden irgendetwas übers Knie zu brechen. Manchmal ist das Ergebnis eines Coachings auch, eben nicht neu durchzustarten. Oder noch nicht. Sondern vielmehr noch eine Weile auf der erreichten Position zu verharren. Durchhalten. Coaching ist keine Wunschmaschine.

Coaching ist Prozessbegleitung, ist Perspektivenerweiterung, ist aber auch Realitätscheck. Die Ideen, die Entschlüsse reifen in Ihnen. Sie treffen die Entscheidungen. Sie balancieren ihre eigenen Wünsche und Bedürfnisse und diejenigen der Menschen, für die Sie in der Verantwortung stehen. Sie wägen ab, wie Sie Ihre Idee von einem gelungenen Leben mit den realen Rahmenbedingungen Ihres Lebens in Einklang bringen. Sie schauen, wie sich in Ihrem besonderen Fall die Pflicht mit der Kür verbinden lässt. Sie entscheiden

RE\THINK

Der Mensch trifft jeden Tag 20.000 Entscheidungen – aber was wir am Abend aufs Brot schmieren, hat eben nicht die gleiche Dimension wie eine Entscheidung zwischen einer zweiten Karriere als Interims-Manager im Mittelstand, als selbstständiger Berater für Automobilkonzerne oder als langstreckenlaufender Privatier mit ständigem Wohnsitz auf Ibiza. Wie entscheiden wir also? Yalom beschreibt fünf verschiedene Formen der Entscheidung:

Vernünftige Entscheidungen: Das sind solche, die Sie in Ihrer Reflexion ausgiebig durchdacht haben; »wir fällen diese Entscheidung mit dem vollständigen Gefühl, frei zu sein.«[137]

Willentliche Entscheidung: Einer solchen Entscheidung geht ein anstrengender Prozess der Willensbildung voraus – laut Yalom eine eher seltene Form der Entscheidung. Die meisten Menschen entscheiden mit eher wenig Aufwand. Und eher schlecht.

Ziellose Entscheidungen: In diesem Fall ist es uns egal, wie es weitergeht. »Wir treffen die Entscheidung, indem wir uns in eine Richtung treiben lassen, die scheinbar zufällig von außen bestimmt wird.«[138]

Impulsive Entscheidungen: Statt von außen kommt in diesem Fall der Entscheidungsimpuls von innen. Das macht die Entscheidung nicht richtiger, sie bleibt genauso zufällig und irrational wie eine ziellose Entscheidung. Besonders interessant – auch aus der Beraterperspektive – sind:

Entscheidungen auf Grundlage eines Perspektivenwechsels: Auslöser kann eine äußere Erfahrung sein: plötzliche Kündigung, Scheidung, Krebsdiagnose. Es kann aber auch ein innerer Wandel vorausgehen: etwa der Entschluss, sich nicht weiter für den Job zu verbiegen.[139]

Nicht zuletzt ist das gemeint, wenn Sie sich auf die Suche begeben nach einer Aufgabe, die Sie »wirklich, wirklich wollen«. Wenn Sie alles auf den Prüfstein stellen möchten und intensiv nachdenken möchten. Beim Denken hilft Schreiben. Aufschreiben. Am besten aber lässt es sich denken, wenn man miteinander redet. Im Dialog.

Die Entscheidung dafür liegt bei Ihnen. Nur bei Ihnen. Ich unterstütze Sie, wenn Sie Ihr Potenzial (wieder-)entdecken, Visionen entwickeln und Strategien skizzieren. Ich unterstütze Sie bei der Umsetzung, indem ich in meinem Netzwerk relevante Kontakte herstelle. Das alles biete ich Ihnen gerne an.

Und das nicht: Ich werde Sie nicht instruieren, ich werde Ihnen nichts unterjubeln oder auferlegen, ich werde Ihnen nicht Ihre Entscheidung abnehmen und ich werde Sie auch nicht unter Handlungsdruck setzen. Sie entscheiden. Sie machen.

Im Dialog finden wir heraus, inwiefern es für Sie – all der Zwänge, Beschränkungen, Konventionen zum Trotz – möglich ist, eine andere Zukunft zu denken.

Jetzt und hier.

Re\Think.

Nehmen Sie gerne die Erkenntnisse aus der Lektüre dieses Buches – Ihre persönlichen »Bierdeckel« – und kommen Sie zu mir ins Coaching. Ich freue mich auf Ihre Kontaktaufnahme! (siehe Seite 193)

EPILOG

\ New Work in Progress

»Geld schläft nicht.« Seit 2010, dem Erscheinungsjahr des Oliver Stone-Streifens »Wall Street II: Money never sleeps«, hatte meine professionelle Sozialisation unter diesem Motto gestanden. Ein Original des ersten Films von 1987 »Wall Street: Jeder Traum hat seinen Preis« hing lange in meinem Büro. Sie kennen die Haargel-Performer mit ihren blauen Anzügen, den weißen Hemden und dunklen Krawatten, Sie kennen die Skyline im Hintergrund. Sie kennen die Werbeanzeigen der Markenuhren aus den 1980ern. »Omega. When you can have whatever you want.«.

Sie kennen die Fotostrecken von Peter Lindbergh. Der legendäre Supermodel-Chronist – Nadja Auermann, Tatjana Patitz, Cindy Crawford – prägte einen neuen Blick auf Businessfrauen: cool, scheinbar ungeschminkt, perfekt. Wer sich in meiner Generation als High Performer definiert, egal ob Mann oder Frau, hat diese Bilder im Hinterkopf. Diesen Glam. Für meine Generation sah die Business-Class so aus. Jetzt ist sie weg.

Die Krawatten sind weg, statt Anzügen trägt man Pullover, statt Maßschuhen Sneaker, statt Hemden nun Shirts. Der andere Look steht für ein anderes Mindset. Vordergründig eines, für das der berufliche Erfolg nicht mehr die zentrale Rolle spielt. Ein Mindset, bei dem es um die tiefer sitzenden Fragen geht. Um das Warum?

Bohrt man tiefer, immer tiefer, stößt man auf profundere Fragen. Sinnfragen. Oft aber sind da keine Antworten. Nur Leere. Enttäuschung. Müdigkeit. Lebensmüdigkeit. Ein tiefer Frust darüber, dass hinter den glanzvollen Hoffnungsbildern der 1980er nichts weiter war als das Rattern der Konzerne. Eine gleichgültige Maschinerie. Glam? Nirgends.

Die Erwartungen, die Bedürfnisse, die normativen Vorstellungen der Generation Babyboomer und der Generation X haben sich als wenig zukunftskompatibel entpuppt. Mit Porsche und Pool lassen sich globale Probleme nicht lösen.

Ohne aber auch nicht. Allein der Verzicht auf überholte Statussymbole bringt noch nicht die Innovation, bringt noch nicht die radikale

Neuausrichtung der Unternehmen, der Wirtschaft insgesamt, die sich die Generationen der Millennials und der Generation Z auf die Fahnen geschrieben haben. Gerade sie stehen vor einem Berg an Herausforderungen, dessen Ausmaße den älteren Generationen zum Teil bis heute nicht klar geworden sind.

Ja: Die Idee der hocheffektiven, weltweiten Lieferketten ist gescheitert. Ja: Die Idee des endlosen »höher-schneller-weiter« ist nicht tragfähig. Ja: Physikalische Klimaprozesse lassen sich nicht verhandeln. Ja: Die lange angekündigten, globalen Pandemien sind da. Ja: Unser (auf Kosten anderer erwirtschafteter) Wohlstand ist in Gefahr. Und, ja: Vor dieser Kulisse wird eine Konzernkarriere im 1980er-Look zur Farce. Was bedeutet das für die Gestaltung der eigenen Biografie? Was heißt das für die eigene Lust am Erfolg? Hier stehen Millennials und Generation Z vor völlig anderen Fragen als die älteren Generationen.

Ganz gleich welcher Jahrgang: Viele meiner Gesprächspartnerinnen und -partner haben Existenzängste. (Auch ich bin davon nicht frei.) Viele haben einen falschen Blick auf ihre Qualifikation. Auf ihre Möglichkeiten. Chancen. Viele haben Angst, sich selbst und ihren Familien einzugestehen, dass es nicht weitergeht. Dabei entpuppt sich der Partner, die Partnerin oft nicht als der doppelte Boden, den man sich erhofft hatte. Gerade bei sehr erfolgreichen Performern (Männern wie Frauen) hat sich die bessere Hälfte oft behaglich eingerichtet zwischen Golfplatz und Pferdestall, Yachthafen und Privatschule. Und hält den warmen Regen des Millionengehalts für selbstverständlich.

Vor dem Ende dieses Lifestyles haben viele von Ihnen Angst. Doch was stört Ihr Lebensglück wirklich? Die Angst vor dem Platzen der Illusion? Oder die Illusion selbst?

Die Business-Class der 1980er-Jahre ist abgestürzt. Weg. Was wir verloren haben, ist aber nicht diese Klasse, sondern die Illusion: Arbeit sei Leben. Performance sei Leben. Und wenn wir ein neues Leben wollten, dann brauchten wir mehr Performance. Neue Arbeit. New Work. Bullshit.

Viele von Ihnen sehen heute klarer als zuvor, was sie sich in Zukunft anders wünschen: eine neue Perspektive auf Arbeit, auf Führung, auf

Karriere, auf Lebenszeit, Lebensraum, Lebenssinn. Nicht wenige von Ihnen haben gekündigt und fangen woanders neu an.

Im Druckkessel der Krisenjahre zeigten sich auch die Bruchlinien der New-Work-Konzepte wie unter einem Brennglas. Es wurde klarer, was New Work möglich macht und auch: was dysfunktional ist und in Zukunft auch nicht funktionieren wird.

Dazu gehört die Einsicht, dass das Artensterben eine Kohorte betrifft, die sich noch nie zuvor als randständig erlebt hat: der »alte, weiße Mann«. Er findet in den modernen Biotopen der Corporate World nicht mehr selbstverständlich Lebensraum und Nahrung – zumindest dann nicht, wenn er keine anderen Skills zu bieten hat als C-Level-Gehabe, Testosteron und Narzissmus.

Was nun? Die einen verharren im Jammertal und beweinen ihre versunkene Welt. Die anderen nutzen den Shift der Welten als Chance. Sie brechen auf, sie gehen immer weiter, bis hinter den Horizont. Dort tun sich neue Perspektiven auf und neue Freiheiten: als Investor oder Stifter, als Start-up-Gründer oder Weltenbummler.

Die Zeiten sind schwierig, aber gerade deshalb wie geschaffen für einen neuen Aufbruch. Gerade jetzt lässt sich vieles bewegen. Denn New Work ist eine Dauerbaustelle. Und solange sie unfertig ist, können Sie daraus machen, was Sie für sich »wirklich, wirklich wollen«.

Ja, du machst dein Ding
Egal was die ander'n sagen
Du gehst deinen Weg
Ob gerade, ob schräg
Das ist doch egal
Du machst dein Ding
Egal was die ander'n labern
Was die Schwachmaten
einem so raten
Das ist egal
Und dann bist du
dir immer treu geblieben
Und Roomservice wird mit
U und H geschrieben

Udo Lindenberg
Mein Ding – Stark wie zwei, 2008

Eine starke Antwort. Und doch bleibt die entscheidende Frage unbeantwortet: Was ist dieses »dein Ding«? Radikal neue Antworten finden sich möglicherweise nicht (nur) in der eigenen Filterblase. Nicht (nur) im Dialog mit der eigenen Generation. Sondern in Gesprächen über die Grenzen der Generationen, der Geschlechter, der Religionen, der Herkünfte hinweg.

Reden Sie. Miteinander. Gegeneinander. Diskutieren Sie. Suchen Sie neue Perspektiven. Erproben Sie neue Wege. Für sich selbst. Für diese

Welt. Nutzen Sie gerne meine Dialogformate in Stuttgart – von informell (das persönliche Baustellengespräch) bis formal (der offizielle Business-Talk, der nach langer Corona-Pause 2022 wieder statt gefunden hat).

Interessiert?

\ Kontaktinformationen

Melden Sie sich gerne. Ich freue mich auf Sie, auf Ihre Geschichte(n) und darauf, gemeinsam mit Ihnen neue Perspektiven zu entwickeln. Nicht nur für Ihre Karriere, sondern für Ihr Leben. Denn darum geht es doch eigentlich.

www.eckelt-consultants.com
www.top-company-guide.com

ANMERKUNGEN

[1] Infas/Ifo 2021
[2] Hoffmann (1) 2021
[3] Gardyan 2021
[4] Werle 2016
[5] Das Buzzword »digital mindset« ist eine Erfindung von Tsedal Neeley, BWL-Professorin an der Harvard Business School und Paul Leonardi, Professor für Technologiemanagement an der University of California in Santa Barbara, außerdem Unternehmensberater. Das Autorenteam steht hinter dem Buch »The Digital Mindset: What It Really Takes to Thrive in the Age of Data, Algorithms, and AI« (Harvard Business Review Press).
[6] Vollmer 2021
[7] ebd.
[8] Jaeggi 2021
[9] Wagner 2021
[10] zit. nach o. A., »Marxismus. Nachmittags fischen«, 1965
[11] Wagner 2021
[12] Beha 2019
[13] zit. nach Beha 2019
[14] Alvares de Souza Soares; Freitag 2021
[15] Doblhofer, o. J.
[16] Endres et al. 2021
[17] Söderström et al. 2012
[18] Moss 2021
[19] O'Neill 2021
[20] Surane; Nguyen 2021
[21] Hoffmann (2) 2021
[22] Witzeck 2021
[23] Winter 2022
[24] »The Work Trend Index« 3/2021
[25] Staufen 2021; Amerland 2021
[26] Details dazu in meinem Buch »Unicorn Branding«, 2021
[27] Microsoft 2021
[28] Kühmayer 2020
[29] Ausführlich: Eidenschink (2) 2016
[30] Buchhorn 2021

[31] Ausführlich: Eidenschink (3) 2021
[32] ebd.
[33] Paefgen-Laß 2021
[34] Bahr 2021
[35] Banze; Kyriasoglou 2021
[36] ebd.
[37] Endres et al. 2021
[38] Kost 2020
[39] Microsoft 2021
[40] Bartleby (2) 2021
[41] Pleiss 2020
[42] Eidenschink (6) 2020
[43] ebd.
[44] Endres et al. 2021
[45] Scherkamp 2021
[46] Moss 2021
[47] Endres et al. 2021
[48] Guldner 2021
[49] Fischer et al. 2021
[50] Gardyan 2021
[51] Sommer 2021
[52] Lindner 2022
[53] Werner, K. 2022
[54] Langer 2022
[55] ebd.
[56] Pfliegl 2021
[57] Baker 2020
[58] Im Jahr 2020 fielen Berufstätige so lange wegen Rückenschmerzen aus wie nie zuvor. Im Schnitt fehlte jeder Beschäftigte 2,5 Tage am Arbeitsplatz, so das Institut für Betriebliche Gesundheitsförderung (BGF) der AOK Rheinland/Hamburg. Die Gesundheitsexperten gehen davon aus, dass »Bewegungsmangel und eine fehlende ergonomische Ausstattung am Homeoffice-Arbeitsplatz für die Negativ-Rekord-Werte im Corona-Jahr 2020 verantwortlich sind«. (AOK/BGF Institut 2021)
[59] Im vergangenen halben Jahr hat jeder dritte Beschäftigte psychisch unter dem Arbeiten im Homeoffice gelitten. Das geht aus dem Deutschland-Barometer Depression 2021 hervor, einer Umfrage unter 1.123 Umfrageteilnehmern, die während der Pandemie

überwiegend zu Hause gearbeitet hatten. Jeder Zehnte berichtete, dies treffe »sehr zu«. (Stiftung Deutsche Depressionshilfe 2021)

[60] Appel-Meulenbroek et al. 2011

[61] Leesman 2017

[62] Babapur 2019

[63] M. Moser Associates geht davon aus, dass sich das vor der Pandemie herrschende Verhältnis von Einzelbüros (etwa 50 Prozent der Fläche) und Besprechungsräumen (weniger als ein Drittel der Fläche) umkehren wird. Bis dahin wird der Kampf um Besprechungsräume weiter toben. (o. A.: »The future of Silicon Valley headquarters«, 2021)

[64] Sailer, Thomas 2021

[65] Buchter 2021

[66] Schaal 2021

[67] Matzig 2018

[68] Sailer; Thomas 2021

[69] Levy 2021; Gründel 2021

[70] Blechner 2021

[71] https://bene.com/de/office-magazin/aufzeichnung-how-to-work-now-kerstin-sailer/

[72] Sailer 2019, 291

[73] ebd. 290

[74] Contact Software 2021

[75] Sailer 2019, 291f.

[76] Fayard; Weeks 2021

[77] Auch wenn es der Grundidee des Jenaer Soziologieprofessors Hartmut Rosa und dessen (dezidiert »kapitalismuskritischer«) Resonanztheorie eigentlich widerspricht, erlaube ich mir an dieser Stelle, zwei seiner Figuren aufzugreifen. (Rosa 2019)

[78] Messmer 2021

[79] Bartleby (3) 2021

[80] dpa: »Junge Menschen befürchten Karriereknick durch Homeoffice«, 2021

[81] Die Tourismus-Industrie reibt sich schon die Hände, weil sie auf eine neue Verbindung von Office und Luxusdestination spekuliert – und den Strand langfristig in ein weiteres Büro verwandeln will. Das entsprechende Buzzword ist auch schon gefunden: »Workation«. (Koenen 2022).

[82] Gründel 2021

[83] Kröger 2021
[84] kha/dpa 2021
[85] Banze et al. 2022
[86] Müller-Arnold 2022
[87] Fromm; Hägler et al. 2021
[88] Bethke; Hermann 2021
[89] Gründel 2021
[90] Banze et al. 2022
[91] Gnirke 2021
[92] Hülsen 2021
[93] KfW Research 2021
[94] Banze et al. 2022
[95] Schmergal; Tödtmann 2012
[96] Banze et al. 2022
[97] Dernbach 2022
[98] Ott; Werner 2021
[99] Sohr 2020
[100] Sommer 2022
[101] Gründel 2021
[102] McKinsey Quarterly 2021
[103] Eidenschink (1) 2020
[104] ebd.
[105] Schuldt 2021
[106] Nauta 2021
[107] ebd.
[108] Buchter 2021
[109] Bastian 2021
[110] Auf dem Markt erhältlich unter den Namen »Suitsy« oder »Suitjama«. Blick auf die Webseite: Suitjama, der Pyjama suit Schlafanzug, den wir von Barney Stinson von »How I Met Your Mother« kennen. »Stilvoll als Chef in Ihrem Haus, tragen Sie Ihren Pyjama abends als Abendgarderobe und nachts sogar im Bett. Machen Sie keine Kompromisse beim Stil!« www.suitjama.de
[111] Zum Beispiel Backovic, Lazar: »Die Morgenroutinen erfolgreicher Manager – und was sich von ihnen lernen lässt«, im Handelsblatt https://www.handelsblatt.com/unternehmen/management/zeitmanagement-die-morgenroutinen-erfolgreicher-manager-und-was-sich-von-ihnen-lernen-laesst/27228358.html (abgerufen am 12.01.2022)

[112] dpa: »Schönheits-OPs in Corona-Pandemie gefragter«
[113] Dazu: Spieler, Sabine: »Falten und Schönheits-OPs: Wie Corona uns zu Narzissten macht«, in: FAZ vom 22.12.2021, unter: https://www.faz.net/aktuell/stil/trends-nischen/schoenheits-ops-wegen-corona-warum-wir-spiegelbilder-nicht-aushalten-17664311.html (abgerufen am 12.01.2022)
[114] Bradley 2021
[115] Franken 2021
[116] Trotier 2021
[117] Markwardt 2015, 44
[118] Jenewein; Strecker; Leisin 2020
[119] Steinacker 2021
[120] Adam 2021
[121] Daubenberger et al. 2021
[122] Blick auf die Webseite »Karrierebibel«: »Wer diese Frage nach seinem Purpose im Job beantworten kann, hat Spaß im Beruf und ist zusätzlich erfolgreich. Statt sich mit Jobfrust morgens aus dem Bett zu quälen, genießen Sie den Arbeitstag. Sie tun etwas, das Ihren Werten und Zielen entspricht. Sie treffen auf gleichgesinnte Kollegen, Ihre Ideen finden Anklang und Sie sind ins Unternehmen eingebunden. Wer seinen Purpose in einem Unternehmen findet, läuft weniger Gefahr, durch Überarbeitung völlig auszubrennen. Gleichzeitig sind solche Mitarbeiter für ein Unternehmen Gold wert. Sie bringen sich mit vollem Engagement ein und schieben nicht nur Dienst nach Vorschrift. Das bringt ein Unternehmen letztlich nach vorne, sichert die Marktposition oder hilft sogar beim Ausbau.« Karrierebibel: »Purpose« (https://karrierebibel.de/purpose/)
[123] o. A. »Großraumbüro. Schrei der Damen« 1965
[124] Markwardt 2015, 46
[125] Friedrich Nietzsche »Götzen-Dämmerung«, 1888, § 12
[126] Markwardt 2015, 47
[127] Berndt 2019, 109
[128] Radatz 2009, 85
[129] Sprenger 2018, 37
[130] online verfügbar unter https://www.marshallgoldsmith.com/articles/1438/
[131] Yalom 2010, 343f.
[132] Yalom 2010, 304

[133] Yalom 2010, 343
[134] ebd. 515
[135] zit. nach Yalom 2010, 513
[136] Jalsovec 2022
[137] Yalom 2010, 366
[138] ebd.
[139] ebd.

LITERATUR

A

Adam, Sarah: »Geheimes Handbuch für Mitarbeiter: Diese 4 Wörter sind im Apple-Store verboten«, in: Chip vom 23.08.2021, unter: https://www.chip.de/news/Geheimes-Handbuch-fuer-Mitarbeiter-Diese-4-Woerter-sind-im-Apple-Store-verboten_183779708.html (abgerufen am 22.11.2021)

Alipour, Jean-Victor; Falck, Oliver; Peichl, Andreas; Sauer, Stefan: »Homeoffice-Potenzial weiterhin nicht ausgeschöpft«, in: Ifo Schnelldienst digital Ausgabe 6/ 2021 vom 03.03.2021, unter: https://www.ifo.de/DocDL/sd-2021-digital-06-alipour-etal-homeoffice.pdf (abgerufen am 14.10.2021)

Alvares de Souza Soares, Philipp; Freitag, Michael: »Die Jobkiller der deutschen Konzernwelt«, in: Manager Magazin vom 28.05.2021, unter: https://www.manager-magazin.de/politik/daimler-deutsche-telekom-commerzbank-bmw-tuifly-die-jobkiller-der-deutschen-konzernwelt-a-684d9567-0002-0001-0000-000177568800 (abgerufen am 13.10.2021)

Amerland, Andrea: »Zusammenarbeit leidet in der Corona-Krise«, in: Springer Professional vom 22.07.2021, unter: https://www.springerprofessional.de/corona-krise/mitarbeitermotivation/zusammenarbeit-leidet-in-der-corona-krise/19142912 (abgerufen am 05.10.2021)

AOK Rheinland/Hamburg; BGF Institut: »Rückenschmerzen: Negativ-Rekord im Corona-Jahr 2020«, in: Presseportal.de vom 14.05.2021, unter: https://www.presseportal.de/pm/135478/4914872 (abgerufen am 08.11.2021)

Appel-Meulenbroek, Rianne; Groenen, Peter; Janssen, Ingrid: An end-user's perspective on activity-based office concepts, in: Journal of Corporate Real Estate 13 (2): 122-135, 2011

B

Babapur, Maral; The Quest for the Room of Requirement. Why Some Activity-based Flexible Offices Work While Others Do Not. PhD, Department of Industrial and Materials Science, Division Design and Human Factors, Chalmers University of Technology 2019

Bahr, Ines: »38 % der Manager überwachen ihre Mitarbeiter: Studie zur Mitarbeiterkontrolle durch Arbeitgeber«, in: GetApp vom 21.07.2021, unter: https://www.getapp.de/blog/2093/mitarbeiterkontrolle-am-arbeitsplatz (abgerufen am 16.10.2021)

Baker, Nick: »Quarter of home-workers doing their job from bed, but two thirds say they're equally or more productive than usual«, in: Uswitch.com vom 27.05.2020, unter: https://www.uswitch.com/media-centre/2020/05/8235/ (abgerufen am 08.11.2021)

Ball, Matthew: »The Metaverse: What It Is, Where to Find it, Who Will Build It«, in: MatthewBall.vc vom 13.01.2020, unter: https://www.matthewball.vc/all/themetaverse (abgerufen am 10.11.2021)

Banze, Sonja; Buchhorn, Eva; Neßhöver, Christoph: »Frau gegen Mann – die neue Karriere-Kampfzone«, in: Manager Magazin vom 16.02.2022, unter: https://www.manager-magazin.de/unternehmen/diversitaet-in-unternehmen-frau-gegen-mann-die-neue-karriere-kampfzone-a-a737c866-0002-0001-0000-000197718669 (abgerufen am 23.06.2022)

Banze, Sonja; Kyriasoglou, Christina: »Wie Highperformer mit Panikattacken und Überforderung umgehen«, in: Manager Magazin vom 07.07.2021, unter: https://www.manager-magazin.de/lifestyle/fitness/tricks-fuer-die-mentale-gesundheit-wie-jungunternehmer-mit-psychischen-problemen-fertigwerden-a-071fa93f-0002-0001-0000-000177930945?sara_ecid=soci_upd_hybb1ylYrQpAGyBcx70nBFKFhJSdDj (abgerufen am 16.10.2021)

Bartleby (1): »How to lead from afar«, in: The Economist vom 24.07.2021, unter: https://www.economist.com/business/2021/07/24/how-to-lead-from-afar (abgerufen am 16.10.2021)

Bartleby (2): »Remote workers work longer, not more efficiently«, in: The Economist vom 10.06.2021, unter: https://www.economist.com/business/2021/06/10/remote-workers-work-longer-not-more-efficiently (abgerufen am 05.10.2021) Der Beitrag bezieht sich auf eine Essex-Studie, unter: https://www.essex.ac.uk/news/2021/06/16/remote-working-means-longer-hours-not-higher-efficiency

Bartleby (3): »Why executives like the office«, in: The Economist vom 06.11.2021, unter: https://www.economist.com/business/2021/11/06/why-executives-like-the-office (abgerufen am 11.11.2021)

Bastian, Matthias: »Nvidia stellt KI-Avatare fürs Omniverse vor«, in: Mixed.de vom 09.11.2021, unter: https://mixed.de/nvidia-stellt-ki-avatare-fuers-omniverse-vor/ (abgerufen am 09.11.2021)

Beha, Sarah: »New Work bedeutet, sich mental auszuwildern«, in: Haufe New Management vom 18.07.2019, unter: https://newmanagement.haufe.de/organisation/new-work-charta-auf-den-spuren-bergmanns (abgerufen am 13.10.2021)

Berndt, Christina: Resilienz. Das Geheimnis der psychischen Widerstandskraft. Was uns stark macht gegen Stress, Depressionen und Burn-out. München: dtv, 2019 (erste Auflage 2015)

Bethke, Hannah; Hermann, Jonas: »Bild-Chef Julian Reichelt muss gehen.« In: NZZ vom 18.10.2021, unter: https://www.nzz.ch/international/new-york-times-neue-sexismus-vorwuerfe-gegen-julian-reichelt-ld.1650841 (abgerufen am 11.04.2022)

Blechner, Notker: »Wie sieht das Büro nach Corona aus?«, in: Tagesschau.de vom 30.08.2021, unter: https://www.tagesschau.de/wirtschaft/unternehmen/wie-sieht-das-post-corona-buero-aus-101.html (abgerufen am 10.11.2021)

Böhm, Markus: »Zuckerbergs wilde Träume vom nächsten großen Ding«, in: Der Spiegel vom 28.10.2021, unter: https://www.spiegel.de/netzwelt/web/facebook-connect-zuckerbergs-wilde-traeume-vom-naechsten-grossen-ding-a-ac2c0fc8-2400-4950-9977-f7144ea277eb (abgerufen am 09.11.2021)

Bradley, Adam: »The Black Nerds Redefining the Culture«, in: The New York Times vom 24.03.2021, unter: https://www.nytimes.com/2021/03/24/t-magazine/black-nerds-culture.html (abgerufen am 12.11.2021)

Buchhorn, Eva: »Die neue Balance zwischen Home und Office«, in: Manager Magazin vom 13.08.2021, unter: https://www.manager-magazin.de/unternehmen/sap-se-und-voiio-die-neue-balance-zwischen-familie-und-beruf-a-9dd7bd42-0002-0001-0000-000178442794 (abgerufen am 04.10.2021)

Buchter, Heike: »Bringt Delta das Ende des Büros?«, in: Die Zeit vom 09.08.2021, unter: https://www.zeit.de/wirtschaft/2021-08/corona-arbeit-homeoffice-delta-buero-zuhause (abgerufen am 12.10.2021)

C

Caulfield, Brian: »What Is the Metaverse?« in: Nvidia.com vom 10.08.2021, unter: https://blogs.nvidia.com/blog/2021/08/10/what-is-the-metaverse/ (abgerufen am 09.11.2021)

Contact Software: »Neubau trifft Minecraft: Wie Mitarbeitende ihre neue Firmenzentrale in der Kult-Welt aus pixeligen Blöcken erleben können«, in: Microsoft.com vom 06.09.2021, unter: https://customers.microsoft.com/en-us/story/1412472629030676093--contact-software-event-punks-minecraft-de?ocid=AID740614_TWITTER_oo_spl100002561753818 (abgerufen am 09.11.2021)

D

Daubenberger, Manuel; Dietsch, Benedikt; Salewski, Christian; Rohrbeck, Felix: »Das Rätsel um die Sneaker von Jan Delay«, in: Die Zeit vom 04.11.2021, unter: https://www.zeit.de/wirtschaft/2021-11/sneakerjagd-turnschuhe-jan-delay-zara-recycling-muellentsorgung (abgerufen am 22.11.2021)

Dernbach, Andrea: »›Schornstein-Modell‹ bleibt ein Problem: Cheffinnen dringend gesucht«, in: Handelsblatt vom 13.06.2022, unter: https://www.handelsblatt.com/karriere/fuehrungskraefte-schornstein-modell-bleibt-ein-problem-chefinnen-dringend-gesucht/28413796.html (abgerufen am 23.06.2022)

Doblhofer, Stefan: »Digital eats Management«, in: Zukunftsinstitut.de, ohne Jahr, unter: https://www.zukunftsinstitut.de/artikel/leadership/digital-eats-management/ (abgerufen am 13.10.2021)

Dolan, Kevin; Hunt, Vivian; Prince, Sara; Sancier-Sultan, Sandra: »Diversity still matters«, in: McKinsey Quarterly, McKinsey.com vom 19.05.2020, unter: https://www.mckinsey.com/featured-insights/diversity-and-inclusion/diversity-still-matters (abgerufen am 12.11.2021)

Dpa: »Jedes fünfte Unternehmen will Homeoffice ausbauen«, in: Süddeutsche Zeitung vom 11.10.2021, unter: https://www.sueddeutsche.de/karriere/arbeit-jedes-fuenfte-unternehmen-will-homeoffice-ausbauen-dpa.urn-newsml-dpa-com-20090101-211011-99-557617 (abgerufen am 12.10.2021)

Dpa: »Junge Menschen befürchten Karriereknick durch Homeoffice«, in: Süddeutsche Zeitung vom 26.10.2021, unter: https://www.sueddeutsche.de/karriere/arbeit-junge-menschen-befuerchten-karriereknick-durch-homeoffice-dpa.urn-newsml-dpa-com-20090101-211026-99-742557 (abgerufen am 25.11.2021)

Dpa: »Schönheits-OPs in Corona-Pandemie gefragter«, in: FAZ vom 04.02.2021, unter: https://www.faz.net/aktuell/stil/trends-nischen/nachfrage-nach-schoenheits-ops-steigt-in-corona-pandemie-17180909.html (abgerufen am 12.01.2022)

E

Eidenschink, Klaus (1): »Drinnen oder draußen?«, in: Metatheorie der Veränderung vom 09.03.2020, unter: https://metatheorie-der-veraenderung.info/2020/03/09/teil-6-zu-teamdynamik/ (abgerufen am 04.10.2021)

Eidenschink, Klaus (2): »Empowerment«, in: Metatheorie der Veränderung vom 15.08.2016, unter: https://metatheorie-der-veraenderung.info/?s=empowerment (abgerufen am 04.10.2021)

Eidenschink, Klaus (3): »Teamdynamik – ein Geschehen im Paradox«, unter: Metatheorie der Veränderung vom 09.01.2021, unter:

https://metatheorie-der-veraenderung.info/2020/01/09/teil-1-zur-teamdynamik/ (abgerufen am 04.10.2021)

Eidenschink, Klaus (4): »Hat New Work auch Nebenwirkungen?«, in: Metatheorie der Veränderung vom 22.02.2020, unter: https://metatheorie-der-veraenderung.info/?s=nebenwirkungen (abgerufen am 04.10.2021)

Eidenschink, Klaus (5): »Agilität: Model, Entwicklung oder Evolution?«, in: Metatheorie der Veränderung vom 22.02.2020, unter: https://metatheorie-der-veraenderung.info/2020/02/22/agilitaet/ (abgerufen am 04.10.2021)

Eidenschink, Klaus (6): »Kann man sich in Teams wohlfühlen?«, in: Metatheorie der Veränderung vom 09.02.2020, unter: https://metatheorie-der-veraenderung.info/2020/02/09/teil-4-zur-teamdynamik/ (abgerufen am 04.10.2021)

Endres, Helene; Hoffmann, Maren; Kaufmann, Matthias; Knödler, Janne; Peters, Christoph; Rainer, Anton: »Wie uns das Homeoffice kaputtmacht«, in: Manager Magazin vom 06.04.2021, unter: https://www.manager-magazin.de/karriere/wie-uns-das-homeoffice-kaputtmacht-burnout-erschoepfung-depressionen-a-d644bc40-286c-4b58-8f41-40ea37a17343?sara_ecid=soci_upd_hybb1ylYrQpAGyBcx70nBFKFhJSdDj (abgerufen am 05.10.2021)

F

Fayard, Anne-Laure; Weeks, John: »Zukunft der Zusammenarbeit: Ein Ort für Chaos und Gefühle«, in: Harvard Business Manager vom 17.05.2021, unter: https://www.manager-magazin.de/harvard/management/zukunft-der-zusammenarbeit-ein-ort-fuer-chaos-und-gefuehle-a-39bab531-0002-0001-0000-000177421314 (11.11.2021)

Fischer, Konrad; Goffart, Daniel; Heißler, Julian; Husmann, Nele; Rau, Kristin; Stiens, Teresa; Tödtmann, Claudia: »Schöne neue Arbeitswelt: Abschied vom Homeoffice?«, in: Wirtschaftswoche vom 20.05.2021; unter: https://www.wiwo.de/my/erfolg/trends/schoene-neue-arbeitswelt-abschied-vom-homeoffice/27207374.html [abgerufen am 15.10.2021]

Flachsenberg, Helene: »New-Work-Versprechen ›Purpose‹. Der Blödsinn mit dem Sinn.«, in: Der Spiegel vom 07.01.2022, unter: https://www.spiegel.de/start/sinn-bei-der-arbeit-warum-ein-job-nicht-die-welt-retten-muss-a-f0a81494-bd2a-4d30-983a-e11a68be1236?sara_ecid=soci_upd_KsBF0AFjflf0DZCxpPYDCQq01dEMph

Fosslien, Liz: »Zusammenarbeit neu lernen. Warum wir nach Corona alle ein Onboarding brauchen«, in: Manager Magazin vom 27.08.2021, unter: https://www.manager-magazin.de/harvard/fuehrung/fuehrung-und-rueckkehr-ins-buero-warum-wir-nach-corona-alle-ein-onboarding-brauchen-a-c4dc294f-8a44-4774-8c71-be2a98ce33e6 [abgerufen am 04.10.2021]

Franken, Robert: »Treibt die Nerds die Angst vor dem Statusverlust?«, in: Die Zeit vom 09.08.2017, unter: https://www.zeit.de/karriere/2017-08/google-sexismus-anti-diversity-manifest/komplettansicht [abgerufen am 12.11.2021]

Fromm, Thomas; Hägler; Max; Kunkel, Christina; Schreiber, Meike; Werner, Kathrin: »Das ›Me Too‹-Problem der deutschen Wirtschaft«, in: Süddeutsche Zeitung vom 03.11.2021, unter: https://www.sueddeutsche.de/wirtschaft/metoo-wirtschaft-unternehmen-1.5454109 [abgerufen am 16.11.2021]

G

Gardyan, Antje: »Hybrides Führen: 5 Mythen und 5 neue Wahrheiten«, in: Wirtschaftswoche vom 19.03.2021, unter: https://www.wiwo.de/erfolg/management/neue-arbeitswelt-hybrides-fuehren-5-mythen-und-5-neue-wahrheiten/27016968.html [abgerufen am 12.10.2021]

Gnirke, Kristina: »Frauenanteil in deutschen Vorständen: ›Nicht das Niveau eines fortschrittlichen Industrielands‹«, in: Der Spiegel vom 27.10.2021, unter: https://www.spiegel.de/wirtschaft/unternehmen/frauenanteil-in-deutschen-vorstaenden-unternehmen-steigern-frauenanteil-staerker-als-je-zuvor-a-4441f173-48ab-44bc-9811-3070a34b1add (abgerufen am 16.11.2021)

Gründel, Marleen: »Snowflake-CEO Frank Slootman: Persönliche Verdienste wichtiger als Diversität«, in: Manager Magazin vom 08.06.2021, unter: https://www.manager-magazin.de/unternehmen/tech/snowflake-ceo-frank-slootman-verdienste-sind-wichtiger-als-diversity-a-1a62dbc7-3b80-4d24-8ddd-22852551f059 (abgerufen am 12.11.2021)

Guldner, Jan: »Büro vs. Homeoffice. Hybrides Arbeiten vereint das schlechteste aus zwei Welten«, in: Wirtschaftswoche vom 26.05.2021, unter: https://www.wiwo.de/my/erfolg/beruf/buero-vs-homeoffice-hybrides-arbeiten-vereint-das-schlechteste-aus-zwei-welten/27220640-all.html (abgerufen am 06.10.2021)

H

Hahn, Jennifer: »WPP building online ›Minecraft world‹ featuring all its global offices in one place«, in: Dezeen vom 31.08.2021, unter: https://www.dezeen.com/2021/08/31/wpp-minecraft-bgd-architecture-design-news/ (abgerufen am 09.11.2021)

Han, Byung-Chul: »Das falsche Versprechen der Arbeit«, in: Philosophie Magazin 06/2015, Seiten 62 bis 65

Heath, Alex: »Inside Facebook's metaverse for work«, in: The Verge vom 19.08.2021, unter: https://www.theverge.com/2021/8/19/22629942/facebook-workrooms-horizon-oculus-vr (abgerufen am 09.11.2021)

Heiner, Ronnie: »Das Büro ist tot – es lebe das Büro!«, in: bene.com ohne Datum, unter: https://bene.com/de/office-magazin/das-buro-ist-tot-es-lebe-das-buro/ (abgerufen am 12.11.2021)

Hoffmann, Maren (1): »Firmenkultur und Corona: Vertrauen ist gut, Kontrolle ist schlechter«, in: Manager Magazin vom 26.03.2021, unter: https://www.manager-magazin.de/karriere/firmenkultur-und-corona-vertrauen-ist-gut-kontrolle-ist-schlechter-a-

6eb66969-bce7-4b7f-8c3a-505e975969f2?sara_ecid=soci_upd_hybb1ylYrQpAGyBcx7OnBFKFhJSdDj (abgerufen am 12.10.2021)

Hoffmann, Maren (2): »Büroleben nach Corona. Wird jetzt alles besser? Leider nein«, in: Spiegel vom 01.06.2021, unter: https://www.spiegel.de/karriere/bueroleben-nach-corona-leider-wird-jetzt-nicht-alles-besser-a-9492fda5-189b-40b5-9039-c87c4838f699 (abgerufen am 06.10.2021)

Hoffmann, Maren (3): »Mentale Gesundheit im Beruf. ›Und dann kommt zu dem Druck noch eine Angstkultur hinzu‹«, in: Spiegel vom 29.07.2021, unter: https://www.spiegel.de/karriere/mentale-gesundheit-im-beruf-und-dann-kommt-zu-dem-druck-noch-eine-angstkultur-hinzu-a-85383c86-a27a-4522-a470-9b2188bc3304 (abgerufen am 05.10.2021)

Hoffmann, Maren/dpa: »Homeoffice. Wer profitiert – wer leidet?«, in: Der Spiegel vom 26.10.2021, unter: https://www.spiegel.de/karriere/homeoffice-wer-profitiert-und-wer-leidet-a-c7131c73-b53b-49b0-8ac3-e7f937c6dbc3 (abgerufen am 09.11.2021)

Hornung, Stefanie: »New Work ist nicht nebenwirkungsfrei«, in: Haufe.de vom 16.04.2021, unter: https://www.haufe.de/personal/hr-management/new-work-barometer-interview-mit-studienleiter-schermuly_80_541232.html (abgerufen am 04.10.2021)

Hülsen, Isabell: »Fehlende Diversität in Unternehmen. ›Im Homeoffice wird so getan, als ob niemand mehr mittagessen müsste‹«, in: Der Spiegel vom 07.03.2021, unter: https://www.spiegel.de/wirtschaft/corona-krise-firmen-die-frauen-foerdern-sind-auf-die-arbeit-im-lockdown-besser-vorbereitet-a-f91cd603-8f0a-4ad9-8b6c-c17fc7e9b3d2 (abgerufen am 12.11.2021)

I

Infas / Ifo Institut: Homeoffice im Verlauf der Corona-Epidemie. Themenreport Corona-Datenplattform Ausgabe Juli 2021. Bonn, Juli 2021. Unter: https://www.bmwi.de/Redaktion/DE/Downloads/I/infas-corona-datenplattform-homeoffice.pdf?__blob=publicationFile&v=4 (abgerufen am 12.10.2021)

J

Jaeggi, Rahel: »Im Kapitalismus sind die Krisen schon angelegt«, in: Philosophie Magazin, Sonderausgabe 19 ›Kritische Theorie‹, Herbst 2021, Seiten 54 bis 59

Jalsovec, Andreas: »Ein Coach für alle Fälle«, in: Süddeutsche Zeitung vom 01.06.2022, unter: https://www.sueddeutsche.de/projekte/artikel/wirtschaft/coaching-ein-coach-fuer-alle-faelle-e390534/ (abgerufen am 08.06.2022)

Jenewein, Wolfgang; Strecker, Maximilian; Leisin, Anna-Christina: »Purpose. Raum für Sinn«, in: Manager Magazin vom 19.12.2020, unter: https://www.manager-magazin.de/harvard/fuehrung/purpose-warum-fuehrungskraefte-sich-um-sinnstiftung-kuemmern-sollten-a-00000000-0002-0001-0000-000174319600 (abgerufen am 04.10.2021)

K

Kaufmann, Benedikt: »Nvidia: Neue Impulse dank der GTC-Konferenz«, in: Der Aktionär vom 09.11.2021, unter: https://www.deraktionaer.de/artikel/medien-ittk-technologie/nvidia-neue-impulse-dank-der-gtc-konferenz-20240516.html (abgerufen am 09.11.2021)

KfW Research: Frauen in Führungspositionen, in: KfW.de vom März 2021, unter: https://www.kfw.de/%C3%9Cber-die-KfW/KfW-Research/Frauen.html (abgerufen am 16.11.2021)

Kha/dpa: »Wolfgang Joop entschuldigt sich für frauenfeindliche Aussagen« in: Der Spiegel vom 15.11.2021, unter: https://www.spiegel.de/panorama/leute/wolfgang-joop-entschuldigt-sich-fuer-frauenfeindliche-aussagen-a-ca088826-8b02-4a40-98f9-3f85ab4eb439 (abgerufen am 16.11.2021)

Koenen, Jens: »Urlaub und Arbeit verbinden: Wie der Strand zum Büro wird«, in: Handelsblatt vom 04.01.2022, unter: https://www.handelsblatt.com/unternehmen/handel-konsumgueter/moderne-arbeitswelt-urlaub-und-arbeit-verbinden-wie-der-strand-zum-buero-wird/27914280.html?ticket=ST-3766872-Mbv2wJ4L1YoxLqqlGYUB-ap5 (abgerufen am 11.01.2021)

Kost, Danielle: »You're Right! You Are Working Longer and Attending More Meetings«, in: Harvard Business School Working Knowledge vom 14.09.2020, unter: https://hbswk.hbs.edu/item/you-re-right-you-are-working-longer-and-attending-more-meetings (abgerufen am 16.10.2021)

Kröger, Michael: »Palantir-Gründer Lonsdale. US-Milliardär bezeichnet Väter in Elternzeit als ›Loser‹«, in: Der Spiegel vom 29.10.2021, unter: https://www.spiegel.de/wirtschaft/joe-lonsdale-attackiert-vaeter-in-elternzeit-als-loser-und-erntet-shitstorm-a-8948ccdf-5fa5-41c2-9b58-46e0464a071d (abgerufen am 13.11.2021)

Kühmayer, Franz: »Arbeiten nach Corona«, in: Zukunftsinstitut vom Mai 2020, unter: https://www.zukunftsinstitut.de/artikel/arbeiten-nach-corona/ (abgerufen am 15.10.2021) Der Beitrag ist Teil der Trendstudie »Die Welt nach Corona. Business, Märkte, Lebenswelten – was sich ändern wird«, Download unter: https://onlineshop.zukunftsinstitut.de/shop/die-welt-nach-corona/

L

Langer, Marie-Astrid: »Homeoffice für immer: Das Silicon Valley will nicht zurück ins Büro«, in: Handelsblatt vom 03.06.2022, unter: https://www.handelsblatt.com/technik/it-internet/mobiles-arbeiten-homeoffice-fuer-immer-das-silicon-valley-will-nicht-zurueck-ins-buero/28395016.html?share=linkedin (abgerufen am 23.06.2022)

La Rocco, Nicolas: »Nvidia Omniverse: Ich simulier' mir die Welt, widewide wie sie mir gefällt«, in: Computer Base vom 09.11.2021, unter: https://www.computerbase.de/2021-11/nvidia-omniverse-ich-simulier-mir-die-welt-widewide-wie-sie-mir-gefaellt/ (abgerufen am 09.11.2021)

Leesman: »The rise and rise of Acitivity Based Working. Reshaping the physical, virtual and behavioral workspace«, London, Stockholm, New York, Amsterdam, 2017. Download unter: https://www.

leesmanindex.com/The_Rise_and_Rise_of_Activity_Based_Working_Research_book.pdf (abgerufen am 08.11.2021)

Leesman: »The Leesman Review«, Ausgabe 27, London 2019. Download unter: https://www.leesmanindex.com/media/Leesman-Review-27-SP.pdf (abgerufen am 08.11.2021)

Levy, Ari: »Snowflake relocates executive office from California to Bozeman, Montana, as company goes distributed«, in: CNBC vom 26.05.2021, unter: https://www.cnbc.com/2021/05/26/snowflake-moves-executive-office-from-california-to-bozeman-montana.html (abgerufen am 10.11.2021)

Lindner, Roland: »Apple und der Homeoffice-Knatsch«, in: Frankfurter Allgemeine Zeitung vom 21.05.2022, unter: https://www.faz.net/aktuell/karriere-hochschule/buero-co/homeoffice-im-silicon-valley-ist-anwesenheitspflicht-die-loesung-18045128.html (abgerufen am 07.06.2022)

M

Markwardt, Nils: »Macht meine Arbeit noch Sinn?«, in: Philosophie Magazin 06/2015, Seiten 42 bis 47

Matzig, Gehard: »Neue Apple-Zentrale. Wer im Glashaus sitzt, lebt gefährlich«, in: Süddeutsche Zeitung vom 05.03.2018, unter: https://www.sueddeutsche.de/wirtschaft/apple-zentrale-kalifornien-1.3892836 (abgerufen am 09.11.2021)

Mesmer, Alexandra: »New Work bei Sipgate: In sechs Stunden geht erstaunlich viel«, in: IT Welt.at vom 01.04.2021, unter https://itwelt.at/news/new-work-bei-sipgate-in-sechs-stunden-geht-erstaunlich-viel/ (abgerufen am 11.11.2021)

Microsoft: »The Work Trend Index. The Next Great Disruption Is Hybrid Work – Are We Ready?«, in: Microsoft.com vom 22.03.2021, unter: https://www.microsoft.com/en-us/worklab/work-trend-index/hybrid-work (abgerufen am 14.10.2021)

Moss, Jennifer: »Burn-out und Corona-Pandemie. Wie Unternehmen den Stress stoppen können«, in: Harvard Business Manager vom 02.06.2021, unter: https://www.manager-magazin.de/harvard/selbstmanagement/burn-out-stoppt-den-stress-a-119a0b35-04bd-450c-9438-3c449ebbbd8a (abgerufen am 14.10.2021)

Müller-Arnold, Benedikt: »Deutz AG. Chefwechsel kostet bis zu fünf Millionen Euro«, in: Süddeutsche Zeitung vom 30.03.2022, unter: https://www.sueddeutsche.de/wirtschaft/deutz-ag-frauenquote-frank-hiller-1.5557630 (abgerufen am 23.06.2022)

N

Nauta, Sacha: »How to ensure that the future of work is fair for all«, in: The Economist vom 08.11.2021, unter: https://www.economist.com/the-world-ahead/2021/11/08/how-to-ensure-that-the-future-of-work-is-fair-for-all (abgerufen am 11.11.2021)

Neeley, Tsedal; Leonardi, Paul M.: »Wie Ihre Mitarbeiter ein digitales Mindset entwickeln«, in: Harvard Business Manager vom 19.07.2022, unter: https://www.manager-magazin.de/harvard/digitalisierung/change-management-wie-ihre-mitarbeiter-ein-digitales-mindset-entwickeln-a-05c12362-522e-4fee-aefa-a447a39d1b08 (abgerufen am 24.07.2022)

Newton, Casey: »Mark in the Metaverse«, in: The Verge vom 22.07.2021, unter: https://www.theverge.com/22588022/mark-zuckerberg-facebook-ceo-metaverse-interview (abgerufen am 09.11.2021)

O

O'Neill, Rachel: »Employers: Here's how to do re-entry right if you want to ease anxiety, support mental health«, in: NBC News vom 14.05.2021, unter: https://www.nbcnews.com/know-your-value/feature/employers-here-s-how-do-re-entry-right-if-you-ncna1267397 (abgerufen am 14.10.2021)

o. A.: »Büro der Zukunft: Facebook-Headquarter setzt neue Maßstäbe«, in: Mynewsdesk vom 14.12.2015, unter: https://www.mynewsdesk.com/de/mynewsdesk/blog_posts/buro-der-zukunft-facebook-headquarter-setzt-neue-massstaebe-41825 (abgerufen am 09.11.2021)

o. A.: Daily Chart: »For programmers, remote working is becoming the norm«, in: The Economist vom 11.08.2021, unter: https://www.economist.com/graphic-detail/2021/08/11/for-programmers-remote-working-is-becoming-the-norm (abgerufen am 05.10.2021)

o. A.: »Marxismus: Nachmittags fischen«, in: Der Spiegel vom 28.12.1965, unter: https://www.spiegel.de/politik/nachmittags-fischen-a-e4681a3b-0002-0001-0000-000046275515 (abgerufen am 13.10.2021)

o. A.: »Großraumbüro. Schrei der Damen«, in: Der Spiegel vom 21.09.1965, unter: https://www.spiegel.de/politik/schrei-der-damen-a-05b1088e-0002-0001-0000-000046274224 (abgerufen am 17.11.2021)

o. A.: »The future of Silicon Valley headquarters«, in: The Economist vom 01.07.2021, unter: https://www.economist.com/business/2021/07/01/the-future-of-silicon-valley-headquarters (abgerufen am 08.11.2021)

o. A.: »Wort des Monats: Zoom Fatigue«, in: Harvard Business Manager vom 22.06.2020, unter: https://www.manager-magazin.de/harvard/wort-des-monats-zoom-fatigue-a-aa92a117-0002-0001-0000-000171530691 (abgerufen am 16.10.2021)

Ott, Helena; Werner, Kathrin: »Was Chefs denken, was Frauen im Home-Office machen«, in: Süddeutsche Zeitung vom 11.11.2021, unter: https://www.sueddeutsche.de/wirtschaft/home-office-arbeitgeber-frauen-1.5460813 (abgerufen am 16.11.2021)

P

Paefgen-Laß, Michaela: »Woran Mitarbeiterkontrollen scheitern«, in: SpringerProfessional vom 05.08.2021, unter: https://www.springerprofessional.de/compliance/mitarbeitermotivation/woran-mitarbeiterkontrollen-scheitern/19121678 (abgerufen am 05.10.2021)

Petriglieri, Gianpedro: »Es lebe das Büro!«, in: Manager Magazin vom 16.11.2020, unter: https://www.manager-magazin.de/harvard/fuehrung/es-lebe-das-buero-eine-liebeserklarung-a-00000000-0002-0001-0000-000173902278?sara_ecid=soci_upd_hybb1ylYrQpAGyBcx70nBFKFhJSdDj (abgerufen am 16.10.2021)

Pfliegl, Konstantin: »New Work erfordert ein New Office. Das muss so werden wie bei Google« In: Com! professional vom 06.09.2021, unter: https://www.com-magazin.de/news/new-work/new-work-erfordert-new-office-2693849.html?page=1_das-muss-so-werden-wie-bei-google (abgerufen am 08.11.2021)

Pleiss, Paula Leocadia: »Homeoffice. Der Arbeit Grenzen setzen«, in: Spektrum vom 29.09.2020, unter: https://www.spektrum.de/news/wie-homeoffice-in-der-corona-krise-keine-belastung-wird/1775448 (abgerufen am 16.10.2021)

Prinz, Wolfgang: »Flexibles Arbeiten im Homeoffice – Analyse einer Langzeitumfrage«, In: Dohm, M., Große-Jäger, A., Rüffler, K., and Staff, J. (eds.) Expedition: Werte, Arbeit, Führung 4.0 | Band 2-2021. pp. 146–152. TÜV Media GmbH, Köln 2021 https://www.fit.fraunhofer.de/de/geschaeftsfelder/kooperationssysteme/homeoffice-studie.html

R

Radatz, Sonja: Beratung ohne Ratschlag. Systemisches Coaching für Führungskräfte und BeraterInnen. Wien: Verlag Systemisches Management 2009

Rauffmann, Theresa: »Arbeitsplatz der Zukunft. Alles wird beweglich«, in: Die Zeit vom 14.10.2021, unter: https://www.zeit.de/zeit-fuer-unternehmer/2021/03/arbeitsplatz-zukunft-buero-hybrides-arbeiten-homeoffice-arbeitswelt-unternehmen/komplettansicht (abgerufen am 11.11.2021)

Rheingold/Hays: »Homeoffice: Führungskräfte zwischen Vertrauen und Kontrolle«, in: Rheingold Marktforschung 2021, unter: https://www.rheingold-marktforschung.de/homeoffice-fuehrungskraefte-zwischen-vertrauen-und-kontrolle/ (abgerufen am 16.10.2021)

Riecke, Torsten: »›Der Planet brennt‹ – Klimakrise und soziale Verwerfungen lösen bei Führungskräften Zukunftsängste aus«, in: Handelsblatt vom 11.01.2022, unter: https://www.handelsblatt.com/politik/international/global-risk-report-der-planet-brennt-klimakrise-und-soziale-verwerfungen-loesen-bei-fuehrungskraeften-zukunftsaengste-aus/27961978.html (abgerufen am 12.01.2022)

Rixecker, Kim: »Was ist das Metaverse eigentlich?«, in: t3n vom 29.10.2021 (aktualisiert 17.01.2022), unter: https://t3n.de/news/metaverse-erklaert-hype-zukunft-1419141/ (abgerufen am 09.11.2021)

Rosa, Hartmut: Resonanz. Eine Soziologie der Weltbeziehung. Berlin: Suhrkamp 2019

Rydlink, Katherine: »Wenn Corona zum Burnout führt«, in: Spiegel vom 09.08.2021, unter: https://www.spiegel.de/gesundheit/diagnose/wenn-corona-zum-burn-out-fuehrt-a-1ca10aa8-ef62-428a-9b72-640b72c9026d (abgerufen am 05.10.2021)

S

Sailer, Kerstin: »Simulieren. Experimente in der Büroraumgestaltung. Konzepte, Herausforderungen und praktische Beispiele aus Sicht der Architektur«, in: Séverine Marguin/Henrike Rabe/Wolfgang Schäffner/Friedrich Schmidgall (Eds.): Experimentieren. Bielefeld: transcript Verlag 2019, Seiten 283-296
https://doi.org/10.14361/9783839446386-021
Book DOI: https://doi.org/10.14361/9783839446386-021

Sailer, Kerstin; Thomas, Matt: »Socio-spatial perspectives on open-plan versus cellular offices«, in: Journal of Managerial Psychology, Vol. 36 No. 4, 2021, Seiten 382-399. https://doi.org/10.1108/JMP-10-2019-0556 (abgerufen am 08.11.2021)

Schaal, Sebastian: »Verabschiedet sich Tesla von Innenstadt-Stores?«, in: electrive.net vom 29.07.2021, unter: https://www.electrive.net/2021/07/29/verabschiedet-sich-tesla-von-innenstadt-stores/ (abgerufen am 09.11.2021)

Schareika, Nora: »Durch die Pandemie in den Burnout. Manager gehen wegen Corona häufiger in Therapie«, in: Wirtschaftswoche vom 03.08.2020, unter: https://www.wiwo.de/erfolg/management/durch-die-pandemie-in-den-burnout-manager-gehen-wegen-corona-haeufiger-in-therapie/26054956.html (abgerufen am 14.10.2021)

Scherkamp, Hannah: »Remote arbeiten. Flucht vor dem Bildschirm«, in: Die Zeit vom 03.08.2021, unter: https://www.zeit.de/arbeit/2021-07/remote-arbeiten-corona-videokonferenzen-arbeit-alltag (abgerufen am 04.10.2021)

Schmergal, Cornelia; Tödtmann, Claudia; Wildhagen, Andreas: »Geschlechterkampf. Die Frauenquote bremst Männer aus«, in: Wirtschaftswoche vom 14.08.2012, unter: https://www.wiwo.de/erfolg/management/geschlechterkampf-die-frauenquote-bremst-maenner-aus/6984126-all.html (abgerufen am 12.11.2021)

Schuldt, Christian: »Kreativität: Das große Missverständnis«, in: Zukunftsinstitut.de vom 19.05.2020, unter: https://www.zukunftsinstitut.de/artikel/innovation-und-neugier/kreativitaet-das-grosse-missverstaendnis/ (abgerufen am 05.10.2021)

Söderström, Marie; Jeding, Kerstin; Ekstedt, Mirjam; Perski, Aleksander; Akerstedt, Torbjörn: »Insufficient sleep predicts clinical burnout«. J Occup Health Psychol. 2012;17(2):175-183. doi:10.1037/a0027518. Unter: https://pubmed.ncbi.nlm.nih.gov/22449013/ (abgerufen am 14.10.2021)

Sohr, Tim: »Gleichstellung. Warum wir Männer die Frauenquote feiern sollten«, in: Stern vom 27.11.2020, unter: https://www.stern.de/politik/gleichstellung--warum-wir-maenner-die-frauenquote-feiern-sollten-9506972.html (abgerufen am 16.11.2021)

Sommer, Christiane: »Digitalexpertin Raha Harfoush: Wieso Homeoffice in vielen Unternehmen scheitern muss«, in: Manager Magazin vom 06.12.2021, unter: https://www.manager-magazin.de/harvard/fuehrung/homeoffice-wie-digitale-tools-die-produktivitaet-senken-rahaf-harfoush-im-interview-a-9807413c-0002-0001-0000-000180190328 (abgerufen am 11.02.2022)

Sommer, Christiane: »Karriereexpertin: ›Babyboomer erwarten Ehrerbietung von ihren jüngeren Kollegen‹«, in: Harvard Business Manager vom 16.09.2022, unter: https://www.manager-magazin.de/harvard/fuehrung/wie-generationen-in-unternehmen-zusammenarbeiten-a-f945dbe8-9cc2-446b-a482-c911976af699?sara_ecid=soci_upd_BYCwRtOViXnr3nUvFF9IirNwQOvWf8 (abgerufen am 18.05.2022)

Spille, Carsten: »Nvidia Omniverse verlässt Beta-Phase: Software-Plattform für 9000 Dollar im Jahr«, in: Heise Online vom 09.11.2021, unter: https://www.heise.de/news/Nvidia-Omniverse-verlaesst-Beta-Phase-Software-Plattform-fuer-9000-Dollar-im-Jahr-6261899.html (abgerufen am 09.11.2021)

Sprenger, Reinhard K.: Sprengers Spitzen. 42 unbequeme Management-Wahrheiten. Düsseldorf: Handelsblatt Fachmedien 2018

Staufen: Studie Kollaboration 2021, unter: https://www.staufen.ag/insights/studien-whitepaper/studie-kollaboration-2021/ (abgerufen am 14.10.2021)

Steinacker, Léa: »›Wer nicht biegsam ist, der bricht‹ – Das sagen Experten über Führung in disruptiven Zeiten«, in: Handelsblatt vom 04.12.2021, unter: https://www.handelsblatt.com/unternehmen/management/leadership-wer-nicht-biegsam-ist-der-bricht-das-sagen-experten-ueber-fuehrung-in-disruptiven-zeiten/27833368.html (abgerufen am 12.01.2021)

Stiftung Deutsche Depressionshilfe: »Deutschland Barometer Depression 2021«, unter: https://www.deutsche-depressionshilfe.de/forschungszentrum/deutschland-barometer-depression (abgerufen am 09.11.2021)

Surane, Jennifer; Nguyen, Lananh: »Bank Bosses Want a Return to Office. Underlings Aren't So Sure«, in: Bloomberg Equality vom 04.05.2021, unter: https://www.bloomberg.com/news/articles/2021-05-04/bank-bosses-want-a-return-to-office-underlings-aren-t-so-sure (abgerufen am 14.10.2021)

V

Vollmer, Jan: »Zum Tod von New-Work-Urvater Frithjof Bergmann: Der alte Mann und das Mehr«, in: t3n digital pioneers vom 25.05.2021, unter: https://t3n.de/magazin/new-work-urvater-frithjof-bergmann-alte-mann-mehr-247621/ (abgerufen am 12.10.2021)

W

Wagner, Dieter: »New Work in Brandenburg«, in: Haufe.de vom 03.09.2021, unter: https://www.haufe.de/personal/hr-management/new-work-lebenswerk-und-einfluesse-von-frithjof-bergmann_80_550190.html (abgerufen am 13.10.2021)

Werle, Klaus: »Die Mär von der Freiheit«, in: Manager Magazin vom 18.08.2016, unter: www.manager-magazin.de/politik/die-maer-von-der-freiheit-a-87590e4c-0002-0001-0000-000146348948 (abgerufen am 12.10.2021)

Werner, Kathrin: »Elon Musk schafft das Home-Office ab«, in: Süddeutsche Zeitung vom 02.06.2022, unter: https://www.sueddeutsche.de/wirtschaft/tesla-elon-musk-homeoffice-1.5596411 (abgerufen am 07.06.2022)

Werner, Marcus: »Zurück ins Büro: Ihre Chance für den Persönlichkeits-Neustart«, in: Wirtschaftswoche vom 19.05.2021, unter: https://www.wiwo.de/erfolg/beruf/karriereleiter-zurueck-ins-buero-ihre-chance-fuer-den-persoenlichkeits-neustart/27201446.html (abgerufen am 16.10.2021)

Wilke, Felicitas: »Hybrides Arbeiten. Arbeitet doch, wo ihr wollt«, in: Die Zeit vom 08.09.2021, unter: https://www.zeit.de/arbeit/2021-09/hybrides-arbeiten-homeoffice-arbeitsrecht-arbeitsplatz-buero-regeln (abgerufen am 04.10.2021)

Winter, Katja: »Wenn Mitarbeiter einfach fehlen dürfen«. In: FAZ vom 06.01.2022, unter: https://www.faz.net/aktuell/rheinmain/wirtschaft/wenn-mitarbeiter-einfach-fehlen-duerfen-vertrauensarbeitszeit-17717643.html (abgerufen am 11.01.2022)

Witzeck, Elena: »Vertrauen oder Kontrolle? Wie im Homeoffice die Überwachung zugenommen hat«, in: FAZ vom 14.12.2021, unter: https://www.faz.net/aktuell/karriere-hochschule/wie-im-homeoffice-die-ueberwachung-zugenommen-hat-17676498.html?premium (abgerufen am 11.01.2022)

Y

Yalom, Irvin D.: Existenzielle Psychotherapie. Bergisch-Gladbach: EHP Verlag 2010 (OA 1989)

ÜBER DEN AUTOR

Wolfgang K. Eckelt publiziert mit »Re\Think« sein fünftes Buch zum Thema Management-Karriere.

In »Unicorn Branding« (2021) ging es um die karrierewirksame Sichtbarkeit von High Performern; »Second Career« (2020) thematisierte den Neustart in der Lebensmitte. Der Band »High Performance« (2018) zeigte wirksame Karrierestrategien für den Weg an die Spitze auf und »Kandidaten lesen« (2016) widmete sich der richtigen Auswahl von Bewerbern.

In seinem aktuellen Werk greift der erfahrene Top-Headhunter und Executive Coach zwei Themen auf, die in jüngster Zeit quasi kollidiert sind: High Performance unter den Bedingungen der Pandemie – und New Work.

www.eckelt-consultants.com
www.top-company-guide.com

GINETTE
PALE ALE
BREWDOG
PUNK IPA
IPA
Tiny Rebel
CALI PALE
St Feuillien
Jupiler
LISA
birradelborgo
Corona Extra
Hoegaarden
Rosée
Diekirch
PREMIUM
KEY LIME LAGER
SHELBY
Schneider's
Bayrisch Hell
LUX
CWTCH TROPICA
GOOSE IPA
Heineken
Leffe
HIGH WIRE GRAPEFRUIT
BECK'S
GOLD
PerfectDraft
Einhornland
drölf km
Realität

South West

ed

This guide will help you plan a journey to remember and make memories to treasure.

Our team, based by the Path in our Plymouth HQ, work with the land managers, partners and other organisations and businesses along the 630 miles, to make the South West Coast Path one of the world's great Trail experiences.

If you would like to contact the charity the details are as follows:

South West Coast Path Association, Residence 2, Royal William Yard, Plymouth, PL1 3RP Tel: 01752 896237

hello@southwestcoastpath.org.uk

Published by: The South West Coast Path Association.
ISBN: 978-0-907055-35-8
Registered Charity number 1163422

Designed by Ingrid Kendall. Map imagery by Kara Does Colouring.
Printed by Deltor Communications LTD

Cover photo: Cellars Beach, Noss Mayo, South Devon. Photographer Jon Lovejoy

@southwestcoastpath @southwestcoastpath @swcoastpath

Use the hashtag #southwestcoastpath to join the conversation

The Rumps, North Cornwall. Photographer Dianne Giles

> *walking at its most diverse, most spectacular and most delicious*
>
> Lonely Planet Great Adventures Guide

As Britain's longest and best-loved National Trail, the South West Coast Path (SWCP) captures the hearts and minds of all who journey along it. From Minehead to Poole, it takes in the best parts of four unique counties, offering 630 miles of uninterrupted walking. The Coast Path has an ancient history connecting coastal communities in the South West and is steeped in local myth and legends with tales of shipwrecks, pirates and smugglers. The trail acts as a green corridor around this amazing coastline giving a unique opportunity to connect to nature – a coastal wild belt that needs our protection.

As you embark on your epic journey this guide will be your companion. It has been produced by the charity that has been championing the Path since 1973 with the support of hundreds of volunteers. From distance timing and terrain gradings, to key information about ferry crossings, tide times and military ranges, the guide has all the information you'll need. It also includes hundreds of businesses offering places to stay, eat and drink and things to do that will make your trip truly unforgettable. We call these businesses our Way Makers, so keep an eye out for the Way Maker badge as you travel around the South West. We hope you have an amazing time exploring this spectacular landscape. Members of the charity receive this guide completely free and those that have bought this guide can **upgrade to membership for £12.50** with these funds going back to protect and promote the Trail. See page 4 for more information on all member benefits.

Happy walking!

Trails can't live on love alone

The South West Coast Path Association's vital work is only possible thanks to the generosity of its members, donors, fundraisers, volunteers, Way Makers and corporate partners. Their support enables us to carry out significant work on the ground, undertake outreach projects, be a voice for the National Trail corridor and provide vital information to walkers and runners. It currently costs us on average **£1,500 each year to care for every mile of the South West Coast Path**. As the planet warms, we're seeing more extreme and frequent storms hitting the Coast Path causing surface run-off and coastal erosion and pushing costs up further.

If you would like to support our vital work keeping the Trail open and accessible to all, please consider becoming a member of the charity, making a donation, or fundraising on your next Coast Path challenge. Visit **southwestcoastpath.org.uk** to see how you can help.

Together, we can protect the Trail we love.

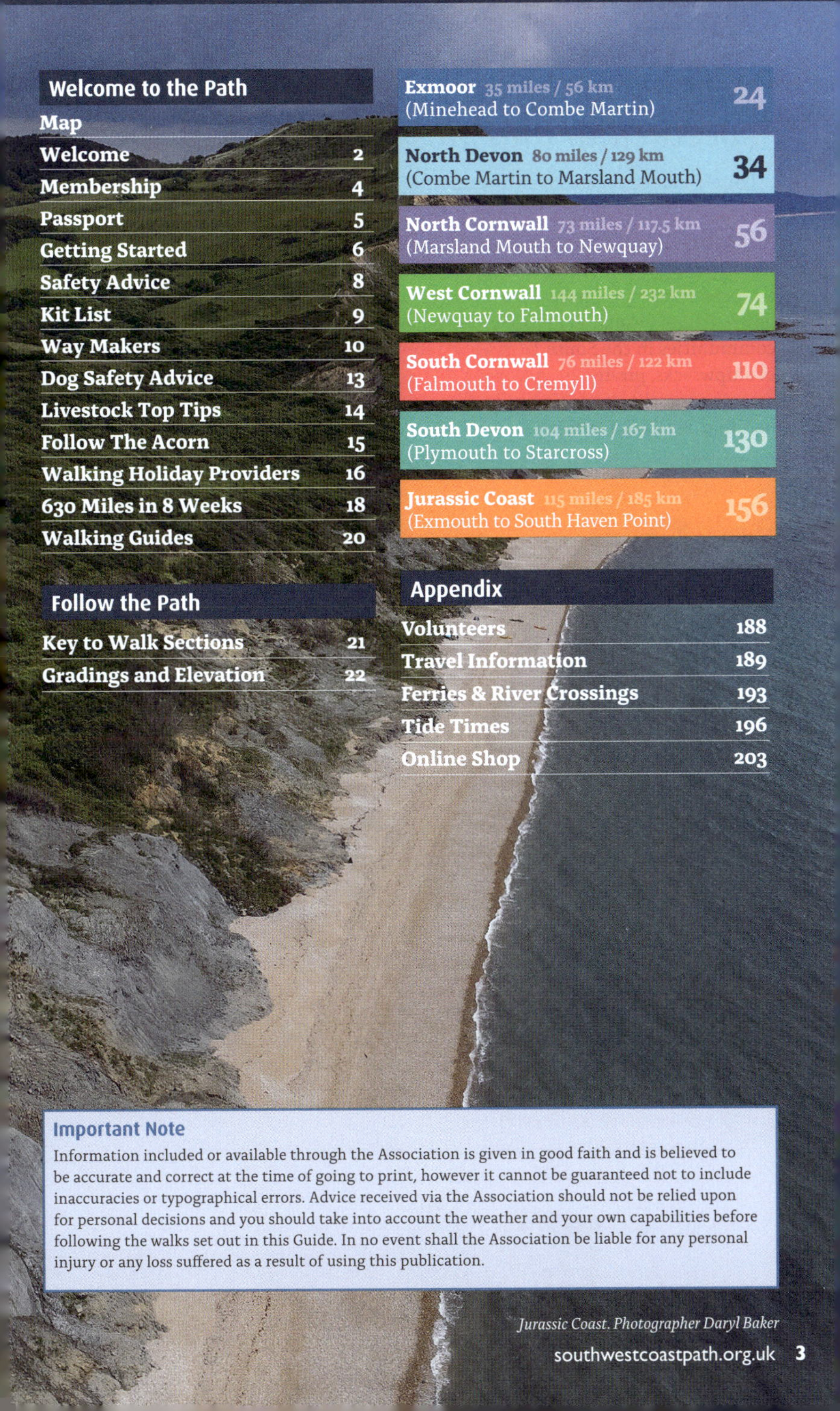

Jurassic Coast. Photographer Daryl Baker

Caring for the Trail

For 50 years the South West Coast Path Association has been championing the Trail to make it one of the world's greatest walks. We are a registered charity, providing vital information and raising funds to improve equity of access to this world-class, long-distance Trail, we co-ordinate hundreds of projects with the help of the Trail Partnership, both on the ground and in the community. Working with the support of our members, business supporters and partner organisations, we are protecting the Trail now and for future generations.

We are a **voice** for the Path and the communities it connects at local, regional, and national levels.

We provide Trail users with the detailed **information** needed to explore and enjoy the Path safely, whilst also introducing less confident groups to the Coast Path in local group sessions.

We **fundraise** to restore the Trail after storms and extreme weather events cause landslips and cliff falls. We also fundraise to look after over 30,000 steps on the Path and over 4,000 waymarker signposts to help visitors find their way and where appropriate to do so, we replace stiles with gates to improve accessibility.

We identify and help deliver route **improvements**, infrastructure, and surfacing, to elevate the overall experience of the Trail.

Become a Member

Since the formation of the South West Coast Path Association, our members have been the bedrock of the charity. They have supported us during challenging times whilst we have carried out the work needed to protect the Trail to make sure the South West Coast Path not only survives but thrives, benefiting all of society.

50% of membership fees go directly into helping us to protect, care for and improve access to this incredible Trail. Join our growing community of coast path supporters and become a member today.

Membership starts from less than £3 a month, and includes:

- A copy of The Official Guide to the South West Coast Path
- Two copies of our Trailblazing magazine every year
- Monthly e-newsletters packed with news and stories from the Path
- Exclusive member discounts at our online shop
- Discounts to a range of retailers, including 15% off at Cotswold Outdoor
- Free Completer Certificate

Prices

Single	**£29.50**
Joint	**£38.00**
Overseas	**£38.00**

Not yet a member?

If you purchased this guide independently of membership and want to upgrade to become a member, we would be delighted to welcome you. Pay just £12.00 more for single membership or £20.50 more for joint membership.

Call us on 01752 896237 or email hello@southwestcoastpath.org.uk to take up this offer.

Coast Path Passport

A unique record of your adventure

- 630 Miles
- 7 sections of Coast Path
- 4 counties
- Over 100 stamps to collect
- Support Way Maker businesses
- Become a Coast Path Passport pilgrim
- Share your passport journey #swcppassport

Find out more at
southwestcoastpath.org.uk/passport
or scan the QR code

Planning Your Walk

Whether you are planning to walk the whole 630 miles of the Coast Path or are taking to the Path for a few hours, half a day or perhaps just a picnic, you are likely to know your capabilities and not need detailed advice. However, it is worth remembering that some lengths of the Coast Path can be quite challenging with frequent repeated climbs and descents or occasional awkward terrain, and it is not always possible to calculate the time or effort to be taken for a length purely on the distance. The degree of difficulty must be considered so check in this guide for the grading of each walk. We have used easy, moderate, strenuous, or severe to give an idea of what to expect. For example, the time and effort required for a 'severe' length can be twice that for the same distance of an 'easy' Section. More information on the gradings and elevation of the Coast Path can be found on pages 22 and 23.

Some Practical Details

It is worth having a good think about what items you will need to take on your walk, and travel as light as possible. Our kit list on page 9 can help with this.

Rucksacks aren't always waterproof, so think of how you can add an additional waterproof layer.

Newcomers to the Coast Path

A great way of getting an idea of what coastal walking is about is to take a day walk first. Perhaps start with a length graded easy or moderate. Alternatively, walk a Section shown as having convenient public transport. If doing this, try to use the public transport at the start and walk back to your base. This avoids having to race the clock to catch a bus at the end of the walk. You can find transport links and information on pages 189-195.

The Association works with partners to assist local community groups for new or inexperienced walkers. See **southwestcoastpath.org.uk/coast-path-connectors** for more information. There is little need for special kit on the easy sections, good shoes and a waterproof jacket will probably be enough. Once you progress further however, decent boots and a rucksack for food and drink and other bits and pieces will be needed. It is always useful to carry a map so that you can keep track of your surroundings, in the unlikely event that you get lost. Visit **southwestcoastpath.org.uk/books**.

Long Distance Coast Path Walking

If you have not undertaken walking for more than a day at a time, bear in mind that you will not be able to keep up the same distance day after day as you do in a one-off day walk. The first reason for this is that you will probably be carrying more gear than usual. This may include a change of clothes and overnight kit, all in a bigger rucksack than usual. However, it is possible to overcome this by using Baggage Transfer providers – see page 17. Secondly, there is the 'wear' factor, for the first few days especially, it is simply more tiring having to walk each day. And finally, there is the 'interest' factor, the walk is likely to take you through new places and new scenery; there is more to see, and you will need more time to look round. These factors will influence your planning.

Booking accommodation in advance means you know you have a bed for the night, which can be important in the South West in the summer and in the unpredictable British weather. Our Way Maker businesses offer accommodation, places to stop for food and drink and activities to undertake along the 630 miles of the Coast Path. Details can be found at the back of each walk section in this guide.

Walking Alone

The most important thing to remember if walking alone is to make sure someone knows your destination and estimated time of arrival. Also, make sure you take a fully charged mobile phone and a power pack as a backup. It is true that signal coverage is patchy along the coast but it's still worth having one. If you have a smart phone, there are apps available that enable you to share your progress with family or friends, to give a further indication of where you are if you haven't arrived where and when you were expected.

Portloe Point, South Cornwall. Photographer Virginia Arendt

Stay Safe

It is your responsibility to stay safe whilst out on the South West Coast Path, and to look after others if you are walking as part of a group. Please remember to always keep to the Path, follow the advisory signs and waymarkers, and stay away from cliff edges. Particular care and attention should be paid to children and dogs to ensure they are kept in sight and away from cliff edges at all times. It is important to make sure you are well equipped for your walk, and that you take into consideration possible sudden changes in weather when you are packing your kit. Don't forget to check the weather forecast in advance of your trip and take note of when the sun will set, so you know how many hours of sunlight to expect. The Path can get very muddy, especially if you are walking in winter, so take care on particularly steep sections. We advise you to be mindful of your ability level. Some sections of the South West Coast Path can be very strenuous and/or remote. Always check the difficulty grading in the walk description and for more challenging routes, try and find someone else to walk with you. If you are venturing out alone, we recommend telling a friend or family member exactly where you plan to walk and an approximate time for arrival. In case of an emergency, please dial 999 and ask for the Coastguard.

Weather

The South West Coast Path is more exposed to wind than any other long-distance Trail in the UK, so please pay attention to gale forecasts. Along some sections, strong winds can be dangerous, especially when rounding exposed headlands and crossing bridges where a high rucksack can act like a sail. Please take particular care on these sections. Wind and rain combined can cause your core temperature to drop significantly. If possible, take a spare layer of clothing with you and opt for waterproof and windproof jackets to protect you against the worst of the elements. It is equally important to shield yourself from harmful UV rays, especially on bright, cloudy, or breezy days when the risk of sunburn feels lower.

Military Ranges

Two lengths of the South West Coast Path may be affected by the use of military ranges. The use of one, at Tregantle in south east Cornwall, only means that a more inland and less picturesque route must be used for a length of some 1.25 miles/2km in Section 46, Portwrinkle-Cremyll (Plymouth Ferry). However, if there is military use of the other, east of Lulworth Cove in Dorset, this means the whole of Section 67 between Lulworth Cove and Kimmeridge Bay will be impossible. Generally the Lulworth ranges are closed to walkers Monday to Friday during school term time and also up to six times a year at weekends. Try to arrange your walk so as not to miss this superb, but tough Section.

Information and details for the ranges are included in the relevant section descriptions on pages 122 and 170, and on our website.

Route Changes

The coast would not look so beautiful and dramatic if it wasn't for cliff and beach erosion. The downside to this is that sometimes cliff falls or landslips close sections of the Coast Path, resulting in temporary inland diversions which can occasionally be quite lengthy. In these instances, always follow signage and information on the ground. Whilst any route changes and diversions are signed, they may make your walk longer. It's worth checking the 'route changes' pages of our website before you set out. We are also constantly looking for opportunities to improve the Path, in the few places where it is not as good as it could be.

The Government is in the process of completing the King Charles III England Coast Path around the entire coast of the country. This is helping us to make improvements to the South West Coast Path.

Here is what we recommend you pack for your trip out on the South West Coast Path.

Base Layer

A base layer is a good place to start most walking outfits. Merino wool is ideal for colder weather as it will keep the heat in, whilst wicking away your sweat.

Spare Insulating Layer

The conditions you choose to walk in dictate what level of insulation you will need. A light fleece is fine for summer, but British winters demand a down or synthetic insulated jacket. Suitable walking clothes can be found in our online shop **southwestcoastpath.org.uk/shop**.

Waterproofs

Waterproof layers are vital when exploring the Coast Path to ensure you don't end up walking in damp clothes. Your waterproofs should be breathable, with ventilation to allow sweat vapour to escape.

Sturdy Footwear

You will need some sturdy walking shoes or boots to walk comfortably on the sometimes uneven terrain of the coast.

First Aid Kit

Whilst you are unlikely to find yourself in danger when walking sensibly on the Coast Path, it never hurts to be prepared. Carry a first aid kit and make sure you know how to use everything in it. Take a torch in case you get caught out after dark, and a whistle is a lightweight way to help attract attention in an emergency. A fold-away foil blanket is another handy piece of kit.

Food and Water

Keeping hydrated is essential for an enjoyable day on the Trail. Aim for at least 2 litres per day, but remember the amount you need to drink is entirely dependent on the length of time you plan to be walking and the temperature. Even if you have a lunch stop planned, we recommend taking a snack, to keep your energy levels up.

Visit **refill.org.uk** for more information on water refill points along the Path.

Eye and Skin Protection

When it is sunny you'll want to block out the bright light with sunglasses so you can fully enjoy the spectacular sea views. Walking when it's warm is great, but it's important to be sun safe, even on overcast days, so pack some sun cream and apply it accordingly.

Map and Compass

Even though the Coast Path is well signed, taking a map and compass, and knowing how to use them, is essential on any longer walk. You never know when you might have to change route due to unforeseen circumstances, and a quick look at a map can give you a safe alternative.

Walking Poles

Whilst not essential, walking poles can help you move more confidently over difficult terrain and even come in handy should you need to cross a stream or muddy area of the Path.

Mobile Phone

You cannot rely on it, as signal is very patchy along many parts of the Coast Path, but it is handy to have a mobile phone with you. The route of the Coast Path is shown on several apps including Google Maps, but be aware that using GPS will drain your battery, so it's worth taking a USB power bank as backup.

Camping

There are plenty of ways to enjoy the Coast Path as a camper. Find out more at **southwestcoastpath.org.uk/camping**

A Way Maker welcome

There are so many great places to stay, eat and drink and discover local culture and coastal adventures along the Trail as part of your South West Coast Path experience.

We now have over 400 Way Maker businesses who go the extra mile to support us in our work looking after the Path, whilst also providing a warm welcome for walkers and visitors to the Trail. Many of them are part of our Coast Path Passport scheme too, so you can pick up your stamp when you stop off with them!

We hope you will 'vote with your feet' and show your support for these Path loving coastal businesses who give back to the Trail, helping to make your journey one to remember.

Where to find our Way Makers

- **The Official Guide** – all the businesses listed at the end of each Path section are Way Makers. Follow the key to find out what facilities they offer.
- **Online Walk Finder** – find out which Way Makers are within a 5 mile radius of the walk you've chosen.
- **Online Search Finder** – scan the QR code or visit **southwestcoastpath.org.uk/stay-eat-do**. You'll find additional Way Makers here not listed in the Guide. You'll also be able to check out which ones are Passport stamping points.

Way Maker

Recommend new Way Makers

If you stop off at a great business let us know by emailing

business@southwestcoastpath.org.uk

Sophie at Silver Cottage B&B, Braunton

Flavel Cafe

Way Makers are not independently checked by the SWCPA. The charity is not responsible for any customer complaints or issues. These should be raised directly with the establishment.

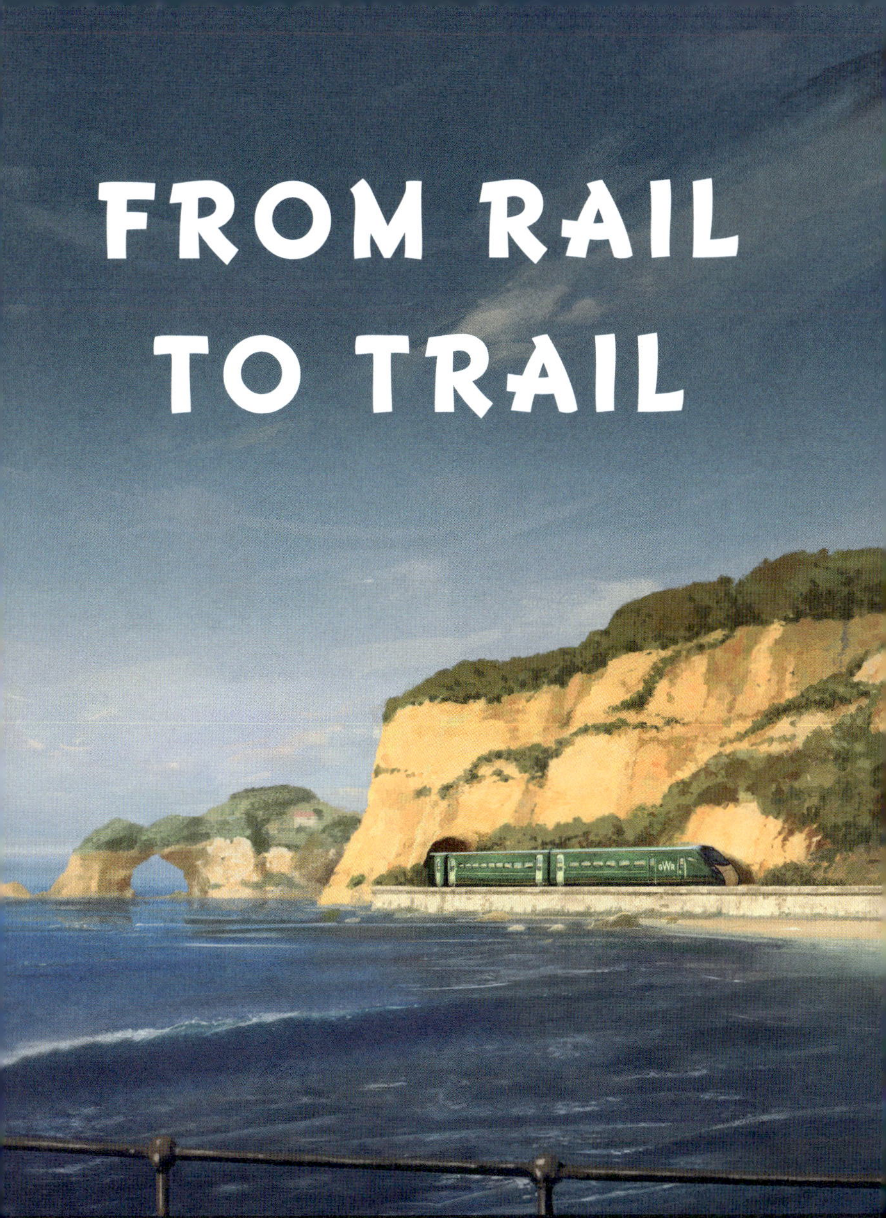
FROM RAIL
TO TRAIL

The Countryside Code – Respect, Protect and Enjoy

Respect everyone

- be considerate to those living in, working in and enjoying the countryside
- leave gates and property as you find them
- do not block access to gateways or driveways when parking
- be nice, say hello, share the space
- follow local signs and keep to marked paths unless wider access is available

Protect the environment

- take your litter home – leave no trace of your visit
- do not light fires and only have BBQs where signs say you can
- always keep dogs under control and in sight
- dog poo – bag it and bin it – any public waste bin will do
- care for nature – do not cause damage or disturbance

Enjoy the outdoors

- check your route and local conditions
- plan your adventure – know what to expect and what you can do
- enjoy your visit, have fun, make a memory

gov.uk/countryside-code

There are lots of ways to have a light footprint and help protect the Path for future generations, including:

✔ Use public transport where possible
✔ Support local shops and services
✔ Keep to the Path to minimise erosion
✔ Report Path problems to the South West Coast Path Association
✔ Keep dogs under control
✔ Look out for water refill stations along the Path. Find out more at **refill.org.uk**

Join the association as a member at

southwestcoastpath.org.uk/join

Godrevy from Gwithian Towans. Photographer Steve Tew

Top tips for keeping your dog safe on the National Trail

The Coast Path is the perfect place for dog walking, with 630 miles of exciting smells and things to look at, but the Trail does require extra care at times.

Unfortunately, there are incidences each year when dogs end up losing their footing on cliff edges or worry grazing farm animals, so for their welfare and yours, here are our top tips for staying safe and making the most out of the Coast Path with your dog:

- Always keep your dog under close control; use a lead if you don't have reliable recall.
- Carry water for your dog – they can easily get dehydrated in summer.
- Keep your dog away from cliff edges – they are often loose and home to rabbits.
- Clip on a short lead around sheep, cows, and horses, irrespective of how well-trained your dog is. It's safer for everyone.
- If you feel threatened by cattle, unclip the lead so you can get away separately.
- Don't let your dog run up to other people uninvited – not everyone likes dogs. People have stepped out of the way of dogs on cliffs with fatal consequences.
- Always bag it and bin it wherever you are.
- Ensure your dog has a name tag and is micro-chipped so you can be easily reunited if your dog gets lost. If on holiday, have a temporary tag with your contact on it.
- In areas of mining heritage be aware there may be uncapped mineshafts hidden in the undergrowth near the Path, so keep your dog close.
- Occasionally white, waxy lumps of palm oil are washed up on beaches, avoid if seen, as it can be harmful if eaten by dogs.
- Be tick aware.

Visit **southwestcoastpath.org.uk/dogs** for more information and advice about walking with your dog on the Coast Path.

Godrevy. Photographer Olivia Bundy

Top tips for walking near livestock

When walking on the South West Coast Path you will inevitably encounter livestock. Livestock on the coastline are doing a wonderful job as conservation grazers keeping this coastal grassland habitat diverse and special. Although only docile animals should be on the Coast Path, animals can be unpredictable, especially if they have young.

Here are some top tips to help you navigate your way along the Path and past roaming livestock:

- Stop, look and listen when entering land where livestock are present.
- Move quickly and quietly giving all livestock a wide berth. Avoid putting yourself between animals and their young.
- Stay alert and keep an eye out for any behavioural changes.
- Be prepared for livestock to react to your presence, especially if you have a dog with you.
- Keep your dog close on a short lead, and under effective control.
- If you feel threatened by livestock, let your dog go. Cattle and ponies should follow the dog and not you. You can then catch up with your dog further along the Path.
- Cattle and ponies are naturally inquisitive, but most will stop before they reach you. If they follow, just walk on quietly.
- Don't panic, wave your arms or run.
- Don't put yourself at risk by walking close to livestock. If you cannot see a safe path through, find an alternative route. If cattle or ponies are blocking a path, you're well within your rights to find a safe way, away from the Path to avoid them. You should then re-join the footpath as soon as possible when you consider it safe to do so.
- When walking on land with sheep, always give them a wide berth especially during lambing season.
- Keep your dog on a short lead and do not let them off in areas with sheep present.
- Sheep are naturally very nervous and stress can lead to them hurting themselves and unborn lambs.
- It is an offence to allow a dog to worry sheep. Worrying includes attacking or chasing sheep.

Report any frightening incidents or attacks to the landowner, the highway authority, the Health & Safety Executive (HSE), and also the police if it's of a serious nature.

Visit **southwestcoastpath.org.uk/safety-advice** for more information.

Always remember to leave gates as you find them

NATIONAL TRAILS

The South West Coast Path is one of 20 National Trails. This 'family' of Trails is special in that they have been designated by the Government and are managed to a set of Quality Standards that set them above other routes. A 'Trail Partnership', made up of local authorities, working with land owners and Path managers, is responsible for the Path on the ground.

Follow the acorn

All the Trails, including the South West Coast Path, are well signposted and waymarked, using the distinctive National Trail symbol of the acorn.

This acorn is often used alongside coloured arrows or the words 'footpath', 'bridleway' or 'byway' to indicate which public access rights apply to that particular stretch of path.

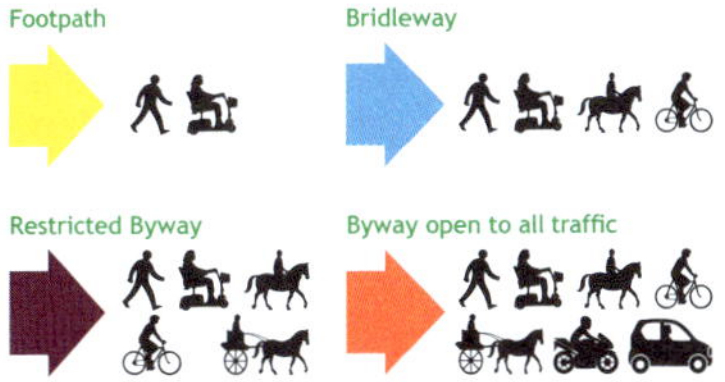

Yellow arrows indicate a 'Public Footpath' for use by walkers and mobility scooters.

Blue arrows are for a 'Public Bridleway' which can be used by walkers, horse riders, cyclists and mobility scooters.

Purple arrows mark a 'Restricted Byway' where the public have a right of way on foot, horseback, bicycle, mobility scooters or horse-drawn carriage.

Red arrows indicate that the path is a 'Public Byway' which can be used by walkers, horse riders, cyclists, motorised vehicle drivers, carriage drivers and mobility scooters.

King Charles III England Coast Path

The King Charles III England Coast Path (KCIIIECP) National Trail once complete will be around 2,600 miles long and the world's longest managed coastal trail.

In the South West the two National Trails will mostly run along the same route, although there will be some deviations. For example, the KCIIIECP will take the first estuary crossing in places like Plymouth, crossing on the Ferry between the Barbican and Mount Batten, whereas the SWCP will continue along its current route passing through Cattedown up the Plym Estuary and back past Hooe Lake to Mount Batten. Find out more at **nationaltrail.co.uk/en_GB/trails/england-coast-path**.

A world class trail on our doorstep

It's often said that the South West Coast Path is one of the world's great trails and we are regularly included in top-ten trail bucket lists in the media. The diversity of trails around the world is amazing, crossing urban, rural and wilderness, linking communities, supporting sustainable livelihoods, promoting peace in areas of conflict, driving nature recovery, celebrating our cultural heritage and most importantly connecting people to nature.

As the charity protecting and celebrating the Coast Path we are proud to be an active member of the World Trails Network. For the past five years we've engaged with this global trail family to share knowledge and best practice with trails traversing six continents. Through the Network we have learned from other trails, allowing us to look at issues along the Coast Path from different perspectives. We've also shared our experience in championing Britain's longest National Trail. If you would like to find out more about the World Trails Network visit **worldtrailsnetwork.org**.

Need some help planning your holiday? We recommend contacting one of the walking holiday companies listed in this section who provide complete walking holiday packages along the South West Coast Path. These include guided and self-guided walk options, depending on how you prefer to travel, as well as themed walks from food foraging to wildlife watching.

Contours Holidays has been organising self-guided UK adventures for over 25 years, and they pride themselves on their holiday expertise. They specialise in walking, trail running and cycling holidays across a wide variety of trails in England, Scotland and Wales, including the entirety of the South West Coast Path and a range of other popular routes in Devon and Cornwall. Simply choose your ideal route and dates, and the Contours team will get to work organising nightly accommodations, daily luggage transportation and a personalised holiday pack containing everything you need to explore at your own pace, with those you choose to explore with. Every detail is taken care of, leaving you entirely free to enjoy the sights and sounds of the Great British countryside. For more info go to **contours.co.uk**

Encounter Walking Holidays provide walking holidays and short breaks on every section of the Coast Path. They specialise in helping with the requests that others struggle with or don't want to take on – whether you are a small group looking for the best prices, walking with your dogs, have an unusual itinerary idea or are just arriving from overseas and are new to UK walking routes. They provide detailed quotes for walkers with no commitment to book, so get in touch with your ideas and questions!
For more info go to **encounterwalkingholidays.com**

Footpath Holidays is a family-owned walking holiday company founded in 1983, providing self-guided and group holidays along the South West Coast; single centre and 'moving on' with accommodation and baggage transfer in Devon, Cornwall and Dorset. For more info go to **footpath-holidays.com**

Holidays that lead to big adventures in exceptional landscapes is what **HF Holidays** do best – and have been doing for 110 years. With a choice of over 260 guided and self-guided walking tours in nearly 40 countries on six continents, HF Holidays also own and manage 16 UK country houses, including Chy Morvah, in St Ives. Guests can enjoy up to three daily walks with experienced leaders, or choose to explore independently, at their own pace. Holidays in the South West include the South Cornwall Coast Path, and guided and self-guided holidays for all abilities, staying in St Ives. For more info go to **hfholidays.co.uk**

Lamorna Cove. Photographer Rachel Stott

Active Travel, Led by You. Embark on an epic journey with Macs Adventure, the active holiday specialists with over 500 walking and cycling trips worldwide. With 20 years experience, Macs Adventure empowers you to explore at your own pace. From hand-picked local accommodations to seamless bag transfers and accurate mapping via our navigation app, we thoughtfully arrange every detail for an unforgettable travel experience. For more info go to **macsadventure.com**

Mickledore Travel specialises in self-guided walking and cycling holidays in the UK. They provide a flexible service making the arrangements that suit you, leaving you free to just enjoy your walk. As walkers and cyclists, they aim to provide a service of the highest quality and a holiday to remember. For more info go to **mickledore.co.uk**

Nearwater Holidays specialise in single based, inn-to-inn trips and bespoke walking holidays along all sections of the South West Coast Path. The walks have been developed with the benefit of local knowledge to ensure the visiting walker has the chance to see a few extra special places that they would otherwise overlook. For more info go to **nearwaterwalkingholidays.co.uk**

Walk the Trail offer self-guided walking holidays throughout the South West including the South West Coast Path, The Two Moors Way, and The Saints Way, along with many other routes across the UK. All holidays include a personalised holiday pack complete with luggage transfers, accommodation location information, maps and guidebooks. Their unique Holiday Finder Tool allows you to choose your start and end locations, giving you greater flexibility to enjoy the Coast Path at a pace to suit you. For more info go to **walkthetrail.co.uk**

Western Discoveries are the local experts for walking holidays in Cornwall. They are based in West Cornwall and specialise in providing self-led walking holidays along the Cornwall section of the stunning South West Coast Path. Accommodation, luggage transfers, maps, their own detailed route notes and arrival/departure transfers from local transport terminals are all provided with an unparalleled attention to detail. For more info go to **westcornwallwalks.co.uk**

For local walk guides and further local walking holiday providers, see the 'Activities' at the end of every walk section.

Baggage Transfer

Walking is even more enjoyable when all you have to carry is a light daypack, so why not take advantage of a kit transfer service? More information can be found on our website at **southwestcoastpath.org.uk/baggage-transfer**

Luggage Transfers are the only luggage courier service covering the whole 630 miles of the South West Coast Path and all the routes in-between. With 15 years experience and over 30 drivers, they continue to support the South West Coast Path Association through voluntary donations from their walkers. Handling an average of 10,000 bags a month and combining journeys reduces the carbon footprint of this service. With excellent customer service and reviews, you can find out more by visiting **luggagetransfers.co.uk**

Below we've split the Path into 52 day lengths. Each of these allows time for breaks and covers what we think is a comfortable day's walking, whilst finishing at places where you can find accommodation. If you think you'd like to go slower or faster than this, you can find alternative itinerary suggestions on our website.

Week 1 (Seven days)			
Day	**Distance (Rounded)**		**From - to**
1	9mi	14km	Minehead – Porlock Weir *Take National Rail main line to Taunton; bus Taunton - Minehead; or National Express coach to Minehead*
2	12mi	20km	Porlock Weir – Lynton
3	13mi	21km	Lynton – Combe Martin
4	13mi	20km	Combe Martin – Woolacombe
5	16mi	27km	Woolacombe – Braunton
6	12mi	20km	Braunton – Instow
7	11mi	18km	Instow – Westward Ho!
Total	**86mi**	**140km**	*Take bus Westward Ho! - Barnstaple; train Barnstaple - Exeter; National Rail main line from Exeter; or National Express coach from Westward Ho!*

Week 2 (Seven days)			
Day	**Distance (Rounded)**		**From - to**
1	11mi	18km	Westward Ho! – Clovelly *National Rail main line to Exeter; train Exeter - Barnstaple; bus Barnstaple - Westward Ho!; or National Express coach to Westward Ho!*
2	10mi	16km	Clovelly – Hartland Quay
3	15mi	25km	Hartland Quay – Bude
4	10mi	16km	Bude – Crackington Haven
5	11mi	18km	Crackington Haven – Tintagel
6	9mi	15km	Tintagel – Port Isaac
7	12mi	19km	Port Isaac - Padstow
Total	**78mi**	**127km**	*Bus to Bodmin Parkway; National Rail main line from Bodmin Parkway*

Week 3 (Six days)			
Day	**Distance (Rounded)**		**From - to**
1	14mi	22km	Padstow – Porthcothan *National Rail main line to Bodmin Parkway; bus Bodmin Parkway - Padstow*
2	11mi	18km	Porthcothan – Newquay
3	11mi	18km	Newquay – Perranporth
4	12mi	20km	Perranporth – Portreath
5	12mi	20km	Portreath – Hayle
6	6mi	9km	Hayle – St Ives
Total	**66mi**	**107km**	*Train St Ives-St Erth; National Rail main line from St Erth; or National Express coach from St Ives*

Week 4 (Six days)			
Day	**Distance (Rounded)**		**From - to**
1	14mi	22km	St Ives – Pendeen Watch *National Rail main line to St Erth; train St Erth - St Ives; or National Express coach to St Ives*
2	9mi	15km	Pendeen Watch – Sennen Cove
3	12mi	19km	Sennen Cove – Lamorna Cove
4	9mi	15km	Lamorna Cove – Marazion
5	11mi	17km	Marazion – Porthleven
6	13mi	22km	Porthleven – Lizard
Total	**68mi**	**110km**	*Bus Lizard Town - Redruth; National Rail main line from Redruth*

Week 5 (Six days)			
Day	Distance (Rounded)		From - to
1	11mi	17km	Lizard – Coverack *National Rail main line to Redruth; Bus Lizard Town - Redruth*
2	13mi	21km	Coverack – Helford
3	10mi	16km	Helford – Falmouth
4	14mi	22km	Falmouth – Portloe
5	12mi	20km	Portloe – Mevagissey
6	12mi	19km	Mevagissey – Par
Total	72mi	115km	*National Rail main line from Par*

Week 6 (Seven days)			
Day	Distance (Rounded)		From - to
1	13mi	21km	Par – Polperro *National Rail main line to Par*
2	12mi	20km	Polperro – Portwrinkle
3	13mi	21km	Portwrinkle – Plymouth
4	15mi	24km	Plymouth – Wembury (ferry crossing)
5	14mi	22km	Noss Mayo – Bigbury on Sea
6	14mi	22km	Bigbury on Sea – Salcombe
7	13mi	21km	Salcombe – Torcross
Total	94mi	151km	*Bus Torcross - Plymouth; National Rail main line or National Express coach from Plymouth*

Week 7 (Six days)			
Day	Distance (Rounded)		From - to
1	10mi	16km	Torcross – Dartmouth *National rail main line or National Express coach to Plymouth; bus Plymouth - Torcross*
2	11mi	17km	Dartmouth – Brixham
3	11mi	17km	Brixham – Babbacombe
4	16mi	27km	Babbacombe – Exmouth
5	13mi	21km	Exmouth – Sidmouth
6	11mi	17km	Sidmouth – Seaton (Devon)
Total	72mi	115km	*Bus Seaton - Exeter; National Rail main line or National Express Coach from Exeter*

Week 8 (Seven days)			
Day	Distance (Rounded)		From - to
1	14mi	23km	Seaton (Devon) – Seatown (Dorset) *National Rail main line or National Express coach to Exeter; bus Exeter - Seaton*
2	12mi	19km	Seatown (Dorset) – Abbotsbury
3	11mi	17km	Abbotsbury – Ferry Bridge (Wyke Regis)
4	13mi	21km	Isle of Portland
5	14mi	23km	Ferry Bridge (Wyke Regis) – Lulworth Cove
6	14mi	23km	Lulworth Cove – Worth Matravers
7	14mi	22km	Worth Matravers – South Haven Point (Poole Harbour)
Total	92mi	148km	*Ferry South Haven Point-Sandbanks; bus Sandbanks-Poole or Bournemouth; National Rail main line or National Express coach from Poole or Bournemouth*

These Walking Guide booklets are an excellent addition to the Guide, breaking down the whole of the Coast Path into easy to follow sections between 5 and 17 miles per booklet. Providing detailed directions for shorter sections of the Path, laid out for walking in either direction. They include maps and photos as well as offering interesting facts, history, wildlife and geological information. Available to buy at **southwestcoastpath.org.uk/books** - £2.50 per booklet

Walk No.	Section Name	Distance (miles)	Distance (km)
1	Minehead to Porlock Weir	8.9	14.3
2	Porlock Weir to Lynton	12.1	19.5
3	Lynton to Combe Martin	13.7	22.0
4	Combe Martin to Ilfracombe	5.4	8.7
5	Ilfracombe to Woolacombe	8.5	13.7
6	Woolacombe to Croyde Bay	5.2	8.4
7	Croyde Bay to Braunton	9.8	15.8
8	Braunton to Barnstaple	5.4	8.7
9	Barnstaple to Bideford	10.7	17.2
10	Bideford to Westward Ho!	8.0	12.9
11	Westward Ho! to Clovelly	11.1	17.9
12	Clovelly to Hartland Quay	10.3	16.6
13	Hartland Quay to Bude	15.2	24.5
14	Bude to Crackington Haven	9.8	15.8
15	Crackington Haven to Boscastle	6.7	10.8
16	Boscastle to Tintagel	4.7	7.6
17	Tintagel to Port Isaac	9.1	14.6
18	Port Isaac to Padstow	11.7	18.8
19	Padstow to Harlyn Bay	6.5	10.5
20	Harlyn Bay to Porthcothan	6.7	10.8
21	Porthcothan to Newquay	10.3	16.6
22	Newquay to Holywell Bay	8.1	13.0
23	Holywell Bay to Perranporth	4.5	7.2
24	Perranporth to Portreath	12.4	20.0
25	Portreath to Hayle	11.7	18.8
26	Hayle to St Ives	6.1	9.8
27	St Ives to Pendeen	13.7	22.0
28	Pendeen to Sennen Cove	9.1	14.6
29	Sennen Cove to Porthcurno	6.3	10.1
30	Porthcurno to Lamorna	5.4	8.7
31	Lamorna to Marazion	9.2	14.8
32	Marazion to Porthleven	10.8	17.4
33	Porthleven to Poldhu Cove	5.2	8.4
34	Poldhu Cove to The Lizard	8.2	13.2
35	The Lizard to Coverack	10.4	16.7
36	Coverack to Helford	12.9	20.8
37	Helford Passage to Falmouth	10.3	16.6
38	St Mawes to Portscatho	6.2	10.0
39	Porthscatho to Portloe	7.4	11.9
40	Portloe to Mevagissey	12.2	19.6
41	Mevagissey to Par	10.7	17.2
42	Par to Fowey	6.8	10.9
43	Fowey to Polperro	7.1	11.4
44	Polperro to Looe	5	8.0
45	Looe to Portwrinkle	7.7	12.4
46	Portwrinkle to Plymouth	13.2	21.2
47	Plymouth (Admiral's Hard) to Mount Batten	7.5	12.1
48	Mount Batten to Wembury (ferry)	7.5	12.1
49	Wembury to River Erme	10.3	16.6
50	River Erme to Hope Cove	9.3	15.0
51	Hope Cove to Salcombe	8.1	13.0
52	Salcombe to Torcross	12.6	20.3
53	Torcross to Dartmouth & Kingswear	10.3	16.6
54	Dartmouth & Kingswear to Brixham	10.9	17.5
55	Brixham to Babbacombe	13.2	21.2
56	Babbacombe to Teignmouth	6.4	10.3
57	Teignmouth to Exmouth	8	12.9
58	Exmouth to Budleigh Salterton	5.4	8.7
59	Budleigh Salterton to Sidmouth	7.1	11.4
60	Sidmouth to Seaton	10.3	16.6
61	Seaton (Devon) to Lyme Regis	7.1	11.4
62	Lyme Regis to West Bay	10	16.1
63	West Bay to Abbotsbury	9.3	15.0
64	Abbotsbury to Ferrybridge (Weymouth)	10.9	17.5
65	Isle of Portland	13	20.9
66	Ferrybridge (Weymouth) to Lulworth Cove	14.4	23.2
67	Lulworth Cove to Kimmeridge Bay	7.1	11.4
68	Kimmeridge Bay to Worth Matravers (Winspit)	7.1	11.4
69	Worth Matravers (Winspit) to Swanage	6.5	10.5
70	Swanage to South Haven Point	7.5	12.1
71	Alternative route between West Bexington and Osmington Mills along the South Dorset Ridgeway	17.1	27.5

Coast Path Walk Sections

Based on the 630 miles in 8 weeks itinerary on pages 18-19, the South West Coast Path has been divided into 70 Sections. Each Section represents a day or half-day's walk of the Itinerary. However, it must be emphasised that these Sections should not be confined to use by those walking long stretches of the Coast Path. Each Section is designed to be used on its own as a one-off if so wished, as well as by those planning long walks of several days. The Sections are arranged in anti-clockwise order, from Minehead to Poole, with an additional Section 71 for the alternative inland South Dorset Ridgeway. In a number of coastal locations it is now necessary to pay for the toilet facilities so keep some 20p and 50p coins in your pocket. Also be aware that in winter a number of toilets close, or are only opened at weekends.

Walk Sections – Pages 24-187
Each walk Section starts with an overview as well as a map illustration of the walk Section, covering the landscape, its general character and some of its highlights.

Next, there is a short description of how the Section can be undertaken as a day or part-day walk with public transport or a local circular walk.

Finally, the main body of the Section description contains simplified instructions for walking in a Minehead – Poole direction, generally only highlighting those locations where it is possible to go astray.

At the end of each of the 7 Coast Path sections are places to **Sleep**, places to **Eat & Drink** and **Activities/Transport options** in that area.

Please note

This guide is produced annually and the landscape of the Coast Path changes on a fairly regularly basis. If in doubt, follow the signs and waymarkers on the ground and visit our website for the most up to date route changes or Path diversions.

Walk section table format:

Distance – length of the Section in miles and kilometres.

Cumulative distance – total length of the Coast Path from Minehead to the end of the Section in miles and kilometres.

Ascent – height climbed during the Section in feet and metres.

Cumulative ascent – total height climbed on the Coast Path from Minehead to the end of the Section in feet and metres.

Grading – each Section is graded as Easy, Moderate, Strenuous or Severe. Inevitably, such grading is subjective to an extent, and not all of any Section will be identical throughout, but the grading will give an idea of the effort required.

Timing – this is an estimated fair average for completing the Section. Times will vary depending on weather, number in party, gear carried, number of refreshment or photograph stops. The estimate should be an aide in planning.

OS Maps – the reference numbers of the OS Maps needed to walk the Section are given. Both Landranger (1:50,000) and Explorer (1:25,000) maps are given.

Area – for those not geographically acquainted with the South West, the Coast Path has been sub-divided into 7 areas for ease of identification, Exmoor, North Devon, North Cornwall, West Cornwall, South Cornwall, South Devon and Jurassic Coast. These can be seen on the map on the inside cover of the Guide.

Grading of Walk Sections

To help in planning your walk, each walk Section has been given a grading of difficulty – easy, moderate, strenuous or severe. The grading will inevitably be subjective to some extent but it should provide a general idea of the amount of effort needed to walk each Section.

Easy

Sections graded 'easy' will generally be level, however, one or two notable gradients may feature along the length, although none will be especially long or steep. In addition, the path will normally be in good condition and easy to use, apart from the odd muddy patch after rain. Often, though not always, there will be a sealed surface. Some 'easy' Sections may also lack stiles.

Moderate

Sections graded 'moderate' are likely to include some gradients. Generally these will not be steep or lengthy, although there may sometimes be a succession of relatively gentle gradients. Alternatively, a 'moderate' Section may contain one or two more notable gradients, but they will be separated along the Section's length and be the exception rather than the rule. Normally the path surface will not be difficult or awkward although there may be occasional muddy patches after rain.

Strenuous

'Strenuous' Sections are where gradients are frequent, often in quick succession. This grading is also given to a Section with relatively fewer gradients but where these are noticeably steep and lengthy. It may also be the case that slopes on these lengths have a surface requiring some care, including uneven steps or potentially slippery terrain. In a few instances this grading is given, purely because a rocky surface means progress can be slow and arduous.

Severe

Only a few Sections are given the grading 'severe'. In almost all instances, the grading reflects an almost continuous progression of climbs and descents up and down steep slopes. Extra care may be required due to steep steps or a rocky surface. While each climb or descent in its own right can be tiring, in the 'severe' Sections it is the constant progression that can be particularly wearing. All 'severe' graded Sections will entail much slower going than would be expected from the pure mileage involved.

Remember that the gradings are a general guide only. Note also that some Sections have gradings that vary over their length as the terrain changes.

Elevation

Walking the whole South West Coast Path is the equivalent of scaling Mount Everest 4 times; a total of 115,000 feet (around 35,050 metres) of elevation. The elevation illustration on the following page provides an idea of how much the Path climbs and falls across the whole Trail.

We have labelled some points on the graphic including Great Hangman, the highest point on the Trail at 298 metres, to give you an idea of the higher Sections of elevation on the Path.

At the start of each walk Section in this guide, starting on page 24, you will find a graphic of the elevation at the top of the illustrative map. It is important to note that this is illustrative only, to give a general idea of the number and steepness of the gradients. The elevation graphics are also in Path order from Minehead. It is especially important to remember that:

In order to show the nature of the gradients, the vertical scale has been exaggerated. The steepness of the gradients on the Path will not match the angles shown in the elevation graphics but will be much less severe.

The elevation gradients do not necessarily reflect the degree of difficulty over any stretch of the Coast Path. Some Sections with quite modest gradients can present other challenges such as uneven terrain.

Whole Path Elevation

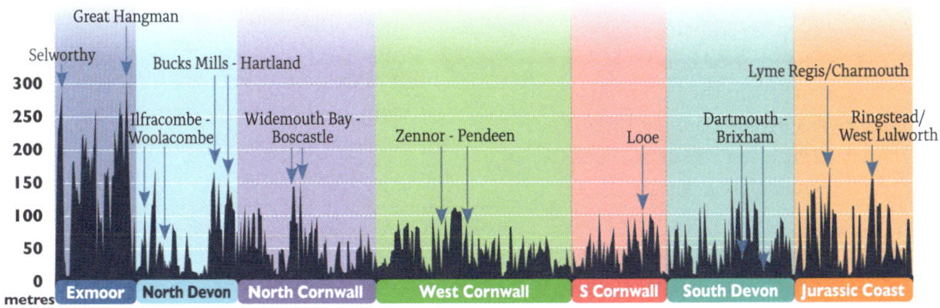

Hartland Peninsula, North Devon. Photographer Daryl Baker

Exmoor Minehead to Combe Martin – **35 miles**

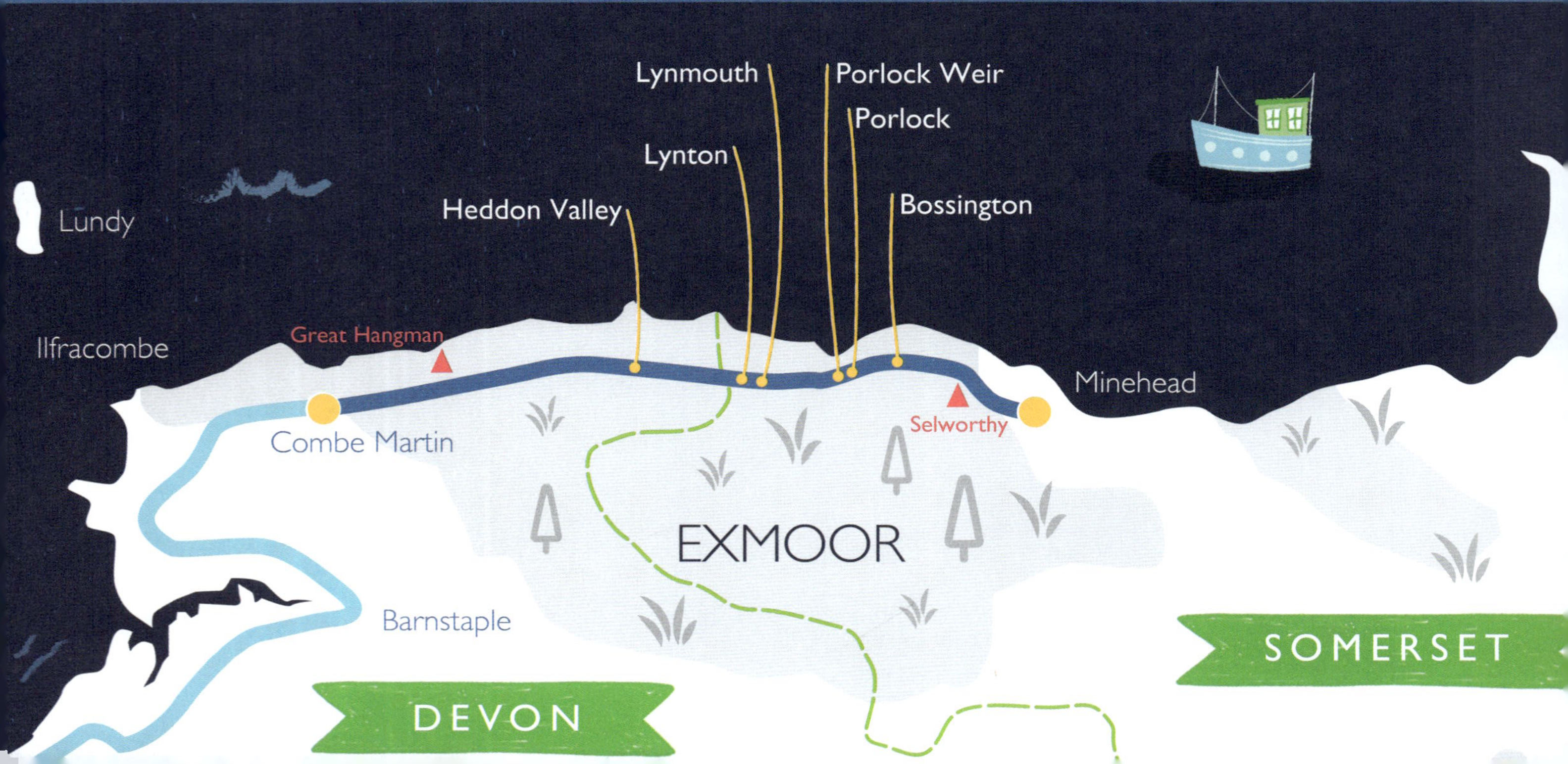

(Sections 1-3)

The Exmoor coast is characterised by two main landscape types. The first is the meeting of the rolling expanse of high moorland and the sea. The coastline itself is one of high cliffs, some of them among the highest sea cliffs in England, but this height is sometimes disguised by the cliffs' convex shape, usually referred to as "hog's back". Views are often extensive inland, over the undulating moorland, while seaward in good visibility the coast of Wales may be seen across the Bristol Channel. The second main landscape type comprises steep and deep valleys which cut across the moorland cliffs. These valleys, known as "combes", are typically ancient oak woodland. Often this woodland spreads along the adjacent cliff faces, also convex in shape. Views from the Coast Path here are inevitably less extensive, and sometimes quite limited by the woodland, but the nature of the ancient woodland makes for an environment of considerable ecological interest. The combes and the height of the cliffs in the Exmoor length result in some notable gradients for walkers in places. Contrasting with these main landscape types is the Vale of Porlock, a flat-floored break in the cliffs crossed by the South West Coast Path over marshland at its mouth.

All of the locations on the map illustration to the left have at least one facility such as toilets, a cafe/restaurant, shop or pub.

Valley of Rocks, Lynton, Photographer Dominik Bartberger

OS Maps: Landranger 181; Explorer OL9

	This Walk	Cumulative	This Walk	Cumulative	Grading	Timing
Ascent	1,824ft	1,824ft	556m	556m	Official: Moderate Alternative: Strenuous	4.5 hours
Distance	8.9mi	8.9mi	14.3km	14.3km		

For detailed directions see our Walking Guide no. 1, Minehead to Porlock Weir.

This is a classic example of where moorland meets the sea. Inland, the high expanse of Exmoor rolls away, broken by deep, wooded valleys; where it borders the Bristol Channel there are high, convex cliffs, cut by deep and narrow "combes". This is a lonely, remote length, away from main roads and settlements, with often the only evidence of modern life being development far away on the opposite shore of the Bristol Channel on the South Wales coast. At the western end is the contrasting landscape of Porlock Vale, a flat-floored area of farmland and marshland behind its shingle ridge, quite different in character from the rest of this Section.

Directions

Regular buses run between Minehead and Porlock Weir.

The South West Coast Path starts from the celebratory marker on the seafront in Minehead. The current route, which may not be shown on older maps, proceeds along the sea front, past the quay. Just before Greenaleigh Farm it turns left on ascending zigzags to North Hill.

At the summit of North Hill follow the acorn symbol towards Selworthy and Bossington. At the next Coast Path sign there is a fork, the route to the right being marked "Rugged Cliff Top Path", and either option can be taken. Do not be put off by the description of the seaward path as "rugged", it is a splendid alternative and although a little longer, it is not too strenuous and gives much better sea views than the inland "official" Path. It is well-waymarked, and dogs are permitted but must be under very close control. There is likely to be cattle grazing.

On the "rugged" path, at the stile, take the left fork towards a bench, then continue downhill to take the lower path by a "Rugged Path" signpost. From Grexy Combe (GR 937 481) take the well-defined diagonal path up the hill to a wall, which is then followed first towards the sea then parallel to it to Western Brockholes. Here it turns inland to re-join the inland "official" Path behind Hurlstone Point. (This seaward path will add about an hour to the estimated time.)

The inland route, meanwhile, follows good tracks parallel to the sea. Joining the "rugged" path on Bossington Hill, the now combined route descends the steep Hurlstone Combe. There is an optional diversion out to Hurlstone Point which gives a superb view. From Hurlstone, take care not to follow the obvious path to the left which contours round Bossington Hill.

The Path descends and goes inland to Bossington village and then just past the car park out towards the sea again. The route now crosses the marsh to Porlock Weir, easy to follow the whole way. At high spring tides it can become impassable, and signs to Porlock village should be followed. For tidal information contact Minehead Tourist Information Centre (TIC) – see page 33.

If the diversion via Porlock village is taken, leave the village on the Toll Road then bear right on a footpath that goes behind West Porlock to Porlock Weir.

OS Maps: Landranger 181 (eastern half); Landranger 180 (western half); Explorer OL9

	This Walk	Cumulative	This Walk	Cumulative	Grading	Timing
Ascent	3,156ft	4,980ft	962m	1,518m	Moderate, strenuous in parts	6 hours
Distance	12.1mi	21.0mi	19.5km	33.8km		

For detailed directions see our Walking Guide no. 2, Porlock to Lynton.

This is a Section of two halves. In the east, approximately between Porlock Weir and the Devon/Somerset border, Exmoor meets the sea at a run of high, convex but well-wooded cliffs. The Coast Path here is a woodland walk with frequent glimpses of the sea, quiet and remote in character. To the west the cliffs become more open and steeper and the area around The Foreland and Countisbury is a spectacular viewpoint with panoramas over the double-decker towns of Lynton and Lynmouth. The section is lonely and remote, with no facilities, except a pub at Countisbury.

Directions

The route is covered by a bus service "The Exmoor Coaster" between Minehead and Lynmouth. For more details see page 191 or visit travelinesw.com.

The official route is signposted left of the hotel at Porlock Weir but it is possible to go in front of the hotel, past the shops then left signposted to Culbone.

Reaching Culbone turn right to visit the charming, tiny church, which is recommended. From the church, retrace steps and turn right uphill on the Coast Path. After about 300 yards/275 metres bear right into Culbone, Embelle and Yenworthy Woods. This route may not be shown on some older maps. Unfortunately, recent land slippages towards the end of Yenworthy Wood have forced an inland diversion via Yenworthy Combe.

Continue to Sister's Fountain, where the access path to the bus route at County Gate on the A39 leaves the Coast Path. Go uphill through a pair of wild boar head gateposts, then take care not to miss the narrow signposted Path 300 yards/275 metres past the cottage as the drive bears left. An alternative waymarked route may be taken between Culbone and Yenworthy Wood. Although slightly more inland, it offers better views than the mainly woodland more coastal route.

At Coddow Combe, the route is signposted left off the lighthouse track "Countisbury 1.5 miles". From Countisbury the now spectacular Path continues down the seaward side of the A39 road. Lower down it joins the road for a short way before descending on zigzags to the foreshore. Walk into Lynmouth, crossing the footbridge, then turn right to the sea front. Lynton is vertically above Lynmouth and is reached by turning left up the steps before the cliff railway (which can be taken as an interesting alternative). A new route is also available past the Esplanade car park at the end of the sea front, where a pleasant path, signposted to Lynton, goes left up the steep wooded hillside to emerge on the Coast Path west of Lynton. Both Lynmouth and Lynton have all facilities.

It is interesting to know that from Lynmouth it is possible to walk Devon's Coast to Coast route using the Two Moors Way and its southern extension to the south coast at Wembury. Guide books are available from Lynton Tourist Information Centre (TIC).

OS Maps: Landranger 180; Explorer OL9

	This Walk	Cumulative	This Walk	Cumulative	Grading	Timing
Ascent	3,766ft	8,746ft	1,148m	2,666m	Strenuous	7 hours
Distance	13.7mi	34.7mi	22.0km	55.8km		

For detailed directions see our Walking Guide no. 3, Lynton to Hunter's Inn and Hunter's Inn to Combe Martin.

This generally quiet and remote Section passes through a series of spectacular coastal landscapes: the Valley of Rocks with its rocky crags and pinnacles; the steep wooded cliffs at Woody Bay; the breathtaking scenery of the deep and steep crevice carved through the cliffs at Heddon's Mouth; the wide, open spaces of Holdstone Down; and the heights of the Great Hangman, the highest point on the entire Coast Path and one of the highest coastal locations in the country.

Directions

Lynton and Combe Martin are connected by a summer bus service. Heddon's Mouth (6.5 miles/10.5km from Lynton) makes a good break in this length (though not on the bus route).

The Coast Path out of Lynton is on North Walk, and this Path leads to Castle Rock in the Valley of Rocks. The next section follows a minor but sometimes busy road, but a diversion to the right from the turning circle at the end of the Valley avoids its first length. Continue past the Toll House and up the hill. A permissive path on the right to Crock Point then avoids another length, and also gives stunning views.

The Coast Path leaves the road just before the hotel opposite the Red House. Arriving at another road turn left uphill. Follow the next Coast Path sign ahead. When this superb stretch reaches the dramatic Heddon's Mouth valley, follow it down to the valley floor. On reaching the stone bridge over the Heddon River, turn right over the river, and at the next Path turn hard left. Continue for 100 yards/91 metres to the signpost on the right to Combe Martin. (Inland on either side of the river the Path leads to the pub at Hunter's Inn.)

Climb steeply away from the valley floor, keeping right at the top where the Path levels off. Continue round the headland (take care in windy conditions) then the Path heads inland to reach a stone wall; this is followed parallel to the sea. The wall ends and the signed Path continues across the heathland of Holdstone Down.

At Sherrycombe the route follows the grass track along the top of the combe to the inland end and then down. Ascending Great Hangman from Sherrycombe, bear away from the wall on the left and ignore the many paths going to the right, meeting the wall higher up. From Great Hangman the Path is obvious to Little Hangman and beyond to Combe Martin.

If you enjoy staying, eating, drinking or doing an activity with a business along the Path, please let them know about our Way Maker scheme so we can share their brilliance!

The businesses listed here are our 'Way Makers'. They make the great South West Coast Path experience possible, and give back to the Trail. Please support them if you can. More info at southwestcoastpath.org.uk/waymaker

GR Grid Reference
DP Distance from the Path
N Nearest Town/Village with facilities
[3] Number of Rooms
Dogs Welcome
Evening Meal Available
Wifi
Parking
Grocery Shop On Site
Private Transport to the Path
Laundry Facilities
Caters to Specific Dietary Needs
Early Breakfast Available
Packed Lunch Offered
[£] Budget

Bed & Breakfast and Hotels

NAME	OTHER INFO
The Beach Hotel Minehead Minehead, TA24 5AP 01643 704765 info@thebeachhotel.org thebeachhotel.org	**GR:** SS973463 **DP:** 0.03 miles **N: MINEHEAD** **OFFERS ONE NIGHT STAYS** 17 rooms, Dogs Welcome, Wifi, Packed Lunch Offered
Bossington Hall Luxury B&B Bossington Hall, Allerford, Minehead, TA24 8HJ 01643 862800 info@bossingtonhall.co.uk bossingtonhall.co.uk	**GR:** SS902476 **DP:** 0.5 miles **N: PORLOCK** **OFFERS ONE NIGHT STAYS** 9 rooms, Dogs Welcome, Wifi, Parking, Caters to Specific Dietary Needs, Packed Lunch Offered
Myrtle Cottage High Street, Porlock, TA24 8PU 01643 862946 enquiries@myrtleporlock.co.uk myrtleporlock.co.uk	**GR:** SS884467 **DP:** 0.25 miles **N: PORLOCK** **OFFERS ONE NIGHT STAYS** 3 rooms, Dogs Welcome, Wifi, Parking, Early Breakfast Available, Caters to Specific Dietary Needs March - December
The Cottage B&B High Street, Porlock, TA24 8PU 01643 862996 cottageporlock@gmail.com cottageporlock.co.uk	**GR:** SS885467 **DP:** 0.5 miles **N: PORLOCK** **OFFERS ONE NIGHT STAYS** 4 rooms, Wifi, Parking, Caters to Specific Dietary Needs, Packed Lunch Offered Guest lounge
Ash Farm B&B Porlock Weir, TA24 8JN 01643 862414 jenniferwren@jenniferwren.plus.com southwestcoastpath.org.uk/ash-farm-porlock-hill	**GR:** SS842478 **DP:** 2 miles **N: PORLOCK WEIR** **OFFERS ONE NIGHT STAYS** 3 rooms, Wifi, Parking, Early Breakfast Available, Packed Lunch Offered April to October
Bath Hotel Lynmouth Street, The Harbour, Lynmouth, EX35 6EL 01598 752238 gm@bathhotellynmouth.co.uk bathhotellynmouth.co.uk	**GR:** SS722495 **DP:** 0.3 miles **LYNMOUTH** **OFFERS ONE NIGHT STAYS** 20 rooms, Dogs Welcome, Evening Meal Available, Wifi, Parking, Caters to Specific Dietary Needs

NAME	OTHER INFO
Orchard House Hotel 12 Watersmeet Road, Lynmouth, EX35 6EP 01598 753247 info@orchardhousehotel.co.uk orchardhousehotel.co.uk	**GR:** SS725493 **DP:** 0 miles **N: LYNMOUTH** **OFFERS ONE NIGHT STAYS** 6
North Walk House North Walk House, North Walk, Lynton, EX356HJ 01598 751010 walk@northwalkhouse.co.uk northwalkhouse.co.uk	**GR:** SS718496 **DP:** 0 miles **N: LYNTON** **OFFERS ONE NIGHT STAYS** 6
Sinai House Lynway, Lynton, EX35 6AX 01598 753227 enquiries@sinaihouse.co.uk sinaihouse.co.uk	**GR:** SS720491 **DP:** 0.5 miles **N: LYNTON** 8
South View Guest House South View House 23 Lee Road, Lynton, EX35 6BP 01598 753728 drewwallace139@outlook.com southviewguesthouselynton.co.uk	**GR:** SS718494 **DP:** 0.19 miles **N: LYNTON** **OFFERS ONE NIGHT STAYS** 5
St Vincent Guest House Market Street, Lynton, EX35 6AF 01598 752720 stvincentlynton@outlook.com stvincentlynton.co.uk	**GR:** SS720493 **DP:** 0.16 miles **N: LYNTON** **OFFERS ONE NIGHT STAYS** 7 Gluten-free specialists.
The Crown Hotel Market Street, Lynton, EX35 6AG 01598 752253 thecrownhotellynton@outlook.com thecrownlynton.co.uk	**GR:** SS720849 **DP:** 0 miles **N: LYNTON** **OFFERS ONE NIGHT STAYS** 10 Packed lunches available upon request at an extra charge.
The North Cliff Hotel North Walk, Lynton, EX35 6HJ 01598 752357 holidays@northcliffhotel.co.uk northcliffhotel.co.uk	**GR:** SS718497 **DP:** 0 miles **N: LYNTON** **OFFERS ONE NIGHT STAYS** 11
Newberry Beach Lodge Newberry Road, Combe Martin, EX34 0AP 01271 883709 / 07922571331 / 07710664513 cjg0040@msn.com newberrybeachlodge.co.uk	**GR:** SS574471 **DP:** 0.02 miles **N: COMBE MARTIN** **OFFERS ONE NIGHT STAYS** 4 Dogs and evening meals by arrangement, in advance.
Pack O Cards High Street, Combe Martin, EX34 0ET 01271 882300 thepackocards@aol.com packocards.co.uk	**GR:** SS583466 **DP:** 1 mile **N: COMBE MARTIN** **OFFERS ONE NIGHT STAYS** 6

Self Catering

NAME	OTHER INFO
Exmoor Character Cottages 39 Ellicombe Close, Minehead, TA24 6DQ 07817698366 info@exmoorcharactercottages.co.uk exmoorcharactercottages.co.uk	**GR:** SS966294 **DP:** 1.4 miles **N: MINEHEAD** 14
YHA Minehead Allcombe Combe, Minehead, TA24 6EW 01643 702595 minehead@yha.org.uk yha.org.uk/hostel/yha-minehead	**GR:** SS937432 **DP:** 3.8 miles **N: MINEHEAD**
Exmoor Bunk House Countisbury Hill, Lynmouth, EX35 6NE 0344 800 2070 holidayenquiries@nationaltrust.co.uk nationaltrust.org.uk/holidays/exmoor-bunkhouse	**GR:** SS747497 **DP:** 0.13 miles **N: LYNMOUTH** 1 3 nights min sleep 18.
Berry Lawn Linhay Bothy Countisbury, Lynmouth, EX35 6ND 0344 800 2070 holiday.enquiries@nationaltrust.org.uk nationaltrust.org.uk/holidays/bothy-heddon-orchard-devon	**GR:** SS729495 **DP:** 1 mile **N: LYNMOUTH** **OFFERS ONE NIGHT STAYS**

Campsites and Holiday Parks

NAME	OTHER INFO
Sparkhayes Farm Campsite Sparkhayes Lane, Porlock, TA24 8NE 07721 05123 / 01643 862470 sparkhayes@hotmail.com sparkhayes.co.uk	**GR:** SS886469 **DP:** 0 miles **N: MINEHEAD** **OFFERS ONE NIGHT STAYS** 50 Meals, Groceries and Wifi all within 100m all year.
Exmoor Coast Holidays Caffyns Farm, Lynton, EX35 6JW 01598 753967 stay@exmoorcoastholidays.co.uk exmoorcoastholidays.co.uk	**GR:** SS686479 **DP:** 1 mile **N: LYNTON** **OFFERS ONE NIGHT STAYS** 3
Cloud Farm Campsite Oare, Lynton, EX35 6NU 01598 741190 cloudfarmcampsite@nationaltrust.org nationaltrust.org.uk/holidays/cloud-farm-campsite	**GR:** SS791477 **DP:** 1 mile **N: LYNTON** **OFFERS ONE NIGHT STAYS**
Heddon Valley Campsite Heddon Valley, Parracombe, EX31 4PY 01598 741190 heddonvalleycampsite@nationaltrust.org.uk nationaltrust.org.uk/holidays/heddon-valley-campsite	**GR:** SS654481 **DP:** 0.44 miles **N: LYNTON** **OFFERS ONE NIGHT STAYS**

NAME	OTHER INFO
Whitemoor Camping Whitemoor Camping, Barnstaple, EX32 0HY 07860180022 info@whitemoorcamping.co.uk whitemoorcamping.co.uk	**GR:** SS572305 **DP:** 1.26 miles **N: BARNSTAPLE** **OFFERS ONE NIGHT STAYS** £
Silver View Campsite Knappdown Farm, Combe Martin, EX34 0PG 07415122557 silverviewcombemartin@gmail.com @Silver-View-Campsite	**GR:** SS602444 **DP:** 3.8 miles **N: COMBE MARTIN** **OFFERS ONE NIGHT STAYS**
Combe Martin Beach Holiday Park Woodlands, Combe Martin, EX34 0AS 01271 882 563 combemartin-gm@jfhols.co.uk johnfowlerholidays.com/devon-holiday-park/combe-martin-beach-holiday-park	**GR:** SS575470 **DP:** 0.13 miles **N: COMBE MARTIN** Caravans, chalets, manor house & apartments. 1 Mar - 1 Nov

Eat and Drink

NAME	OTHER INFO
Harbour Gallery & Cafe Harbour Gallery & Cafe, Unit 3, Porlock Weir, Harbour Studio, TA24 8PD 01643 863514 janet_middleton@outlook.com harbourgalleryandcafe.co.uk	**GR:** SS863479 **DP:** 0.1 miles **N: PORLOCK WEIR**
Harbour House Coffee Shop Harbour House, Pieces of Eight, Porlock Wier, Minehead, TA24 8PD 07941 053602 julie@dolphinstays.com thebestofexmoor.co.uk/stay-in-porlock-weir/harbour-house-studio	**GR:** SS863479 **DP:** 0.01 miles **N: PORLOCK WEIR** **OFFERS ONE NIGHT STAYS** 3
Bobbies Bakes Parade Car Park, Seaside Hill, Combe Martin. EX34 0AP 07393 215558 bobbiesbakes@yahoo.com @Bobbies-Bakes	**GR:** SS575472 **DP:** 0.04 miles **N: COMBE MARTIN**

Information

NAME	OTHER INFO
Minehead Information Centre The Beach Hotel, The Avenue, Minehead, TA24 5AP 01643 702624 minehead.visitor@hotmail.com mineheadbay.co.uk	**GR:** SS973463 **DP:** 0.5 miles **N: MINEHEAD** We carry a great selection of maps & books to help make the most of your trip.
NCI Minehead Warren Road, Minehead, TA24 5SJ minehead@nci.org.u nci.org.uk/stations/minehead	**GR:** SS 979 463 **DP:** 0.01 mile **N: MINEHEAD**
Porlock Visitor Centre West End, Porlock, TA24 8QD 01643 863150 visit@porlock.co.uk porlock.co.uk	**GR:** SS884467 **DP:** 1.18 mile **N: PORLOCK**
Exmoor National Park Visitor Centre The Esplanade, Lynmouth, EX35 6EQ 01398 323665 NPCLynmouth@exmoor-nationalpark-gov.uk exmoor-nationalpark.gov.uk	**GR:** SS721496 **DP:** 0 mile **N: LYNMOUTH**
Lynton & Lynmouth Tourist Information Centre Lynton Post Office, 26 Lee Road, Lynton, Devon, EX35 6BT 01598 753313 business@visitlyntonandlynmouth.com visitlyntonandlynmouth.com	**GR:** SS717494 **DP:** 0.5 miles **N: LYNTON**

North Devon Combe Martin to Marsland Mouth – **80 miles**

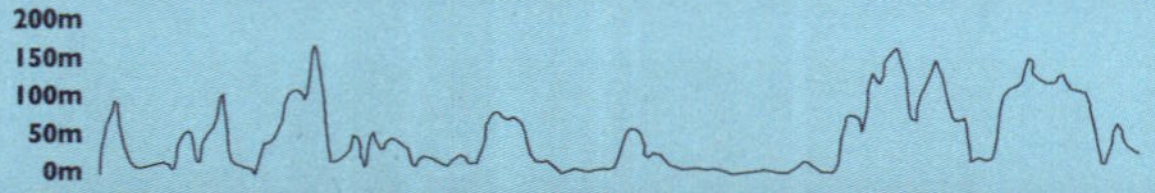

(Sections 4-13)

Most of the North Devon coast faces north over the Bristol Channel. Much of this length comprises cliffs of moderate height with, in the east, some prominent headlands like Morte Point and Baggy Point, which offer fine coastal vistas. At the centre of the North Devon length is the large joint estuary of the Taw and Torridge Rivers, flanked by areas of sand dunes and marshland. The South West Coast Path partly uses old railway lines around the estuary, crossing the rivers at the towns of Barnstaple and Bideford. Adjacent to the estuary are extensive sandy beaches, popular with surfers and families. The north-facing cliffs continue to Hartland Point, one of the Coast Path's major headlands (referred to as the 'Promontory of Hercules' by the Romans). Seascapes typically have the coast of Wales beyond the Bristol Channel as the backdrop; in the west the offshore island of Lundy, at the "mouth" of the Bristol Channel, is the focal point. Hartland Point marks an abrupt change in direction from the east-west of most of North Devon to the north-south beyond. This north-south length is very dramatic, with high cliffs fronted by jagged fingers of rock stretching into the Atlantic. Deep and steep valleys cut the coastline, making for some considerable gradients for walkers, but there are no bays or harbours other than the tiny harbour at Hartland Quay.

All of the locations on the map illustration to the left have at least one facility such as toilets, a cafe/restaurant, shop or pub.

Woody Bay. Photographer Philip Evans

OS Maps: Landranger 180; Explorer 139 or OL9

	This Walk	Cumulative	This Walk	Cumulative	Grading	Timing
Ascent	1,280ft	10,026ft	390m	3,056m	Moderate, strenuous in parts	2.5 hours
Distance	5.4mi	40.1mi	8.7km	64.5km		

For detailed directions see our Walking Guide no. 4, Combe Martin to Ilfracombe.

This is a Section of rocky inlets, one of which, Watermouth, is spacious enough for boats to be moored. These bays are divided by rugged headlands. The cliffs here are grey and slatey, making for a forbidding looking coastline, notwithstanding the little bays. At the western end, the site of a prehistoric hill fort gives a panoramic view over Ilfracombe. This Section is never far from the A399 coast road and various tourist facilities, so despite the impressive cliffs it is not a lonely length.

Directions

Combe Martin and Ilfracombe are linked by a regular bus service, allowing a bus-walk to be easily undertaken on this Section.

The Coast Path leaves the Lime Kiln car park in Combe Martin, passing the Tourist Information Centre (TIC), then forks right. Turn right (Seaside Hill Road) above the beach. Turn right onto a narrow tarmac lane and follow the acorn signs as the Path winds below the houses, and uphill to finally join the A399 at Sandaway holiday park. Walk on the slightly raised Path along the roadside through two gates. Go along a path beside a field to a flight of steps, then turn left up the slip road back to the main road and on to the brow, passing the bus shelter. Turn right to follow the road down to the old main road, with a bus shelter, now used as an Information Point, over to the right. Here turn left beside the entrance to the hotel, to follow a track towards Watermouth Cove.

At Watermouth it is possible to cross the foreshore from the harbour office, keeping to the left of the bay for some 110 yards/100 metres to a flight of steps at most states of the tide; take care, as the rocks can be slippery. However, if the tide is high, use the route running parallel to the main road. (Check the Watermouth tide timings by contacting Ilfracombe or Combe Martin Tourist Information Centres (TICs) see page 54).

This roadside Path is a great improvement as it avoids the need to walk in the road carriageway. It was completed in late 2013, following the Association's offer of £50,000 from our reserves towards its cost, because of our safety concerns. The offer enabled the remainder of the funding to be secured from the Rural Development Fund for England and Devon County Council, a successful conclusion to a decade of pressure.

The next pleasant section of Path passes the western side of Watermouth Cove and on around Widmouth Head, and then Rillage Point. There is then a roadside section into Hele. Turn right here, then climb some steps on the far left of the beach. The Path zigzags up past Beacon Point to the top of Hillsborough. Follow the waymarks down the hill to Ilfracombe Harbour.

OS Maps: Landranger 180; Explorer 139

	This Walk	Cumulative	This Walk	Cumulative	Grading	Timing
Ascent	2,037ft	12,063ft	621m	3,677m	Easy to moderate; strenuous west of Lee Bay	3.5 hours
Distance	8.5mi	48.6mi	13.7km	78.2km		

For detailed directions see our Walking Guide no. 5, Ilfracombe to Woolacombe.

Most of this Section is characterised by grass-topped cliffs, fronting numerous small coves and a foreshore of rock ledges. Half-way along is the focal point of Bull Point lighthouse. At Morte Point the character of the coastline changes abruptly, as the enormous beach of Woolacombe Sands in its vast bay comes into view, often dotted with surfers. The dark, jagged rocks of Morte Point give this headland a superb, brooding atmosphere.

Directions

Ilfracombe and Woolacombe are linked by a regular bus service, allowing a bus-walk to be easily undertaken on this Section.

From Ilfracombe Harbour walk along Capstone Road. After some 170 yards/150 metres turn right to pass around Capstone Point. At the far end take a flight of steps that goes up behind the back of the Landmark Theatre. Follow this path to the top of the gardens and through a gate by a shelter. Bear right along Granville Road, then right again onto an unmetalled road which leads to the Torrs Walk on the right; the Torrs Walk is well-waymarked.

At the top of the Torrs Walk, bear right and follow the Path down the field to the stile in the corner. Continue ahead around the hill to another stile, then cross the field to meet the old coach road ahead. Bear right on this track, which later becomes a minor road into Lee Bay.

The next length from Lee Bay is quite strenuous. Proceed up the road from Lee, turning right at the top of the hill through a brick-pillared gate. Two steep valleys are crossed before Bull Point and its lighthouse are reached. The Path continues on and out around Morte Point, a spectacular, jagged slate ridge like a dinosaur's back emerging from the sea. The Path leaves Morte Point, and crosses the road and heads slightly inland before turning back to arrive at the edge of Woolacombe.

Morte Point, Woolacombe. Photographer Helen Dagley

OS Maps: Landranger 180; Explorer 139

	This Walk	Cumulative	This Walk	Cumulative	Grading	Timing
Ascent	725ft	12,788ft	221m	3,898m	Moderate	2.5 hours
Distance	5.2mi	53.8mi	8.4km	86.6km		

For detailed directions see our Walking Guide no. 6, Woolacombe to Croyde Bay.

The main feature of this Section is the vast, sandy beach of Woolacombe Sands, backed by a substantial line of dunes. Busy with families and surfers close to the town, it becomes surprisingly empty away from the facilities. Beyond the beach is the superb headland of Baggy Point, a contrast to the beach with its steep cliffs and broad, grassy top. Rounding the headland, another smaller sandy bay comes into view, Croyde Bay, with the wider vista of Bideford Bay beyond.

Directions

Croyde Bay is an excellent centre for a circular walk using the Coast Path, around Baggy Point to Putsborough, giving views over Woolacombe Sands while experiencing the superb character of the headland.

At Woolacombe the Coast Path runs parallel to the Esplanade road, then turns up Challacombe Road. It leaves this road on the right at approximately the National Trust sign – at a waymark. The Path continues through the enormous dunes of Woolacombe Warren – the waymarking means that going astray is unlikely. An alternative is to follow Marine Drive and the track beyond, which gives better views. If the tide is low many walk the length of Woolacombe Sands but this should not be attempted on a high or rising tide.

The official Path leaves the Warren by a set of steep steps, joining the extension to Marine Drive and the alternative route. It continues along the track then a road, leaving it to the right after the entrance to the beach and caravan site. As an alternative, take the earlier path on the right to the car park at Putsborough, where there are seasonal refreshments and toilets (the beach route joins here). Go left of the caravan site to a stile and up the cliff slope to re-join the official Path.

The excellent high-level path continues to the end of Baggy Point, giving superb views. At the end of the headland, bear right to join the lower path towards Croyde. Follow the road, partly on a parallel path. Do not leave the road at the first slipway. The official Path leaves the road a little further on to cross the beach, but many will continue on to visit Croyde and its facilities.

Baggy Point to Croyde. Photographer Alan Law

OS Maps: Landranger 181 (eastern half); Landranger 180 (western half); Explorer OL9

	This Walk	Cumulative	This Walk	Cumulative	Grading	Timing
Ascent	506ft	13,294ft	154m	4,052m	Easy	3.25 hours
Distance	9.8mi	63.6mi	15.8km	102.4km		

For detailed directions see our Walking Guide no. 7, Croyde Bay to Braunton.

The length immediately adjacent to Croyde Bay follows a low cliff, and gives stunning views over the truly enormous length of Saunton Sands, with the dune complex of Braunton Burrows behind. Beyond is the sweep of Bideford Bay, with the possibility of seeing as far as Hartland Point lighthouse, many miles away. Offshore on the horizon is the Isle of Lundy. The remainder of this Section is low and level, through a huge range of dunes (the official route) or along the seemingly endless Saunton Sands. Then comes the twin estuary of the Rivers Taw and Torridge, with mudbanks and reclaimed marshes making for a birdwatcher's delight. This is a length displaying a relatively rare aspect of the South West coast.

Directions

Croyde Bay and Braunton are linked by a bus service, making this a good bus-walk possibility.

The Coast Path leaves Croyde Bay via the beach (no dogs May-September), and on to the low cliffs at Down End. After climbing up some steep steps, turn left at the old Coastguard lookout onto the B3231 road, and walk back in the direction of Croyde for a few yards before crossing the road with care, turn right at the waymark then climb some stone steps. The Path now contours round Saunton Down, parallel to and above the road. This ends opposite the large white building of the hotel.

From here there are optional routes. The first option is to cross the road and pass around the hotel to the Saunton Sands car park, where there are toilets and seasonal refreshments. Leave the car park by the entrance road, and after 55 yards/50 metres bear right along a stony lane to the B3231. Continue carefully along the road for some 400 yards/365 metres, past the Golf Club driveway, turning right at a red brick partially rendered house.

If there is no need for the toilets or refreshments, a better option is to turn left uphill opposite the hotel, away from the road. Follow the path as it bears round to the right, until it arrives at the B3231 opposite the red brick house described above. Cross the road to continue on the same route as above.

This route now enters the Braunton Burrows nature reserve, designated a UNESCO Biosphere Reserve for its nature conservation importance. The route through the Burrows is well-waymarked; first follow a clear track through patchy woodland along the edge of the golf course with the military training area on the right. After the Sandy Lane car park, follow the signing for nearly two miles along a rough, traffic-free, military dirt road known as the American Road, to arrive at Crow Point by the estuary of the Taw and Torridge rivers. Follow another dirt road, approximately eastwards, to arrive at the White House, a well-known local landmark.

Many walkers prefer to miss the Burrows and walk from Saunton Sands car park the length of the beach, for some 3.5 miles/5.5 kilometres. Near the end of the beach, just after a wooden groyne, look out for a slatted wooden boardwalk entering the dunes to the left. Follow this to arrive at the Broad Sands car park. This beach route keeps the sea in sight, not the case with the Burrows route.

From the White House following the path diversion signs, walk on top of the inner sea defence bank. This is followed, between estuary and reclaimed marshes, to the old quay at Velator on the edge of Braunton. To visit Braunton and its facilities, turn left at Velator along the footpath and cycleway, following the former railway track.

Saunton Sands. Photographer Shaun Selley

OS Maps: Landranger 180; Explorer 139

	This Walk	Cumulative	This Walk	Cumulative	Grading	Timing
Ascent	16ft	13,310ft	5m	4,057m	Easy	2 hours
Distance	5.4mi	69.0mi	8.7km	111.0km		

For detailed directions see our Walking Guide no. 8, Braunton to Barnstaple.

This is a flat, low-level Section, following the line of the former railway track once used by the Atlantic Coast Express. As well as the Coast Path, it is also used by Devon's Coast to Coast Cycle Route. At the Braunton end, the main item of interest is the Royal Marines air base at Chivenor, next to the Path, but further on, the Path runs alongside the estuary of the River Taw, with its interplay of water and sand and mud banks. This makes for a pleasant environment; in character, however, this length is semi-urban.

Directions

There is a regular and year-round bus service between Braunton and Barnstaple, which can also be accessed at Chivenor, approximately mid-way along the route, giving various short walk options.

From Braunton's main car park the signed route to Barnstaple leads to the Coast Path at Velator, and from here the Path follows the former railway past Chivenor Royal Marines base, and then alongside the Taw Estuary all the way to Barnstaple.

The new high-level bridge across the River Taw can be used as an alternative to the Coast Path and offers a superb view down the river. However, most will prefer to continue on the riverside path into Barnstaple, an attractive town with many facilities for walkers.

Approaching Barnstaple on the former railway (signed as Tarka Trail), the path crosses a bridge over the tributary River Yeo and then passes the old railway station to a riverside embankment. Leave this at steps climbing to Barnstaple's historic Long Bridge. Barnstaple, North Devon's major centre, is a pleasant and interesting historic town well worth exploring, as well as offering a range of facilities, including a branch line railway to the main line at Exeter.

Tarka Trail

9 Barnstaple to Bideford

OS Maps: Landranger 180; Explorer 139

	This Walk	Cumulative	This Walk	Cumulative	Grading	Timing
Ascent	40ft	13,350ft	12m	4,069m	Easy	4 hours
Distance	10.7mi	79.7mi	17.2km	128.3km		

For detailed directions see our Walking Guide no. 9, Barnstaple to Bideford.

This is a flat, low-level Section, much of it following a former railway line on the south side of the Taw Estuary. It passes through a landscape of marshland and pastures, with the tidal expanses and sand banks of the river never far away. This is an area of great value for birdlife. Approaching Instow the estuary opens out as the Taw's sister river, the Torridge, joins and there are wide areas of sand bars and dunes. This Section, despite its proximity to "civilisation" and the use of the former railway as part of the Devon Coast to Coast Cycle Route, is nevertheless one of much interest and character.

Directions

There is a regular and frequent all-year bus service between Barnstaple and Bideford, which can also be accessed at Fremington and Instow along the route. A variety of short walk options is therefore available.

Cross Barnstaple's historic Long Bridge then keep to the right of the large roundabout, following Tarka Trail signing, then cross a mini-roundabout to a Path which curves around to a subway under the approach road for the high-level bridge. A link path to the railway station goes off to the left here. The main path, signed Coast Path and Tarka Trail, then links to the former railway line. The direct Coast Path route across the high-level bridge joins here.

The former railway continues past the delightfully restored Fremington Quay, with its all-year cafe and Information Point. At Yelland look out for the path leaving the railway to the right, which takes the Coast Path behind the site of an old power station. After passing inland of the cricket ground, the route then crosses an area of dunes to arrive at the estuary-side road through Instow, which has all facilities. Go through the old railway station and follow the former railway to the restored Bideford station. Leave the station to cross Bideford Long Bridge, then turn right along the bustling quay. Bideford has all facilities.

Low tide on the Taw Estuary

OS Maps: Landranger 180; Explorer 139

	This Walk	Cumulative	This Walk	Cumulative	Grading	Timing
Ascent	524ft	13,871ft	159m	4,228m	Easy	3 hours
Distance	8.0mi	87.7mi	12.9km	141.1km		

For detailed directions see our Walking Guide no. 10, Bideford to Westward Ho!

Much of this Section follows the estuary of the River Torridge, first on its east bank then turning back on its west. The estuary is largely enclosed by green hills, but houses and roads are ever-present and a high-level road bridge over the estuary is a major feature. The Coast Path crosses the river at the charming old port of Bideford. Passing beyond the estuary and through the characterful old fishing town of Appledore, the Path crosses the open spaces of Northam Burrows and its surrounding marshlands, and then alongside an enormous pebble ridge as it arrives again at the open sea. As an alternative option, missing out Bideford, a ferry service is now operating between Instow and Appledore, for details see page 193.

Directions

A regular bus service links Bideford and Westward Ho! and another connects Bideford to Appledore. These services allow for a range of Coast Path-based walk options.

From Bideford Quay keep alongside the river past the car park, then next to the rugby club to a lane which passes under the high-level bridge. Follow the waymarked tracks to a riverside lane, then after the old tank traps, fork right to a small woodland area.

Descend to a boardwalk, then continue on the old sea wall. Follow the waymarked route round Appledore shipyard, and at the road turn right into Appledore via Myrtle Street. Continue along the quay and on into the charming old part of the town, along Irsha Street and past the lifeboat station. Here the route follows a path along the edge of low cliffs and across a field to a slipway. When the tide is low continue along The Skern around another wooden slipway following the high water mark, then cross a stile to enter Northam Burrows. When the tide is high follow the slipway where the route joins a road. Follow the road for approximately 0.3 miles/0.5 kilometres to a crossroads and here turn right.

Follow the track ahead alongside the marshes, then on the seaward side of the dunes to the pebble ridge. Continue ahead on the landward side of the ridge. On the approach to Westward Ho! leave Northam Burrows by the pedestrian gate to the right of the cattle grid by the toll booth. Proceed up Pebble Ridge Road using the right-side pavement to the crossroads. Turn right into Golf Links Road, then after the Tesco Express store, turn right into Westbourne Terrace. Just before the slipway turn left onto the promenade to Westward Ho!

Alternatively, there is now a section of path which goes along the sea wall towards the main seafront area signed as a Public Footpath.

OS Maps: Landranger 180 (eastern half) ; Explorer 139 (eastern half); Landranger 190 (western half); Explorer 126 (western half)

	This Walk	Cumulative	This Walk	Cumulative	Grading	Timing
Ascent	2,995ft	16,866ft	913m	5,141m	Strenuous	6 hours
Distance	11.1mi	98.8mi	17.9km	159.0km		

For detailed directions see our Walking Guide no. 11, Westward Ho! to Clovelly

This Section is one of cliffs and woods. The eastern half is an area of undulating cliffs, cut in places by substantial valleys, though in the length closest to Westward Ho!, where the line of an old railway is used, the Path is generally level. The western half passes through lengthy, wooded stretches, much of it along the old carriage road known as the Hobby Drive. At the western end, Clovelly is probably one of the most picturesque villages in England.

Directions

There is no direct bus route between Westward Ho! and Clovelly. However, there is one between Bideford and Clovelly, as well as a frequent link to Bideford from Westward Ho! Peppercombe and Buck's Mills, about two thirds of the way along this length towards Clovelly, are on the Bideford-Clovelly bus route, giving possible bus-walks at this end.

At Westward Ho! walk along the path above the beach. After passing the last of the holiday chalets, the path follows the track of the long-disused Bideford to Westward Ho! railway. This makes a fine easy scenic walk. Where the railway turns inland, the Path continues along the cliffs, rising and falling to cross a short pebble beach before climbing again. At Peppercombe turn inland to cross the stream and then continue through woodland. Note that some old maps may not show the correct route at Worthygate Wood. The Path drops to Buck's Mills, a picturesque little spot, then climbs again into more woods. On leaving Barton Wood, keep to the bottom edge of the field until crossing a bridge to the Hobby Drive at the end of a second field. The Hobby Drive section is nearly 3 miles/5 kilometres long, and although very pleasant, offers sea glimpses rather than sea views. The Path arrives at Clovelly at the top of the steep village street. Clovelly is very picturesque and has most facilities, though perhaps limited in range.

Clovelly. Photographer Colin Foster

OS Maps: Landranger 190; Explorer 126

	This Walk	Cumulative	This Walk	Cumulative	Grading	Timing
Ascent	2,382ft	19,248ft	726m	5,867m	Moderate to strenuous	5 hours
Distance	10.3mi	109.1mi	16.6km	175.6km		

For detailed directions see our Walking Guide no. 12, Clovelly to Hartland Quay.

There is a great contrast in this Section between east and west. In the east the landscape is one of parkland, the domesticated and partly ornamental landscape of the grounds of Clovelly Court. After leaving the parkland a run of high cliffs culminates at Hartland Point, one of the great defining headlands of the Coast Path. Here the coast turns from east-west to north-south and its character changes into one of the Coast Path's most breathtaking stretches, with dark brooding cliffs behind jagged fingers of rock stretching into the Atlantic Ocean. Experiencing its magnificent scenery is well worth the effort of crossing the spectacular deep valleys which cut the coast. The Section ends at the pub and hotel at Hartland Quay, which has a wonderful remote atmosphere.

Directions

Hartland Quay has no public transport. However, there are numerous walking links from the Coast Path to Hartland village, 2.5 miles/4km inland, which is on the bus route to Clovelly.

If using Clovelly as a base, it is requested that visitors use the main car park. If you're walking on your own, it might be worth paying for a village visit at £7 which includes car parking.

From the main car park, walk out of the entrance and turn right down the road for some 220 yards/200 metres to a black gate on the left. Go through and follow the track first right and through a gap in the wall, then leave the track and follow the marked path down to the right. After a while go through a kissing gate then follow the fence on the right to another gate into shrubbery. Continue through the shrubbery through more gates. Turn right at a T-junction and right again at the next fork. Soon the Path arrives at an unusual seat known as the "Angel's Wings". At the track, turn hard right – not along the track. After passing a superb viewpoint the Path descends steeply into a valley to another track. Go right here. The signed detour to the viewpoint is well worth the effort.

The Coast Path goes down the valley to Mouth Mill. Turn left before reaching the shore on to a substantial track. Turn right to cross the new steel and timber bridge.

Turn right after the bridge, then left to climb the valley side. Half-way up, follow the steps to the right. On reaching the top, pass through fields to a stile on the right leading to some descending zigzags. Cross the bridge at the bottom, turn left then take the first right.

After the prehistoric earthwork of Windbury Castle, the Path continues on the cliff top to Shipload Bay and then on to Hartland Point, where there are seasonal refreshments. The Coast Path turns sharp left off the lighthouse track, towards the coastguard lookout before the lighthouse gate. A short diversion gives a good view of a wreck on the rocks below.

From Hartland Point the Path descends into an unusual valley, almost parallel to the coast, at Smoothlands, before climbing again. Descending then to the valley at the

Abbey River, the Path goes inland to cross at a stone bridge. At the next cliff top, past an old folly tower, the Path arrives at a road by the old Rocket House. Bear right to follow the Path downhill to Hartland Quay, a lonely outpost with car park, toilets and refreshments, as well as a hotel.

The ruin of the Pleasure House Folly, above Hartland Quay. Photographer Chris Bull

OS Maps: Landranger 190; Explorer 126 (most of length); Explorer 111 (Bude)

	This Walk	Cumulative	This Walk	Cumulative	Grading	Timing
Ascent	4,170ft	23,418ft	1,271m	7,138m	Severe	8.5 hours
Distance	15.2mi	124.3mi	24.5km	200.0km		

For detailed directions see our Walking Guide no. 13, Hartland Quay to Morwenstow and Morwenstow to Bude.

This is an awe-inspiring and dramatic coastline. Great. jagged ridges of rock stretch out into the Atlantic Ocean, backed by high, surf-fringed cliffs. The coast is punctuated by jutting headlands and tiny, often inaccessible beaches. In the south, towards Bude, the coast softens a little, and at low tide, long sandy beaches appear. This is a spectacular Section.

(Note that although for convenience this Section is included in the North Devon length, the southern half of the Section is within Cornwall.)

Directions

Hartland Quay has no public transport connections. There is, however, an infrequent bus service between Bude and Morwenstow, half-way along, which could be used for a bus-walk on the southern half of this Section.

Note that this is probably the most arduous of all the days in the suggested itinerary. It is necessary to cross ten river valleys to complete the length, all of them steep and deep. Because of this, many may prefer to split the length at Morwenstow, where there is a tea room and the pub also offers some accommodation.

From Hartland Quay a track then a grassy path passes behind St Catherine's Tor. There is a climb, then the cliff path reaches the dramatic waterfall at Speke's Mill Mouth. Keep to the eastern side of the stream here for some 150 yards/135 metres then cross by the wooden footbridge. Follow the signs up the valley inland of Swansford Hill. Take care at Sandhole Cliff, after joining the metalled road, to look out for the signpost after about 0.3 mile/0.5 kilometres indicating the turn right back to the coast. (It is hoped this length of road may be eliminated in the near future.) After Welcombe Mouth, Marsland Mouth marks the Cornish border, indicated by a wooden sign. The ascents and descents continue, and a diversion to Morwenstow might be worth considering. The church is picturesque and interesting and there are seasonal refreshments nearby. At the radio dishes do not miss the sign directing right towards the cliff edge. Descending to Duckpool, cross the stream by a footbridge. There are toilets here. Continue on to Sandy Mouth where there are more toilets and seasonal refreshments. The going now eases at last, and after passing over the open cliffs at Maer Down the Path arrives at Crooklets Beach at Bude. Follow the Path along the low cliffs behind the beaches through Summerleaze car park to the end of this Section at the footbridge over the River Neet, just below the town centre. Bude has all facilities.

The businesses listed here are our 'Way Makers'. They make the great South West Coast Path experience possible, and give back to the Trail. Please support them if you can. More info at southwestcoastpath.org.uk/waymaker

If you enjoy staying, eating, drinking or doing an activity with a business along the Path, please let them know about our Way Maker scheme so we can share their brilliance!

GR Grid Reference
DP Distance from the Path
N Nearest Town/Village with facilities
[3] Number of Rooms
[Dogs] Dogs Welcome
Evening Meal Available
Wifi
Parking
Grocery Shop On Site
Private Transport to the Path
Laundry Facilities
Caters to Specific Dietary Neec
Early Breakfast Available
Packed Lunch Offered
[£] Budget

For Bude accommodation see North Cornwall Page 68

Bed & Breakfast and Hotels

NAME	OTHER INFO
Avoncourt Lodge 6 Torrs Walk Avenue, Ilfracombe, EX34 8AU 07900221099 stay@avoncourtilfracombe.co.uk avoncourtilfracombe.co.uk	**GR:** SS512475 **DP:** 0.06 miles **N: ILFRACOMBE** **OFFERS ONE NIGHT STAYS** [10] [Dogs Welcome] [Wifi] [Parking] [Caters to Specific Dietary Needs] [Early Breakfast Available] [Packed Lunch Offered] All year
The Devonian Guest House The Devonian, Torrs Park, Ilfracombe, EX34 8AZ 01271593656 information@thedevonianguesthouse. thedevonianguesthouse.co.uk	**GR:** SS511472 **DP:** 0.3 miles **N: ILFRACOMBE** **OFFERS ONE NIGHT STAYS** [6] [Wifi] [Parking] [Caters to Specific Dietary Needs] [Early Breakfast Available]
High Ways Guest House Mullacott Cross, Ilfracombe, EX34 8NY 01271 863821 highwaysguesthouse@gmail.com highwayshouse.com	**GR:** SS502441 **DP:** 2.26 miles **N: LEE BAY** [5] [Wifi] [Parking] [Caters to Specific Dietary Needs] [Early Breakfast Available]
Bennings B&B The Firs, Higher Park Road, Braunton, EX33 2LG 01271 814358 alisonbenning@btinternet.com bennings.co.uk	**GR:** SS497364 **DP:** 1 mile **N: BRAUNTON** **OFFERS ONE NIGHT STAYS** [3] [Dogs Welcome] [Wifi] [Parking] All year
Silver Cottage B&B 14 Silver Street, Braunton, EX33 2EN 07974017663 silvercottage.braunton@gmail.com bedandbreakfast-braunton.co.uk	**GR:** SS489373 **DP:** 1.5 miles **N: BRAUNTON** **OFFERS ONE NIGHT STAYS** [2] [Wifi] [Laundry Facilities] [Caters to Specific Dietary Needs] [Early Breakfast Available] [Packed Lunch Offered]
Trojen Bed & Breakfast Franklyn Avenue, Braunton, EX33 2JY 01271 814019 / 07890885825 jennyjcocker@yahoo.co.uk staybandbnorthdevon.com	**GR:** SS490365 **DP:** 0.5 miles **N: BRAUNTON** **OFFERS ONE NIGHT STAYS** [2] [Wifi] [Parking] [Early Breakfast Available] Can sleep 4. Homemade cakes on arrival

NAME	OTHER INFO
Corner House B&B 14 The Strand, Bideford, EX39 2ND 01237 473722 cornerhousestrand@gmail.com cornerhouseguesthouse.co.uk	**GR:** SS452268 **DP:** 0.2 miles **N: BIDEFORD** **OFFERS ONE NIGHT STAYS** 5 Close to The Path and Bideford's Town centre. All year round
Moorview House Moorview House, Gammaton, Bideford, EX39 4QE 01237 473469 stephen@moorviewhouse.com moorviewhouse.com	**GR:** SS490244 **DP:** 3 miles **N: BIDEFORD** **OFFERS ONE NIGHT STAYS** 3
Harbour View Cottage 77 High Street, Clovelly, EX39 5TQ 01237 432215 harbourview77@yahoo.com clovellycottage.co.uk	**GR:** SS317248 **DP:** 0.14 miles **N: CLOVELLY** **OFFERS ONE NIGHT STAYS** 4 Small fee for transfers from Clovelly Visitor Centre. All year round
West Titchberry Farm West Titchberry, Hartland Point, EX39 6AU 01237 441287	**GR:** SS241271 **DP:** 1 mile **N: HARTLAND POINT** **OFFERS ONE NIGHT STAYS** 3 All year round
Gawlish Farm B&B Hartland, Bideford, EX39 6AT 01237 441320 jillygeorge@icloud.com southwestcoastpath.org.uk/gawlish-farm-near-hartland	**GR:** SS260267 **DP:** 0.25 miles **N: HARTLAND** **OFFERS ONE NIGHT STAYS** 4
Hartland Quay Hotel Hartland, Bideford, EX39 6DU 01237 441218 info@hartlandquayhotel.co.uk hartlandquayhotel.co.uk	**GR:** SS235246 **DP:** 0.67 miles **N: HARTLAND QUAY** **OFFERS ONE NIGHT STAYS** 14

Self Catering and Hostels

NAME	OTHER INFO
Ocean Backpackers 29 St James Place, EX34 9BJ 01271 867835 info@oceanbackpackers.co.uk oceanbackpackers.co.uk	**GR:** SS522478 **DP:** 0.3 miles **N: ILFRACOMBE** **OFFERS ONE NIGHT STAYS** 12 Self-catering, drying room available.
Seascape Hideaways at Mortehoe Park Cottage, Mortehoe, Woolacombe, EX34 7DT 07887 604295 seascapehideaways@gmail.com seascapehideaways.co.uk	**GR:** SS456452 **DP:** 0.31 miles **N: MORTEHOE** 2 1 dog will be free, Extra animals will be £50 per week charge.

NAME	OTHER INFO
Willingcott Valley Holiday Village Woolacombe, Willingcott Hill, EX34 7HN 01271 871 106 info@willingcott-valley.co.uk willingcott-valley.co.uk	**GR:** SW787325 **DP:** 2.5 miles **N: WOOLACOMBE**
The Den 7 Chestnut Close, Braunton, EX33 2EH 07837988120 susandenham@icloud.com facebook.com/profile.php?id=100095101772449	**GR:** SS491369 **DP:** 0.97 miles **N: BRAUNTON** **OFFERS ONE NIGHT STAYS** 1
Heddon Orchard Bothy Parracombe, Heddon Valley, EX31 4PY 0344 800 2070 holiday.enquiries@nationaltrust.org.uk nationaltrust.org.uk/holidays/bothy-heddon-orchard-devon	**GR:** SS654481 **DP:** 1 mile **N: BARNSTAPLE** **OFFERS ONE NIGHT STAYS** 1
Moreton House Abbotsham Road, Bideford, EX39 3QW 01237 425519 moretonhousedevon@gmail.com moretonhousedevon.com	**GR:** SS463308 **DP:** 0.01 miles **N: BIDEFORD** 10
Catboat Cottage 114 Irsha Street, EX39 1RY 0776662407 holly.sparkle@yahoo.co.uk catboatcottage.co.uk	**GR:** SS463308 **DP:** 0 miles **N: APPLEDORE** 4
Peppercombe Bothy Peppercombe Bothy, Bideford, EX39 3QU 0344 800 2070 holiday.enquiries@nationaltrust.org.uk nationaltrust.org.uk/holidays/peppercombe-bothy-devon	**GR:** SS432255 **DP:** 2.6 miles **N: BUCK'S MILLS** **OFFERS ONE NIGHT STAYS**
The Captain's Quarters 82 Manor Park, Bideford, EX39 5RH 07513037945 gabby@captainsquarterswoolsery.co.uk captainsquarterswoolsery.co.uk	**GR:** SS334211 **DP:** 3.5 miles **N: CLOVELLY** **OFFERS ONE NIGHT STAYS** 1
Fosfelle Country House Glamping and Cottages Hartland, EX39 6EF 01237441273 info@fosfelle.co.uk fosfelle.co.uk	**GR:** SS263237 **DP:** 3.3 miles **N: HARTLAND** 10

NAME	OTHER INFO
Hartland Caravan Holidays Hartland, EX39 6DG 01237 441664 info@hartlandcaravanholidays.co.uk hartlandcaravanholidays.co.uk	**GR:** SS263242 **DP:** 3 miles **N: HARTLAND** **OFFERS ONE NIGHT STAYS** All year
Little Barton Hartland Cottage & Farmhouse Hartland, Bideford, EX39 6DY 01237 441259 / 07974 837365 enquiries@littlebartonhartland.co.uk littlebartonhartland.co.uk	**GR:** SS241237 **DP:** 3 miles **N: HARTLAND** **OFFERS ONE NIGHT STAYS** 9 Out of season the Cottage can be booked for a couple at a reduced rate.
Philham Holiday Lets Hartland, EX39 6DL 07970 697343 skooby.kris@gmail.com philhamholidaylets.co.uk	**GR:** SS257224 **DP:** 2 miles **N: HARTLAND** **OFFERS ONE NIGHT STAYS** 13 Pick ups available subject to availability. Walkers breakfast available (extra).
Elmscott Youth Hostel Elmscott, Hartland, EX39 6ES 01237 441367 / 01237 441276 john.goa@virgin.net elmscott.org.uk	**GR:** SS231217 **DP:** 0.6 mile **N: HARTLAND** **OFFERS ONE NIGHT STAYS** 7 All year

Campsites and Holiday Parks

NAME	OTHER INFO
Lee Meadow Farm Camping Shaftsborough Lane, Lee, Woolacombe, EX34 8FF 01271 879825 info@leemeadowcamping.co.uk leemeadowcamping.co.uk	**GR:** SS488448 **DP:** 0.3 mile **N: WOOLACOMBE** **OFFERS ONE NIGHT STAYS** Open May - September
Little Roadway Farm Camping Park Georgeham Road, Woolacombe, EX34 7HL 01271 870313 enquiries@littleroadway.co.uk littleroadway.co.uk	**GR:** SS467422 **DP:** 1.3 miles **N: WOOLACOMBE** **OFFERS ONE NIGHT STAYS** Take-away in high season. 1 March - 31 October.
Sunnymead Farm Camping & Touring Site Mortehoe Road, Ilfracombe, EX34 8NZ 01271 879845 info@sunnymead-farm.co.uk sunnymead-farm.co.uk	**GR:** SS500442 **DP:** 2 miles **N: WOOLACOMBE** **OFFERS ONE NIGHT STAYS** Shop open in high season, bus stops on demand at our entrance
Parkdean Resorts Ruda Holiday Park The Dunes, Croyde, Ex33 1NP 03443819128 admin@parkdean-resorts.co.uk parkdeanresorts.co.uk	**GR:** SS436396 **DP:** 0.31 miles **N: CROYDE** 280

NAME	OTHER INFO	
Whitemoor Camping Barnstaple, EX32 0HY 07860180022 info@whitemoorcamping.co.uk whitemoorcamping.co.uk	**GR:** SS572305 **N: BARNSTAPLE** **OFFERS ONE NIGHT STAYS**	**DP:** 1.26 miles
Tarka Trail Camping Lower Yelland Farm, Yelland, Barnstaple, EX31 3EN 01271861011 bookings@tarkatrailcamping.co.uk tarkatrailcamping.co.uk	**GR:** SS492322 **N: INSTOW** **OFFERS ONE NIGHT STAYS**	**DP:** 0 miles
Parkdean Resorts Bideford Bay The Lodge, Bideford, EX39 5DU 03443819128 admin@parkdean-resorts.co.uk parkdeanresorts.co.uk/location/devon/bideford-bay	**GR:** SS346232 **N: BIDEFORD** 114	**DP:** 0.21 miles
Livit Adventures & Glamping Abbotsham, Bideford, Westacott Farm, EX39 5BN 07474805732 enquiries@livitadventures.com livitadventures.com	**GR:** SS405258 **N: BIDEFORD** **OFFERS ONE NIGHT STAYS**	**DP:** 1 mile
Westacott Farm Camping Abbotsham, Bideford, EX39 5BN 01237 472351 enquiries@westacottfarm.co.uk westacottfarm.co.uk	**GR:** SS405258 **N: BIDEFORD** **OFFERS ONE NIGHT STAYS**	**DP:** 1.19 miles
Roeys Retreat Campsite Higher Clovelly, Bideford, EX39 5RU 07551 008297 roeysretreat@gmail.com pitchup.com/campsites/England/South_West/Devon/clovelly/roeys-retreat	**GR:** SS312234 **N: CLOVELLY** **OFFERS ONE NIGHT STAYS** April - September	**DP:** 1 mile
Coastal Cabins Glamping East Long Furlong Cottage, Bideford, Hartland, EX39 6AT 07966192116 info@coastal-cabins.com coastal-cabins.com	**GR:** SS256263 **N: HARTLAND POINT** 10	**DP:** 1.95 miles
Stoke Barton Farm Campsite Stoke, Hartland, EX39 6DU 01237 441238 stokebartoncampsite@gmail.com westcountry-camping.co.uk	**GR:** SS235246 **N: HARTLAND** **OFFERS ONE NIGHT STAYS** 2 Pixie Huts available to hire.	**DP:** 0.5 miles
Pitt Farm Camping Hartland, Bideford, EX39 6BZ 01237 441919 enquiries@pitchup.com pitchup.com/campsites/England/South_West/Devon/hartland/pitt-farm-camping	**GR:** SS250258 **N: HARTLAND** **OFFERS ONE NIGHT STAYS**	**DP:** 1 mile

Eat and Drink

NAME	OTHER INFO
Ilfracombe Aquarium The Pier, Ilfracombe, EX34 9EQ 01271 864533 info@ilfracombeaquarium.co.uk ilfracombeaquarium.co.uk	**GR:** SS524478 **DP:** 0 miles **N: ILFRACOMBE**
The Thatch 14 Hobb's Hill, Braunton, EX33 1LZ 01271 890349 reception@thethatchcroyde.com thethatchcroyde.co.uk	**GR:** SS444390 **DP:** 0 miles **N: CROYDE** **OFFERS ONE NIGHT STAYS** 5
Biffen's Kitchen Lobb Field Campsite, Braunton, Saunton Road, EX33 1HG 07788532287 biffenskitchen@gmail.com biffenskitchen.com	**GR:** SS434396 **DP:** 0 miles **N: CROYDE**
Station Masters Cafe Station Masters House, Barnstaple Railway Station, Sticklepath Station Road, Barnstaple, EX31 2AU 01271 379744 info@stationmasterscafe.co.uk stationmasterscafe.co.uk	**GR:** SS556326 **DP:** 0.1 miles **N: BARNSTAPLE**
Red Lion Hotel The Quay, Clovelly, Bideford, EX39 5TF 01237 431237 stay@clovelly.co.uk clovelly.co.uk	**GR:** SS318248 **DP:** 0.1 miles **N: CLOVELLY** **OFFERS ONE NIGHT STAYS** All Year
Docton Mill Gardens and Tea Rooms Docton Mill, Hartland, EX39 6EA +441237441369 docton.mill@btconnect.com doctonmill.co.uk	**GR:** SS233227 **DP:** 1 mile **N: HARTLAND QUAY** 1 April - 5 October
Hartland Point Refreshment Kiosk Blagdon Farm, Hartland, EX39 6AU 07771590083 ludwellv@btinternet.com hartlandpointrefreshments.co.uk	**GR:** SS241271 **DP:** 0.28 miles **N: HARTLAND**

Information

NAME	OTHER INFO
Ilfracombe Tourist Information Centre The Landmark Theatre, The Promenade, EX34 9BZ 01271 863001 hello@visitilfracombe.co.uk visitilfracombe.co.uk	**GR:** SS518478 **DP:** 0.01 miles **N: ILFRACOMBE**
Woolacombe Tourist Information The Esplanade, Woolacombe, EX34 7DL 01271 870553 info@woolacombetourism.co.uk woolacombetourism.co.uk	**GR:** SS457438 **DP:** 0.02 miles **N: WOOLACOMBE**
Bideford Tourist Information Centre The Burton Art Gallery, Kingsley Road, Bideford, EX39 2QQ 01237 477676 info@theburton.org visitdevon.co.uk/northdevon	**GR:** SS455269 **DP:** 0.02 miles **N: BIDEFORD**
Northam Burrows Visitor Centre Northam Burrows Country Park, Sandymere Road, Northam, Bideford, EX39 1XS 01237 479708 northam.burrows@torridge.gov.uk torridge.gov.uk/northamburrows	**GR:** SS446297 **DP:** 0 miles **N: WESTWARD HO!**

Activities

NAME	OTHER INFO
Old Pound Smithy, Adventure/Activity centre Old Pound Smithy, Woolsery, Bideford, EX39 5QA 01237 431316 info@oldpoundsmithy.co.uk oldpoundsmithy.co.uk	**GR:** SS336200 **DP:** 3.4 miles **N: BUCK'S MILLS** **OFFERS ONE NIGHT STAYS**

Getting Around

NAME	OTHER INFO
BPS Taxis 77 High Street, Clovelly, EX39 5TQ 01237 432215 bpsbristol@hotmail.co.uk bpstaxis.co.uk	**GR:** SS317247 **DP:** 0 miles **N: CLOVELLY**

Make a difference and show your support for the South West Coast Path

DONATE TODAY

Image by Sally Lewis

Walking 630 miles of the South West Cost Path will see you cross

230 bridges | 880 gates | 436 stiles

- Be guided by more than 4,000 signposts
- Go up or down over 30,000 steps

All this is vital infrastructure, but it takes a lot of time and money to keep it in good shape.

Help us to look after the Coast Path and keep it healthy for generations to come by donating today.

For more information go to **southwestcoastpath.org.uk/donate** or scan the QR code

North Cornwall Marsland Mouth to Newquay – **76 miles**

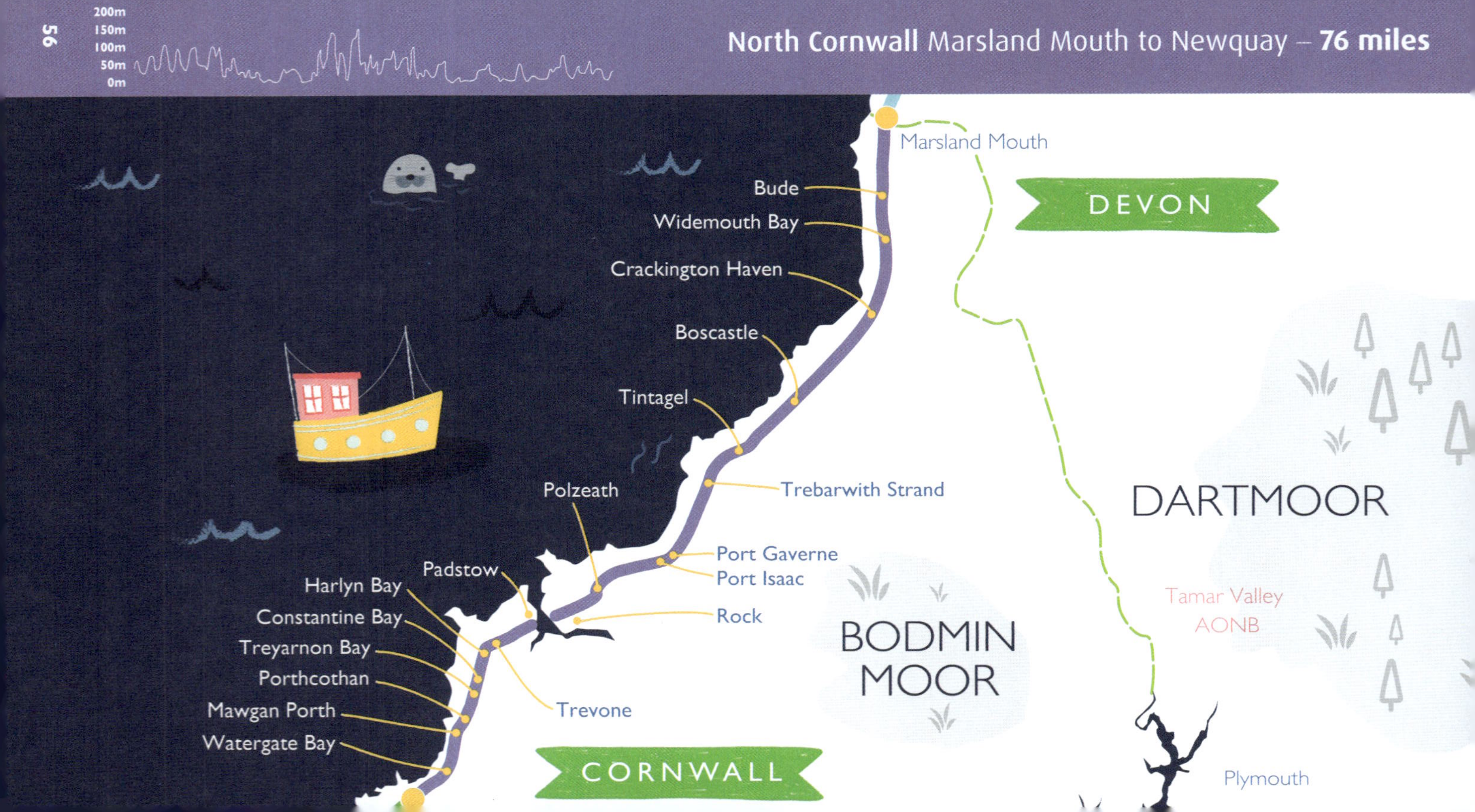

(Sections 14-21)

This length of coast faces the prevailing Atlantic westerlies, making for a sometimes exposed landscape. This is exacerbated by the fact that much of this length comprises of high cliffs, often quite sheer, with prominent headlands giving excellent coastal vistas. In places these cliffs are fronted by sandy beaches, as around Bude and Newquay. In the centre of this length is the mouth of the Camel Estuary, also flanked by sandy beaches. The uncompromising nature of the cliffs also means there are few ports or harbours; those that do exist tend to be sheltered from the Atlantic winds – Padstow within the Camel Estuary, Newquay behind Towan Head, Boscastle sheltered in its narrow inlet while Bude is a relatively recent development which owes much of its existence to the arrival of a canal here in the early 19th century. North of the Camel is a length of coast with an untamed atmosphere and including some challenging gradients for walkers; to the south the extensive beaches are popular among families and surfers alike and the cliffs are kinder to walkers.

All of the locations on the map illustration to the left have at least one facility such as toilets, a cafe/restaurant, shop or pub. There are water refill points at Port Quin, Polzeath and around 3 miles South of Polzeath at Rock.

The Rumps. Photographer David Peake

OS Maps: Landranger 190; Explorer 111

	This Walk	Cumulative	This Walk	Cumulative	Grading	Timing
Ascent	2,494ft	25,912ft	760m	7,898m	Easy then strenuous	4.75 hours
Distance	9.8mi	134.1mi	15.8km	215.8km		

For detailed directions see our Walking Guide no. 14, Bude to Crackington Haven.

Low, grassy cliffs and surfing beaches south of Bude give way to an ever higher and more rugged coastline fronted by rough rock ledges and cut by deep and steep valleys. There are some superb viewpoints along this quiet and remote-feeling length which reward the effort. Crackington Haven is a pleasant spot and on the cliffs above, St Gennys Church is a superb place for contemplation.

Directions

A regular bus service links Bude with Crackington Haven, and also serves Widemouth Bay, about 3 miles/4.8 km from Bude, thus offering a number of bus-walk options.

The Path south from Bude starts at Nanny Moore's footbridge over the River Neet and heads to the sea lock on the historic Bude Canal, then climbs to the cliff top at Compass Point and on to Efford Beacon (note that the Grade II listed Compass Point storm tower has been relocated 100m inland to save it from coastal erosion). There are excellent views from here. The Path over Efford Down to Upton and on to Widemouth Bay is easy to follow. Widemouth has toilets and refreshments, the last before Crackington Haven. (There are further refreshment facilities 1.8km/1.1m inland at Whalesborough, reached by a footpath from Widemouth).

South of Widemouth the Path follows the low cliff for a short distance then diverts inland slightly at Wanson Mouth to join the coast road in the stream valley. Turn right and follow the road as it climbs steeply to Penhalt Cliff.

Take the new off-road sections firstly on the seaward side and then on the left thus avoiding the dangerous road and the car park. Cross back onto the seaward side and follow the path as it descends steeply to Millook Haven. Now follow the steep road uphill for a short distance then turn right onto the cliff top at Raven's Beak. From here the Path climbs steadily past the stunted oak woodland at Dizzard Point and on to Chipman Point. Two further deep and steep valleys are crossed, then a ridge walk leads to Castle Point, which gives tremendous views. Another steep valley crossing leads on to Pencannow Point and views over Crackington Haven. The Path descends easily into the cove, where there are toilets, refreshments, buses and accommodation.

Between Bude and Crackington Haven

OS Maps: Landranger 190; Explorer 111

	This Walk	Cumulative	This Walk	Cumulative	Grading	Timing
Ascent	2,264ft	28,176ft	690m	8,588m	Strenuous	3.75 hours
Distance	6.7mi	140.8mi	10.8km	226.6km		

For detailed directions see our Walking Guide no. 15, Crackington Haven to Boscastle.

This is a Section of high cliffs, the highest, indeed in Cornwall. Not only are they high, but they also present an appearance of bulk, and the walker will often feel dwarfed by them, especially on a climb or descent or perhaps on a headland. Much of this Section is also quite remote, and this combination makes this a coast with an imposing character.

Directions

Crackington Haven and Boscastle are linked by a regular bus service, making this an option for a bus-walk.

There are toilets and seasonal shops, cafes and a pub at Crackington Haven. Leave behind the beach near the toilets and head out for the headland of Cambeak. Rounding the headland, keep away from its high and sheer cliff edges. Beyond Cambeak the Path is relatively level, passing above the landslip zone at Strangles Beach. Ahead looms High Cliff, the appropriately-named highest cliff in Cornwall. There is a steady ascent but the descent on the south side is very steep. The Path then climbs through a landfall at Rusey Cliff, twisting and turning to the top. A cliff-top section through fields follows to the sheer black cliff at Buckator. The Path then dips slightly before continuing at high-level to Fire Beacon Point. Here the descent is steep, but helped by attractive slate steps. The Path then follows the cliff face into the inlet of Pentargon, with its impressive waterfall. This is best seen from the southern side – do not be tempted to leave the Path for a better view.

The now easy Path continues on to Boscastle. Aim for the white mast on Penally Hill, then follow the Path alongside the beautiful harbour inlet into Boscastle, now happily restored after a huge flood washed through the valley in 2004.

Near Boscastle

OS Maps: Landranger 190 (eastern half); Landranger 200 (western half); Explorer 111

	This Walk	Cumulative	This Walk	Cumulative	Grading	Timing
Ascent	1,230ft	29,406ft	375m	8,963m	Moderate	2.25 hours
Distance	4.7mi	145.5mi	7.6km	234.2km		

For detailed directions see our Walking Guide no. 16, Boscastle to Tintagel.

This fairly short Section is a great local favourite, as it combines all the best of the Coast Path – headlands, sandy bays, historic features and, yes, steep valleys, all in a manageable but picturesque length which is not too taxing. With all this and its convenient bus links it is a perfect Coast Path taster.

Directions

Boscastle and Tintagel are linked by a regular bus service. It also serves Rocky Valley, half-way between the two, enabling a variety of bus-walks to be undertaken.

Boscastle has been attractively rebuilt after the floods of 2004, and has all facilities.

The Coast Path leaves the south side of the harbour over the new stone bridge and climbs towards the headland of Willapark, with its prominent white watch tower. The Path cuts across the neck of the headland, but a diversion to the end is worthwhile.

After a steep descent and climb at Grower Gut, the Path continues easily, turning seaward of the Manor House at Trevalga. The headland beyond gives views over the rocky offshore islands important for breeding seabirds. The Path continues past Firebeacon Hill – look out for the Ladies Window rock arch in the gully to the right – then passes seaward of a cliff-top caravan and camping site. There is then a descent into the exquisite Rocky Valley. There is a path up the valley to a bus stop on the coast road, passing prehistoric carvings in the cliff wall.

From the footbridge in the valley the Path climbs again, round the edge of the grassy Bossiney Common and above the sandy bay at Bossiney Haven. Another climb then leads to another headland also, confusingly, called Willapark. Again the Coast Path cuts across the neck of the headland with a worthwhile diversion at the end.

The Path now continues to Barras Nose headland, from where it descends to Tintagel Haven below the castle ruins. Here are toilets a café and an English Heritage gift shop. A good but steep path leads inland to the village.

Boscastle to Trevalga. Photographer Molly Palmer

OS Maps: Landranger 200; Explorer 111 (eastern half); Explorer 106 (western half)

	This Walk	Cumulative	This Walk	Cumulative	Grading	Timing
Ascent	2,589ft	31,995ft	789m	9,752m	Severe	4.75 hours
Distance	9.1mi	154.6mi	14.6km	248.8km		

For detailed directions see our Walking Guide no. 17, Tintagel to Port Isaac.

Both ends of this Section are very popular and accessible. At Tintagel the Coast Path passes the remains of the medieval castle perched on its isolated headland. Since the summer of 2019 a new spectacular cantilever footbridge allows easier access to the castle, readily visible from the Coast Path. The Path then passes the atmospherically located cliff-top church and the now picturesque evidence of coastal slate quarrying. At the other end is the beautifully quaint village of Port Isaac in its scenic bay. The long central length comprises high cliffs cut by sometimes precipitously steep valleys. It is remote, lonely and often tough, and will be especially appreciated by those who relish an empty, arduous and dramatic coastline.

Directions

It is possible to take a bus between Tintagel and Port Isaac although it is usually necessary to change at Camelford. A bus-walk is therefore possible, particularly using Camelford as a base.

Tintagel has all necessary facilities. Surprisingly, however, little in the village is very old other than the Old Post Office, once a local manor house.

Walkers from Boscastle will pass Tintagel Haven from where the Coast Path passes the entrance to Tintagel Castle, accessed by a cantilever footbridge. (If starting from the village take the path towards Tintagel Haven and fork left to the Castle). There are excellent views over the headland which forms the castle site. Sadly, a fire took hold during the late summer of 2022, causing the Path to close and burning a large section of Glebe Cliff. The route is now open again and hopefully the exposed soil will not be eroded. A good path continues seaward of the church and on beyond past the Youth Hostel in its former quarry building and round Penhallic Point with its superb views.

The Path drops steeply to Trebarwith Strand, where there are toilets, refreshments and pub, the last facilities before Port Isaac. The next part is particularly tough as it climbs steeply out of the Trebarwith valley then almost immediately drops down to sea level and up again at Backways Cove. There follows a level stretch of about a mile/1.5 kilometres to the stream valley behind Tregardock Beach. Descend on the inland side of the detached piece of cliff known as The Mountain, then climb again to Tregardock Cliff. Another level length follows, before the deepest and steepest valley yet at Jacket's Point. At the top yet another deep valley almost immediately follows. Then comes a further valley at Barrett's Zawn. This is an area of massive rock falls. The next valley follows, this one with exceptionally steep and stony sides.

At last the Path levels out again through cliff-top meadows, with just a small valley to cross at St Illickswell Gug. Eventually, the Path reaches the road at Cartway Cove. Cross the road and head downhill to Port Gaverne, a charming spot. Follow the road uphill to the car park at the edge of Port Isaac. Go through this and follow the well-signed path above the attractive harbour inlet into the village.

Port Isaac is a very picturesque village clustered round the little harbour at the head of a sheltered bay. It has all facilities.

OS Maps: Landranger 200; Explorer 106

	This Walk	Cumulative	This Walk	Cumulative	Grading	Timing
Ascent	2,923ft	34,918ft	891m	10,643m	Strenuous then easy	5.5 hours
Distance	11.7mi	166.3mi	18.8km	267.6km		

For detailed directions see our Walking Guide no. 18, Port Isaac to Padstow.

This Section can be divided into three distinct characters. From Port Isaac to Port Quin is a rollercoaster of a Path, closely following the ups and downs and ins and outs of the quiet, scenic but energy-sapping coast. From Port Quin to Polzeath the character becomes rather more open, if still very scenic, including the broad headland of the Rumps and Pentire Point, a wonderful airy lookout. From Polzeath to the Padstow ferry the landscape is tamer, more domesticated, often with housing or tourist development and more estuarine than maritime as it reaches the mouth of the River Camel.

Directions

There is a regular bus service between Port Isaac and Rock, the ferry point for Padstow. This service also passes through Polzeath at the mouth of the Camel estuary, giving several scenic bus-walk options, including an almost level estuary-side one. There is a popular circuit using the Coast Path between Port Isaac and Port Quin and others from Polzeath around Pentire Point. The National Trust have opened Pentyr Café with toilet facilities at Pentireglaze. Tramper all terrain mobility scooters are available to hire and can be used to explore the headland along designated Tramper routes

Port Isaac has all necessary facilities, and is a scenic gem. To leave the village, take the road to the right behind the fish market. Climbing, it bears right and becomes a cliff Path, soon dropping into Pine Haven. From here to Port Quin the Path is magnificent and clear, but tough as it follows the cliff edge next to a fence line. There is an optional diversion to the end of Varley Head.

The Path enters the beautiful Port Quin inlet, descending to what was once a busy pilchard port, though there are no permanent facilities here now except for a drinking water tap. Follow the road westbound up the steep hill and a little way up the Coast Path leaves to the right, towards Doyden Point. The Path follows above the cove, keeping seaward of and below the large house. Head to a prominent stone cairn, then continue ahead on a grassy path and past some old mineshafts. From the cairn a diversion to the right goes to the folly of Doyden Castle and to Doyden Point, where there is a superb view back to Port Quin.

There is a sharp descent to Epphaven Cove then the Path passes through a delightful little wooded valley before climbing past the impressive Lundy Hole. The clear cliff path now heads for the Iron Age fortress on the Rumps headland. A detour to the end is well worthwhile.

From the Rumps the Path climbs through a little former quarry area then continues at high-level round Pentire Point, giving spectacular views. An easy descent follows into Polzeath, all well marked. Polzeath has a great surf beach, and has all the normal facilities such as café, pubs, accommodation, food and surf shops. The Path follows the road past the beach car park where a water bottle filling facility can be found. The Path then turns right by the cottages, where the road bends sharp left on the steep hill. It now follows a low cliff to Daymer Bay, where there are toilets and a seasonal café, then down steps to the beach. (There is a signed inland alternative which must be used at very high tides, which cover the beach). At the far end of the beach the path crosses a footbridge and continues below Brea Hill.

From the foot of Brea Hill the well-signed path continues between the beach and the golf course to arrive at the car park at Rock, then descends to the ferry slipway for Padstow. Another water bottle facility can be found at the Rock ferry terminal.
A day ferry service operates between Rock and Padstow. See page 193 for details.

An evening water taxi service operates between Rock and Padstow, weather and tides permitting. For further details see page 193.

Port Quin. Photographer Anick Graveline

OS Maps: Landranger 200: Explorer 106

	This Walk	Cumulative	This Walk	Cumulative	Grading	Timing
Ascent	810ft	35,728ft	247m	10,890m	Moderate	2.5 hours
Distance	6.5mi	172.8mi	10.5km	278.1km		

For detailed directions see our Walking Guide no. 19, Padstow to Harlyn Bay.

The length from Padstow to Stepper Point, at the mouth of the Camel, is a scenic length of ever-changing estuarine views with sandy stretches, especially at low tide. Beyond, the coast is an easy but picturesque length of cliffs, which include occasional views right across the headland at the mouth of the estuary and up the Camel as well as west to Trevose Head. The two elements of this Section combine to form a popular local walk.

Directions

A regular bus service links Padstow with Harlyn Bay. This allows for a possible bus-walk. There are also a number of possible circular walks from Padstow using the Coast Path which take in the Stepper Point headland.

Padstow is a charming and bustling little harbour town a short way up the Camel Estuary. If arriving from Rock, notice that normally the ferry arrives in Padstow at the harbour, but at low tide it lands a short distance downstream at St Saviour's Point.

The Coast Path leaves the north end of the harbour and proceeds on low cliffs alongside the estuary. After passing a wooded little stream valley at St George's Cove the Path heads inland of a marshy area before going back to the cliffs and on to Hawker's Cove where the path passes inland of the former lifeboat station. Seasonal refreshments are available at Rest a While Tea Garden at Hawker's Cove. Pass behind the old pilots' houses here then fork right to climb to Stepper Point, with its Daymark tower. From here there are remarkable views, inland to Bodmin Moor as well as along the coast. At low tide the sand bar known as Doom Bar is visible in the mouth of the estuary.

The Path is now on the exposed Atlantic coast. Go round the precipitous inlet of Butter Hole Cove, looking out for the small Pepper Hole to the right of the Path just before. An easy length to Gunver Head follows, with excellent sea views. Approaching Trevone the Path skirts the impressive Round Hole collapsed cave – approach this with caution as the sides are sheer. Follow the cliffs round into the bay at Trevone, which has toilets, cafe and pub, as well as a car park. The Path crosses the rear of the beach and leaves behind the little headland on the south-west side of the bay, following the cliff edge to Harlyn Bay, where there are seasonal refreshments and toilets. The public toilets are located across the road from the car park.

Padstow, North Cornwall. Photographer Christian Minear

OS Maps: Landranger 200; Explorer 106

	This Walk	Cumulative	This Walk	Cumulative	Grading	Timing
Ascent	751ft	36,479ft	229m	11,119m	Moderate	3.5 hours
Distance	6.7mi	179.5mi	10.8km	288.9km		

For detailed directions see our Walking Guide no. 20, Harlyn Bay to Porthcothan.

This is a popular Section, never far from a variety of holiday accommodation. It is perhaps most associated with a range of scenic, sandy surfing beaches, some of them quite extensive. As a contrast, around the middle of the length is the great landmark of Trevose Head and its lighthouse, visible from great swathes of the North Cornwall coast and an atmospheric location.

Directions

A regular bus service passes Harlyn Bay and links to Porthcothan. The same route serves Constantine Bay, about two-thirds of the way along the coast from Harlyn, giving a potential for a variety of bus-walks.

Harlyn has seasonal refreshments and toilets. From the car park cross the stream on the road bridge then follow the beach below the low cliff. At high spring tides the footpath across the beach is briefly inaccessible. After some 330 yards/300 metres climb the concrete steps on the left onto the cliff. The steps are tucked away within the cliffs and can easily be missed. Continue to the headland at Cataclews Point and Mother Ivey's Bay. Just before Mother Ivey's Bay the steps descend and ascend quiet considerably.

The Path passes inland of Padstow's lifeboat station, accessible by a cul-de-sac path, and then goes on to Trevose Head, passing the lighthouse. On a clear day the coastal views are incredibly extensive, ranging from the satellite dishes north of Bude to the granite hills of West Penwith behind St Ives. This is an atmospheric headland.

After cutting through an old quarry the Path passes a Round Hole collapsed cave and descends to the partly rocky Booby's Bay. Wooden steps lead down to the rear of Constantine Bay. Continue along the rear of Constantine Bay, a very attractive and extensive beach at low tide. Walk the length of the beach. There are toilets and seasonal refreshments at the far end and a bus stop a little way inland. Beyond the dunes the Path rounds Treyarnon Head to cross another attractive beach at Treyarnon Bay, with toilets and refreshments open all year in the Trey Bay Café at the YHA.

An unusually indented coastline follows, with sheer-sided headlands and impressive coves. Near Pepper Cove the ramparts of an Iron Age cliff fort may be seen, and the whole coastline is quite spectacular. The Path then turns into another sandy cove, at Porthcothan Bay, which has toilets and refreshments.

Padstow Lifeboat Station at Mother Ivey's Bay

OS Maps: Landranger 200; Explorer 106

	This Walk	Cumulative	This Walk	Cumulative	Grading	Timing
Ascent	1,447ft	37,926ft	441m	11,560m	Moderate	5 hours
Distance	10.3mi	189.8mi	16.6km	305.5km		

For detailed directions see our Walking Guide no. 21, Porthcothan to Newquay.

This is a relatively well-walked Section, particularly around Newquay. It shows the interplay of high cliffs and sandy beaches particularly well. Almost the whole length is characterised by high, flat-topped cliffs, sometimes with prominent headlands, which for long stretches form the back of extensive attractive sandy beaches, many of them popular with surfers. While never a lonely Section, its cliffs and bays make it one well worth exploring, helped by the relatively easy terrain.

Directions

Porthcothan and Newquay are linked by a regular bus service. This route follows a road parallel and close to the coast, meaning that there are a number of possible links to the Coast Path from this bus, allowing for quite a range of possible bus-walks.

Porthcothan has all facilities that may be needed. The Coast Path leaves past the shop and keeps in front of the houses and on around the headland. After a short, steep descent and climb, an easy-level walk leads to Park Head, an excellent viewpoint. There have been numerous landslips here so keep to the path inland of the white posts. The whole headland is worth wandering over and exploring. Ahead now is the National Trust's Carnewas property, with its spectacular beach. The Trust's café and Information Centre are open throughout the summer. On the beach below are the massive stacks forming Bedruthan Steps.

The Bedruthan Steps area can be busy, but the steps to the beach are closed following a major rock fall. Check the National Trust 'Carnewas at Bedruthan' website for details. A quieter length follows to Trenance Point and into the sandy bay of Mawgan Porth, where there are toilets, refreshments and a pub as well as a bus stop. Surprisingly, this was once the site of an unfinished canal project.

Cross the stream using the road then leave it to the right on the sharp bend on the hill out of Mawgan Porth. There then follows a long high-level length to Watergate Bay on airy flat-topped cliffs, cut by a couple of minor descents. The Path passes Iron Age remains here while inland is the contrast of Newquay Airport. The Path continues on the cliff top behind the magnificent Watergate Beach, much-used for surfing and other activities. The Path then descends to the road by the Watergate Bay Hotel, and here there are toilets, refreshments and another bus stop.

Cross the stream at the road then turn right by the car park and climb back to the cliffs, which are now followed to the outskirts of Newquay. The coastal view ahead to the town and its headlands is excellent. The short section of Coast Path that leaves the road to pass round the headland of Trevelgue Head is temporarily closed. As this is an important prehistoric location taking a diversion through the gate on the right to visit the headland is recommended. At Porth Beach follow the steps down on the left, to pass underneath the main road and cross the next little headland to emerge above Lusty Glaze beach – look for the information board here relating to the canal previously encountered at Mawgan Porth.

The Path continues into the park at Barrowfields, skirting its seaward side, to reach the main road into Newquay town centre. Follow this just past the railway station then take the old tramway road on the right. Follow the waymarked route along the footpath above Towan Beach.

At the corner go down the steps on the right then from the car park cross Beach Road and follow the tarmac path ahead. At the end follow the steps on the left to pass a bowling green and public toilets to Fore Street. Turn right here as far as the Red Lion and here turn right again to the harbour down North Quay Hill.

As well as all facilities, Newquay has a branch line railway station linking to the main line to Penzance and is the centre of a network of local bus routes.

Bedruthan Steps. Photographer Emma Eccles

The businesses listed here are our 'Way Makers'. They make the great South West Coast Path experience possible, and give back to the Trail. Please support them if you can. More info at southwestcoastpath.org.uk/waymaker

If you enjoy staying, eating, drinking or doing an activity with a business along the Path, please let them know about our Way Maker scheme so we can share their brilliance!

- **GR** Grid Reference
- **DP** Distance from the Path
- **N** Nearest Town/Village with facilities
- [3] Number of Rooms
- Dogs Welcome
- Evening Meal Available
- Wifi
- Parking
- Grocery Shop On Site
- Private Transport to the Path
- Laundry Facilities
- Caters to Specific Dietary Needs
- Early Breakfast Available
- Packed Lunch Offered
- £ Budget

Bed & Breakfast and Hotels

NAME	OTHER INFO
Sea Jade Guest House 15 Burn View, Bude, EX23 8BZ 01288 353404 seajadeguesthouse@yahoo.co.uk seajadeguesthouse.co.uk	**GR:** SS209066 **DP:** 0.32 miles **N: BUDE** **OFFERS ONE NIGHT STAYS** [7] Evening Meal Available, Wifi, Parking, Laundry Facilities, Early Breakfast Available A 2 night stay is recommended if you are walking south.
Sunrise Guest House Sunrise, 6 Burn View, Bude, EX23 8BY 01288 353214 info@sunrise-bude.co.uk sunrise-bude.co.uk	**GR:** SS209066 **DP:** 0.27 mile **N: BUDE** **OFFERS ONE NIGHT STAYS** [7] Wifi, Caters to Specific Dietary Needs, Early Breakfast Available
The Tree Inn Fore Street,Stratton, Bude, EX23 9DA 01288 352038 contact@treeinn.co.uk treeinn.co.uk	**GR:** SS230064 **DP:** 1.5 miles **N: BUDE** **OFFERS ONE NIGHT STAYS** [6] Evening Meal Available, Wifi, Laundry Facilities, Early Breakfast Available
Bosayne Guest House Atlantic Road, Tintagel, PL34 0DE 01840 770514 enquiries@bosayne.co.uk bosayne.co.uk	**GR:** SX056887 **DP:** 0.47 miles **N: TINTAGEL** **OFFERS ONE NIGHT STAYS** [8] Wifi, Parking, Packed Lunch Offered
Chandlers Lodge B&B 13a Clease Road, Camelford, PL32 9QX 01840 938564 / 07486893279 enquiries@chandlerslodge.co.uk chandlerslodge.co.uk	**GR:** SX103835 **DP:** 4.5 miles **N: TREBARWITH STRAND** [4] Dogs Welcome, Evening Meal Available, Wifi, Parking, Laundry Facilities, Caters to Specific Dietary Needs, Early Breakfast Available, Packed Lunch Offered
The Slipway Harbour Front, Middle Street, Port Isaac, PL29 3RH 01208 880264 slipway@portisaachotel.com portisaachotel.com	**GR:** SW996807 **DP:** 0.07 miles **N: PORT ISAAC** **OFFERS ONE NIGHT STAYS** [7] Evening Meal Available, Wifi Terraced Cafe and B&B serving all day food
Trewetha Cottage B&B Trewetha, Port Isaac, PL29 3RU 01208 880877 dijohnsalisbury1@btinternet.com southwestcoastpath.org.uk/trewetha-cottage-port-isaac	**GR:** SX004800 **DP:** 0.4 miles **N: PORT ISAAC** **OFFERS ONE NIGHT STAYS** [2] Wifi, Parking Take and pick up from Port Isaac in the evening if required

NAME	OTHER INFO
Penhalonga B&B Constantine Bay, PL28 8JG 01841 521122 / 078158 33158 lizkennerley@btinternet.com southwestcoastpath.org.uk/penhalonga-constantine-bay	GR: SW869743 DP: 0.81 miles N: PADSTOW OFFERS ONE NIGHT STAYS 3 All year
South Quay B&B, 4 Riverside, Padstow, Cornwall, PL28 8BY 01841 532383 thepadstowcullinans@gmail.com southquaybedandbreakfastpadstow.co.uk	GR: SW919753 DP: 0.18 miles N: PADSTOW OFFERS ONE NIGHT STAYS 2
Sunny Corner Main Road, Trevone PL28 8QX 01841 520476 mo@wizadora.com sunnycorner.info	GR: SW892757 DP: 0.15 miles N: TREVONE BAY 2 Minimum two night stay All year
Penlan B&B Porthcothan Bay, PL28 8LP 01841 520440 mary@idenna.com porthcothanbaystores.co.uk/friends	GR: SW860718 DP: 0.12 miles N: PORTHCOTHAN OFFERS ONE NIGHT STAYS 1
Pentire Hotel Ltd Pentire Avenue, Newquay, TR7 1NU 01637872334 info@pentirehotelnewquay.co.uk pentirehotelnewquay.co.uk	GR: SW791614 DP: 0 miles N: NEWQUAY OFFERS ONE NIGHT STAYS 75

Self Catering and Hostels

NAME	OTHER INFO
Gwelmor Longpark Drive, Widemouth Bay, Bude, EX23 0AN 07711 264087 gwelmor@mail.com gwelmor.com	GR: SS201022 DP: 0.25 miles N: BUDE 3 All year round
YHA Boscastle Palace Stables, Boscastle, PL35 0HD 0345 371 9006 boscastle@yha.org.uk yha.org.uk/hostel/yha-boscastle	GR: SX115914 DP: 0.84 miles N: BOSCASTLE Check on individual booking availability before arrival
Beaver Cottages Tregatta, Tintagel, PL34 0DY 01840 770378 beavercottages@outlook.com beaver-cottages.co.uk	GR: SX055874 DP: 0.25 miles N: TINTAGEL 3 Open all year. 2 cottages sleeping upto 4 and 6.
Cabin Beaver Beaver Cottages, Tregatta, Tintagel, PL34 0DY 01840 770378 beavercottages@outlook.com beaver-cottages.co.uk/cabin-beaver	GR: SX055874 DP: 0.25 miles N: TINTAGEL OFFERS ONE NIGHT STAYS All Year

NAME	OTHER INFO
Dolphins Backpackers Dolphins, Fore Street, Tintagel, PL34 0DB 01840 779053 / 07740 976326 hello@dolphinsbackpackers.co.uk dolphinsbackpackers.co.uk	**GR:** SX057883 **DP:** 0.58 miles **N: TINTAGEL** **OFFERS ONE NIGHT STAYS** 4
Seascape Hideaways at Port Isaac The Fo'C'sle, Church Hill, Port Isaac, PL29 3RQ 07887 604295 seascapehideaways@gmail.com seascapehideaways.co.uk	**GR:** SW996806 **DP:** 0 miles **N: PORT ISAAC** 2
Lowen Lodge St Minver, Wadebridge, PL27 6RD 01208 895 354 bookings@corncott.com corncott.com	**GR:** SW967787 **DP:** 0.97 miles **N: ROCK** 1
Mariners Lettings Ltd Rock Road, Rock, PL27 6JN 01208 869257 enquiries@marinerslettings.co.uk marinerslettings.co.uk	**GR:** SW931756 **DP:** 0.24 miles **N: ROCK**
Teazers 6A Strand Street, Padstow, PL28 8BU 01841 533402 contact@harbourholidays.co.uk harbourholidays.co.uk/properties/teazers/	**GR:** SW919753 **DP:** 0.21 miles **N: PADSTOW** 2
Cornish Traditional Cottages 3 Eddystone Court, Eddystone Road, Wadebridge, PL27 7FH 01208 895354 bookings@corncott.com corncott.com	**GR:** SW989724 **DP:** 0.73 miles **N: PADSTOW**
YHA Treyarnon Bay Tregonnan, Padstow, PL28 8JR 01841 520322 treyarnon@yha.org.uk @YHATreyarnon	**GR:** SW860741 **DP:** 0.24 miles **N: TREYARNON BAY** **OFFERS ONE NIGHT STAYS** £ Cafe open all day for lunch & Pizza shack open March - September
Porth Sands Penthouse 6 Porth Sands, Beach Road, Porth, Newquay, TR7 3NE 07874 880571 porthsands.penthouse@gmail.com porthsandspenthouse.co.uk	**GR:** SW829626 **DP:** 0.15 miles **N: NEWQUAY** 2

Campsites and Holiday Parks

NAME	OTHER INFO
Efford Down Campsite Vicarage Rd, Bude, EX23 8LJ 07870472448 geddon@effordcamping.co.uk effordcamping.co.uk/	**GR:** SS206060 **DP:** 0.9 miles **N: BUDE** **OFFERS ONE NIGHT STAYS**

NAME	OTHER INFO
Penhalt Farm Holiday Park Widemouth Bay, Bude, EX23 0DG 01288 361210 info@penhaltfarm.co.uk penhaltfarm.co.uk	**GR:** SS194002 **DP:** 0.25 miles **N: WIDEMOUTH BAY** **OFFERS ONE NIGHT STAYS** £ Easter - October
Trebylah Farm Camping Minster, Boscastle, PL35 0HL 01840 250308 enquiries@pitchup.com pitchup.com/campsites/England/South_West/Cornwall/Boscastle/trebyla-farm	**GR:** SX114923 **DP:** 0.3 miles **N: BOSCASTLE** **OFFERS ONE NIGHT STAYS** £
Parkdean Resorts St Minvers Holiday Park Menfreda Way, Wadebridge, PL27 6RD 03443819128 admin@parkdean-resorts.co.uk parkdeanresorts.co.uk	**GR:** SW728161 **DP:** 0.3 miles **N: PADSTOW** 93
Dennis Cove Campsite Dennis Lane, Padstow, PL28 8DR 01841 532349 hello@denniscovecampsite.co.uk denniscovecampsite.co.uk	**GR:** SW920743 **DP:** 0.04 miles **N: PADSTOW** **OFFERS ONE NIGHT STAYS** 100 Easter - End October
Macdonald's Farm Touring & Camping Porthcothan Bay, PL28 8LT 01841 540829 info@macdonaldsfarm.co.uk macdonaldsfarm.co.uk	**GR:** SW860711 **DP:** 0.5 miles **N: PORTHCOTHAN** **OFFERS ONE NIGHT STAYS** 3
Trewan Hall Camping Site St. Columb, TR9 6DB 01637 880261 enquiries@trewan-hall.co.uk @TrewanHallCampsite	**GR:** SW911646 **DP:** 5 miles **N: MAWGAN PORTH** **OFFERS ONE NIGHT STAYS** 180
Higher Pendeen Camping Gluvian Cart House, Gluvian Farm, Mawgan Porth, Newquay, TR8 4BG 07977592530 higherpendeen@gmail.com higherpendeencamping.com	**GR:** SW859668 **DP:** 1.03 miles **N: MAWGAN PORTH** **OFFERS ONE NIGHT STAYS**

Eat and Drink

NAME	OTHER INFO
Brendon Arms Falcon Terrace, Bude, EX23 8SD 01288 354542 enquiries@brendonarms.co.uk brendonarms.co.uk	**GR:** SS206061 **DP:** 0.3 miles **N: BUDE** **OFFERS ONE NIGHT STAYS** 10 All year except Christmas day

NAME	OTHER INFO
Port William Trebarwith Strand, Tintagel, PL34 0HB 01840 770230 portwilliam@staustellbrewery.co.uk theportwilliam.co.uk/	**GR:** SX051864 **DP:** 0.13 miles **N: TINTAGEL** **OFFERS ONE NIGHT STAYS**
Pengenna Pasties Tintagel Atlantic Road, Tintagel, PL34 0DD 01840 770223 info@pengennapasties.co.uk pengennapasties.co.uk/shop	**GR:** SX055886 **DP:** 0 miles **N: TINTAGEL**
Oystercatcher Polzeath, Wadebridge, PL27 6TG 01208 862371 oystercatcher@staustellbrewery.co.uk oystercatcherpolzeath.co.uk	**GR:** SW935786 **DP:** 0.21 miles **N: POLZEATH**
Beach Box Polzeath Polzeath Beach Car Park, Wadebridge, PL27 6SP 01208 640564 info@beach-box.co.uk beachboxcornwall.co.uk/	**GR:** SW990723 **DP:** 0.01 miles **N: POLZEATH**
Old Custom House Old Custom House Hotel, South Quay, Padstow, PL28 8BL 01841 532359 oldcustomhouse@staustellbrewery.co.uk oldcustomhouse.co.uk	**GR:** SW920750 **DP:** 0.05 miles **N: PADSTOW** **OFFERS ONE NIGHT STAYS**
Rest A While Tea Garden 7 Coastguard Houses, Hawkers Cove, Padstow, PL28 8HW 01841 532919 mholmes07@btinternet.com	**GR:** SW912776 **DP:** 0.1 miles **N: PADSTOW**
Beach Box Harlyn Bay Harlyn Bay Car Park, Padstow, PL28 8PD 01208 640564 info@beach-box.co.uk beachboxcornwall.co.uk/harlyn/	**GR:** SW879754 **DP:** 0.02 miles **N: PADSTOW**
Carnewas Tearooms Bedruthan Steps, St Eval, PL27 7UW 01637860701 carnarcher@gmail.com carnewas-tea-rooms.co.uk	**GR:** SW849690 **DP:** 0 miles **N: MAWGAN PORTH**
Beach Box Mawgan Porth Mawgan Porth Beach Car Park, Newquay, TR8 4BA 01208 895576 info@beach-box.co.uk beachboxcornwall.co.uk/mawgan-porth	**GR:** SW849671 **DP:** 0.06 miles **N: MAWGAN PORTH**

Information

NAME	OTHER INFO	
Bude Tourist Information Centre The Crescent, Bude, EX23 8LE 01288 354240 budetic@visitbude.info visitbude.info	**GR:** SS208061 **N: BUDE**	**DP:** 0.11 miles
NCI Boscastle Willapark (on the Coast Path), Boscastle, Cornwall, PL35 0AG 01566 781449 boscastle@nci.org.uk nci.org.uk/boscastle	**GR:** SX097913 **N: BOSCASTLE**	**DP:** 0.11 miles
Tintagel Visitor Centre Bossiney Road, Tintagel, PL34 0AJ 01840 779084 tintagelvisitorcentre@gmail.com tintagelweb.co.uk/	**GR:** SX058883 **N: TINTAGEL**	**DP:** 0.44 miles
Padstow Tourist Information The Mariner's Clock Building, Padstow, PL28 8BL 01841 533449 info@padstowtic.co.uk padstowlive.com	**GR:** SW921750 **N: PADSTOW**	**DP:** 0.01 miles
NCI Stepper Point Stepper Point, Padstow 07810 898041 stepper.point@nci.org.uk nci.org.uk/stepperpoint	**GR:** SW913 783 **PADSTOW**	**DP:** 0.02 miles

Activities

NAME	OTHER INFO	
Friends of Bude Sea Pool The Old Toilets, Summerleaze Car Park, Bude, EX23 8HJ 01288 488118 admin@budeseapool.org budeseapool.org	**GR:** SS206066 **N: BUDE**	**DP:** 0.11 miles
The National Lobster Hatchery South Quay, Padstow, PL28 8BL 01841533877 info@nationallobsterhatchery.co.uk nationallobsterhatchery.co.uk	**GR:** SW919753 **N: PADSTOW**	**DP:** 0.22 miles

Getting Around

NAME	OTHER INFO	
Bayside Taxis Bayside Taxis, 2 The Grange, Lynstone, Bude, EX23 0PR 07769 313654 baysidetaxis.bude@gmail.com baysidetaxis.co.uk	**GR:** SS206051 **N: BUDE**	**DP:** 0.5 miles
Trev's Taxi Flat 2, St Catherines, 33 Downs View, Bude, EX23 8RG 07799 663217 trevstaxi3217@btinternet.com trevstaxi.co.uk	**GR:** SS206071 **N: BUDE**	**DP:** 0.25 miles

West Cornwall Newquay to Falmouth – 144 miles

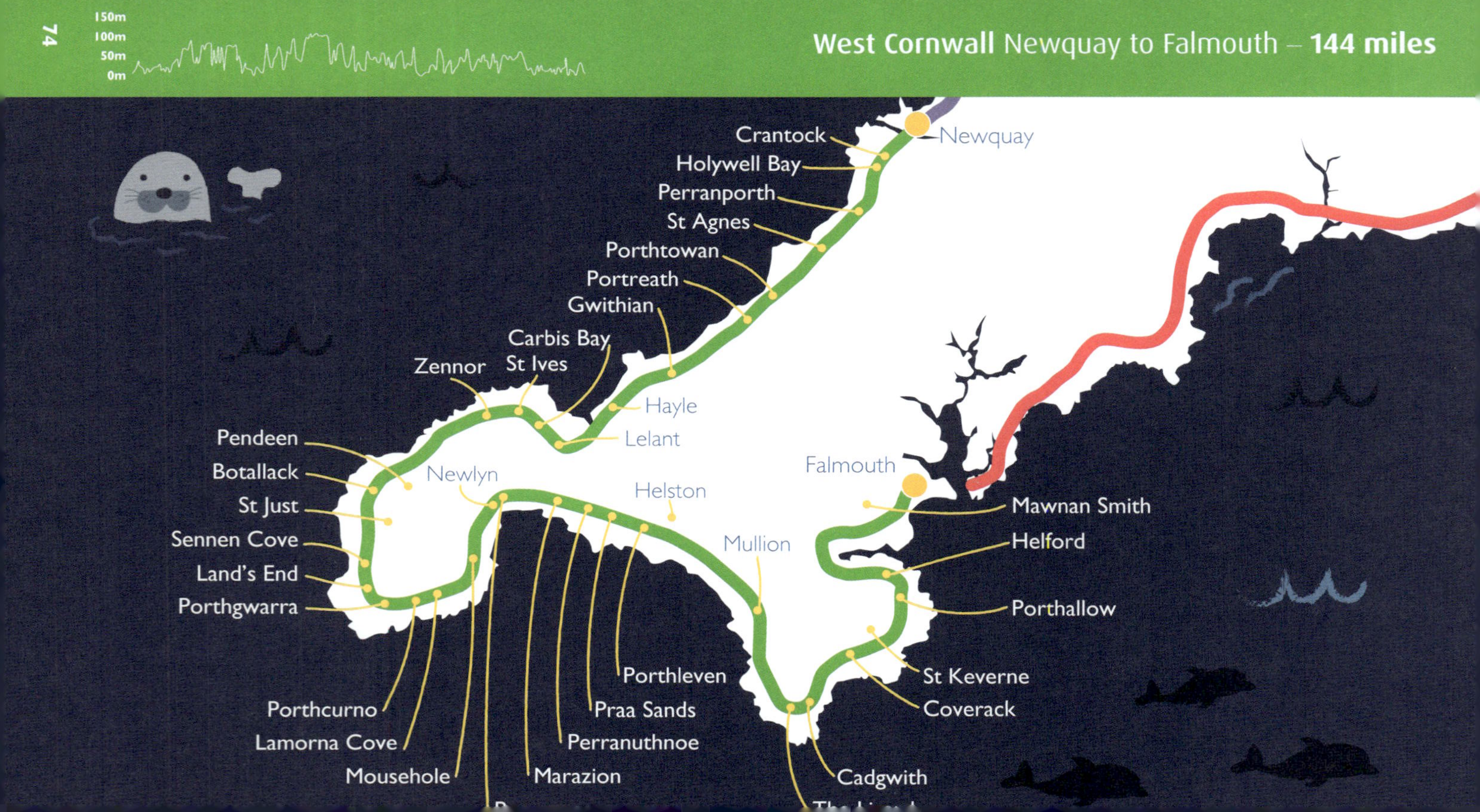

(Sections 22-37)

The cliffs to the west of Newquay give way to the scenic and sandy St Ives Bay. Beyond St Ives, an old fishing port of medieval origin, the coast encircles two great peninsulas: Penwith, the westernmost part of England, and the Lizard, the southernmost. Both are composed of hard, resistant rocks, making for a rugged cliff coastline, but their characters differ. Penwith is largely granite and inland of its impressive cliffs, frequently marked by rock pinnacles and solid jointed slabs, and is a rough, semi-moorland landscape. Along a length of Penwith's north coast, the Coast Path passes a number of old cliff-face tin mines. The Lizard has a much smoother profile, with its inland landscape an unusual flat-topped plateau. The exposed locations of these two peninsulas result in harsh, weather-beaten coastlines with a lack of large-scale tree cover, though both are superbly dramatic. Between these two magnificent peninsulas is the iconic Mount's Bay, site of the fairytale-like setting of St Michael's Mount, surmounted by its castle. The bay is the site of a number of coastal towns; Penzance, the main centre for this far western part of Cornwall, Marazion, with its ancient origins, the fishing port of Newlyn and picturesque Mousehole, once of great importance until burned by the Spanish in the wars of the 16th century. East of the Lizard, the quiet, wooded estuary of the Helford River is followed by the extensive estuary of the River Fal, which marks the end of this length.

All of the locations on the map illustration to the left have at least one facility such as toilets, a cafe/restaurant, shop or pub.

Coverack. Photographer David Peake

22 Newquay (Harbour) to Holywell Bay

OS Maps: Landranger 200; Explorer 104

	This Walk	Cumulative	This Walk	Cumulative	Grading	Timing
Ascent	1,145ft	39,071ft	349m	11,909m	Moderate	3.5 hours
Distance	8.1mi	197.9mi	13.0km	318.5km		

For detailed directions see our Walking Guide no. 22, Newquay (Harbour) to Holywell Bay.

This Section includes some superb viewpoints from headlands in and around Newquay, the panoramas quite unspoiled by the proximity of the large town. Beyond Newquay, a range of landscapes is experienced, from wide, sandy beaches to exposed cliff tops to small, sandy bays, to dune systems. In addition, unexpectedly, the wooded estuary valley of the river known as The Gannel is crossed at the edge of Newquay. This variety, and the proximity to a range of facilities and accommodation, make this a popular, well-used length.

Directions

A regular bus service links Newquay with Holywell Bay, and also serves Crantock, between the two. This gives a number of bus-walk possibilities.

Newquay is the biggest town on Cornwall's north coast. Although usually busy, being especially popular with surfers and also with groups of young holidaymakers, it is in a very attractive setting of beaches and headlands. All the facilities are here, and there is a branch railway linking to the main line to Penzance.

From Newquay Harbour the Coast Path climbs past the old Huer's Hut to Towan Head. From Towan Head the Path then follows the back of Fistral Beach. This is probably the country's most popular surfing beach and international competitions are held here. At the southern end of the beach, the Path reaches a grassy area with toilets, and bears right along the edge of the cliffs, reaching the neck of Pentire Point East. Turning right, the Path goes around the headland, emerging at the bottom of the car park on the far side. From here, turn right towards the Gannel into Riverside Crescent and continue until you reach the Fern Pit Café on your right.

There are four options from here for crossing the Gannel, depending on the tide and time of year.

OPTION 1: FERN PIT FERRY Seasonal (deduct 2 miles/3 kilometres from total mileage)

The first option is to use the Fern Pit Ferry from behind the café. A path runs down through the café gardens and pops out at the ferry. There is some uncertainty about future operations of the café/ferry in 2024 onwards, so be sure to check beforehand.

The café is approximately 0.7 mile/1.1 kilometres west of Penmere Drive. For further details see page 193.

OPTION 2: PENPOL CROSSING (official route)

Continue past Fern Pit Café down Riverside Avenue to the very end, ignoring any footpaths off to the right, and keeping to the right as it merges into Pentire Crescent, before bearing right into Penmere Drive. Continue along Penmere Drive, again ignoring another footpath on the right, and turn right into Trevean Way. Follow the waymark pointing right and go downhill across a grassy area. At the foot of the grass bank turn right along the footpath, then take the steps on the left down to the tidal Penpol Footbridge across the Gannel Estuary. This can be used 3-4 hours either side of low water. Cross the Gannel here.

OPTION 3: TRENANCE FOOTBRIDGE (add 3 miles/4.8 kilometres to total mileage)

This route is usable at most states of the tide. From the Newquay side of the Penpol crossing, continue upstream on the path parallel to the river until it arrives at the A392 Gannel Road. Turn right, and there is a footbridge on the right just before the junction with the A3058 Trevemper Road. Cross the bridge and continue ahead. Do not follow the creekside path to Penpol, but instead take the bridleway on the left towards Trevemper. Turn right just before reaching the tarmac, and follow the footpath through Treringey to arrive at the south side of the Penpol tidal footbridge.

OPTION 4: MAIN ROAD ROUTE (add 4.5 miles/7.2 kilometres to total mileage)

Continue past the Trenance footbridge and along the A392 Trevemper Road from the roundabout. At the next roundabout turn right and after about 100 yards/90 metres take the little, unsigned lane on the right. This leads to Trevemper, going forward and right as the lane goes left. After the gate turn left on the route described under Option 3 through Treringey.

Options 2, 3 and 4 come together at Penpol. Cross the ford to follow the lane then take the waymarked path on the right above the estuary. After passing the ferry landing for Option 1, this path leads to Crantock Beach car park. Crantock village with its facilities and bus stop is a little way inland. Cross the car park and climb the steps through the gate opposite; bear left at the junction of grassy paths on entering the dune area and follow this inland of the main dune area, to re-emerge at a coastal path which leads to the cliffs of Pentire Point West where the Bowgie Inn among others, provide meals and refreshments. The Path goes round Porth Joke (known locally as Polly Joke), then on around Kelsey Head to Holywell Bay, descending across more dunes to cross the river on a seaward footbridge. Follow the fingerpost to the village for the facilities, some of which are seasonal. Be wary on the dunes, as they have suffered severe erosion from storm and tide action in recent times.

Gannel River, Crantock. Photographer Becky Callaway

23 Holywell Bay to Perranporth

OS Maps: Landranger 200; Explorer 104

	This Walk	Cumulative	This Walk	Cumulative	Grading	Timing
Ascent	755ft	39,826ft	230m	12,139m	Moderate	2 hours
Distance	4.5mi	202.4mi	7.2km	325.7km		

For detailed directions see our Walking Guide no. 23, Holywell Bay to Perranporth.

The theme of this Section is sand, in the form of both dunes and beaches, although it begins by rounding headlands at Penhale and Ligger Points. However, even at Penhale the inland vista is dominated by dunes, although the adjacent former Army Camp is also prominent. For the bulk of this Section sand is everywhere; on the seemingly endless length of Perran Beach and the dunes which back it. Both ends, Holywell and Perranporth, are busy holiday settlements, but the more remote areas of Perran Beach can be surprisingly quiet.

Directions

Holywell Bay and Perranporth are both served by regular bus services from Newquay, making a bus walk along this length, using Newquay as a base, an option.

Holywell Bay has all facilities, some seasonal. From Holywell Bay the Path rounds Penhale Point, skirting the seaward edge of the somewhat unattractive former Penhale army camp. It then goes on out to Ligger Point, where there is a panoramic view of the length of Perran Beach. The Path heads towards the dunes then descends behind the cliff quarry to the beach. It now follows the back of the beach for some 1.5 miles/2.5 kilometres. At the very highest tides it may not be possible to use the beach route. In this case do not descend to the beach but turn left uphill for a short distance, to follow the path on your right through the dunes next to a line of red and white posts, and then seaward of a holiday park, parallel to the sea. Join a track which leads to the top of steps from the beach. Even at lower tides it is often necessary to climb these steps from the beach. Coming up from the beach, at the top of the steps turn right following the slate Coast Path waymarks. The Path descends back to the beach on the south side, and then crosses the stream by the footbridge when nearly at Perranporth, where there are all needed facilities. Again at the very highest tides, the beach and footbridge may not be available, in which case follow a path around the lip of the dunes to the rear of the Surf Lifesaving Club, to a sandy track which leads to a road. Follow the road right then turn right at the mini-roundabout into Perranporth.

Holywell Bay, North Cornwall. Photographer Rachel Moore

OS Maps: Landranger 200 (Perranporth); Landranger 203 (remainder); Explorer 104

	This Walk	Cumulative	This Walk	Cumulative	Grading	Timing
Ascent	2,250ft	42,076ft	686m	12,825m	Moderate then strenuous	5.75 hours
Distance	12.4mi	214.8mi	20.0km	345.7km		

For detailed directions see our Walking Guide no. 24, Perranporth to Portreath.

This Section is one in which Cornwall's coastal mining heritage is paramount. There is much evidence of former mining activity, including somewhat stark areas of spoil and sometimes slightly sad building relics, but also some grand and imposing engine houses and chimneys. In some locations, the large-scale level of the activity is difficult to imagine now. In any event, the scale and grandeur of the cliffs, the beaches and the surf mean that nature always re-asserts itself.

Directions

A regular bus service links Perranporth to St Agnes. A skeletal summer service links Perranporth to Portreath, also passing St Agnes and Porthtowan along the way, giving numerous bus-walk options.

Perranporth is a busy holiday centre with all facilities. The Coast Path goes west from the promenade car park and follows the hill up Cliff Road. Keep left of the castellated building then along Tregundy Lane. Continue ahead through the entrance to the Youth Hostel grounds passing the Hostel on the immediate right and on to the cliffs, the Path clinging to the cliff face out to Cligga Head. Here the Path enters quarry and mine workings, but is well-signposted. There is then a level stretch alongside Perranporth Aerodrome before the steep descent to Trevellas Porth, a valley marked by many relics of the mining industry. Go upstream to cross at the road bridge, then back to the cliffs and back down again into Trevaunance Cove, where there are toilets and refreshments. The bus stop at St Agnes is a little way inland.

On reaching the road at Trevaunance Cove, turn right towards the sea then fork left passing a small car park on your right. Soon the Path climbs steeply to the cliff top. A long and scenic high-level Path now goes around St Agnes Head, giving superb views ahead, then past the iconic engine house at Towanroath before descending to Chapel Porth, a small and attractive cove with toilets and seasonal refreshments available at the Chapel Porth Beach Café. The toilets here are only unlocked when the café is open.

Follow the stream inland for 200 yards/185 metres then turn right and up to the cliffs, before heading back down again into Porthtowan. Again there are toilets and refreshments and a magnificent beach. There is a bus stop a little inland.

Follow the road inland then turn right up West Beach Road, then left up the narrow road 'West Cliff' to the cliff top. More mine workings are passed, and at Sally's Bottom the path descends and ascends steeply. The Path runs alongside a prominent fence next to MOD land before reaching a road which descends into Portreath. This former industrial harbour town has all facilities.

OS Maps: Landranger 203; Explorer 104 (eastern half); Explorer 102 (western half)

	This Walk	Cumulative	This Walk	Cumulative	Grading	Timing
Ascent	1,362ft	43,438ft	415m	13,240m	Moderate/ easy	5.5 hours
Distance	11.7mi	226.5mi	18.8km	364.5km		

For detailed directions see our Walking Guide no. 25, Portreath to Hayle.

There are two distinct characters to the coast of this Section. Between Portreath and Godrevy it is one of high, level cliffs, the sea far below. In contrast, between Godrevy and Hayle the walk focuses on sand, either dunes or beach, on the focal view of Godrevy lighthouse and on the great, colourful sweep of St Ives Bay. This is never a lonely or remote length, but it is a scenic, fascinating and rewarding one.

Directions

A summer bus service links Portreath and Hayle, and also passes Godrevy, half-way between the two. This allows for bus-walk options over the whole Section or over either of the two distinct character lengths.

Portreath has all facilities and a pleasant beach. Leave the town crossing the bridge next to the car park then right, up Battery Hill. Continue ahead, meandering between properties at the end, turning right just beyond them up steps to the top of Western Hill, with its excellent views. After a couple of steep valleys the Path then embarks on a long easy cliff-top walk along Reskajeague Downs, eventually arriving at Hell's Mouth, where there is the seasonal Hell's Mouth Cafe. The Path then narrows and turns right at an obvious T-junction. Pass through a gate and cross the seaward side of a field, before continuing easily round Navax and Godrevy Points, the lighthouse becoming a focal point offshore. Keep seaward of the car park and access road, and follow the signs along the low cliffs and over the dunes to another car park, at the Godrevy Café. Follow the boardwalk from the car park to cross the Red River. Turn left for 30 yards/29 metres then go right. Alternatively if work has been completed the path will pass along the right hand side of the car park passing the café on the left, then turn right to cross the Red River. Follow the large slate waymarks through the former quarry, now a nature reserve.

Keep ahead through the dunes, following the signposts. Note it is often possible to walk along the beach here, but beware the incoming tide which can mean being cut off below the cliffs. If the tide is right, leave the beach at the lifeguard hut near the foot of Black Cliff. If coming through the dunes, keep ahead above the hut. Then with either option ascend some steps and turn right onto the tarmac road. Turn right past the first chalet on the right to follow the Path to a car park. Turn towards the left and follow the access track ahead. On reaching the modern development of residential and retail units along North Quay it is recommended to walk as close as permitted to the harbour's edge to appreciate its historic heritage. Then follow the pavement ahead and cross the old swing bridge to the road. Turn right to reach the railway viaduct in the centre of Hayle.

OS Maps: Landranger 203; Explorer 102

	This Walk	Cumulative	This Walk	Cumulative	Grading	Timing
Ascent	617ft	44,055ft	188m	13,428m	Easy	2.5 hours
Distance	6.1mi	232.6mi	9.8km	374.3km		

For detailed directions see our Walking Guide no. 26, Hayle to St Ives.

This Section is never far from roads and houses, so often has a suburban air. However, this is outweighed by the views over the River Hayle estuary, and particularly, by the vistas over the great sweep of St Ives Bay with its vast sandy beaches and dunes, the iconic offshore Godrevy Lighthouse as a focal point, and the fabulous sea colours, turquoises, greens and blues, whenever the sun shines on this length.

Directions

A regular bus service links Hayle and St Ives, giving a bus-walk option. In addition, a branch-line railway plies between Lelant and St Ives, and this gives marvellous sea views. This makes for an unusual and especially scenic train-walk option.

Hayle has all facilities, including a railway station on the main line to Penzance. Walk to the viaduct and turn right on the path immediately before it. Go ahead to Carnsew Road and continue on the pavement, turning right on a narrow path between housing. Go left at the end then continue to arrive alongside a large lagoon. Keep on to the end, then bear left to the road. Continue as the road passes alongside the River Hayle estuary on The Causeway, a birdwatcher's delight. Cross to the far side of the road then back to the riverside again, before forking right at the Old Quay House. Under the bridge turn right, into a small housing estate. Just before a car park after the housing turn left to a lane, then turn right here. Follow the lane next to the railway and estuary all the way to Lelant Church. Go along the path next to the church to pass under the railway. Just before the beach turn left along the seaward side of the railway through dunes. (NB this is also the route of the St Michael's Way, a cross-peninsula path from Lelant to Marazion – a guide leaflet is available at St Ives Tourist Information Centre (TIC)).

Follow the clear path parallel to the magnificent Porthkidney Beach. Approaching the headland of Carrack Gladden the path forks – keep right then continue ahead. Descend the road to Carbis Bay, where there are toilets and seasonal refreshments, walking between the hotel and holiday lodges. Climb over a railway bridge then continue as the path becomes a minor road. Just after the path taking St Michael's Way inland turn right. At the bottom turn back sharp right then shortly afterwards sharp left. Follow this path to its end then turn left over a railway bridge. Now turn right and ahead at the end on a footpath which leads to a downhill track. Cross the railway bridge and double back right, then left to arrive at Porthminster Beach, just below St Ives railway station.

St Ives to Pendeen Watch

OS Maps: Landranger 203; Explorer 102

	This Walk	Cumulative	This Walk	Cumulative	Grading	Timing
Ascent	3,428ft	47,483ft	1,045m	14,473m	Severe	7 hours
Distance	13.7mi	246.3mi	22.0km	396.4km		

For detailed directions see our Walking Guide no. 27, St Ives to Zennor and Zennor to Pendeen Watch.

There are no settlements on this Section and the character is lonely and remote. It is also tough going, with rocky scrambles and boggy lengths. But it can only be described as a magnificent length. Stark cliffs, rock pinnacles, tiny scenic coves with translucent water, rugged exposed headlands – all are here. Inland, the view is often of empty moorland. This is the Coast Path at its most awe-inspiring. Prepare for its rigours, then enjoy the wonderful experience.

Directions

A regular summer bus service links St Ives and Pendeen village, a little inland of the Coast Path. It also passes through other inland settlements linked by footpath to the Coast Path, principally Zennor, Treen (Gurnard's Head) and Morvah, allowing for various bus-walks options.

A warning: this is a tough and deserted length of the Coast Path. There are no settlements or refreshment facilities, though there are some path links inland to small settlements. The terrain is often rough and rocky and in places can be boggy. But a compensation: this is a length of wonderfully dramatic coastal scenery.

From the path below St Ives railway station, keep along as close as possible to the sea and harbour. The official route goes round the green St Ives Head, usually known as The Island. This is reached by following signs to the museum from the far end of the harbour, and on through a small car park. From The Island go through the old "Downlong" quarter to Porthmeor Beach and the Tate. There are also short cuts direct to here – follow signs to the Tate St Ives.

Go along the rear of Porthmeor Beach, then bear off right along the path next to the putting green. The Coast Path now leads out to the rugged Clodgy Point and then on round Hor Point to Pen Enys Point, where it cuts across the neck of the headland. Pass the trig point on Carn Naun, where there are extensive views forward and back, then descend to cross the stream at River Cove. Just beyond, the Path passes the offshore Carracks, where seals are regularly seen. Approaching Zennor Head the path forks – keep right to follow the seaward path round the headland. From Zennor Head the path heads inland – look out for the signed Coast Path descending steeply to the right. If in need of refreshments, or for the bus, continue along the path inland to Zennor, where there is a pub and seasonal café.

On the Coast Path, more ups and downs lead to the distinctive headland of Gurnard's Head. The path cuts across its neck, but a diversion onto the headland, an Iron Age fortified site, is worth the effort. There are also diversions inland here to Treen, where refreshments are available at the Gurnard's Head Inn and there is a bus stop.

The Coast Path continues, generally easy to follow if not always an easy walk. Approaching Bosigran, another Iron Age fortification, head for the high point of the ridge, following Coast Path signs and keeping on the landward side of a low wall. At the crest of the ridge head inland and downhill, aiming for a stream and building.

Cross the stream on a small bridge near a ruined building, then follow the path uphill, just seaward of an obvious stone wall. There is a diversion path inland here to a bus stop at Rosemergy. After heavy rain the path round here can be boggy.

Further on the Coast Path, look out for a path inland to Morvah for another bus stop, if needed. Otherwise keep on the obvious Coast Path round the back of Portheras Cove, and on to the lighthouse at Pendeen Watch. Pendeen village, with its pubs, café, shop, toilets and bus stop, is about 1 mile/1.5 kilometres inland.

Portheras Cove, near Morvah. Photographer Bridget Betts

28 Pendeen Watch to Sennen Cove

OS Maps: Landranger 203; Explorer 102

	This Walk	Cumulative	This Walk	Cumulative	Grading	Timing
Ascent	1,683ft	49,166ft	513m	14,986m	Moderate	4.25 hours
Distance	9.1mi	255.4mi	14.6km	411.0km		

For detailed directions see our Walking Guide no. 28, Pendeen Watch to Sennen Cove.

This Section offers a wide range of walking experiences. Between Pendeen Watch and Botallack, the overriding experience is of Cornwall's coastal mining heritage. This ranges from unattractive early 20th century industrial relics to romantic stone-built, cliff-face engine houses, all this next to sheer cliffs and often wild seas. Beyond Botallack is a superb length of scenic, exposed cliffs, highlighted by the magnificent headland of Cape Cornwall. This Section has all that is best on the Cornish coast – rugged cliffs, mining relics, translucent water, turquoise coves, purple heather, rocky scrambles, the view of a lighthouse. Then, approaching Sennen Cove, there is a sweep of broad sandy beaches backed by dunes, and the length ends with a scenic harbour and a lifeboat station. A wonderful length.

Directions

A regular summer bus service links Pendeen village, a little inland of the Coast Path, with Sennen Cove. It also serves St Just, inland of Cape Cornwall, which is used as the centre of various Coast Path-based circular walks. Bus-walks are also possible from Geevor and Botallack, reached by the footpath from the coast.

From Pendeen Watch the Path goes along the road to the end of the row of cottages, then turns right at a granite marker. (The road continues into Pendeen village, with its range of facilities.) The Coast Path is clear and leads to the old mining area at Geevor. A diversion inland leads to refreshments and toilets at the mining museum, which is itself well worth a visit, if possible. Follow the signed track beyond Geevor to the National Trust's Levant Beam Engine House, open for steaming at certain times. From here the official Path follows the clear track parallel to the coast, but a narrower path to seaward with better views leads from the far end of the car park. The two options come together as more mines are passed at Botallack. Look to seaward to see the famous Crowns Mine engine houses, perched improbably on the cliff.

Beyond Botallack, as the mines give way, look for the signed path to the right which leads to the headland at Kenidjack Castle. A lot of the waymarking in this area uses granite stones, perfect for the landscape setting. From the old building on the headland descend left to a track, go left then bear right on a path down to another track. Go left here then turn right to cross the floor of the Kenidjack Valley. Climb to the top and turn right. Ahead now is the distinctive shape of Cape Cornwall, surmounted by its chimney. Turn right immediately before the road and then bear right across a field past the ruins of a chapel to a stone stile. Cross this, turn left and then climb right to reach the top of the headland. Savour the views, then join the path, which descends over the seaward side of the Cape by zigzags and steps to reach the National Coastwatch Institution watchhouse. This recent addition to the Coast Path provides a superb experience. Go to the left of the watchhouse, then down the steps and along a path past some stone buildings and through a gate, to reach another set of granite steps descending to the right. In the nearby car park are seasonal refreshments and toilets. St Just is about 1 mile/1.5 kilometres up the road.

At the bottom of the steps go left, then climb right on the track to a road at the top. Bear off right at the sign and follow the clear path into the Cot Valley. A new route has been established down the valley. For this, turn left at the road and almost immediately right, over a footbridge and past old mine workings, climbing to reach a path which heads to the cove at Porth Nanven. Just before reaching the cove, climb left onto the cliffs. (The direct route goes right on reaching the Cot Valley, down to Porth Nanven where the Coast Path climbs to the left.) There is a good, clear cliff-face path to the beach at Gwynver, although with one rocky climb. From Gwynver the Path continues through the dunes behind the sandy beaches, which can be walked at low tide, to the car park at Sennen Cove. This is a popular family and surfing spot with all facilities.

Botallack. Photographer Philip Menear

OS Maps: Landranger 203; Explorer 102

	This Walk	Cumulative	This Walk	Cumulative	Grading	Timing
Ascent	1,542ft	50,708ft	470m	15,456m	Moderate	3.25 hours
Distance	6.3mi	261.7mi	10.1km	421.1km		

For detailed directions see our Walking Guide no. 29, Sennen Cove to Porthcurno.

This is the most westerly length of coast in England. Much of it has the character of moorland meeting the sea, with great granite headlands and massive rock outcrops, interspersed with isolated coves with exquisite sea colours. Towards Porthcurno the moorland is replaced by a more pastoral landscape, but the cliffs and coves continue. Much of this Section has a quiet character, interrupted only by the visitor mecca of Land's End.

Directions

Sennen Cove and Porthcurno are linked by a regular bus service, which also goes to Land's End. This allows for a choice of bus-walks, and there are also numerous circuits possible based on the Land's End area.

Sennen Cove has all facilities. Leave the village passing the Round House gallery into the car park. Turn left up steps then right, towards the lookout. From here a range of parallel paths all lead to Land's End. Bear right to the First and Last House, at England's most westerly point, then keep seaward of the main complex to the outpost at Greeb Cottage. The complex has toilets and refreshments if needed. The Path goes behind Greeb Cottage; then again a choice of paths all lead towards the beautiful bay of Nanjizal. At the far end of the bay, head inland up the track then turn right steeply uphill on a stepped path. After passing through a gate, look out for the official, unsigned Path leaving the main track to go seaward down some rocky steps. The Path descends then climbs to the Coastwatch station on Gwennap Head. The main track also leads here, but less scenically.

The official Path is clear from Gwennap Head down into Porthgwarra. An alternative, to be used in good conditions and for the sure-footed only, is to leave the main Path to the right some 150 yards/140 metres after the Coastwatch station, then pass the hole of Tol-Pedn-Penwith ("the holed headland of Penwith") before bearing left to re-join the main Path.

Porthgwarra is a charming little hamlet, with toilets and seasonal refreshments and unusual passages through the cliffs. Leave along a track next to some cottages, climbing again to the cliffs. The clear path descends to Porth Chapel, passing St Levan's Holy Well. Continue straight ahead over the bridge, climbing again to arrive at the car park of the unique cliff-face Minack Theatre. Leave by the path next to the theatre entrance. The path drops very steeply, with deep steps, to Porthcurno Beach. If in doubt, because of the conditions or possible vertigo, follow the road. At the bottom of the steps, keep left above the beach to Porthcurno's facilities.

OS Maps: Landranger 203; Explorer 102

	This Walk	Cumulative	This Walk	Cumulative	Grading	Timing
Ascent	1,381ft	52,089ft	421m	15,877m	Strenuous	3.25 hours
Distance	5.4mi	267.1mi	8.7km	429.9km		

For detailed directions see our Walking Guide no. 30, Porthcurno to Lamorna Cove.

This is a quiet, remote and very scenic Section of cliffs and headlands, punctuated by some picturesque coves and a lighthouse. The larger coves, at each end, Porthcurno and Lamorna, are particularly attractive and are the only access points for cars, so are more popular, Otherwise, the sound of the sea and seabirds are likely to be the only disturbances in this beautiful length.

Directions

A regular bus service goes to Porthcurno and passes about 1 mile/1.5km inland of Lamorna Cove, making a bus-walk feasible. Many undertake one of a variety of circular walks between Porthcurno and Treen using the Coast Path.

Porthcurno has all facilities in summer. The Coast Path leaves at the back of the beach, climbing a steep track to Percella Point before turning to run parallel to the sea. A seaward loop gives a good view of the beautiful Pedn Vounder Beach. The Path then reaches the neck of Treen Head, or Treryn Dinas, the site of an Iron Age fortification. A cul-de-sac diversion heads for the end and the Logan Rock. Continue on the clear path over the cliff to descend into Penberth Cove, a superb little fishing hamlet with an old capstan. There are toilets but no refreshments.

After climbing away from Penberth, the path continues along the cliff top, with one steep descent and climb at Porthguarnon, then starts to head inland. After passing a seaward house look out for the signed path to the right, which descends into the wooded valley of St Loy and on to the boulder beach. Keep along the top of the beach for 55 yards/50 metres before leaving up the path. This climbs to pass the memorial to the Penlee lifeboat disaster of 1981 and then above the lighthouse of Tater-du. Approaching Lamorna Point the path crosses a length of tumbled rocks, making for slow going, until it suddenly descends to the car park at Lamorna Cove. Here are toilets and seasonal refreshments.

Logan Rock, Porthcurno. Photographer Chris Hamley

31 Lamorna Cove to Penzance to Marazion

OS Maps: Landranger 203; Explorer 102

	This Walk	Cumulative	This Walk	Cumulative	Grading	Timing
Ascent	725ft	52,814ft	221m	16,098m	Strenuous then easy	3.5 hours
Distance	9.2mi	276.3mi	14.8km	444.7km		

For detailed directions see our Walking Guide no. 31, Lamorna Cove to Penzance to Marazion.

West of Mousehole this Section is one of lushly vegetated cliffs, but most of it is urban or semi-urban in character as it passes through Newlyn and Penzance. However, it is really defined by its views over the magnificent Mount's Bay, dominated by the iconic sight of St Michael's Mount and its castle, which give this coast a magical character.

Directions

A regular bus service passes about 1 mile/1.5 km inland of Lamorna Cove and also serves Newlyn and Penzance, with links possible between Penzance and Marazion, giving a variety of possible bus-walk options.

Lamorna Cove has a seasonal café and a little way inland, a pub. The Coast Path leaves the cove behind the harbour, bearing right to the cliffs. The well-marked Path eventually leads to a road which descends into Mousehole. The road leads to the harbour; however, the official route turns right opposite "Lowena" then continues towards the sea, turning left, along a terrace to a car park. It briefly passes along the harbour before turning left then right to reach the main harbour-side road. Mousehole has all facilities and is very picturesque.

At the far end of the harbour go through the car park, on along a concrete walkway then up some steps. Turn right along the road, then along a seaward track to arrive at Newlyn. Follow the road round the harbour and past the fish market, turning right just after the Seamen's Mission to cross a bridge. Bear right past the Tolcarne Inn then follow the promenade to Penzance. Pass the harbour, then go right through the large car park to where a walkway leaves from its far right-hand end. Penzance has all facilities, is the end stop of the main-line railway, and is the hub of local bus services. The train and bus stations are next to the car park.

The walkway follows the sea wall to the edge of Marazion. At the end of the walkway and cycle route, either cross over and follow the road or cross the dunes to a large car park, cross this and continue behind the sea wall into Marazion.

Marazion is the centre for access to St Michael's Mount, and is the southern end of the cross-peninsula St Michael's Way from Lelant. The little town of Marazion has all facilities.

Penzance Harbour. Photographer Alexandra Elliott

OS Maps: Landranger 203; Explorer 103 (Porthleven); Explorer 102 (remainder)

	This Walk	Cumulative	This Walk	Cumulative	Grading	Timing
Ascent	1,916ft	54,730ft	584m	16,682m	Moderate then strenuous	4.75 hours
Distance	10.8mi	287.1mi	17.4km	462.0km		

For detailed directions see our Walking Guide no. 32, Marazion to Praa Sands and Praa Sands to Portleven.

Between Marazion and Cudden Point this Section is dominated by the sweep of Mount's Bay and its iconic focal point of St Michael's Mount. It is a charming length of low cliffs and small fields. East of Cudden Point the Mount is lost but the local landscape is bolder, with craggy headlands, long, sandy beaches, inaccessible coves and picturesque cliff-top engine houses.

Directions

There are regular bus services which link Marazion and Porthleven and also serve Perranuthnoe and Praa Sands between the two, making a variety of bus-walks possible. Marazion is a pleasant little town with all facilities and the causeway to St Michael's Mount.

The Coast Path leaves along the main road, following it for some way to the speed restriction sign. Turn right just after the cemetery, then follow the footpath downhill to reach the coast and turn left. Just after Trenow Cove the path turns inland. Look out for the signed right turn after 275 yards/250 metres, which goes back to the low cliffs and on to Perranuthnoe. There are toilets and seasonal refreshments here.

Take the lane on the seaward side of the car park, bearing right and then left into a field. The well-marked path leads to Cudden Point, with magnificent views over Mount's Bay. It descends past Little Cudden to Bessy's Cove, where it joins a track. Go ahead, bearing right at some granite gate posts, then through Prussia Cove on a lane between large stone buildings. Keep ahead on the path which passes above Kenneggy Sand and then descends to Praa Sands, where there are toilets and seasonal refreshments. Go down the slipway to the beach then along in front of the shop, taking the steps up beside the cafe. Keep along the top of the grassy dunes, turning left when signed at the end, then right into a housing estate. At the end bear right and climb to the cliffs. The path skirts behind Rinsey Head, then through a car park and down to a restored engine house. It continues to Trewavas Head, inland of more restored engine houses. Beyond there have been numerous cliff falls – be sure to follow the signed path. This then enters Porthleven on a lane – fork right entering the town to pass alongside the harbour to its head. Porthleven has all facilities.

St Michaels Mount. Photographer Tom Hales

33 Porthleven to Poldhu

OS Maps: Landranger 203; Explorer 103

	This Walk	Cumulative	This Walk	Cumulative	Grading	Timing
Ascent	781ft	55,511ft	238m	16,920m	Moderate	3 hours
Distance	5.2mi	292.3mi	8.4km	470.4km		

For detailed directions see our Walking Guide no. 33, Porthleven to Poldhu Cove.

This is a Section mostly of low cliffs with cliff-face Paths, long stretches being above extensive beaches. It harbours a couple of unexpected features, firstly in the shape of Loe Bar, a large strip of shingle barring the freshwater Loe Pool from the sea, and secondly in the unusual position of Gunwalloe Church, hidden away in the corner of a sandy cove.

Directions

Porthleven and Poldhu are both served by regular but separate bus routes, which meet at Helston.

Porthleven has all facilities. The Coast Path goes alongside the harbour towards the clock-tower at the end near the pier. Follow the road past this building, going right at the fork and keep on out of the town to a car park. Climb the steps and continue ahead on the track to Loe Bar. Cross the bar to the far side, forking right, downhill, shortly after the memorial. After passing a renovated fishery building, the Path arrives at Gunwalloe Fishing Cove. Go ahead onto the National Trust's Baulk Head, then above Halzephron Cove to a road. Bear right to a small car park then go right again, away from the road, on the cliffs down to Gunwalloe Church Cove. There are toilets and seasonal refreshments here. The picturesque church is tucked away at the right-hand end of the cove.

Skirt the beach to a road, then take the signed path over a footbridge and over the rear of the beach to the path rising away. Immediately after the car park at the top, turn right along the cliff top before returning to the road and dropping into Poldhu Cove, where there is a bus stop, toilets and refreshments. A good path leads inland to Mullion village.

OS Maps: Landranger 203; Explorer 103

	This Walk	Cumulative	This Walk	Cumulative	Grading	Timing
Ascent	1,631ft	57,142ft	497m	17,417m	Moderate	4 hours
Distance	8.2mi	300.5mi	13.2km	483.6km		

For detailed directions see our Walking Guide no. 34, Poldhu Cove to The Lizard.

This is an exposed Section of high, flat-topped cliffs and spectacular coves and bays. The coastal landscape is superb throughout, but punctuated by some real scenic gems, of which Kynance Cove is probably the pick. The combination of steep cliffs, unusual geology and flora, beautiful sea colours and long stretches of easy walking make this a rewarding length. And watch out for choughs, Cornwall's iconic bird now returned to re-colonise this coast. Add a cliff-top monument to Marconi, a couple of picturesque coves, and the rocky, atmospheric harbour at Mullion Cove, and it makes for a fascinating length.

Directions

A regular bus service links Poldhu with Lizard Town, the latter about 0.5 mile/1 kilometre inland from the end of the Section, thus giving a possible bus-walk. In addition, there are many easy local circuits based on the Coast Path in the Lizard-Kynance area.

From the road at Poldhu turn right up the driveway signed to the Marconi Centre, leaving this after 110 yards/100 metres for a path on the right. This passes the Marconi monument on the cliffs, then drops down into Polurrian Cove. Climb away past the Polurrian Hotel, then right along the path to the Mullion Cove Hotel. Keep seaward and drop down to the harbour, where there are seasonal refreshments. There are toilets 110 yards/100 metres up the road.

The Coast Path leaves the cove slightly inland to the right, up the hill just after the cafe. Climb to the cliffs, keeping to the right to hug the coastline. There is an information board on the unique flora and fauna of the area here.

The easy and clear path rounds Parc Bean Cove and Lower Predannack Cliff. Approaching Vellan Head, be sure to keep close to the coast for the official route – the more obvious track misses the views. After the deep valley at Gew Graze, the Path rounds Rill Point and descends to Kynance Cove. The steep descent leads to the beach by the seasonal cafe. There are also toilets here. If the sun is shining, the sea is brilliant turquoise.

From the cafe, either follow the main track up towards the car park or cross the little beach (at low tide) and climb a partly stepped path to the cliffs, leaving this at a sign pointing right. This passes adjacent to the car park, where the main track arrives, and the Coast Path then continues clearly and easily above Pentreath Beach at Caerthillian and round Old Lizard Head, and on to Lizard Point, England's most southerly point, where there are cafes, gift shops and toilets. The nearby lighthouse is open to visitors at certain times. A path leads inland to Lizard Town, which has all facilities including regular bus services.

OS Maps: Landranger 203 (Lizard); Landranger 204 (remainder); Explorer 103

	This Walk	Cumulative	This Walk	Cumulative	Grading	Timing
Ascent	2,293ft	59,435ft	699m	18,116m	Moderate, strenuous in places	5.75 hours
Distance	10.4mi	310.9mi	16.7km	500.3km		

For detailed directions see our Walking Guide no. 35, The Lizard to Coverack.

This is a Section of cliffs and coves, punctuated by headlands giving excellent views along the coastline. Here and there are areas of sandy beach at the foot of the cliffs, but only at Kennack are they very extensive. This coast is largely sheltered from the worst of the prevailing south-westerly winds, and consequently has a lush, well-vegetated character. This being a relatively unfrequented stretch, substantial lengths are quiet and remote.

Directions

Lizard Town, about 0.5 mile/1 kilometre inland of the Coast Path, has a bus service which also passes a little inland of Cadgwith, about half-way along this length, which presents a bus-walk possibility. In addition, there are numerous easy circuits based on The Lizard using the Coast Path, which are popular and attractive.

Lizard Point has cafes and toilets, while Lizard Town, inland, has all necessary facilities. Lizard Point has the distinction of being England's most southerly point and is a fine location. The Coast Path leaves the Point alongside the car parking area and on in front of the lighthouse. There is a Heritage Centre at the lighthouse, and both lighthouse and Heritage Centre are open to the public at certain times (www.trinityhouse.co.uk). After passing the lighthouse descend to cross a footbridge then climb, passing in front of the Housel Bay Hotel and on past the Lloyds Signal Station, bearing right here. The route passes Bass Point National Coastwatch Institution lookout, the first in the country to be established. At Kilcobben Cove the path goes behind The Lizard lifeboat station with its boathouse, which was completed in 2011. It then arrives at Church Cove. Go left for a short distance, then take the path through the gate on the right. There are some ups and downs to a path junction just after a stone stile at Polgwidden Cove; keep right here. A little further on, the path skirts the dramatic collapsed cave of the Devil's Frying Pan. Follow the signed path past the cottages and down into the picturesque little fishing hamlet of Cadgwith.

Cadgwith has a pub, shop, refreshments and toilets. There is a superb little beach here where the fishing boats are hauled up. This is overlooked by a convenient grassy knoll with seats known as The Todn (Cornish for lawn). Walk through Cadgwith and up the hill, turning right on the signed path a little way up. The path then descends to Poltesco, crossing a footbridge. There is a diversion to the right leading to the attractive and interesting cove, complete with old serpentine works, where the local colourful rock was made into useful items. Climbing out of Poltesco, the path then joins a road which leads to the beach at Kennack Sands. There are toilets here and seasonal refreshments.

Follow the path behind the beaches and on to the cliffs to reach the neck of the long promontory of Carrick Lûz, the site of an Iron Age cliff fort. The path cuts across the neck and then negotiates the steep valley at Downas Cove. Another, shallower valley crossing leads to the end of Black Head and its lookout hut. The path now descends over the cliffs towards Chynhalls Point, going amongst the natural rock outcrops which can be slippery in wet weather being continually rocky, steep and with significant steps and abrupt changes in level. A difficult section in fine weather and much worse in wet wintry weather. Beyond the Point the path soon reaches Coverack.

An alternative inland path avoids the slippery Chynhalls Cliff. At the top of the Coast Path descent, the wide alternative path goes through gorse and passes a Sculpture Park, then the edge of a caravan park before arriving at a bungalow on a tarmac road. Turn right towards the hotel and then almost immediately bear left down a narrower path to rejoin the Coast Path, at Chynhalls Point.

Reaching the road at Coverack, the Path soon veers off right down some steps to arrive at a car park at the end of the village. Follow the road past the harbour. Coverack, a pretty place, has all facilities, including a regular bus service into Helston.

Fishing Boats at Cagdwith Cove

OS Maps: Landranger 204; Explorer 103

	This Walk	Cumulative	This Walk	Cumulative	Grading	Timing
Ascent	2,192ft	61,627ft	668m	18,784m	Moderate,	5.75 hours
Distance	12.9mi	323.8mi	20.8km	521.1km		

For detailed directions see our Walking Guide no. 36, Coverack to Helford.

This is a sheltered Section of the Coast Path. It includes low cliffs facing away from the prevailing winds, but also lengths of pleasant, rural field paths, a little inland, necessary to avoid inaccessible coastal working and former quarries. In addition, this Section has substantial lengths which fringe a tidal creek and wooded estuary-side paths passing pretty beaches where the Coast Path reaches the Helford River. While not as dramatic as some Sections, it is an attractive stretch with a quiet charm of its own.

Directions

Separate bus routes from Helston serve Coverack and Helford Passage, across the river via ferry (Good Friday or 1st April to October) from Helford, allowing a bus-walk based on Helston. There is an attractive local circuit using the Coast Path between Helford and Gillan Creek.

There are all necessary facilities at Coverack. The Coast Path follows the road away from the pub and past the harbour, continuing straight ahead on a narrow lane when the road goes left. Look out for the sign pointing right, just before the end of the lane. The Path goes over sometimes boggy ground next to the coast to arrive at Lowland Point. Next, the old workings at Dean Quarry are passed on their seaward side. The well-signed Path then arrives at the open area at Godrevy Cove. The next length of coast is inaccessible due to operating quarries, so the Coast Path heads across the open area inland to pick up a signed path going uphill between fields. This leads to the little hamlet of Rosenithon. At the T-junction, turn right on the lane, uphill, turning left into a field just after the right-hand bend. Cross three fields in the same direction, stone stiles between them, to emerge on a lane. Go left then, at a junction, right, which leads to Porthoustock, a coastal hamlet with public toilets.

The route of the next stretch, to another coastal hamlet, Porthallow, is also a rural inland walk. It leaves Porthoustock past the telephone box and up the hill. Where the road bears right go straight ahead on a narrower lane. Go past a row of thatched cottages and over a little, grassy bank at the end next to a greenhouse to a kissing gate. Just past the gate there is a fork in the path. Bear right and follow the path climbing to the far top corner of the field to cross a lifting-bar stile and a Cornish stile (a sort of stone cattle grid) into another field. Turn right in this field alongside the hedge, then bear away left at the top to cross another Cornish stile to a road. At the road go left, passing through the tiny hamlet of Trenance. Here the route follows the road round to the right to a T-junction. At the junction go slightly right and immediately left onto an enclosed path, which leads to a track between buildings. At the road turn right to arrive at Porthallow.

Porthallow has a pub, toilets and seasonal refreshments. Look out for the marker indicating the half-way point of the Coast Path, equidistant (at 315 miles) from Minehead and Poole. Leave Porthallow along the back of the beach and up the steps. The Path now follows the coastline, keeping close to the edge round Nare Point. There is an inland diversion that leaves the coast before Nare Point and returns at Flushing, on Gillan Creek, a tidal tributary of the Helford River.

There used to be a seasonal ferry across Gillan Creek but it has ceased to run.

The Path moves away from the creek for a while then continues along the south side of the creek through a wooded area to Carne, at the head of the creek. Turn right over the bridge, then right again along the north side of the creek to St Anthony Church. Past the church turn left uphill, then shortly right on a farm track which leads into a field. Cross diagonally left to the top of the field to a kissing gate.

For a short, direct route from here go through the gate and turn left. However, the Coast Path includes an optional extra of a circuit of Dennis Head. For this circuit do not pass through the gate but turn right, then almost immediately left over a stile. At the next junction continue straight ahead to reach the end of the headland. The Path circles around the headland, re-joining the outward route to the stile and then the kissing gate.

Go through the gate and continue along the top of the field. The route now heads up the estuary side of the Helford River through woods and past coves. Towards the end the path reaches a track – follow to the road and go right here then quickly left. The path then emerges next to the main car park at Helford. Go down the hill into the village. Helford has a pub and shop and there are toilets at the car park.

Gillan Creek, Helford. Photographer Becky Callaway

37 Helford to Falmouth (Ferry)

OS Maps: Landranger 204; Explorer 103

	This Walk	Cumulative	This Walk	Cumulative	Grading	Timing
Ascent	1,397ft	63,024ft	426m	19,210m	Moderate	4.5 hours
Distance	10.3mi	334.1mi	16.6km	537.7km		

For detailed directions see our Walking Guide no. 37, Helford to Falmouth (Ferry).

There are two contrasting parts to this Section. Between Helford and Rosemullion Head, it is a sheltered walk alongside the mouth of the beautiful Helford River, with undulating, relatively low cliffs alternating with charming, little beaches. Between Rosemullion Head and Falmouth, the walk flanks the sweep of Falmouth Bay, with rather larger coves overlooked by the great headland of Pendennis Point at the Falmouth end, crowned by its castle. Over the bay is St Anthony Head lighthouse. None of this is a lonely or remote walk, and the Falmouth end is decidedly urban, but it is never uninteresting and always very scenic.

Directions

Helford Passage and Falmouth are linked by a regular bus service, giving numerous bus-walk options. The short circular walk round Pendennis Head in Falmouth is a great local favourite.

Helford has pub, shop and toilets; Helford Passage, over the river, has a pub and seasonal refreshments. There is a seasonal ferry link. For ferry details see page 193.

Walk around Helford River

If the ferry is not operating, a 13 miles/21 kilometre walk around the Helford River is possible. This will add another day to the itinerary. For this route, from Helford take the path up the hill to arrive at Penarvon Cove. Go round the back of the cove and turn inland up a track to a road. Turn right, then left on a track to the permissive path along the atmospheric Frenchman's Creek. At the end take the path on the right signed to Withan, past Frenchman's Pill Cottage, crossing a footbridge. Follow the path through the woods and aim for the far left corner of the field, taking the stile on the left. Follow the boundary on the left past Withan Farm, then head west over the fields to a lane. Here turn left to a crossroads, turning right here towards Mawgan. The lane joins a larger road; turn right past Gear then down and up into Mawgan-in-Meneage village. Turn right just after the church on the path towards Gwarth-an-drea, then left behind a bungalow to a road. Turn right, and at the junction bear right and continue downhill to the bridge at Gweek. There is a shop and pub here. Take the road opposite the Gweek Inn, and at Tolvan Cross turn right along a bridleway to a road junction. Go straight ahead, towards Porth Navas. After crossing the stream, take the footpath on the left along the field edge to the road.

Follow the road ahead to Nancenoy and Polwheveral. At the crossroads after Polwheveral turn right, then after 140 yards/128 metres take the path on the left along the field edge, then across the field corner to a road junction. Take the Porth Navas road opposite, through the village to Trenarth Bridge, then turn right towards Falmouth. At the junction at Trebah turn right, then right again into Bar Road. At the end turn left on a footpath which leads to the Helford River, turning left to the Ferryboat Inn at Helford Passage, the landing place for the ferry from Helford.

Ferry users start from here

Coast Path, Helford Passage – Falmouth

From the Ferryboat Inn, facing the pub, turn right along the river and up to a grassy hill. Keep on to a concrete track and follow this, passing behind Trebah Beach at Polgwidden Cove. Continue on the riverside then through woods to meet a track. Turn right to descend to the little village of Durgan. Go up the road, ignoring one path to the right, until the road turns left and the path continues straight ahead. Follow this path, arriving at Porth Saxon Beach behind a building, and then through a field to Porthallack Beach. The path then climbs round Toll Point to arrive at a wooded area. At the fork keep right and follow the path onward to Rosemullion Head, leaving the Helford River behind.

Keep seaward round the headland, then descend to go through a small wood and then on, the path becoming suburban now, to reach Maenporth where there are toilets and refreshments and a bus stop. Turn right behind the cafe and continue to Swanpool, with more toilets and refreshments and another bus stop. Take the path from the far end of the beach to arrive at Gyllyngvase, then keep along Falmouth's promenade to the far end. The official Path goes around the magnificent Pendennis Point – keep to the seaward road all the way to the end, then at the car park descend on the signed path up the river, parallel to the road above. The path emerges from woods and passes the Leisure Centre, descending above the docks to a T-junction. Turn right then go ahead under the railway bridge, passing the Maritime Museum and along Falmouth's main shopping street to arrive at the Prince of Wales Pier at the far end. Falmouth, of course, has all facilities, including a rail link to the main line at Truro.

Helford Passage. Photographer David Peake

The businesses listed here are our 'Way Makers'. They make the great South West Coast Path experience possible, and give back to the Trail. Please support them if you can. More info at southwestcoastpath.org.uk/waymaker

If you enjoy staying, eating, drinking or doing an activity with a business along the Path, please let them know about our Way Maker scheme so we can share their brilliance!

GR Grid Reference	Evening Meal Available	Laundry Facilities
DP Distance from the Path	Wifi	Caters to Specific Dietary Need
N Nearest Town/Village with facilities	Parking	Early Breakfast Available
3 Number of Rooms	Grocery Shop On Site	Packed Lunch Offered
Dogs Welcome	Private Transport to the Path	£ Budget

Bed & Breakfast and Hotels

NAME	OTHER INFO
Portreath Arms Hotel The Square, Portreath, TR16 4LA 01209 842259 email@theportreatharms.co.uk theportreatharms.co.uk	**GR:** SW657452 **DP:** 0.03 miles **N: PORTREATH** **OFFERS ONE NIGHT STAYS** 7 rooms; Dogs Welcome; Evening Meal Available; Wifi; Parking
The Painters Cottage Bed and Breakfast The Cottage, Talland Road, St Ives, TR26 2DF 01736 797626 madie28@btinternet.com thepainterscottagestives.com	**GR:** SW518401 **DP:** 0.25 miles **N: ST IVES** **OFFERS ONE NIGHT STAYS** 5 rooms; Evening Meal Available; Wifi; Parking; Caters to Specific Dietary Need; Packed Lunch Offered
Boswednack Manor B&B Zennor, St Ives, TR26 3DD 01736 794183 boswednack@btinternet.com boswednackmanor.co.uk	**GR:** SW443378 **DP:** 0.5 miles **N: ZENNOR** **OFFERS ONE NIGHT STAYS** 4 rooms; Wifi; Parking; Caters to Specific Dietary Need; Early Breakfast Available; Packed Lunch Offered Evening food at Zennor and Treen pubs
Tremorran Bed & Breakfast Tremorran, Botallack, St Just, Penzance, TR19 7QJ 01736 786272 tremorran@gmail.com tremorran.co.uk	**GR:** SW369383 **DP:** 0 miles **N: BOTALLACK** **OFFERS ONE NIGHT STAYS** 4 rooms; Wifi; Parking; Private Transport to the Path; Laundry Facilities; Caters to Specific Dietary Need; Early Breakfast Available
The Commercial 13 Market Square, St Just, TR19 7HE 01736 788455 enquiries@commercial-hotel.co.uk commercial-hotel.co.uk	**GR:** SW370313 **DP:** 1 mile **N: BOTALLACK** **OFFERS ONE NIGHT STAYS** Evening Meal Available; Wifi; Caters to Specific Dietary Need; Early Breakfast Available; Packed Lunch Offered
Bosavern House St Just, TR19 7RD 01736 788301 info@bosavern.com bosavern.com	**GR:** SW370353 **DP:** 0.5 miles **N: ST JUST** 8 rooms; Dogs Welcome; Wifi; Parking We offer walking holiday packages, with a free drop off/collection service

NAME	OTHER INFO
The Old Post House B&B 24 Bosorne Street, St Just, TR19 7LU 07931 139603 moylefiona@gmail.com theoldposthousebandb.co.uk	**GR:** SW368312 **DP:** 0.4 miles **N: ST JUST** **OFFERS ONE NIGHT STAYS** 3 Yoga Room available and close to good pubs, hotel,cafes and grocery stores.
The Studio 3 Coastguard Cottages, Treen, Porthcurno, TR19 6LQ 01736 810504 jeffrey_hardman@sky.com sennencornwall.com	**GR:** SW392232 **DP:** 0.1 miles **N: PORTHCURNO** **OFFERS ONE NIGHT STAYS** 1 Sleeps 4 in the family room. Double bed and 2 "Put me Ups." All year.
Lamorna Pottery B&B Lamorna, Penzance, TR19 6NY 01736 810330 potterylamorna@gmail.com lamornapottery.co.uk	**GR:** SW441254 **DP:** 1.25 miles **N: LAMORNA COVE** **OFFERS ONE NIGHT STAYS** 2 Evening meals, for your room, can be requested from our Cafe before 5pm
Panorama Guest House Chywoone Hill, Newlyn, Penzance, TR18 5AR 01736360798 stay@panoramaguesthouse.co.uk panoramaguesthouse.co.uk	**GR:** SW460284 **DP:** 0.26 miles **N: NEWLYN** 6
Sunnyside 10 Park Road, Newlyn, Penzance, TR18 5DZ 07929 616274 sunnysidenewlyn@gmail.com	**GR:** SW461284 **DP:** 0.26 miles **N: NEWLYN** **OFFERS ONE NIGHT STAYS** 2
Keigwin House Alexandra Road, Penzance, TR18 4LZ 01736 363930/07557 057773 fran@keigwinhouse.co.uk keigwinhouse.co.uk	**GR:** SW466299 **DP:** 0.25 miles **N: PENZANCE** **OFFERS ONE NIGHT STAYS** 8 Packed lunches available by prior arrangement.
The Tremont Hotel Alexandra Road, Penzance, TR18 4LZ 01736 362614 info@tremonthotel.co.uk tremonthotel.co.uk	**GR:** SW466299 **DP:** 0.5 miles **N: PENZANCE** 10
Guest Lodge The Promenade, Penzance, TR18 4NW 07724310426 reservations@guestlodgepenzance.co.uk guestlodgepenzance.co.uk	**GR:** SW469296 **DP:** 0.9 miles **N: PENZANCE** **OFFERS ONE NIGHT STAYS** 10
Kota Restaurant and Rooms Harbour Head, Porthleven, TR13 9JA 01326 562407 enquiries@kotarestaurant.co.uk kotarestaurant.co.uk	**GR:** SW628258 **DP:** 0 miles **N: PORTHLEVEN** **OFFERS ONE NIGHT STAYS** 3

NAME	OTHER INFO
Polurrian on the Lizard Polurrian Road, Mullion, TR12 7EN 01326 240421 info@polurrianhotel.com polurrianhotel.com	**GR:** SW670186 **DP:** 0.5 miles **N: MULLION COVE** **OFFERS ONE NIGHT STAYS** 41
Haelarcher Farmhouse Penmenner Road, The Lizard, TR12 7NN 01326 291188 info@haelarcher.co.uk haelarcher.co.uk	**GR:** SW702123 **DP:** 0.5 miles **N: LIZARD** **OFFERS ONE NIGHT STAYS** 5
Penmenner House Bed & Breakfast Penmenner Road, The Lizard, TR12 7NR 01326 290315 sgnegus@btinternet.com penmenner-house.co.uk	**GR:** SW701120 **DP:** 0.3 miles **N: LIZARD** **OFFERS ONE NIGHT STAYS** 4 March - November
The Old Bakery B&B Mainway, The Lizard, TR12 7NZ 01326 290755 info@theoldbakerybandb.co.uk theoldbakerybandb.co.uk	**GR:** SW703126 **DP:** 0.75 miles **N: LIZARD** **OFFERS ONE NIGHT STAYS** 2
The Top House Inn The Lizard, TR12 7NQ 01326 450098 info@thetophouseinn.co.uk thetophouseinn.co.uk	**GR:** SW702125 **DP:** 0.3 miles **N: LIZARD** **OFFERS ONE NIGHT STAYS** 8
Housel Bay Hotel and Restaurant The Lizard, TR12 7PG 01326 567500 stay@houselbay.com houselbay.com	**GR:** SW708121 **DP:** 0.12 miles **N: LIZARD** **OFFERS ONE NIGHT STAYS** 20
Heron's Pool Bed & Breakfast Little Trevothen, Coverack, TR12 6SD 07889 727366 tony.marsland@btinternet.com heronspool.co.uk	**GR:** SW771179 **DP:** 2 miles **N: COVERACK** **OFFERS ONE NIGHT STAYS** 1
The Bay Hotel North Corner, Coverack, Helston, TR12 6TF 01326 280464 reception@thebayhotel.co.uk thebayhotel.co.uk	**GR:** SW178186 **DP:** 0 miles **N: COVERACK** **OFFERS ONE NIGHT STAYS** 15
The Paris Hotel The Cove, Helston, TR126SX 01326 280 258 info@pariscoverack.com pariscoverack.com	**GR:** SW7839718200 **DP:** 0.01 miles **N: COVERACK** **OFFERS ONE NIGHT STAYS** 4

NAME	OTHER INFO
Fat Apples Cafe The Old Vineyard, Porthallow, St Keverne, TR12 6QH 01326281559 fatapplescafe@gmail.com fatapplescafe.uk	GR: SW798226 DP: 0 miles N: PORTHALLOW OFFERS ONE NIGHT STAYS
The Sail Loft B&B The Sail Loft, Point, Helford, Nr Helston, TR12 6JY 01326 231083 pamroyall@btinternet.com southwestcoastpath.org.uk/sail-loft-point-helford	GR: SW757262 DP: 0.03 miles N: HELFORD OFFERS ONE NIGHT STAYS 1
Trevarn B&B Carninion Road, Mawnan Smith, TR11 5JD 07877580321 enquiries@trevarn.co.uk trevarn.co.uk	GR: SW779284 DP: 0.75 miles N: MAWNAN SMITH OFFERS ONE NIGHT STAYS 1
Hotel Meudon Una St Ives, Laity Lane, Carbis Bay, TR26 3HW 01326 250541 wecare@hotelmeudon.co.uk meudon.co.uk	GR: SW785286 DP: 0 miles N: MAWNAN SMITH OFFERS ONE NIGHT STAYS 29
Budock Vean Hotel Budock Vean Lane, Mawnan Smith, Falmouth, TR11 5LG 01326 250288 relax@budockvean.co.uk budockvean.co.uk	GR: SW763276 DP: 0.25 miles N: MAWNAN SMITH 49
Chelsea House 2 Emslie Road, Falmouth, TR11 4BG 01326 212230 info@chelseahousefalmouth.com chelseahousefalmouth.com	GR: SW812319 DP: 0 miles N: FALMOUTH 9

Self Catering and Hostels

NAME	OTHER INFO
Blue Room Hostel Newquay Holywell House, Newquay, TR7 2PB 07426 565583 info@blueroomhostel.co.uk blueroomhostel.co.uk	GR: SW817615 DP: 0.54 miles N: NEWQUAY OFFERS ONE NIGHT STAYS 15
The 19th Acre The 19th Acre, Towan Cross, TR4 8BZ 07943 270183 davidjohnhughes@hotmail.com 19thAcre.com	GR: SW714479 DP: 1.68 miles N: PORTHTOWAN 4

NAME	OTHER INFO
Unique Hideaways Sapphire House, Hayle Business Park, Hayle, TR27 5JR 01736 230140 hello@uniquehideaways.com	**GR:** SW578381 **DP:** miles **N: HAYLE**
Carnelloe Farm Carnello Farm, Zennor, St Ives, TR26 3DB 07768 170 590 martha@marthakrempel.com airbnb.co.uk/rooms/759159909210893170	**GR:** SW446383 **DP:** 0.46 miles **N: ZENNOR** 3
The Old Chapel 2 The Old Chapel, Newbridge, TR20 8QH 07540 119810 malc.g.irons@gmail.com cornishhorizons.co.uk/west-coast-cottages/penzance/p00869-the-old-chapel	**GR:** SW423316 **DP:** 3 miles **N: ST JUST** 3
Land's End Hostel, Trevescan Mill Barn, Trevescan, Sennen, TR19 7AQ 07585 625774 hello@landsendholidays.co.uk landsendholidays.co.uk	**GR:** SW355248 **DP:** 0.7 miles **N: SENNEN COVE** **OFFERS ONE NIGHT STAYS** 5 Book continental breakfast in advance. Dogs on request. All year
Porthcurno Barns Holiday Rentals Trendrennen Farmhouse, Treen, TR19 6LH 07557053166 info@porthcurnobarns.co.uk porthcurnobarns.co.uk	**GR:** SW387230 **DP:** 0.41 miles **N: PORTHCURNO** 5
Mariner's Cottage, Mousehole 5 Saltponds, Mousehole, Penzance, TR19 6SQ 01326 741090 josh@simplyseaviews.co.uk simplyseaviews.co.uk	**GR:** SW469260 **DP:** 0.1 miles **N: MOUSEHOLE** 2
Porthgwarra Holiday Cottages Estate Office, Marazion, TR17 0EL 01736 888515 info@staubynestatescottages.co.uk staubynestatescottages.co.uk	**GR:** SW371217 **DP:** 0.1 miles **N: PENZANCE**
YHA Penzance Castle Horneck Lodge, Penzance, TR20 8TF 01736362666 penzance@yha.org.uk yha.org.uk/hostel/yha-penzance	**GR:** SW461307 **DP:** 1.37 miles **N: PENZANCE** **OFFERS ONE NIGHT STAYS**

NAME	OTHER INFO
Penrose Bunkhouse National Trust, The Stables, Pensrose, Helston, TR13 0RD 01326 554082 holidays.enquiries@nationaltrust.org.uk nationaltrust.org.uk/holidays/bunkhouse-penrose-cornwall	**GR:** SW641257 **DP:** 1 mile **N: PORTHLEVEN** 3
Berepper Barns Gunwalloe, Helston, TR12 7PZ 07443522064 berepperbarns@gmail.com berepperbarns.co.uk	**GR:** SW656227 **DP:** 0.21 miles **N: HELSTON** 2 Minimum stay 2 nights. A pub with great food is a 5 min walk
YHA Coverack Parc Behan, School Hill, Coverack, TR12 6SA 01326280687 coverack@yha.org.uk yha.org.uk/hostel/yha-coverack	**GR:** SW782180 **DP:** 0.07 miles **N: COVERACK** **OFFERS ONE NIGHT STAYS** Dog friendly camping

Campsites and Holiday Parks

NAME	OTHER INFO
Coastal Valley Camp and Crafts Trevelgue Rd, Porth, Newquay, TR8 4AW 07922 821211 tanya@coastalvalley.co.uk coastalvalley.co.uk	**GR:** SW829608 **DP:** 1.31 mile **N: NEWQUAY** **OFFERS ONE NIGHT STAYS** 27
Parkdean Resorts Newquay Holiday Park Newquay Holiday Park, Newquay, TR8 4HS 03443819128 admin@parkdean-resorts.co.uk parkdeanresorts.co.uk	**GR:** SW852626 **DP:** 1.51 mile **N: NEWQUAY** 169
Parkdean Resorts White Acres Holiday Park White Cross, Newquay, TR8 4LW 03443819128 admin@parkdean-resorts.co.uk parkdeanresorts.co.uk	**GR:** SW884602 **DP:** 4.74 mile **N: NEWQUAY** 169
Parkdean Resorts Crantock Beach Holiday Park Trevelveth Road, Crantock, Newquay, TR8 5RH 03443819128 admin@parkdean-resorts.co.uk parkdeanresorts.co.uk	**GR:** SW792607 **DP:** 0.54 mile **N: CRANTOCK** 112
Parkdean Resorts Holywell Bay Holiday Park Holywell Road, Newquay, TR8 5PE 03443819128 admin@parkdean-resorts.co.uk parkdeanresorts.co.uk	**GR:** SW770583 **DP:** 0.47 mile **N: HOLYWELL BAY** 174
Trevornick Holiday Park Trevornick Farm, Holywell Bay, TR8 5PW 01637 830531 bookings@trevornick.co.uk trevornick.co.uk	**GR:** SW769588 **DP:** 1 mile **N: HOLYWELL BAY**

NAME	OTHER INFO
Cambrose Touring Park Cambrose, Redruth, TR16 4HT 01209 890747 cambrosetouringpark@gmail.com cambrosetouringpark.co.uk	**GR:** SW686453 **DP:** 2 miles **N: PORTREATH** **OFFERS ONE NIGHT STAYS** 60 Easter unitl 31st October
Hope Farm Holidays Hope Farm, 14 Gwithian Road, Connor Downs, TR27 5EA 01736 272011 hello@hopefarmholidays.co.uk hopefarmholidays.co.uk	**GR:** SW602394 **DP:** 1 miles **N: GWITHIAN** **OFFERS ONE NIGHT STAYS**
Ayr Holiday Park Alexandra Road, St Ives, TR26 1EJ 01736 795855 recept@ayrholidaypark.co.uk ayrholidaypark.co.uk	**GR:** SW510405 **DP:** 0.5 miles **N: ST IVES** **OFFERS ONE NIGHT STAYS**
Trevalgan Touring Park Trevalgan, St Ives, TR26 3BJ 01736 791892 reception@trevalgantouringpark.co.uk trevalgantouringpark.co.uk	**GR:** SW489400 **DP:** 0.25 miles **N: ST IVES** **OFFERS ONE NIGHT STAYS** 1st May - end September
Wheal Rodney Holiday Park Ltd Gwallon, Marazion, TR17 0HL 01736710605 reception@whealrodney.co.uk whealrodney.co.uk	**GR:** SW524314 **DP:** 1 mile **N: MARAZION** **OFFERS ONE NIGHT STAYS** 43
Dropped Anchor Sea View Campsite Trewavas Lane, Breage, Helston, TR13 9QB 07706832152 droppedanchor1@gmail.com droppedanchor.co.uk	**GR:** SW598268 **DP:** 1 mile **N: PORTHLEVEN** **OFFERS ONE NIGHT STAYS**
Mill Lane Campsite Mill Lane, Porthleven, TR13 9LQ 01326 573881 enquiries@pitchup.com pitchup.com/campsites/England/South_West/Cornwall/porthleven/mill-lane-campsite	**GR:** SW628262 **DP:** 0.5 miles **N: PORTHLEVEN** **OFFERS ONE NIGHT STAYS**
Trerise Farm Campsite Ruan Major, Helston, TR12 7NA 07966 186206 enquiries@pitchup.com pitchup.com/campsites/England/South_West/Cornwall/Helston/trerise_farm_campsite	**GR:** SW707164 **DP:** 0.5 miles **N: HELSTON** **OFFERS ONE NIGHT STAYS**

NAME	OTHER INFO	
Teneriffe Farm Campsite	**GR:** SW672167	**DP:** 1 mile
National Trust Teneriffe Farm Campsite, Predannack, Mullion, TR12 7EZ	**N: MULLION COVE**	
01326 240293	**OFFERS ONE NIGHT STAYS**	
teneriffefarmcampsite@nationaltrust.org.uk		
nationaltrust.org.uk/holidays/teneriffe-farm-campsite		
Parkdean Resorts Lizard Point Holiday Park	**GR:** SW699182	**DP:** 2.36 mile
Lizard Point Holiday Park, Meaver Rd, Ruan Minor, TR12 7LJ	**N: LIZARD**	
03443819128		
admin@parkdean-resorts.co.uk	279	
parkdeanresorts.co.uk		
Silversands Holiday Park	**GR:** SW729169	**DP:** 0.62 miles
Gwendreath, Ruan Minor, Lizard, TR12 7LZ	**N: LIZARD**	
01326 290631	**OFFERS ONE NIGHT STAYS**	
info@silversandsholidaypark.co.uk	15	
silversandsholidaypark.co.uk		
Little Trevothan Camping & Caravan Park	**GR:** SW772180	**DP:** 0.82 miles
Coverack, Helston, TR12 6SD	**N: COVERACK**	
01326 280260	**OFFERS ONE NIGHT STAYS**	
sales@littletrevothan.co.uk	3	
littletrevothan.co.uk		
Parkdean Resorts Sea Acres Holiday Park	**GR:** SW728161	**DP:** 0.31 mile
Kennack Sands, Kuggar, Ruan Minor, Helston, TR12 7LT	**N: KENNACK SANDS**	
03443819128		
admin@parkdean-resorts.co.uk	150	
parkdeanresorts.co.uk		

Eat and Drink

NAME	OTHER INFO	
Fort Inn	**GR:** SW807619	**DP:** 0.02 miles
63 Fore Street, Newquay, TR7 1HA	**N: NEWQUAY**	
01637 875700		
fortinn@staustellbrewery.co.uk		
fortinnnewquay.co.uk		
Jampen Cafe Newquay Football Golf	**GR:** SW826626	**DP:** 0.01 mile
Porth Island, Watergate Road, Newquay, TR7 3NA	**N: NEWQUAY**	
+447845148664		
julie01missionconst@gmail.com		
Newquay-Football-Golf.co.uk		
Bowgie Inn Ltd	**GR:** SW776606	**DP:** 0.14 miles
West Pentire, Crantock, Newquay, TR8 5SE	**N: CRANTOCK**	
01637 830363		
enquiries@bowgie.com		Open from 11am till late All year
bowgie.com		

NAME	OTHER INFO
Breakers Beach Cafe Ltd The Quay, St Agnes, TR5 0RU 01872 552166 info@breakersbeachcafe.co.uk breakersbeachcafe.co.uk	**GR:** SW721515 **DP:** 0.01 miles **N: ST AGNES**
The Unicorn on the Beach Beach House, Porthtowan, Truro, TR4 8AD 01209 890381 hello@theunicornonthebeach.com theunicornonthebeach.com	**GR:** SW693478 **DP:** 0 miles **N: PORTHTOWAN** 12
Lifeboat Inn Wharf Road, St Ives, TR26 1LF 01736 794123 lifeboat@staustellbrewery.co.uk lifeboatinnstives.co.uk	**GR:** SW518406 **DP:** 0.2 miles **N: ST IVES** **OFFERS ONE NIGHT STAYS**
Count House Cafe Geevor Tin Mine, Boscaswell, Penzance, TR19 7EW 01736788864 counthousecafe@hotmail.co.uk counthousecafe.com	**GR:** SW374344 **DP:** 0.29 miles **N: PENDEEN**
Old Success Inn Sennen Cove, TR19 7DG 01736 871232 oldsuccess@staustellbrewery.co.uk oldsuccess.co.uk	**GR:** SW354262 **DP:** 0.08 miles **N: SENNEN COVE** **OFFERS ONE NIGHT STAYS**
Ship Inn South Cliff, Mousehole, Penzance, TR19 6QX 01736 731234 shipmousehole@staustellbrewery.co.uk shipinnmousehole.co.uk	**GR:** SW468263 **DP:** 0.1 miles **N: MOUSEHOLE** **OFFERS ONE NIGHT STAYS**
Porthgwarra Cove Cafe Porthgwarra Cove, St Levan, Penzance, TR19 6JR 01736 871754 ashleigh.smith@staubynestates.com facebook.com/porthgwarracovecafe	**GR:** SW372218 **DP:** 0.06 mile **N: PENZANCE**
The Godolphin West End, Marazion, TR17 0EN 01736 888510 hello@thegodolphin.com thegodolphin.com	**GR:** SW517305 **DP:** 0.1 miles **N: MARAZION** 10
Harbour Inn Commercial Road, Porthleven, TR13 9JB 01326 573876 harbourinn@staustellbrewery.co.uk harbourinnporthleven.co.uk	**GR:** SW628257 **DP:** 0.02 miles **N: PORTHLEVEN** **OFFERS ONE NIGHT STAYS**

NAME	OTHER INFO
The Halzephron Inn Gunwalloe, Helston, TR12 7QB 01326 240406 enquiries@halzephron-inn.co.uk halzephron-inn.co.uk	GR: SW656220 DP: 0.12 mile N: HELSTON OFFERS ONE NIGHT STAYS
Wavecrest Café - Lizard Point The Lizard, Helston, TR12 7NU 01326 290898 hello@wavecrestcornwall.co.uk wavecrestcornwall.co.uk	GR: SW701115 DP: 0 miles N: LIZARD
Housel Bay Hotel Restaurant The Lizard, TR12 7PG 01326 567500 eat@houselbay.com houselbay.com	GR: SW708121 DP: 0 miles N: LIZARD All year round
Porthallow Beach Cafe and The Loft Bistro The Beach, Porthallow, Helston, TR12 6PW 01326 281373/07831 820820 hello@porthallowbeachcafe.co.uk porthallowbeachcafe.co.uk	GR: SW796231 DP: 0.04 mile N: PORTHALLOW
Life's A Beach Cafe Meanporth Road, Falmouth, TR11 5HN 01326 251176 maenporthbeachcafe@gmail.com lifesabeachcafe.co.uk	GR: SW789296 DP: 0 miles N: FALMOUTH

Activities

NAME	OTHER INFO
Bys Vyken Events 64 Trelowarren Street, Camborne, TR14 8AH 07576521238 bysvykenevents@gmail.com bysvykenevents.com	GR: SW649401 DP: 3.69 mile N: ST IVES
PK Porthcurno - Museum of Global Communications Eastern House, St. Levan, TR19 6JX 01736 810966 info@pkporthcurno.com pkporthcurno.com	GR: SW384227 DP: 0 miles N: PORTHCURNO
The Minack Theatre Porthcurno, Churchdown, St Levan, Penzance, TR19 6JU 01736 818181 info@minack.com minack.com	GR: SW384 222 DP: 0 miles N: PORTHCURNO

NAME	OTHER INFO
Western Discoveries Walking Holidays Chynoey Newmill, Penzance, TR20 8XW 01736 362763 info@westcornwallwalks.co.uk westcornwallwalks.co.uk	GR: SW456341 DP: 0 miles N: PENZANCE
Jubilee Pool & Cafe Battery Road, Penzance, TR18 4FF 01736 369224 contact@jubileepool.co.uk jubileepool.co.uk	GR: SW475298 DP: 0 miles N: PENZANCE
St Michael's Mount Marazion, TR17 0EL 01736 710265 enquiries@stmichaelsmount.co.uk stmichaelsmount.co.uk	GR: SW514300 DP: 0.1 miles N: MARAZION
Cornish Seal Sanctuary Gweek, Helston, TR12 6UG 01326 221361 slcgweek@sealifetrust.com sealsanctuary.sealifetrust.org	GR: SW705268 DP: 0 miles N: HELSTON
Glendurgan Garden, National Trust Mawnan Smith, Falmouth, TR11 5JZ 01326252020 glendurgan@nationaltrust.org.uk nationaltrust.org.uk/glendurgan-garden	GR: SW775273 DP: 0.09 mile N: FALMOUTH

Getting Around

NAME	OTHER INFO
Telstar Taxi & Private Hire Goonhilly Downs, Helston, TR12 6LQ 01326 221007 telstarlizardtaxis@yahoo.com telstartravel.co.uk	GR: SW720222 DP: 4 miles N: COVERACK
Helford River Boats The Kiosk, Helford Passage, TR11 5LB 01326 250770 info@helfordriverboats.co.uk helford-river-boats.co.uk	GR: SW763269 DP: 0.03 miles N: HELFORD

Information

NAME	OTHER INFO
Visit Newquay Tourist Information Centre Marcus Hill, Newquay, TR7 1BD 01637838516 newquay.tic@newquay.town visitnewquay.org	GR: SW811615 DP: 0.02 miles N: NEWQUAY
NCI St Agnes Head The Old Lookout Station, West Polberro, St Agnes, TR5 0ST 01872 552073 st.agnes.head@nci.org.uk nci.org.uk	GR: SW 700 514 DP: 0.01 miles N: ST AGNES

NAME	OTHER INFO
NCI St Ives The Lookout, The Island, St Ives, TR26 1NT 01929 439220 st.albans.head@nci.org.uk nci-stives.org	**GR:** SW 521 411 **DP:** 0.02 miles **N: ST IVES**
St Ives Information Centre Gabriel Street, St Ives, TR26 2LX 01736 796297 info@visitstives.org.uk stives-cornwall.co.uk	**GR:** SW517404 **DP:** 0.12 miles **N: ST IVES**
NCI Cape Cornwall NCI Watchstation, Cape Cornwall, St Just-in-Penwith, TR19 7NN 01736 786761 cape.cornwall@nci.org.uk nci.org.uk/capecornwall	**GR:** SW349 318 **DP:** 0.01 miles **N: ST JUST**
Land's End Visitor Centre & Attraction Land's End, Sennen, Penzance, TR19 7AA 01736 871501 visitorscentre@landsend-landmark.co.uk landsend-landmark.co.uk	**GR:** SW343250 **DP:** 0.01 miles **N: LAND'S END**
NCI Gwennap Head Gwennap Head, Porthgwarra, St Levan, TR19 6JW 01736 871351 gwennap.head@nci.org.uk nci.org.uk/gwennaphead	**GR:** SW 365 217 **DP:** 0.02 miles **N: PORTHGWARRA**
NCI Penzance Penzance 01736 367063 penzance@nci.org.uk ncipenzance.co.uk/	**GR:** SW 478 309 **DP:** 0.01 miles **N: PENZANCE**
Penzance Welcome Centre Station Approach, Penzance, TR18 2NF 01736335530 west.cornwall@nationaltrust.org.uk @welcometowestcornwall	**GR:** SW476305 **DP:** 0.03 miles **N: PENZANCE**
NCI Bass Point The Lizard, Helston, TR12 7AP 01872 865405 bass.point@nci.org.uk nci.org.uk/stations/bass-point	**GR:** SW 715 119 **DP:** 0.02 miles **N: LIZARD**
NCI Nare Point Nare Point, Gillan, Manaccan, Helston, TR12 01326 755076 nare.point@nci.org.uk nci.org.uk/narepoint	**GR:** SW 800 251 **DP:** 0.01 miles **N: GILLAN**

150m
100m
50m
0m

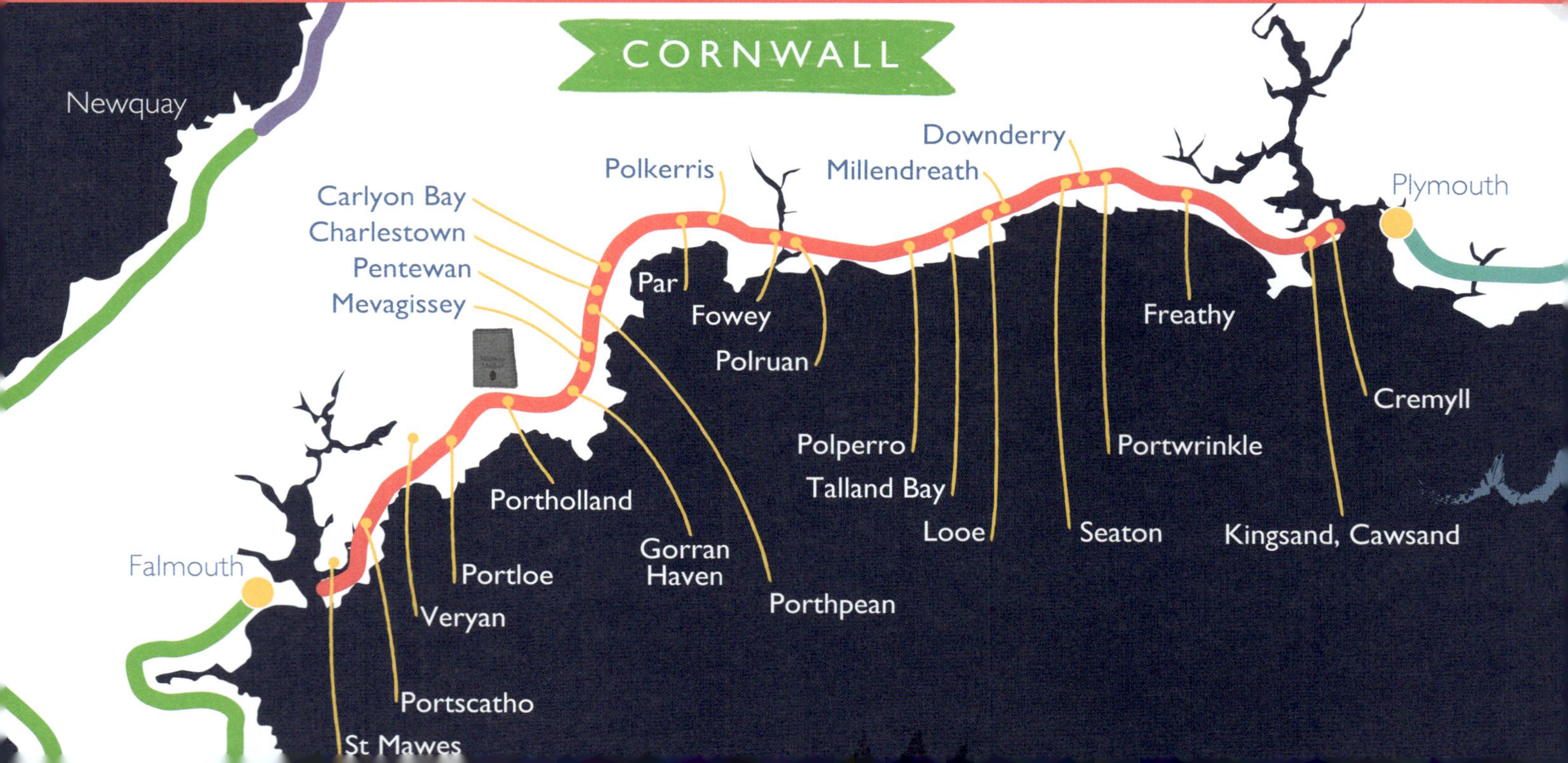
CORNWALL
Newquay
Falmouth
Plymouth
Carlyon Bay
Charlestown
Pentewan
Mevagissey
Polkerris
Par
Fowey
Polruan
Millendreath
Downderry
Polperro
Talland Bay
Looe
Seaton
Portwrinkle
Freathy
Kingsand, Cawsand
Cremyll
Portholland
Gorran
Haven
Porthpean
Portloe
Veryan
Portscatho
St Mawes

(Sections 38-46)

The South Cornwall stretch of coast is relatively sheltered, being either south-east or south-facing with much of it in the lee of the large peninsula of the Lizard. Cliffs of moderate height are found along most of the length, and there are numerous intimate little bays and some quite prominent headlands. In the west the main feature is the superb estuary of the River Fal. Also known as Carrick Roads, this forms one of the largest natural harbours in the world. Walkers will need to take two ferries to cross this superb estuary, which contains the maritime centre of Falmouth. St Austell Bay comprises the central part of this length, the only stretch that lacks the otherwise ubiquitous cliffs. The bay also has the only major length of coastal development on the south coast of Cornwall, based around the town of St Austell. It includes the wonderfully preserved Georgian port of Charlestown, as well as the picturesque, traditional fishing town of Mevagissey. To the east, there are attractive estuaries at Fowey and Looe, drowned mouths of river valleys. The great sweep of Whitsand Bay, again backed by cliffs, then leads to the mouth of Plymouth Sound.

All of the locations on the map illustration to the left have at least one facility such as toilets, a cafe/restaurant, shop or pub.

West Looe to Polperro. Photographer Helen Dagley

OS Maps: Landranger 204; Explorer 105

	This Walk	Cumulative	This Walk	Cumulative	Grading	Timing
Ascent	974ft	63,998ft	297m	19,507m	Easy	2.75 hours
Distance	6.2mi	340.3mi	10.0km	547.7km		

For detailed directions see our Walking Guide no. 38, St Mawes (Ferry) to Portscatho.

This Section includes a trip on the ferry across the mouth of the River Fal, a treat of scenery and interest in its own right. Beyond, the walk round St Anthony Head is one of superb estuarine and coastal views, followed by an easy but charming Path on low cliffs, sheltered from the westerlies, while passing some fine, sandy beaches and giving excellent views up the South Cornwall coast.

Directions

A regular bus route serves Portscatho and St Mawes from Truro, which is also linked to Falmouth by bus and train. There is also a very popular circular walk using the Coast Path in the St Anthony Head area and another from Portscatho.

Two ferries are required to cross between Falmouth and the Coast Path at Place, east of the large estuary. The first goes between Falmouth and St Mawes, across the mouth of the main Fal Estuary, sometimes referred to as Carrick Roads. The ferry operates from Prince of Wales Pier (year round) and Custom House Quay (summer only). For ferry details see page 193.

The second leg of the crossing is the ferry between St Mawes and Place, crossing the mouth of the Fal's tributary, the Percuil River. For ferry and alternative water taxi services, see page 193.

The water taxi service ordinarily operates between Falmouth and St Mawes or Place. It is advisable to call 2 or 3 days prior to travel.

Information is also available from the Fal River Visitor Information Centre at Prince of Wales Pier, or visit www.falriver.co.uk.

If arriving at St Mawes and wishing to proceed to Place when the Place ferry is not operating, it is possible to take the regular bus service from St Mawes to Gerrans, walking from here to Place (2.5 miles/4 kilometres). For this option, go to Gerrans Church and pick up the walking route described below. Local taxi firms will carry walkers around the peninsula.

Walk between St Mawes and Place

A walking route also exists between St Mawes and Place, via Gerrans. This adds 9 miles/14 kilometres to the overall route, effectively an extra day to the itinerary. Leaving the ferry point in St Mawes, turn left along the road. Approaching the castle, take the minor lane left, which leads to a footpath at the end. This becomes a scenic Path alongside the Carrick Roads – the Fal Estuary. At the minor road go right, then bear left in front of the boatyard and then on a bank above the shore. This leads to the churchyard of St Just in Roseland, a beautiful spot. Pass the church and keep to the path next to the shore. Follow the path as it bears right up the hill, signed St Just Lane, to emerge on a road. Turn left, ignoring the first footpath on the right, but take the second a little afterwards. Follow the path alongside field boundaries, first to the right, then to the left, then to the right again. Go down to the road at the end of the fourth field and turn right to the A3078 at Trethem Mill. Turn left and immediately right after the bridge, up some steps and through a small wood. Out of the wood, cross the field diagonally right (bearing 110°) then in the next field bear diagonally right again (bearing 140°), leaving it by a wooded track. Cross the stile at the top and bear diagonally right again (bearing 137°) to meet a hedge, which is followed to a road. Turn right on the road. At the next junction, follow the road curving to the right past Polhendra Cottage, then turn left through the second gate. Descend towards the bottom of the hedge visible on the opposite side of the valley (bearing 123°). Cross the bridge and climb as close as possible with the hedge to the left. Cross the stone steps behind the gorse at the top and bear slightly left across the next two fields (bearing 125°) to emerge on a road. Turn right to arrive at Gerrans Church. (Those who have taken the bus from St Mawes will join here – see above.)

At the church, fork left into Treloan Lane, keeping ahead past the buildings. Go through the gate at the end of the lane, crossing an open field ahead into another enclosed track, which leads to Porth Farm. At the road turn right then go left at the sign indicating "Footpath to Place by Percuil River". Follow this very scenic path which leads to the ferry landing point, then on to Place itself.

Coast Path, Place – Portscatho

At Place, walk up the lane past the gates to the grand house. Turn right into the churchyard of St Anthony Church, passing behind the church and up into a wooded area. Turn right at the track, then at the creek look for the sign on the left taking the path alongside the plantation. The path now gives superb views over Carrick Roads to Falmouth. Approaching St Anthony Head, keep to the Coast Path to the right until passing through the gate towards the lighthouse. Just after the gate, climb the steps to the left to the car parking area. There are also toilets here. Leave the car park next to the coast and the superb and easy path then leads to Portscatho, which has a shop, toilets and pubs, as well as a bus service to St Mawes and Truro.

Porthbeor Beach, Roseland Peninsula. Photographer Virginia Arendt

OS Maps: Landranger 204: Explorer 105

	This Walk	Cumulative	This Walk	Cumulative	Grading	Timing
Ascent	1,674ft	65,672ft	510m	20,017m	Strenuous	3.75 hours
Distance	7.4mi	347.7mi	11.9km	559.6km		

For detailed directions see our Walking Guide no. 39, Portscatho to Portloe.

This is a very quiet Section for the most part. Cliffs are relatively low at first, but increase in height as the great promontory of Nare Head, with its superb views, is approached. The long, sandy beaches below the cliffs passed west of Nare Head are replaced by tiny isolated and inaccessible coves east of the headland. This length has a wonderfully remote atmosphere.

Directions

Portscatho and Portloe are both served by regular, but different, bus services, both linking with Truro. There are some local circular walks using the Coast Path around Nare Head, based on the inland village of Veryan.

Portscatho has a shop, pubs, toilets and bus service. The Coast Path leaves past the Harbour Club; keep right just after leaving the village at the footpath junction. The Path goes round the back of Porthcurnick Beach, then up the road on the far side, turning right along the coastal edge. The Path continues to undulate along the coast, until it turns inland to reach a road. Turn right, past Pendower Court and down the road to its end at Pendower Beach. Cross the rear of the beach and head for the public toilets, going up the hill and turning right. The Path soon diverts around the rear of the Nare Hotel to a road, descending to Carne Beach. Follow the road round the bend and up the hill for a short way, turning right to return to the cliffs. The Path now heads for Nare Head, via a steep descent and ascent at Tregagle's Hole and past an old fisherman's cottage. A short diversion at the top of Nare Head reveals some stunning coastal views.

The Path now goes round the seaward edge of Rosen Cliff and over the valley behind Kiberick Cove to Blouth Point. At this point, enter a field and keep left for a short way before bearing right, downhill, towards some trees. The Path zigzags upward to pass Broom Parc and then goes through a field to round Manare Point. After this it is downhill, going over a short, uneven section before joining a tarmac path which descends into Portloe. The village is very picturesque and has pubs and toilets as well as a bus service.

Portloe. Photographer Virginia Arendt

OS Maps: Landranger 204; Explorer 105

	This Walk	Cumulative	This Walk	Cumulative	Grading	Timing
Ascent	2,841ft	68,513ft	866m	20,883m	Strenuous then easy	5.75 hours
Distance	12.2mi	359.9mi	19.6km	579.2km		

For detailed directions see our Walking Guide no. 40, Portloe to Mevagissey.

This is a quiet Section of mostly high cliffs, often covered in lush vegetation. Towards Gorran Haven these cliffs reduce in height. The section includes the great headland of Dodman Point, from where there are views to the Lizard in one direction and Devon in the other on a clear day. Below the cliffs are some sandy beaches, often all but inaccessible. This is a coastline for those preferring remoteness.

Directions

There are some excellent circular walks using the Coast Path at Dodman Point and linking to Gorran Haven, giving a variety of options here.

The scenic, little harbour village of Portloe has toilets, pubs and a bus service. The Coast Path leaves behind the Lugger Hotel, leaving the road to reach a prominent converted chapel. Pass this then climb steeply to the cliffs. After a quite strenuous length the Path arrives at West Portholland. Follow the road above the shore to a junction, then turn right to East Portholland. There are toilets here and a seasonal cafe and shop. Pass the cottages at the far end and climb behind them on a clear path to a field, turning right down the field edge. The path leads to a road which descends to Porthluney Cove. Here are toilets and seasonal refreshments, and the picturesque setting is enhanced by the presence of Caerhays Castle just inland. Walk behind the beach and turn right into parkland. Climb behind the field-edge trees then go to the right and follow the field edge to the woods. After crossing the rocky ridge at Greeb Point, the path descends to a road behind Hemmick Beach. Cross the bridge and go right, climbing to the headland of Dodman Point ("The Dodman"), with its memorial cross and superb views. The path stays clear above the lovely sands of Bow or Vault Beach, then rounds the headland of Pen-a-maen to enter Gorran Haven. This little harbour village has a shop, pub and toilets. There is a Gorran community bus that runs 4 days a week (www.gorranbus.org), which walkers have recommended and can be hailed anywhere along its route.

Leave Gorran Haven up Church Street, turning right into Cliff Road. At the top of the hill, follow to the end of the road and a small, wooden bridge will lead to a stile into the field, which leads to the cliffs. The clear path leads to Chapel Point, where it crosses the tarmac access road to follow the path along the coast into Portmellon. Follow the road uphill and go down through the park on the right on entering Mevagissey. Steps descend to the harbour. Mevagissey is the archetypal Cornish fishing village and has all facilities.

OS Maps: Landranger 204; Explorer 105 (western half); Explorer 107 (eastern half)

	This Walk	Cumulative	This Walk	Cumulative	Grading	Timing
Ascent	2,434ft	70,947ft	742m	21,625m	Strenuous then easy	5 hours
Distance	10.7mi	370.6mi	17.2km	596.4km		

For detailed directions see our Walking Guide no. 41, Mevagissey to Par.

The western half of this Section has a relatively remote feel, enhanced by some quite strenuous climbs and some attractive cliffs and headlands. To the east the coastline is more urbanised, but with beaches and the lovely Georgian docks of Charlestown found among the houses, golf courses and clay industry. The cliff-top Path between Porthpean and Charlestown was reinstated in late 2022, avoiding two miles of road diversion.

Directions

There are bus routes from St Austell to Charlestown and Par, one of these routes also serving Mevagissey, making a range of bus-walks possible.

The attractive fishing village of Mevagissey has all facilities. The Coast Path goes along the back of the harbour and then turns right along its eastern side before forking left steeply uphill. After crossing some playing fields, pass seaward of the houses, then continue along the undulating cliffs to descend behind the ruined fish cellars at Portgiskey Cove. Continue uphill along the seaward and far field boundaries to a fenced path at the top. Turn right here, parallel to the road. At the entrance to Pentewan Sands Holiday Park, follow the B3273 road pavement and turn first right before the petrol station, signposted to Pentewan. There are a few shops, toilets, pub and cafe in the village. The official route then follows the road through Pentewan and up the hill for about 100 yards/90 metres, taking the first turn sharp right along The Terrace and along a narrow path at the end to arrive at the cliffs. An interesting alternative turns right, away from the road into the harbour area just after the public toilets then, immediately after the last cottage, goes left steeply uphill, through gardens, to arrive at the official route on the cliffs.

After some 1.25 miles/2 kilometres the Path descends through a wood and reaches a track. Turn right here to arrive at another track just behind the remote Hallane Mill Beach. Turn left here then quickly right, climbing back up the cliffs to arrive at Black Head. A diversion from the memorial stone goes to the tip of this atmospheric location. Continuing from Black Head the Path enters Ropehaven Woods with some confusing paths – it is important to follow the waymarking. Entering the wood turn right down a rocky and sometimes slippery path, then left. Go left again onto a walled path, ignoring descending paths on the right, to arrive beside a cottage and emerge onto a track. Go right here, then leave the road to the right just after a parking area and follow the cliff-top Path down, up and down again to Porthpean. Walk along the promenade to the far end and climb the steps to rejoin the newly reinstated cliff-top Path all the way to Charlestown.

Charlestown has a fascinating Georgian harbour, the home of a group of tall ships, and has refreshments, toilets, pubs and buses. Note that the official Coast Path does not cross the dock gate at the mouth of the harbour, though many people use that route. On the east side, climb the Path and on to reach a suburban road for a short way, soon forking off right over a long, grassy area. Arriving at a large car park above

Carlyon Bay Beach, keep seaward then cross the beach access road where a new resort is being developed and continue ahead on the low cliffs. Keep seaward of the golf course to approach the old china clay works at Par Docks. At the little beach at Spit Point, turn inland and follow the narrow path past the works and then turn right alongside a railway line to emerge on a road. Turn right along the pavement past the docks entrance and under a railway bridge. Turn right at the junction, signposted to Fowey, over a level crossing and then under another railway bridge before forking right on the road, Par Green.

To continue beyond Par on the Coast Path, walk along Par Green, looking for house no.52 and follow the path signed on the right. Par has all facilities, including a mainline railway station; for the station turn left at the far end of Par Green along Eastcliffe Road.

Mevagissey. Photographer Scott Bischke

OS Maps: Landranger 200 or 204; Explorer 107

	This Walk	Cumulative	This Walk	Cumulative	Grading	Timing
Ascent	1,132ft	72,079ft	345m	21,970m	Moderate	3 hours
Distance	6.8mi	377.4mi	10.9km	607.4km		

For detailed directions see our Walking Guide no. 42, Par to Fowey.

This Section goes out to the prominent Gribbin Head. The west side of the headland is relatively exposed, mostly on high cliffs, with views west over St Austell Bay. The east side is more indented and sheltered, the cliffs lower, and the Path passes numerous scenic little, sandy coves. At its eastern end the Path enters the lovely part-wooded estuary of the River Fowey, culminating in the atmospheric little town of Fowey.

Directions

Par and Fowey are linked by two bus routes giving a half-hourly service, making this a bus-walk option. In addition, a popular local circular walk from Fowey takes in Gribbin Head, using the waymarked Saints' Way path with the Coast Path.

Par has all facilities, including a mainline railway station. For the Coast Path, walk along the road called Par Green and follow the path which leaves the road next to no.52. After crossing the private clay haul road, fork right along a grassy path immediately before the chalet park. Follow this Path, before turning left then quickly right along the road to a small car park at the western end of the sands of Par Beach. Walk along the back of the beach to another car park at the far, eastern end. This is Polmear; a pub and buses are to be found on the road outside the car park.

The Coast Path crosses the car park to a footbridge and then up the cliffs and continues on to the little harbour village of Polkerris. Here are a pub, toilets and restaurant. The path continues from the back of the beach, up a ramp to join a zigzag path through woods to the top. The path now continues to the Daymark on Gribbin Head (or "The Gribbin"). The tower is open to visitors on some summer Sundays. From the Daymark follow the path downhill to the scenic cove at Polridmouth ("Pridmouth"), said to have inspired the setting for Daphne du Maurier's "Rebecca". Cross behind the beach on the stepping stones and turn right into the woods, then on over cliff-top fields and past a couple of small coves to arrive at another woodland. Look out for the path on the right, which goes past St Catherine's Castle and gives superb views upriver to Fowey. Now follow the Path down the woodland track and behind Readymoney Cove, before following the road into Fowey.

Note that it is possible to walk Coast to Coast across Cornwall between Fowey and Padstow on the north coast using the Saints' Way. A guidebook is available from Pelican Studio by post.

OS Maps: Landranger 200 or 204 (Fowey); Landranger 201 (remainder); Explorer 107

	This Walk	Cumulative	This Walk	Cumulative	Grading	Timing
Ascent	1,939ft	74,018ft	591m	22,561m	Strenuous	3.5 hours
Distance	7.1mi	384.5mi	11.4km	618.8km		

For detailed directions see our Walking Guide no. 43, Fowey to Polperro.

This is a connoisseur's Section – it is quiet and remote; it is scenic, with beautiful large sandy bays and smaller coves plus impressive headlands; it is started and finished at superbly picturesque locations, the Fowey estuary at one end and Polperro at the other; and it is quite hard work, emphasising that nothing this good should come too easily.

Directions

Polruan and Polperro are linked by a bus service, giving a bus-walk option, though unfortunately it does not operate at weekends. There is a popular scenic circular walk (the Hall Walk) taking in Fowey and Polruan and using two ferries, an estuary tributary valley and an optional section of the Coast Path.

Fowey is a charming little town, well worth exploring, with all facilities. The crossing of the river to Polruan on the opposite bank is by foot ferry. In summer it usually operates from Whitehouse Quay, below the Esplanade opposite Fowey Hotel, while in winter and in summer early mornings and evenings it operates from Town Quay (centre of Fowey). See page 194 for further details.

At Polruan, a picturesque, little place, go up the steps next to The Lugger. Turn right at the top in West Street, then turn left up Battery Lane. At the grassy area keep left by the wall, then through the car park parallel to the coast to a signed path on the right. After around 2 miles/3 kilometres the path passes above and behind the impressive Lantic Bay, climbing steeply at the far end. There is a higher path here, going to the top of the hill and turning right, or a lower one, turning off right 30 yards/28 metres before the top, dropping then climbing again to meet the higher path (ignore beach turnings to the right). The path goes out around Pencarrow Head, then behind an old watchhouse to descend and pass behind two charming and remote coves at Lansallos West and East Coombes. After climbing past a marker warning shipping of an offshore rock, more ups and downs follow until the path approaches the almost hidden inlet of Polperro. Follow the waymarked path to arrive at a rocky outlook point – go left here then fork right to descend to the harbour. Polperro, an impossibly picturesque harbour village which figures justifiably in most picture books and calendars of Cornwall, has all facilities.

Polperro. Photographer Jon Mather

OS Maps: Landranger 201; Explorer 107

	This Walk	Cumulative	This Walk	Cumulative	Grading	Timing
Ascent	774ft	74,792ft	236m	22,797m	Moderate	2.25 hours
Distance	5.0mi	389.5mi	8.0km	626.8km		

For detailed directions see our Walking Guide no. 44, Polperro to Looe.

The cliffs on this Section, never really lofty, tend to decrease in height towards the east. This is a relatively sheltered length passing around lush bays, while offshore, Looe Island is a seaward focal point from the eastern end. Here, also, extensive rocky platforms are exposed at low tide. These factors, and the popularity of Polperro and Looe, have made this a justifiably popular length of coast.

Directions

There is a bus route between Polperro and Looe, making a bus-walk a popular option here.

Polperro is a popular visitors' destination with all facilities. The Coast Path crosses the stone bridge behind the harbour then turns right along The Warren. Climb out of the village, keeping left at the first fork, and right at the second, which leads to the war memorial on its headland. Continue along the Path towards Talland Bay. The Talland Bay Hotel, a short walk up the hill, is open all-year round. Cafes by the beaches are open here from Easter to the end of October. Pass behind the first beach, going left then right along the narrow road, and behind a second beach to a small car parking area. The Path climbs back to the cliffs from here – keep well back from the crumbling edge. It then continues very clearly (ignore all turnings towards the beach) eventually arriving at the end of a suburban road at Hannafore, the western end of Looe. Continue along the road, or the lower promenade; there are toilets and seasonal refreshments along here. At the end, a short stretch of road with no pavement turns alongside the mouth of the Looe River. Take steps down on the right to the riverside of West Looe. There is a seasonal and tidal ferry from here to East Looe, the main part of the town, as an option. Otherwise continue along the West Looe riverside and over the bridge, turning right into East Looe's main street. Looe has buses to Plymouth and a branch to the mainline railway at Liskeard – for the station turn left after the bridge. Between them, East and West Looe have all necessary facilities.

Looe. Photographer Diane Davies

OS Maps: Landranger 201; Explorer 107 (western half); Explorer 108 (eastern half)

	This Walk	Cumulative	This Walk	Cumulative	Grading	Timing
Ascent	1,965ft	76,757ft	599m	23,396m	Strenuous, moderate in places	4.5 hours
Distance	7.7mi	397.2mi	12.4km	639.2km		

For detailed directions see our Walking Guide no. 45, Looe to Portwrinkle.

Quiet and relatively remote cliff lengths in the western and eastern parts of this Section are separated by a low-level, suburban length, or by an optional route via sea wall and beach between Seaton and Downderry. The western cliffs are covered in lush vegetation, scrub and woodland, and there are stretches where the sea is only glimpsed through the trees. The eastern cliffs are more open and give some superb views along the coast in both directions, with the distinctive Rame Head a focal point.

Directions

A bus service connects Seaton, Downderry and Portwrinkle, making a bus-walk option possible over the eastern end of this section. Further bus-walk options may be possible with a change of bus from Looe at Hessenford (inland of Seaton).

From East Looe's town centre, turn up Castle Street (Ship Inn on the corner) and keep climbing until it becomes a footpath above the sea. Continue, then at a road turn right, passing Plaidy Beach, and continue until just after the road veers left inland. Here go right, up a steep tarmac path, then ahead at the top until the road turns left. The Coast Path descends steps between houses to Millendreath Beach. On the far side, go up the cul-de-sac road and climb the sunken lane to reach another road. After 50 yards/45 metres turn right and take the signed route left through twin gates across a drive. Follow the path ahead through woods to rejoin the road. Turn right on the road and keep ahead past the Monkey Sanctuary onto a narrow lane. At the crest of this lane turn right and cross the field, going left on the far side to follow the path until it arrives at the lane again. Turn right to descend to Seaton beach.

Turn right, where there are cafes, Pub and public toilets. Although the official Path follows the narrow and busy road up the hill to Downderry, if the tide is not high it is preferable to walk along the top of the sea wall from Seaton and then the beach, taking one of the choice of footpath links into Downderry, where there are pubs, cafe, shops and public toilets.

Follow the road to the eastern end of Downderry, where it turns inland, and take the signed path right, which zigzags steeply upward. A superbly scenic cliff-top Path, with several ups and downs, continues until it arrives at a road just above Portwrinkle. Turn right to descend to the village and the quiet seafront road. The Jolly Roger Café and Bistro is open all year in Portwrinkle. The Finnygook Inn and other facilities are available In Crafthole, a 10 minute walk uphill inland.

OS Maps: Landranger 201; Explorer 108

	This Walk	Cumulative	This Walk	Cumulative	Grading	Timing
Ascent	2,169ft	78,926ft	661m	24,057m	Moderate	5.75 hours
Distance	13.2mi	410.4mi	21.2km	660.5km		

For detailed directions see our Walking Guide no. 46, Portwrinkle to Cawsand and Cawsand to Cremyll (Plymouth Ferry).

This is a Section of great interest rather than spectacular drama. There is a golf course, a gunnery range, a cliff face of wooden chalets and an historic Country Park. It also includes the magnificent and atmospheric Rame Head, which is a significant landmark for many miles along the coast in both directions, the charming twin villages of Cawsand and Kingsand and some superb views, including Plymouth Sound and, indeed, the city itself.

Directions

A bus route links Cawsand to Cremyll, part-way along the section, and also runs along the coast road adjacent to the Coast Path between Tregantle and Rame Head, giving various bus-walk options. There are a number of popular circular walks using the Coast Path based on Mount Edgcumbe Country Park, next to Cremyll, and also around Rame Head.

From Portwrinkle walk up the road, past the first footpath, which leads to the beach, then turn right on the signed path opposite the golf club. After climbing, the path goes along the seaward side of the golf course. After leaving the golf course the path begins to rise towards the Tregantle Firing Ranges. When firing is not taking place, it is possible to walk an excellent, well-signed permissive path through the ranges.

Please note that live firing may still take place on weekends if operational requirements demand. In addition, there is no live firing on Bank Holiday weekends nor on any day in August. Other non-firing days are known up to two weeks in advance - telephone The Ranges on 01752 822516 during office hours to check. Times are also available at www.gov.uk. If live firing is in progress red flags will be raised and the access gates locked – do not proceed into the range. If open, keep closely to the marked path and, at the far end of the range path, emerge through another security gate onto the National Trust's cliff-top path.

If the range path is closed, continue on the official Coast Path through a field to a road, where the Path initially continues inside the hedge before joining the road further along. A surfaced path continues immediately next to the road. There is the compensation of a magnificent view up the Tamar to Plymouth from the car parking area here, where there is often a refreshment van. Follow the road (past Tregantle Fort entrance) then turn right at the first road junction and continue along the road to the cliffs (passing where the range path emerges).

The Coast Path is then off-road, along National Trust land, before it rejoins the road for about 1.25 miles/2 kilometres. The signed path then leaves the road again just past The View Restaurant. The path undulates quite steeply and meanders unexpectedly among chalets and gardens – keep alert for the waymarking – climbing back to the road. The route then descends gently across the cliff slope to Polhawn Cove at the base of Rame Head. After crossing a private access road for Polhawn Fort, the path climbs to reach the headland.

The official Coast Path route omits the very end, with its medieval chapel, but the easy climb is worthwhile for the views and the atmosphere. Just inland is a public toilet and car park adjacent to the Coastwatch lookout.

A good cliff path then goes to Penlee Point, where there are the first views of Plymouth Sound. Bear left to reach a road, then fork off to the right on the signed Path through woods to descend to the charming, little village of Cawsand, with pubs, toilets, shops and refreshments. Go through the village square to Garrett Street and continue, turning right in front of the Post Office having, imperceptibly, crossed into Kingsand. At The Cleave turn left then first right up Heavitree Road, which leads to a gate on the right into Mount Edgcumbe Country Park. Continue through the park to a road, turning right then almost immediately left, forking uphill through woods. After a woodland drive there is a waymarked diversion to avoid a cliff fall, the route climbing left to a higher-level path before continuing parallel to the coast. Once around the fallen cliff, the path descends to the foreshore of Plymouth Sound. Keep on the signed path up and through a deer gate then back down towards the shore to follow into an Italian Ornate garden, past the Orangery of Mount Edgcumbe House (refreshments), and out through the park gates to the ferry point. Cremyll has a pub and toilets, but most will use it as the staging point for the ferry across the Tamar to Plymouth, an interesting excursion in its own right.

View from Mt Edgecumbe across Plymouth Sound. Photographer David Peake

The businesses listed here are our 'Way Makers'. They make the great South West Coast Path experience possible, and give back to the Trail. Please support them if you can. More info at southwestcoastpath.org.uk/waymaker

If you enjoy staying, eating, drinking or doing an activity with a business along the Path, please let them know about our Way Maker scheme so we can share their brilliance!

- **GR** Grid Reference
- **DP** Distance from the Path
- **N** Nearest Town/Village with facilities
- [3] Number of Rooms
- Dogs Welcome
- Evening Meal Available
- Wifi
- Parking
- Grocery Shop On Site
- Private Transport to the Path
- Laundry Facilities
- Caters to Specific Dietary Nee
- Early Breakfast Available
- Packed Lunch Offered
- £ Budget

Bed & Breakfast and Hotels

NAME	OTHER INFO
Braganza B&B 4 Grove Hill, St Mawes, TR2 5BJ 01326 270281 braganzak@googlemail.com braganza-stmawes.co.uk	**GR:** SW846331 **DP:** 0.25 miles **N: ST MAWES** **OFFERS ONE NIGHT STAYS** 5 Rooms, Dogs Welcome, Wifi, Parking
Par Bay B&B 11 Upper Eastcliffe Road, Par, PL24 2AL 07947006545 norgan204@btinternet.com airbnb.com/h/parbaybnb	**GR:** SX081537 **DP:** 0.37 miles **N: PAR** **OFFERS ONE NIGHT STAYS** 1 Room, Dogs Welcome, Wifi, Parking, Caters to Specific Dietary Needs, Early Breakfast Available
The Cosy Loft 31 Moorland Road, Par, PL24 2PB 07800813964 cathtrudgian@hotmail.co.uk .airbnb.co.uk/rooms/48084559	**GR:** SX079538 **DP:** 0 miles **N: FOWEY** **OFFERS ONE NIGHT STAYS** 1 Room, Wifi, Parking, Laundry Facilities, Caters to Specific Dietary Needs, Early Breakfast Available
Landaviddy Farm B&B Landaviddy Lane, Polperro, PL13 2RT 01503 273302 / 07528877658 enquiries@landaviddyfarm.co.uk landaviddyfarm.co.uk	**GR:** SX205510 **DP:** 0.25 miles **N: POLPERRO** **OFFERS ONE NIGHT STAYS** March - Nov 2 Rooms, Wifi, Parking, Caters to Specific Dietary Needs, Early Breakfast Available
Bridgeside Guest House Fore Street, East Looe, PL13 1HH 01503 263113 bridgesideguesthouse@googlemail.com bridgeside-guesthouse-looe.co.uk	**GR:** SX254535 **DP:** 0.5 miles **N: LOOE** **OFFERS ONE NIGHT STAYS** Dogs by arrangement 8 Rooms, Dogs Welcome, Wifi
New Wiggle Farmhouse Wiggle, Millbrook, PL10 1JD 07903488528 newwigglefarmhouse@gmail.com newwigglefarmhouse.com	**GR:** SX422507 **DP:** 0.42 miles **N: KINGSAND/CAWSAND** **OFFERS ONE NIGHT STAYS** 2 Rooms, Wifi, Parking

Self Catering and Hostels

NAME	OTHER INFO
Cornwall Plus - Penryn Campus Penryn Campus, Penryn, TR10 9FE 01326 259155 booking@fxplus.ac.uk cornwall-plus.co.uk	GR: SW755358 DP: 4 miles N: FALMOUTH OFFERS ONE NIGHT STAYS
Portscatho Holidays Ltd 4 The Quay, St Mawes, TR2 5DG 01326 270900 info@portscathoholidays.co.uk portscathoholidays.co.uk/	GR: SW847330 DP: 0.5 miles N: ST MAWES
The Milking Parlour Cornwall Tregenna Farm Barns, London Apprentice, PL26 7AW 07793009405 ca.allen@outlook.com themilkingparlourcornwall.co.uk	GR: SW998486 DP: 3 miles N: PENTEWAN 3
The Crow's Nest 38 38 Par Green, Par, PL24 2AF 07570295264 sconnibeer@yahoo.co.uk airbnb.com/h/thecrowsnest38	GR: SX077536 DP: 0.02 miles N: PAR OFFERS ONE NIGHT STAYS 1
Eden's Yard Backpackers 17 Tregrehan Mills, St Austell, PL25 3TL 01726 814907 info@edensyard.uk edensyard.uk	GR: SX042541 DP: 2 miles N: FOWEY OFFERS ONE NIGHT STAYS Easter - mid Oct 14
Studio Cottage Talland Bay Studio Cottage, Porthallow, Nr. Looe, PL13 2JB 07931927100 contact@studiocottagetallandbay.co.uk studiocottagetallandbay.co.uk	GR: SX226517 DP: 0 miles N: TALLAND BAY 4
East Trenean Farm Luxury Holiday Cottages Widegates, Looe, PL13 1QN 01503240938 welcome@easttreneanfarm.co.uk easttreneanfarm.co.uk	GR: SX283574 DP: 3.1 miles N: MILLENDREATH 10

Campsites and Holiday Parks

NAME	OTHER INFO
Porthollland Escapes Rocky Close, East Portholland, St Austell, PL26 6NA 07788373673 porthollandescapes@gmail.com porthollandescapes.co.uk	GR: SW958412 DP: 0.01 miles N: PORTLOE OFFERS ONE NIGHT STAYS 1

NAME	OTHER INFO
Treveague Campsite Treveague Farm Campsite, Gorran, St Austell, PL26 6NY 01726844027 info@treveaguecampsite.co.uk treveaguecampsite.co.uk	**GR:** SW970429 **DP:** 2.23 miles **N: GORRAN HAVEN** **OFFERS ONE NIGHT STAYS**
Great Kellow Farm Caravan & Campsite Lansallos, Polperro, PL13 2QL 01503 272387 enquiries@greatkellowfarm.co.uk greatkellowfarm.co.uk	**GR:** SX200522 **DP:** 1 mile **N: POLPERRO** **OFFERS ONE NIGHT STAYS** March - January £
Highertown Farm Campsite Lansallos, Looe, PL13 2PX 01208 265211 highertownfarmcampsite@nationaltrust.org.uk nationaltrust.org.uk/holidays/highertown-farm-campsite	**GR:** SX173517 **DP:** 1 mile **N: POLPERRO** **OFFERS ONE NIGHT STAYS**
Killigarth Manor Holiday Park Polperro, PL13 2JQ 01503 272216 killigarth-gm@jfhols.co.uk johnfowlerholidays.com/cornwall-holiday-park/killigarth-manor-holiday-park	**GR:** SX214519 **DP:** 1.5 miles **N: POLPERRO** 213 1st March - 1st November
Parkdean Resorts Looe Holiday Park Saint Martin's Road, Looe, PI13 1NX 0344 335 6782 admin@parkdean-resorts.co.uk parkdeanresorts.co.uk	**GR:** SX264555 **DP:** 1.36 miles **N: LOOE**
Maker Camp The Nissen Huts, Maker Heights, Torpoint, PL10 1LA 01752 822618 makercamp@makerheights.co.uk makercamp.org.uk	**GR:** SX435513 **DP:** 0.25 miles **N: KINGSAND/CAWSAND** **OFFERS ONE NIGHT STAYS** £ Cafe on site

Eat and Drink

NAME	OTHER INFO
Chain Locker Quay Street, Falmouth, TR11 3HH 01326 311085 chainlocker@staustellbrewery.co.uk chainlockerfalmouth.co.uk	**GR:** SW810325 **DP:** 0.01 miles **N: FALMOUTH** **OFFERS ONE NIGHT STAYS** 6
Cakebreads Canton street, Gorran Haven, St Austell, PL26 6JG 01726 842048 cakebreads@outlook.com @Cakebreadsbakery	**GR:** SX011415 **DP:** 0.09 miles **N: GORRAN HAVEN**
Coast Path Cafe Gorran Haven, St Austell, PL26 6JN 07512 543735 geoff.cooke@icloud.com @Coast-Path-Cafe	**GR:** SX012414 **DP:** 0.06 miles **N: GORRAN HAVEN** Limited opening - check facebook prior Mid Feb - Dec

NAME	OTHER INFO
Pier House Charlestown, St Austell, PL25 3NJ 01726 67955 pierhouse@staustellbrewery.co.uk pierhousehotel.com	**GR:** SW810325 **DP:** 0.01 miles **N: CHARLESTOWN** **OFFERS ONE NIGHT STAYS**
Readymoney Beach Shop St Catherine's Cove, Fowey, PL23 1JH 07980311646 hello@readymoneybeachshop.com readymoneybeachshop.com	**GR:** SX117510 **DP:** 0.01 miles **N: FOWEY**

Activities

NAME	OTHER INFO
National Maritime Museum Cornwall Discovery Quay, Falmouth, TR11 3QY 01326 313388 enquiries@nmmc.co.uk nmmc.co.uk	**GR:** SW813324 **DP:** 0.1 miles **N: FALMOUTH**
Nearwater Walking Holidays Nearwater, Polvarth Road, St Mawes, TR2 5AY 01326 279278 info@nearwaterwalkingholidays.co.uk nearwaterwalkingholidays.co.uk	**GR:** SW853331 **DP:** 0.4 miles **N: ST MAWES**
Encounter Walking Holidays Ltd The Elms, 12 Cott Road, Lostwithiel, PL22 0ET 01208 871066 info@encounterwalkingholidays.com encounterwalkingholidays.com	**GR:** SX108598 **DP:** 8 miles **N: FOWEY** **OFFERS ONE NIGHT STAYS** Walking Holiday provider covering every section of the Path

Information

NAME	OTHER INFO
Fal River Visitor Information Centre 11 Market Strand, Prince of Wales Pier, Falmouth, TR11 3DB 01326 741194 info@falriver.co.uk falriver.co.uk	**GR:** SW807329 **DP:** 0.01 miles **N: FALMOUTH**
NCI Portscatho Pednvadan Point, Portscatho, TR2 5EW 01872 580180 portscatho@nci.org.uk nci.org.uk/portscatho	**GR:** SW879367 **DP:** 0.02 miles **N: ST MAWES**
Mevagissey Tourist Information Centre Hurley Books, 3 Jetty Street, St Austell, PL26 6UH 01726 842200 enquiries@hurleybooks.co.uk mevagissey.net	**GR:** SX014448 **DP:** 0.08 miles **N: MEVAGISSEY**
NCI Charlestown Landrion Point, Sea Road, Carlyon Bay, St Austell, PL25 3SG 01726 817068 charlestown@nci.org.uk nci.org.uk/charlestown	**GR:** SX 046 516 **DP:** 0.01 miles **N: CHARLESTOWN**

NAME	OTHER INFO	
NCI Polruan The Old Coastguard Lookout, St Saviours Hill, Polruan, PL23 1PR 01726 254057 polruan@nci.org.uk nci.org.uk/polruan	**GR:** SX 125 508 **N: POLRUAN**	**DP:** 0.01 miles
Looe Tourist Information Millpool Centre, The Millpool, Looe, PL13 2AF 01503 262255 welcome@looetowncouncil.gov.uk visitlooe.co.uk	**GR:** SX252536 **N: LOOE**	**DP:** 0.08 miles
NCI Rame Head Old Coastguard Lookout, Rame Head, Cawsand, PL10 1LH 01752 823706 rame.head@nci.org.uk nci.org.uk/ramehead	**GR:** SX 421 487 **N: RAME HEAD**	**DP:** 0.02 miles

Approaching Gorran Have

EVERY MILE MATTERS

It now costs on average £1,500 per mile, per year to care for the Path.

Over 9 million people use the Trail every year.

Less than 1% of people who use the Path give back to it regularly.

Mike Hancock walked the Path in 31 days and raised over £10k for three charities, including the Association.

The South West Coast Path is more than a Trail. It's a source of inspiration, a beacon of hope during difficult times and a place where people realise what they are truly capable of.
Our work benefits the physical and mental well-being of hundreds of thousands of people each year, many of whom have life-changing experiences walking the Path.

- If you are planning a fundraiser on the Path, choose us as one of your beneficiary charities.
- Join our 2024 Every Mile Matters Challenge and get dedicated support to raise funds and help secure the Path's future.

Can you make a difference and give back to the Trail?

For more information go to
southwestcoastpath.org.uk/fundraise

South Devon Plymouth to Starcross – **104 miles**

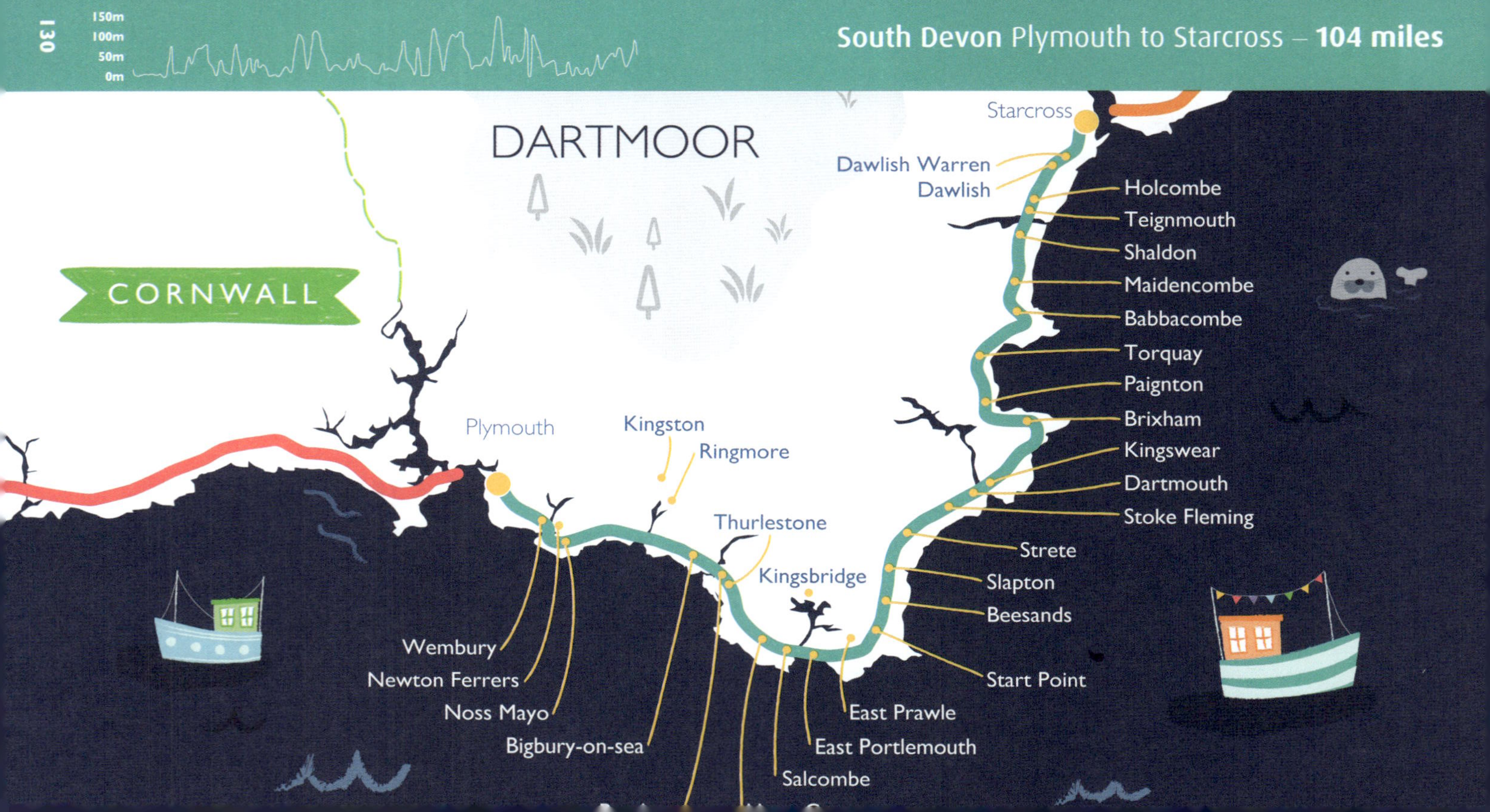

(Sections 47-57)

At the west of this length is the estuary of the River Tamar with the major naval port of Plymouth, the biggest urban area on the South West Coast Path that is full of historic interest. East of Plymouth the coast is largely characterised by cliff scenery cut by attractive estuaries, the drowned mouths of wooded river valleys – the Yealm, Erme, Avon, Kingsbridge and Dart estuaries. As well as the ups and downs of the cliffs these estuaries present the walker with a number of ferry crossings (some seasonal and with limited timetables) and one (low tide only) ford. This southernmost part of Devon forms the area known as the South Hams and includes the attractive and historic town of Dartmouth. Following the dramatic cliffs that lead to the limestone headland of Berry Head, the coast becomes an area of low, mostly red sandstone cliffs. This length, the "Riviera", is largely occupied by towns based on tourism such as Paignton, Torquay, Teignmouth and Dawlish. The major estuary of the River Exe forms the eastern boundary of this length.

All of the locations on the map illustration to the left have at least one facility such as toilets, a cafe/restaurant, shop or pub.

Near Salcombe. Photographer Scott Bischke

OS Maps: Landranger 201; Explorer 108

	This Walk	Cumulative	This Walk	Cumulative	Grading	Timing
Ascent	463ft	79,389ft	141m	24,198m	Easy	3.5 hours
Distance	7.5mi	417.9mi	12.1km	672.5km		

For detailed directions see our Walking Guide no. 47, Admiral's Hard (Plymouth) to The Barbican and The Barbican to Mount Batten.

This is an urban walk along the waterfront of one of the country's prime historical maritime cities. It is therefore quite different to the vast majority of the Coast Path, but is nevertheless well worth doing. The view over Plymouth Sound, flanked on both sides by cliffs, is inspiring, and often referred to as the finest urban vista in the country. Elsewhere are lengths of waterside industry, historic quays and modern marinas, making this a fascinating excursion.

Directions

A range of urban bus services run throughout Plymouth, including to and from Admiral's Hard, the ferry point for Cremyll, and Mount Batten. Though not on the same route, they link in the city centre. There are also ferry links across the mouth of the River Plym between the historic Sutton Harbour and Mount Batten and from Cremyll to the Barbican via Royal William Yard . These links make a range of public transport-walks possible and also short cuts if needed.

The Coast Path from Cremyll uses the ferry across the Tamar. The ferry operates all year, weather, tide and other circumstances permitting, generally at 30 minute intervals. For ferry details see page 194.

Plymouth's Waterfront Walk is enhanced by a variety of information plaques and pieces of artwork relating to the city's history. A companion guidebook "Plymouth's Waterfront Walkway" is available free of charge from the Association with a small fee to cover postage.

The route through Plymouth is marked in a range of ways. In addition to many acorns on lamp posts, white arrows and South West Coast Path white on black stickers, there are red metal diamond signs, red South West Coast Path signs, waymarkers set in the pavement and even some Coast Path engraved stones along the route. From the ferry walk up the road and turn right, going round the car park into Cremyll Street and on to the gates of the Royal William Yard. Enter the Yard via the walkway to the right of the main entrance and go through the Yard following the sea wall. At the far corner of the Yard's sea wall climb the Eric Wallis Memorial Steps to Devil's Point Park. Follow the Path around the Park, overlooking Drake's Island and Plymouth Sound to reach the Artillery Tower, now a restaurant. For those wishing to avoid climbing the steps, turn left at the gates to Royal William Yard and proceed up Admiralty Road to reach the Artillery Tower. At this point bear inland into Durnford Street and continue past the Royal Marines Barracks, turning right immediately after them. Continue along Millbay Road, at the entrance to Millbay Docks and Brittany Ferries turn right into the docks and a few metres on walk left through a car park, to a waterside path along the north-eastern side of Millbay Docks. After about 300 metres, just before Trinity Pier, leave this waterside path and head ENE between new apartments for 30 metres, and up steps to join West Hoe Road just before turning into Great Western Road. Take the right fork into Great Western Road and continue for 250 metres, then bear off right, just beyond a bus stop, down a narrow path along the shoreline. The Path returns to the road; here turn right to walk along the Hoe promenade all the way to The Barbican and Sutton Harbour, Plymouth's original harbour. Above on the left, away from the Coast Path but worth a visit, are the lighthouse of Smeaton's Tower, Drake's statue and other points of interest.

At The Barbican on the right are the Mayflower Steps, marking the site of the Pilgrim Fathers embarkation. The large pontoon on nearby Commercial Wharf is the ferry point for Mount Batten, a short cut direct to the end of the Section.

The ferry operates all year. For ferry details see page 194.

Continuing on the Coast Path Waterfront Walk, walk across the lock gates at the entrance to Sutton Harbour, past the Marine Aquarium and then along Teat's Hill Road past the entrance to Queen Anne's Battery. At Breakwater Road, just after the entrance to Victoria Wharves, turn right up a narrow hill and footpath and down to the industrial Cattedown Wharf area. Continue past warehouses, then turn right into Neptune Park. Keep to the right of the car parks and exit left just beyond the TR2 building up a slope and right onto Finnigan Road to Laira Bridge. (However if you keep well right of the car parks there is a better path skirting the waterside edge of Neptune Park with good views up and down the Cattewater.) Turn right to cross the River Plym then, at the first roundabout, turn right (at the rhinoceros!). Go right into Breakwater Road, and continue for about 500 yards/450 metres, then turn left, still in Breakwater Road, to the entrance to Yacht Haven Quay Boatyard. To the left of a mesh fence is a path, signed as the Coast Path, which is followed to Oreston Quay. At the quay, walk past the grassy area into Marine Road then left into Park Lane. Turn left at the top of the hill, and this Path descends to Radford Lake. From here a Coast-to-Coast walk goes to Lynmouth on the north coast, following the Erme-Plym Trail and the Two Moors Way. Guidebooks are available at Ivybridge Tourist Information Centre (TIC).

Go across the causeway with its old mini castle folly and turn right. Follow the Path along, then turn left and at a junction turn right down Hexton Hill Road to Hooe Lake. Skirt the lake, going along Barton Road skirting Hooe Lake and Turnchapel Wharf to Turnchapel. Go through the village, bearing left at the Clovelly Bay Inn, up the hill to the main road to Mount Batten. Due to a landslip, the path down steps and through Yacht Haven Marina is temporarily closed. Follow the diversion down the main road to the roundabout at the bottom, then skirt around Yacht Haven Quay marina; following diversion signage over the slipway and along the shoreline to Mount Batten and the Sutton Harbour ferry. There are toilets, refreshments and a pub here. The short walk along the breakwater is very popular, although not part of the Coast Path.

Barbican. Photographer Alexandra Jones

48 Mount Batten to Warren Point (Wembury)

OS Maps: Landranger 201; Explorer OL20

	This Walk	Cumulative	This Walk	Cumulative	Grading	Timing
Ascent	1,260ft	80,649ft	384m	24,582m	Easy	3 hours
Distance	7.5mi	425.4mi	12.1km	684.6km		

For detailed directions see our Walking Guide no. 48, Mount Batten to Warren Point (Yealm Ferry).

This is a Section of low cliffs, much of it overlooking Plymouth Sound. Below the cliffs are extensive areas of rock platform and offshore the Great Mew Stone becomes a focal point. Caravan and chalet sites and suburban villages are never far away. Towards its eastern end, as the cliffs rise somewhat, is the picturesque mouth of the River Yealm, forming a dramatic, wooded gap in the cliffs.

Directions

Separate bus routes serve Mount Batten and Wembury village, and also Heybrook Bay (midway along this section), all from Plymouth city centre, allowing bus-walk options. There is a popular circular walk using the Coast Path between Wembury and Warren Point and a longer, full-day circular using the Erme-Plym Trail between Wembury and Mount Batten, plus the Coast Path.

Mount Batten has toilets and refreshments, as well as a direct ferry link to and from Plymouth's Sutton Harbour. From Mount Batten the Coast Path heads over the little hill and past the old fort tower to the grassy area at Jennycliff, where there are more toilets and refreshments. Stay to the lower side of the field and at the end of the grass, from the stone "doormat" to Plymouth, use the renovated steps down and stairs up again to access woodland. The Path then undulates and emerges above Fort Bovisand; there are refreshments here. Cross the car park and follow the Path down to Bovisand beach, then up to the chalet park road; follow round to the right to pass seaward of the chalets, past a cafe and toilets and on round the point and so to Heybrook Bay. There is a pub a little way up the road here, as well as a bus stop. Keep right and follow the Path above the shore around Wembury Point and on to Wembury Beach. Yet more toilets and refreshments await here, and the bus stop, together with pub and shop, are in the village a little way inland.

From Wembury Beach a Coast-to-Coast walk goes to Lynmouth on the north coast, following the Erme-Plym Trail and the Two Moors Way. Guidebooks are available from Ivybridge Tourist Information Centre (TIC).

Continuing on the Coast Path, climb seaward of the church and along the now higher cliffs to a junction of paths at the Rocket House. The path going inland from here leads to Wembury village and its facilities. For the Coast Path, bear right, downhill, to reach the ferry point. Please note that this ferry crossing is seasonal only – see page 194 and Walk 49.

OS Maps: Landranger 201 (western end); Landranger 202 (remainder); Explorer OL20

	This Walk	Cumulative	This Walk	Cumulative	Grading	Timing
Ascent	1,466ft	82,115ft	447m	25,029m	Easy then strenuous	4 hours
Distance	10.3mi	435.7mi	16.6km	701.2km		

For detailed directions see our Walking Guide no. 49, Wembury to River Erme.

This is a fine Section of high-level coastal cliffs, cut mid-way by the substantial and extremely picturesque estuary of the River Erme. The western end is a particularly good length, since the superb cliff coastline is easily accessed by a scenic former carriage route. Beyond that a series of descents and ascents, some quite steep, accentuate the dramatic landscape of the coastline. At the eastern extremity is the tidally insular Burgh Island, a focal point on this part of the coast. Because of its remoteness and strenuous nature, much of this section has a quiet character, which will specially appeal to those in search of a remote coastline.

Directions

A once-daily bus service links Noss Mayo, near the western end of this length, with Battisborough cross, a little way inland from the eastern end, making a bus-walk feasible. There is a very popular local walk using the Coast Path on the carriage drive from Noss Mayo.

The ferry at Wembury's Warren Point operates three ways over the River Yealm and its tributary Newton Creek. Warren Point is thus linked with both Newton Ferrers and Noss Mayo, and these two points with each other. For the Coast Path the link between Warren Point and Noss Mayo is needed. The ferry operates seasonally and at limited times. For ferry details see page 194.

There is a signal board to summon the ferryman by the steps at Warren Point or the slipway at Noss Mayo. Alternatively, telephone beforehand.

Because of the somewhat limited nature of the ferry, it may be necessary to make alternative arrangements to reach Noss Mayo. Both Wembury and Noss Mayo have a regular bus service to and from Plymouth, so it is possible to use these services as a link, perhaps combining with an overnight stop in Plymouth. Alternatively, local taxi companies are available.

It is also possible to walk round the Yealm Estuary from ferry point to ferry point. This is a distance of some 9 miles/14.5 kilometres, effectively adding an extra day or half day to the itinerary.

Walk around the Yealm Estuary

Walk uphill inland from the ferry steps to the house at the top, the Rocket House. Continue inland along the track, which in turn becomes a road. Where the road bears sharp right go ahead along a public footpath into a field, then keep ahead alongside a high wall. At the end of the wall, after two gates, bear left (bearing 330°) across fields, then go down a few steps. The now enclosed path goes left then right to arrive at a road. This is Knighton, on the outskirts of Wembury. The bus stop for Plymouth is a little way to the left, just before the pub.

To continue the walking route around the estuary, cross the road at Knighton to a minor lane, following it left to another junction. Turn right here and continue until the road meets another, more major, road. Cross this road, going ahead and left for a short way then turn right on a signed footpath. This is part of a waymarked route, the Erme-Plym Trail, and is shown on the OS Explorer OL20 map. Follow the waymarked route across fields, over Cofflete Creek, next to a lane and on to the village of Brixton. Turn right and follow the road through the village. Take the path on the left side of the field boundary alongside the A379 to the edge of Yealmpton. Cross the zebra crossing over A379 into Stray Park. At the bottom bear right along a tarmac path then, when it arrives at a road, turn left along a stony track. At the footpath sign continue ahead, eventually emerging at a road by a car park. Turn left along the road to cross Puslinch Bridge then follow the road up the hill. Take the footpath on the right near the top of the hill, crossing a couple of fields to a road. Turn right and continue to meet a more major road, which is followed ahead to Newton Ferrers. At the edge of the village turn left down the road signed to Bridgend and Noss Mayo, and at the junction at the head of the creek keep to the right. Follow the riverside road, forking right into Noss Mayo. Keep on the road round Noss Creek, and continue on the creekside road out of the village until this becomes a track. A signed path on the right leaves the track for the ferry point.

Coast Path, Noss Mayo-River Erme

From the ferry point, follow the Path westward through the woods as it climbs to meet a track, an old carriage drive. (NB if refreshments are needed here, turn left and continue for about a mile to Noss Mayo village, where there are two pubs and seasonal toilets). The drive continues through woods, past a row of former coastguard cottages, into more woods, then on a superb cliff-face shelf round Mouthstone Point. Further on, keep right where the more obvious path bears left inland to a car park, the drive continuing round Stoke Point and on to Beacon Hill. A series of ups and downs now ensues as the path approaches the estuary of the River Erme, which has been fairly described as England's most unspoiled river estuary, and is possibly the most attractive. The path crosses the top of a small beach, then passes through a short woodland stretch to arrive at Mothecombe slipway on the Erme. There are seasonal refreshments a little way inland.

There is no ferry at the River Erme. It is usually possible to wade the river 1 hour either side of low water along the old ford and, under normal conditions, at low tide the water is about knee deep and the river bed is of sand with pebbles. The crossing is between grid references 614 476 and 620 478, i.e., the road by the row of coastguard cottages at Mothecombe and the end of the inland road to Wonwell Beach. However, great care should be taken as heavy rains or high seas can make conditions dangerous. Low water is approximately at the same time as at Devonport; see tide tables from page 196.

Alternatively, it is possible to walk round the estuary. There are no riverside rights of way, and for the most part minor roads must be used. The distance is approximately 8 miles/13 kilometres, adding extra time to the itinerary.

Walk round the Erme Estuary

From the slipway follow the road inland, following signs to Holbeton. Go through the village and leave on the minor lane to Ford and then Hole Farm. At the sharp bend after this farm, follow the waymarked Erme-Plym Trail to the A379 and across the River Erme at Sequer's Bridge. Then leave the waymarked Trail, continuing very carefully along the A379 for a couple of hundred yards/metres, before turning right on the lane signed to Orcheton. Follow this for about 2 miles/3 kilometres then turn right, following signs for Wonwell Beach. Follow the lane downhill to arrive at the estuary.

OS Maps: Landranger 202; Explorer OL20

	This Walk	Cumulative	This Walk	Cumulative	Grading	Timing
Ascent	1,860ft	83,975ft	567m	25,596m	Moderate	5 hours
Distance	9.3mi	445.0mi	15.0km	716.2km		

For detailed directions see our Walking Guide no. 50, River Erme to Hope Cove.

While the western end of this Section is relatively remote, in the east it is a well-used and popular Section, never far from residential and holiday accommodation. It is a length of low cliffs and sandy beaches, the coastline providing some interesting seascapes. These include views of the tidal Burgh Island, the estuary of the River Avon, the distinctive holed Thurlestone Rock and the headland of Bolt Tail. At the end of the Section, Hope Cove is a charming, little settlement with a picturesque harbour and an old centre of historic cottages.

Directions

A regular, if infrequent, bus service links Thurlestone and Hope Cove, making a bus-walk option possible on the eastern part of this Section. There are popular short circular walks using the Coast Path between Bantham and Thurlestone.

For details of crossing the River Erme, see Section 49. On the eastern side, just inland of Wonwell slipway, a path leaves the lane into the woods then continues above the shore, emerging on cliffs which rollercoaster up and down to the holiday park at Challaborough and then Bigbury-on-Sea. There are toilets here and also the year-round café. There is a pub offshore on Burgh Island, reached by walking across the sands or by unusual sea tractor.

From the main facilities at Bigbury-on-Sea, the Coast Path goes along the road, turning right immediately after the car park entrance to follow a short cliff-top length which re-joins the road further up. Cross the road and follow the Path along the field edge next to the road, climbing Folly Hill. Leave the field where signed and cross the road, passing through Folly Farm and down the cliffs to the flat, open area of Cockleridge Ham. At the edge is the ferry point for the crossing of the mouth of the River Avon.

Details of the River Avon ferry are shown on page 194 in the ferry section. In 2023 the ferry operated from 7th April until 1st October between the hours of 10.00 to 12.00 and 14.00 to 16.00. Operating times are not available at the time of going to print so check the Bantham Estate website at banthamestate.co.uk/getting-here/ ferry or phone the estate office on 01548 560897. Alternatively, there is a waymarked walk round the estuary between Bigbury-on-Sea and Bantham. This route, the Avon Estuary Walk, is signed with blue waymarks and adds about 8 miles/13 kilometres to the route, or another half-day to a day to the itinerary. The route is shown on OS Explorer map OL20 and can be followed from the top of Folly Hill.

Avon Estuary Walk

Continue up the road, without turning into Folly Farm, for a further 60 yards/55 metres and then turn right. The Path reaches the golf course, turning left on a track then off this to the right, down another track past Hexdown Farm. Follow this track to the bottom, then go left along a drive which eventually arrives at a road. There is a permissive path alongside the road and at the end of this a path goes right over a field, through the top of a wood then downhill over another field to a road alongside the estuary. This tidal road is then followed to Aveton Gifford on the A379.

At high tide there is a waymarked diversion which provides a route around the tidal road to rejoin the trail at the next village. From Aveton Gifford cross the Avon on the A379 then take the first lane on the right, which becomes a track and continues to Stadbury Farm. Bear left approaching the farm onto a footpath, following field edges towards the valley bottom to cross Stiddicombe Creek. Enter the wood on the right and climb to leave at the far top corner. Follow the top edge of fields, then cross a farm track and a stream to a junction of paths. Turn right and continue to Bantham village, where there is a pub, shop, toilets and seasonal refreshments.

Coast Path, Bantham-Hope Cove

From the ferry point, go through the car park and round the edge of the dunes of Bantham Ham. Follow the shore, leaving the dunes to climb the hill and reach the undulating track around Thurlestone Golf Club, passing the small Leas Foot Sand beach, and continuing on to Thurlestone Sands. Cross a long footbridge at an inland lagoon (South Milton Ley), pass public toilets and seasonal refreshments, then join a road for a short stretch before turning back to the shoreline and over low cliffs to Outer Hope, where there are all facilities in season. Follow the path behind the little harbour and down to the old lifeboat station at Inner Hope, where the bus stop is situated. Buses to Kingsbridge leave from here. A little inland is the old village centre of Inner Hope, at The Square, a picture-postcard location worth seeing before leaving.

Looking over the River Erme

OS Maps: Landranger 202; Explorer OL20

	This Walk	Cumulative	This Walk	Cumulative	Grading	Timing
Ascent	1,506ft	85,481ft	459m	26,055m	Moderate	4 hours
Distance	8.1mi	453.1mi	13.0km	729.2km		

For detailed directions see our Walking Guide no. 51, Hope Cove to Salcombe.

This is a very scenic Section of the coast, largely comprising quite spectacular high cliffs soaring above tiny, mostly inaccessible coves. Near both ends are dramatic headlands, Bolt Tail in the west and Bolt Head in the east, offering superb coastal views in their respective directions. At the eastern end this Section turns into the mouth of the estuary of Salcombe Harbour, and there is the contrast of softer, sandy bays. This is a length which is not really remote but never exceptionally busy.

Directions

Separate bus routes serve Hope Cove and Salcombe from Kingsbridge and Malborough, a few miles inland, making a bus-walk feasible from there. There are numerous local circuits using the Coast Path based on Hope Cove and Salcombe, as well as Bolberry and Soar.

Leave Hope Cove from the old lifeboat station at Inner Hope, up the signed Coast Path and out to the magnificent viewpoint of Bolt Tail, where the ramparts of an Iron Age cliff fort are crossed to reach the end. The Path doubles back along the cliff top over Bolberry Down (seasonal refreshments), and then down to the splendid Soar Mill Cove (there are seasonal refreshments inland from here). Climbing steeply from the Cove, a long, level stretch of easy walking follows. Keep along the cliff top, and as the Path approaches Bolt Head pass through a couple of gates, staying on the closest path to the cliff top as possible. A steep descent will then lead to the headland, where a sharp turn to the north leads to the cliff-face path round Starehole Bay and then on to the Courtenay Walk below rocky pinnacles. Passing into woodland at the National Trust's Overbecks property, the path joins a road which is followed past South Sands and North Sands – toilets and seasonal refreshments at both – and then on into Salcombe town centre. For a variation, there is a summer ferry service between South Sands and Salcombe. The town is a renowned yachting centre and has all facilities.

Hope Cove. Photographer Jon Lovejoy

OS Maps: Landranger 202; Explorer OL20

	This Walk	Cumulative	This Walk	Cumulative	Grading	Timing
Ascent	2,251ft	87,732ft	686m	26,741m	Moderate, strenuous in places	6.75 hours
Distance	12.6mi	465.7mi	20.3km	749.5km		

For detailed directions see our Walking Guide no. 52, Salcombe to Torcross.

This is a superb section of walking. Part of it is on exposed cliff faces, the sometimes stark cliffs contrasting with numerous tiny sandy coves below. A significant length in the middle is on an old "raised beach", a low shelf a little above the sea giving an easy passage. In the east the Path crosses the rocky spine of Start Point, behind its lighthouse, a dramatic stretch with views across Start Bay. The Path then follows low cliffs past the former fishing villages of Hallsands and Beesands before coming to Torcross.

Directions

Salcombe and Torcross are both on regular bus routes to and from Kingsbridge, a little inland, making a bus-walk possible. There is also a popular local circuit using the Coast Path from the Salcombe Ferry.

Salcombe has all necessary facilities. The ferry across the estuary leaves from steps next to the Ferry Inn, a little way downstream from the town centre. The ferry operates all year. For ferry details see page 194.

From the ferry point on the eastern side, where there are toilets and seasonal refreshments, the Coast Path follows the road down the estuary side then, after crossing the rear of the beach at Mill Bay (toilets), the Path passes Gara Rock where refreshments are available, then on past a number of sandy coves before reaching Prawle Point. The Path goes to the Coastwatch lookout at the very end, then descends to follow the "raised beach" shelf just above the waves, before a short inland length to avoid a cliff fall leads to Lannacombe Beach. Beyond here a dramatic length goes along and up to the rocky ridge leading to Start Point, the Path dropping to the lighthouse access road. From the car park at the top, the Path bears off right down the cliff face to Hallsands, passing above the old ruined village. The Path continues over low cliffs to Beesands, where there is a pub, toilets and seasonal refreshments. Continue along the shingle ridge then behind an old quarry to descend into Torcross, with a panoramic view of Slapton Ley. Pass down some steep steps before returning to the promenade in front of the houses. Torcross has a pub, refreshments and toilet facilities, plus buses to Kingsbridge, Plymouth and Dartmouth.

On the path between Mattiscombe Sands and Start Point lighthouse. Photographer Simon Law

OS Maps: Landranger 202; Explorer OL20

	This Walk	Cumulative	This Walk	Cumulative	Grading	Timing
Ascent	1,493ft	89,225ft	455m	27,196m	Easy then strenuous	4.75 hours
Distance	10.3mi	476.0mi	16.6km	766.0km		

For detailed directions see our Walking Guide no. 53, Torcross to Dartmouth.

Something like a quarter of this Section consists of the low shingle ridge known locally as the Slapton Line, cutting off the freshwater lake of Slapton Ley from the sea. Most of the remainder of the Section is cliffs and coves, partly looking to the sea and partly to the outer reaches of the picturesque wooded Dart Estuary.

Directions

A regular bus service runs along the coast road which is, for much of the Section, adjacent to the Coast Path. With stops at most obvious locations this gives numerous bus-walk options. There is also a very popular and scenic circular walk using the Coast Path between Dartmouth and the mouth of the Dart Estuary.

From Torcross, with limited facilities, the Coast Path runs along the shingle ridge. The official route is on the landward side of the road. After the Strete Gate car park, look out for the fingerpost signing the section of Coast Path which was opened in Summer 2015. Follow the Path along the cliff top and through the woods to the A379. It is now necessary to walk along this for the next 400 yards/365 metres.

Follow the main road through Strete village (pub and shop), then just after the village ends, take the path to the right which passes over fields, and a footbridge to reach a high point above the sea. Continuing parallel to the coast for a while, it then heads inland over a deep valley, crossing the main road and over more fields to a lane. Descend the lane, then leave it across more fields until, after crossing the main road again, the picturesque cove of Blackpool Sands is reached. There are toilets and seasonal refreshments here. Follow the Path uphill through the woods, then the route enters and meanders along various paths in the village of Stoke Fleming (pub, shop and toilets), arriving at the village hall. Cross the main road again and follow a lane to a National Trust car park at Little Dartmouth. From here a scenic cliff path proceeds, latterly through woods, to reach the Dart Estuary and arrive at Dartmouth Castle (toilets and seasonal refreshments). An estuary-side path passes the adjacent church and joins the road, which is followed into the town. Look out for some steps on the right just after the public toilets before reaching the centre; the steps lead down to Bayards Cove through its little castle and on to the Embankment at the town centre. Dartmouth, of course, has all facilities.

OS Maps: Landranger 202; Explorer OL20

	This Walk	Cumulative	This Walk	Cumulative	Grading	Timing
Ascent	2,992ft	92,217ft	912m	28,108m	Strenuous	5.75 hours
Distance	10.9mi	486.9mi	17.5km	783.6km		

For detailed directions see our Walking Guide no. 54, Dartmouth (Kingswear) to Brixham.

This is a Section of superb cliff scenery, tough going in places and often quite remote. In the west, near the mouth of the Dart, are substantial wooded areas, but further along the cliffs become higher and more open. This makes for a dramatic, steeply undulating landscape ending at the sea in steep cliff faces.

Directions

A regular bus service links Brixham and Kingswear, on the east side of the Dartmouth Ferry, making a bus-walk possible. There is also a bus service from Paignton to Kingswear. A popular circuit using the Coast Path exists based around Kingswear.

Walkers have two ferry options from Dartmouth town centre to cross the river, the Lower Car Ferry, which also carries foot passengers, and the Dartmouth Passenger Ferry. The Lower Car Ferry operates all year on a continuous service. The Dartmouth Passenger Ferry also operates all year on a continuous service. For ferry details see page 195. The Lower Ferry is the easiest option for the Coast Path.

From either ferry landing point in Kingswear, follow the Coast Path signposts, turning left along Beacon Road then right up Church Hill and down Beacon Lane. Continue out of the village. After some 1.25 miles/2 kilometres turn right down some steps. The route then undulates, sometimes steeply, into and through woodland to the old Battery buildings at Froward Point. Here the Path descends steeply to the right from the corner of an old lookout building, passing World War II searchlight and gun positions before continuing along the cliffs. Pass Pudcombe Cove, by the National Trust Coleton Fishacre Gardens, and then on over Scabbacombe Head and past Scabbacombe Sands and Mansands and over Southdown Cliff to Sharkham Point – this is a particularly strenuous length. If it is difficult to cross Mansands beach because of the flow of water from the lake behind, follow the signs for the alternative route behind the lake which re-joins the Path at the end of the beach.

Passing holiday accommodation the Path arrives at Berry Head, a Napoleonic fortified area. Divert to the end of the headland to see the unusually squat lighthouse. Berry Head has toilets and year round refreshments available at the Guardhouse Café. From here descend past an old quarry to a road, where there are further refreshment facilities. Turn right then go right again through the Shoalstone car park and along above the shoreline, returning to the road before descending steps to Brixham Breakwater. Follow the promenade to the harbour. Brixham has all facilities.

OS Maps: Landranger 202: Explorer OL20 (western half); Explorer 110 (eastern half)

	This Walk	Cumulative	This Walk	Cumulative	Grading	Timing
Ascent	1,972ft	94,189ft	601m	28,709m	Moderate	6 hours
Distance	13.2mi	500.1mi	21.2km	804.8km		

For detailed directions see our Walking Guide no. 55, Brixham to Paignton and Paignton to Babbacombe.

This is mostly an urban Section, passing along the shoreline of the "English Riviera", or Torbay. There is a mixture of grand terraces, open green parkland, amusement parks and the elegant white buildings overlooking the sea at Torquay. At the western end there is also the old fishing town of Brixham and at the other end the almost rural, wooded cliffs around Babbacombe. All in all, this is a surprisingly diverse Section.

Directions

A range of bus routes runs throughout the Torbay area, including one which follows the coast road between Brixham and Torquay, and another linking Torquay to Babbacombe. As a result, a wide variety of bus-walks is possible. A pleasant alternative is the Torquay to Brixham ferry which runs regularly from April to September.

Leaving Brixham by the fish market, the Coast Path initially passes a car park and gardens, before passing two small coves and climbing into woodland which takes the Path to Elberry Cove. From here it passes behind the sweep of Broadsands, climbing by the railway viaduct at the far end to proceed alongside the steam railway line to the promenade at Goodrington. At the far end, climb through ornamental gardens and go down a road to Paignton Harbour and along the promenade. Paignton's railway station is inland of the pier. Turn inland at Hollicombe, at the far end of Preston Sands, going through a park to the main seafront road which is followed to Torquay Harbour. Torquay Station is inland a little before the harbour.

Cross the pedestrian bridge across the harbour (if the bridge is out of commission, follow the brass floor plaques around the inner harbour) and climb the hill, turning right at the Imperial Hotel on the signed path, which leads to the open area at Daddyhole Plain. Descend to the sea-front road at Meadfoot Beach, climbing again at Ilsham Marine Drive. Take the cliff path round Thatcher Point to Hope's Nose. A cul-de-sac path goes to the end of this low headland.

From Hope's Nose follow the path inland of the road, crossing the road to the Bishop's Walk, which in turn arrives at a car park above Anstey's Cove. The path now goes up and round the edge of the grassy downs on Walls Hill, with excellent views across Lyme Bay, bearing off right to descend to Babbacombe Beach. Cross a wooden footbridge to Oddicombe Beach, then climb by the cliff railway to reach Babbacombe's facilities at the top.

OS Maps: Landranger 202; Explorer 110

	This Walk	Cumulative	This Walk	Cumulative	Grading	Timing
Ascent	2,090ft	96,279ft	637m	29,346m	Strenuous	3.75 hours
Distance	6.4mi	506.5mi	10.3km	815.1km		

For detailed directions see our Walking Guide no. 56, Babbacombe to Teignmouth.

This is a tough Section of almost constant ups and downs. The characteristic red cliffs of this part of Devon are often quite high and quite sheer, though unfortunately the terrain is such that sea and cliff views are perhaps less frequent than would be hoped for as you pass through some attractive woods. Its strenuous nature makes it a relatively quiet Section, except for the two ends, although it is never far from roads or housing.

Directions

A regular bus service links Babbacombe and Teignmouth, making a bus-walk option.

From Babbacombe, a pleasant suburb of Torquay with all facilities, the Coast Path descends next to the cliff railway and then soon climbs again to avoid a cliff fall. The Path goes up a grassy area to a main road where it turns right, then right again into Petitor Road. At the bottom turn left on the Coast Path again, which soon descends onto a cliff face before reaching the wooded valley at Watcombe. Cross the track running down the valley and on through a wooded length to a short rocky stretch, turning right at a junction before reaching the car park at Maidencombe. There is a pub and toilets here. Turn right after the car park and keep on the rollercoaster Path, which eventually climbs to go alongside the coast road, then quickly leaves it to pass alongside fields to a track. Turn right and go round the wooded Ness headland, with super views ahead, descending to the promenade at Shaldon, on the estuary of the River Teign. The ferry service across the River Teign operates throughout the year, weather permitting. For ferry details see page 195.

Walk, Shaldon-Teignmouth

If the ferry is not operating, continue inland along the riverside roads to Shaldon Bridge and cross the Teign. On the Teignmouth side turn right into Milford Park, through Bitton Sports Ground into Park Hill, cross into Bitton Avenue then into Clay Lane and right into Willow Street. At the end bear left then right into Quay Road, then right to go along the Strand and right to the Harbour Beach and the ferry point. Teignmouth has all facilities, including a mainline rail station and buses to Exeter.

Teignmouth. Photographer Kavita Solder

OS Maps: Landranger 192; Explorer 110

	This Walk	Cumulative	This Walk	Cumulative	Grading	Timing
Ascent	488ft	96,767ft	149m	29,495m	Easy	3 hours
Distance	8.0mi	514.5mi	12.9km	828.0km		

For detailed directions see our Walking Guide no. 57, Teignmouth to Exmouth.

This Section primarily comprises two fairly large seaside towns, flanked by a coastline of high red cliffs at one end and marshes and a sand bar at the other. Running through it, often next to the Coast Path, is possibly the most scenic part of Brunel's GWR railway line, the embankment of which forms the sea wall for much of this length. This is a busy, largely urban and much used Section of historic importance to the tourist trade. Please note, temporary, short diversions will apply if sections of the sea wall are closed to allow Network Rail to carry out planned works.

Directions

A regular bus service links Teignmouth and Starcross, the ferry point for Exmouth, and also passes through Dawlish and Dawlish Warren. There are also stations on the railway line at these places so bus or train-walks are options here.

From the ferry point at Teignmouth, or from the town centre, go to the car park at The Point, jutting out into the Teign Estuary, and begin by walking along the promenade. Leaving the town the Coast Path continues between railway and sea below the red cliffs to the end, where it descends steps to pass under the railway and then up Smugglers Lane to the A379 road at the top.

High water route, Teignmouth-Smugglers Lane

With a high sea and an onshore wind the far end of the promenade can become very wet, and at exceptionally high tides the steps at Smugglers Lane may become impassable. In these cases, immediately after leaving the town, fork left and cross the railway on a footbridge on Eastcliff Walk. Follow this lane around the outside of Eastcliff Park and then along a lane to Cliff Walk, eventually reaching the A379, which is then followed ahead to meet the official Path at the top of Smugglers Lane.

Coast Path, Smugglers Lane-Dawlish Warren

Use the footway on the inland side of the A379, and walk for about 150 yards/135 metres before turning right into Windward Lane, going immediately left on a path which skirts fields before returning to the A379. Bear right into Old Teignmouth Road, which in turn returns to the A379, then very soon, turn right into a park through some railings and follow the path around its edge, which then zigzags down to the shoreline. Follow the sea wall through Dawlish, past the station – all facilities are found beyond the railway here. The Coast Path then continues on the sea wall between railway and sea, again below the red cliffs, to Dawlish Warren. Just before the amusement area at Dawlish Warren, cross the obvious railway footbridge to a car park, turn right and follow to the main road. Part of the Path from Dawlish Station along the sea wall may be re-routed in the short term as Network Rail carry out construction work for the railway line. The alternative route is signposted.

High water route, Dawlish-Dawlish Warren

Occasionally, at the highest tides, it becomes impossible to proceed along the sea wall for a short stretch just beyond the station. In this case, from the sea wall, cross the footbridge immediately after the end of station platform and follow the path up to the A379.

Turn right and continue alongside the road until the path reaches a path on the right between properties. Follow this path, passing though a small park and up steps to a path locally known as Lady's Mile. This path follows the line of coast above the sea wall. Continue to follow this path until you reach the main road in Dawlish Warren to pick up the Coast Path here.

Coast Path, Dawlish Warren-Starcross

The Coast Path does not go around the large sand spit at Dawlish Warren itself, jutting out into the mouth of the River Exe, or the marshes behind it, but if there is time this can be an exhilarating experience. Otherwise continue along Warren Road on the pavement, then opposite the entrance to Dawlish Warren Sandy Park join the cycleway and footpath to Cockwood Harbour. After following the road around the harbour join the A379. Cross the road and follow the footpath and cycleway to Starcross, and the ferry point to Exmouth. Starcross has all facilities.

For ferry details see page 195. If there is no ferry operating on arrival at Starcross, there are several options to reach Exmouth.

Option 1: Exeplorer Water Taxi – this runs daily from April until October. Check their website before travelling as times vary: www.watertaxi.squarespace.com.

Option 2: Bus or train from Starcross to Exeter, bus or train from Exeter to Exmouth.

Option 3: Walk from Starcross along the entire Exe Estuary Trail, a well signed trail, up the west side of the River Exe and down the east side to Topsham, and on to Exmouth town centre and finally to Exmouth Marina and the Coast Path (14.8 miles/23.8 km).

Option 4: Walk from Starcross to Topsham Lock following the waymarked Exe Estuary Trail on the riverside road and footpath and Exeter Canal towpath (4.5 miles/7 kilometres), then ferry Topsham Lock-Topsham and bus or train from Topsham to Exmouth. For ferry details see page 195.

The sea wall at Dawlish. Photographer Gary Holpin

If you enjoy staying, eating, drinking or doing an activity with a business along the Path, please let them know about our Way Maker scheme so we can share their brilliance!

The businesses listed here are our 'Way Makers'. They make the great South West Coast Path experience possible, and give back to the Trail. Please support them if you can. More info at southwestcoastpath.org.uk/waymaker

GR Grid Reference	Evening Meal Available	Laundry Facilities
DP Distance from the Path	Wifi	Caters to Specific Dietary Needs
N Nearest Town/Village with facilities	Parking	Early Breakfast Available
3 Number of Rooms	Grocery Shop On Site	Packed Lunch Offered
Dogs Welcome	Private Transport to the Path	£ Budget

Bed & Breakfast and Hotels

NAME	OTHER INFO
Edgcumbe Guesthouse 50 Pier Street, West Hoe, Plymouth, PL1 3BT 01752 660675 enquiries@edgcumbeguesthouse.co.uk edgcumbeguesthouse.co.uk	**GR:** SX473537 **DP:** 0 miles **N: PLYMOUTH** **OFFERS ONE NIGHT STAYS** 7 rooms, Wifi, Caters to Specific Dietary Needs
Mariners Guest House 11 Pier Street, West Hoe, Plymouth, PL1 3BS 01752 261778 marinersguesthouse@blueyonder.co.uk marinersguesthouse.co.uk	**GR:** SX472538 **DP:** 0.02 miles **N: PLYMOUTH** **OFFERS ONE NIGHT STAYS** 8 rooms, Wifi, Laundry Facilities, Caters to Specific Dietary Needs, Early Breakfast Available, Packed Lunch Offered Sauna available by request
Leonardo Hotel 50 Exeter Street, Plymouth, PL4 0AZ 01752 631000 info@leonardohotels.com leonardohotels.com	**GR:** SX482545 **DP:** 0.55 miles **N: PLYMOUTH** 247 rooms, Evening Meal Available, Laundry Facilities
The Duke of Cornwall Hotel Millbay Road, Plymouth, PL1 3LG 01752 275860 enquiries@dukeofcornwall.co.uk thedukeofcornwall.co.uk	**GR:** SX472541 **DP:** 0.3 miles **N: PLYMOUTH** **OFFERS ONE NIGHT STAYS** 72 rooms, Dogs Welcome, Evening Meal Available, Wifi, Parking, Caters to Specific Dietary Needs
Wembury Bay B&B 2 Warren Close, Wembury, PL9 0AF 01752 863392 pwgreenwood59@gmail.com wemburybaybedandbreakfast.yolasite.com	**GR:** SX523488 **DP:** 0.1 miles **N: WEMBURY** **OFFERS ONE NIGHT STAYS** 3 rooms, Wifi, Parking, Laundry Facilities, Caters to Specific Dietary Needs, Early Breakfast Available, Packed Lunch Offered 10 mins from pub
Downtown Salcombe 2 Orchard Cottages, Island Street, Salcombe, TQ8 8DT 07447019977 pammiedolley@gmail.com Airbnb.co.uk	**GR:** SX739392 **DP:** 0 miles **N: SALCOMBE** **OFFERS ONE NIGHT STAYS** 1 room, Dogs Welcome, Wifi, Laundry Facilities, Caters to Specific Dietary Needs, Early Breakfast Available, Packed Lunch Offered
Shute Farm South Milton, Kingsbridge, TQ7 3JL 01548 560680 shutefarmdevon@gmail.com shutefarm.co.uk	**GR:** SX698429 **DP:** 1.25 miles **N: SALCOMBE** **OFFERS ONE NIGHT STAYS** 3 rooms, Wifi, Parking, Private Transport to the Path, Laundry Facilities, Early Breakfast Available

NAME	OTHER INFO
Waverley B&B Waverley, Devon Road, Salcombe, TQ8 8HL 01548 842633 pauline@waverleybandb.co.uk waverleybandb.co.uk	**GR:** SX738388 **DP:** 0.1 miles **N: SALCOMBE** **OFFERS ONE NIGHT STAYS** 5 March - December
The Cricket Inn Beesands, Kingsbridge, TQ7 2EN 01548 580215 enquiries@thecricketinn.com thecricketinn.com	**GR:** SX819402 **DP:** 0.01 miles **N: BEESANDS** **OFFERS ONE NIGHT STAYS** 7
Eight Bells B&B South Embankment, Dartmouth, TQ6 9BB 07813 803472 lizheyler20@gmail.com dartmouthbandb.com	**GR:** SX878511 **DP:** 0.15 miles **N: DARTMOUTH** **OFFERS ONE NIGHT STAYS** 2 Open all year
St Weonards 12 Kernou Road, Paignton, TQ4 6BA 01803558842 hello@stweonards.co.uk stweonardshotel.co.uk	**GR:** SX891607 **DP:** 0.2 miles **N: PAIGNTON** **OFFERS ONE NIGHT STAYS** 7
The Clifton at Paignton 9-10 Kernou Road, Paignton, TQ4 6BA 01803 556545 enquiries@thecliftonatpaignton.co.uk cliftonhotelpaignton.co.uk	**GR:** SX891607 **DP:** 0.01 miles **N: PAIGNTON** 12 Open all year
Earlston House Hotel 31 St Andrews Rd, Paignton, TQ4 6HA 01803 558355 stay@earlstonhouse.co.uk earlstonhouse.co.uk	**GR:** SX890600 **DP:** 0.27 miles **N: PAIGNTON** **OFFERS ONE NIGHT STAYS** 9
Mercure Paignton Esplanade Road, Paignton, TQ46BQ 01803229444 hb9e9@accor.com mercurepaignton.com	**GR:** SX892607 **DP:** 0.14 miles **N: PAIGNTON** **OFFERS ONE NIGHT STAYS** 161 Open all year
Garway Lodge Guest House 79 Avenue Road, Torquay, TQ2 5LL 01803 293126 info@garwaylodge.co.uk garwaylodge.co.uk	**GR:** SX904645 **DP:** 1.5 miles **N: TORQUAY** **OFFERS ONE NIGHT STAYS** 6
Haytor Hotel Meadfoot Road, Torquay, TQ1 2JP 01803 294708 enquiries@haytorhotel.com haytorhotel.com	**GR:** SX922 633 **DP:** 0.34 miles **N: TORQUAY** **OFFERS ONE NIGHT STAYS**

NAME	OTHER INFO
Babbacombe Palms Guest House 2 York Road, Torquay, TQ1 3SG 01803327087 babbacombepalms@gmail.com babbacombepalms.com	**GR:** SX923656 **DP:** 0.38 miles **N: BABBACOMBE** **OFFERS ONE NIGHT STAYS** 7 (dog, wifi, dining, breakfast)
Rooms At Babbacombe 16 Babbacombe Road, Torquay, TQ1 3SJ 01803327353 enquiries@rooms-at-babbacombe.co.uk rooms-at-babbacombe.co.uk	**GR:** SX923656 **DP:** 0 miles **N: BABBACOMBE** **OFFERS ONE NIGHT STAYS** 10 (dog, wifi, car, dining, breakfast, apple)
Farthings B&B 102 Ringmore Road, Shaldon, Teignmouth, TQ14 0ET 01626 872860 farthings_bb@btinternet.com farthings-shaldon.co.uk	**GR:** SX924722 **DP:** 0.07 miles **N: SHALDON** **OFFERS ONE NIGHT STAYS** 3 (wifi, dining, breakfast)
Brunswick House 5 Brunswick Street, Teignmouth, TQ14 8AE 01626 774102 hello@brunswickhouseteignmouth.co.uk brunswickhouseteignmouth.co.uk	**GR:** SX940727 **DP:** 0.3 miles **N: TEIGNMOUTH** **OFFERS ONE NIGHT STAYS** 4 (wifi, dining, breakfast)
The Thornhill Mere Lane, Seafront, Teignmouth, TQ14 8TA 01626 773460 stay@thethornhill.co.uk thethornhill.co.uk	**GR:** SX944730 **DP:** 0 miles **N: TEIGNMOUTH** **OFFERS ONE NIGHT STAYS** 10 (dog, wifi, dining) All year
The Blenheim 1 Marine Parade, Dawlish, EX7 9DJ 01626 862372 blenheimholidays@btconnect.com theblenheim.uk.net	**GR:** SX962765 **DP:** 0.02 miles **N: DAWLISH** **OFFERS ONE NIGHT STAYS** 11 (dog, wifi) All year

Self Catering and Hostels

NAME	OTHER INFO
Carswell Cottages Holbeton, Plymouth, PL8 1HH 01752 830020 enquiries@carswellcottages.com carswellcottages.com	**GR:** SX589477 **DP:** 1.19 miles **N: NOSS MAYO** 8 (dog, wifi, car) Sleeps 2-14. All year
Ocean Reach Holiday Homes Bolberry Down, Salcombe, TQ7 3DY 07718 187469 info@oceanreachholidays.co.uk oceanreachholidays.co.uk	**GR:** SX690973 **DP:** 0.33 miles **N: HOPE COVE** 4 (dog, wifi, car, laundry) Onsite Oceans Restaurant & Bar info@oceansrestaurant.co.uk
Guest Suite in Salcombe 9 Kingsale Road, Salcombe, TQ8 8AS 07790056460 katiebessant@hotmail.com bit.ly/swcp-salcombeguestsuite	**GR:** SX735387 **DP:** 0.73 miles **N: SALCOMBE** **OFFERS ONE NIGHT STAYS** 1 (wifi)

NAME	OTHER INFO
Merrifield House Devon Aveton Gifford, Kingsbridge, TQ7 4PE 07941 508 004 merrifieldhousedevon@gmail.com merrifieldhousedevon.co.uk	**GR:** SX699461 **DP:** 1 mile **N: AVETON GIFFORD** **OFFERS ONE NIGHT STAYS** 3 Shared Kitchen facilities
Kittiwake Cottage East Prawle, TQ7 2BY 07980310696 admin@kittiwakecottage.com kittiwakecottage.com	**GR:** SX781523 **DP:** 0.5 miles **N: EAST PRAWLE** 2
Limpet Torcross, TQ7 2TH 01872 464750 info@dogfriendlyretreats.com dogfriendlyretreats.com	**GR:** SX822419 **DP:** 0.02 miles **N: BEESANDS**
The Osborne Apartments The Osborne Club, 5 Hesketh Crescent, Torquay, TQ2 2LJ 01803 209600 info@osborneapartments.co.uk osborneapartments.co.uk	**GR:** SX908677 **DP:** 1.94 miles **N: TORQUAY** 46
Castle Retreats Castle Courtyard, Cary Castle Drive, St Marychurch, Torquay, TQ1 4QZ 01803316464 castlecourtyard.devon@outlook.com @castleretreats	**GR:** SX916659 **DP:** 0 miles **N: BABBACOMBE** **OFFERS ONE NIGHT STAYS** 1

Campsites and Holiday Parks

NAME	OTHER INFO
Parkdean Resorts Challaborough Bay Holiday Park Challaborough Beach, Kingsbridge, TQ7 4HU 03443819128 admin@parkdean-resorts.co.uk parkdeanresorts.co.uk	**GR:** SX651451 **DP:** 0.12 miles **N: CHALLABOROUGH** 82
Mount Folly Farm Bigbury on Sea, TQ7 4AR 01548 810267 info@bigburyholidays.co.uk bigburyholidays.co.uk	**GR:** SX657444 **DP:** 0.1 miles **N: BIGBURY ON SEA** **OFFERS ONE NIGHT STAYS** £
East Prawle Farm Holidays Higher House Farm, East Prawle, Kingsbridge, TQ7 2BU 01548 511422 eastprawlecamping@btinternet.com eastprawlefarmholidays.co.uk	**GR:** SX780364 **DP:** 0.85 miles **N: EAST PRAWLE** **OFFERS ONE NIGHT STAYS** £

NAME	OTHER INFO
Wildcomfort Blackpool Valley Gardens, Blackpool Hill, Stoke Fleming, TQ6 0RG 07787500538 lou@wildcomfort.co.uk wildcomfort.co.uk	GR: SX859479 DP: 0.01 miles N: STOKE FLEMING OFFERS ONE NIGHT STAYS 2
Leonards Cove Holiday Village New Road, Stoke Fleming, TQ6 0NR 01803 770206 info@leonardscove.co.uk leonardscove.co.uk	GR: SW343250 DP: 0.02 miles N: STOKE FLEMING OFFERS ONE NIGHT STAYS
Quarry Lake Camping Quarry Lake, Dartmouth, TQ6 0LS 07969791127 enquiries@pitchup.com pitchup.com/campsites/England/South_West/Devon/Dartmouth/quarry-lake-camping	GR: SX836505 DP: 1.06 miles N: DARTMOUTH OFFERS ONE NIGHT STAYS £
Parkdean Resorts Torquay Holiday Park Kingskerswell Road, Torquay, TQ2 8JU 03443819128 admin@parkdean-resorts.co.uk parkdeanresorts.co.uk	GR: SX902671 DP: 2 miles N: TORQUAY 221
Longmeadow Farm Campsite & Self Catering Accommodation Coombe Road, Ringmore, Shaldon, TQ14 0EX 07800795532 anne@longmeadowfarm.co.uk longmeadowfarm.co.uk	GR: SX922721 DP: 1 mile N: SHALDON OFFERS ONE NIGHT STAYS Easter - end Sept
The Hen's Dens at Orchard Organic Farm Gabwell Hill, Stokeinteignhead, TQ12 4QP 07805 894522 jerry@orchardorganicfarm.co.uk orchardorganicfarm.co.uk/camping	GR: SX921692 DP: 0.59 miles N: SHALDON OFFERS ONE NIGHT STAYS £

Eat and Drink

NAME	OTHER INFO
Ocean Studios Factory Cooperage, Royal William Yard, Stonehouse, Plymouth, PL1 3RP 0330 223 4158 info@realideas.org realideas.org	GR: SX460535 DP: 0 miles N: PLYMOUTH
Domea FavourChocolate Unit 6 brew house, Royal William Yard, Plymouth, PL1 3RP 07341 553988 sales@domeafavourchocolate.co.uk domeafavourchocolate.co.uk	GR: SX461535 DP: 0.04 miles N: PLYMOUTH

NAME	OTHER INFO
The Ship The Barbican, Plymouth, PL1 2JZ 01752 667604 theship@staustellbrewery.co.uk theshipplymouth.co.uk	GR: SX482541 DP: 0.12 miles N: PLYMOUTH
The V.O.T The Victualling Office Tavern, 10 Cremyll Street, Plymouth, PL1 3RB 01752 249858 owen@thevot.uk thevot.uk	GR: SX462537 DP: 0 miles N: PLYMOUTH
Cliff Edge Cafe Bovisand, Plymouth, Pl9 0AD 01752 858898 cliffedgecafe@gmail.com facebook.com/cliffedgecafe	GR: SX489507 DP: 0.01 miles N: BOVISAND
The Old Mill Cafe Church Road, Wembury, Plymouth, PL9 0HP 01752 863280 oldmillcafe@xlnmail.com oldmillcafewembury.com	GR: SX520487 DP: 0.29 miles N: WEMBURY
Hope and Anchor Hope Cove, TQ7 3HQ 01548 561294 hopeandanchor@staustellbrewery.co.uk hopeandanchor.co.uk	GR: SX675400 DP: 0.01 miles N: HOPE COVE OFFERS ONE NIGHT STAYS
Salcombe Dairy Shop & Café, Salcombe Shadycombe Road, Salcombe, TQ8 8DX 01548 843228 jack.wibberley@salcombedairy.co.uk salcombedairy.co.uk	GR: SX738392 DP: 0.5 miles N: SALCOMBE
Victoria Inn Fore Street, Salcombe, TQ8 8BU 01548 842604 victoriainnsalcombe@staustellbrewery.co.uk victoriainnsalcombe.co.uk	GR: SX740390 DP: 0.12 miles N: SALCOMBE OFFERS ONE NIGHT STAYS 2
Kings Arms at Strete Dartmouth Road Strete, Dartmouth, TQ60RW 01803 770027 sara.fowler@kingsarmsatstrete.co.uk kingsarmsatstrete.co.uk	GR: SX865491 DP: 0.32 miles N: STRETE
Blackpool Sands Cafe Blackpool Sands, Dartmouth, TQ6 0RG 01803 222028 cafe@blackpoolsands.co.uk blackpoolsands.co.uk	GR: SX853479 DP: 0.03 miles N: DARTMOUTH

NAME	OTHER INFO
Salcombe Dairy Shop & Café, Dartmouth Taylors Restaurant, 8 The Quay, Dartmouth, TQ6 9PS 01548 843228 hayley.rutherford@salcombedairy.co.uk salcombedairy.co.uk	GR: SX878513 DP: 0.5 miles N: **DARTMOUTH**
Royal Castle 11 the Quay, Dartmouth, TQ6 9PS 01803 833033 royalcastlehotel@staustellbrewery.co.uk royalcastle.co.uk	GR: SX877513 DP: 0.02 miles N: **DARTMOUTH** OFFERS ONE NIGHT STAYS 24
The Guardhouse Café Berry Head Nature Reserve, Brixham, TQ5 9AW 01803 855778 info@guardhousecafe.com guardhousecafe.com	GR: SX294056 DP: 0.01 miles N: **BRIXHAM** All year
Old Market House The Quay, Brixham, TQ5 8AW 01803 856891 oldmarkethouse@staustellbrewery.co.uk oldmarkethousebrixham.co.uk	GR: SX925563 DP: 0.01 miles N: **BRIXHAM**
Harbour Light North Quay, Paignton, TQ4 6DU 01803 229000 harbourlight@staustellbrewery.co.uk harbourlightpaignton.co.uk	GR: SX894603 DP: 0.01 miles N: **PAIGNTON** OFFERS ONE NIGHT STAYS
Three Degrees West Oddicombe Beach, Beach Road, Torquay, TQ1 3LB 01803 311202 office@oddicombebeach.co.uk oddicombebeach.co.uk	GR: SX928653 DP: 0.16 miles N: **BABBACOMBE**
Cafe ODE @ Ness Cove Ness Drive, Shaldon, TQ14 0HP 01626 873427 contact@odetruefood.com odetruefood.com	GR: SX938718 DP: 0.3 miles N: **SHALDON**
Salty Dog Kiosk Smugglers Lane, Holcombe, EX7 0JL 07850 243 292 tq14@icloud.com saltydogkiosks.business.site	GR: SX955747 DP: 0.01 miles N: **TEIGNMOUTH**
Le Cygnerie 12 The Strand, Dawlish, EX79PS 07534144745 lecygnerie12@hotmail.com @LeCygnedawlish	GR: SX961767 DP: 0.14 miles N: **DAWLISH**

Information

NAME	OTHER INFO
Plymouth Tourist Information Centre Mayflower Centre, 3-5 The Barbican, Plymouth, PL1 2LR 01752 306330 barbicantic@plymouth.gov.uk visitplymouth.co.uk	**GR:** SX483539 **DP:** 0 miles **N: PLYMOUTH**
NCI Prawle Point Start Bay Caravan Club Site, Kingsbridge, TQ7 2BX 01548 511259 prawle.point@nci.org.uk nci-prawlepoint.org.uk	**GR:** SX 773 351 **DP:** 0.01 miles **N: KINGSBRIDGE**
Kingsbridge Information Centre The Quay, Kingsbridge TQ7 1HS 01548 853195 info@hellokingsbridge.co.uk hellokingsbridge.co.uk	**GR:** SX735440 **DP:** 4.35 miles **N: KINGSBRIDGE**
Dartmouth Visitor Centre The Engine House, Mayors Avenue, Dartmouth, TQ6 9YY 01803 834224 admin@dartmouthvisitorcentre.com visitdartmouth.uk	**GR:** SX878514 **DP:** 0.03 miles **N: DARTMOUTH**
Discover Dartmouth at the Flavel Cafe Flavel Place, Dartmouth, TQ6 9ND 01803 839530 jo@visitsouthdevon.co.uk theflavel.org.uk	**GR:** SX877514 **DP:** 0.01 miles **N: DARTMOUTH**
NCI Froward Point Innner Froward Point, Kingswear, TQ6 0EH 01803 262173 froward.point@nci.org.uk nci-frowardpoint.org.uk/	**GR:** SX903496 **DP:** 0.01 miles **N: DARTMOUTH**
English Riviera Tourist Information Centre 5 Vaughan Parade, Torquay, TQ2 5JG 01803 211211 holiday@englishriviera.co.uk englishriviera.co.uk	**GR:** SX918635 **DP:** 0.09 miles **N: TORQUAY**
NCI Torbay Tormead, Daddyhole Plain, Torquay TQ1 2EQ 01803 411145 chris.arkell@nci.org.uk hnci.org.uk/torbay	**GR:** SX926 628 **DP:** .02 miles **N: TORQUAY**
NCI Teignmouth Old Coastguard Lookout, Eastcliff, Teignmouth TQ14 8SH 01626 772377 teignmouth@nci.org.uk nci.org.uk/teignmouth	**GR:** SX944731 **DP:** 0.02 miles **N: TEIGNMOUTH**

Activities

NAME	OTHER INFO
Mount Batten Watersports and Activities Centre 70 Lawrence Road, Plymouth, PL9 9SJ 01752 404567 enquiries@mount-batten-centre.com mount-batten-centre.com	**GR:** SX487531 **DP:** 0.02 miles **N: PLYMOUTH** **OFFERS ONE NIGHT STAYS** 26

Getting Around

NAME	OTHER INFO
River Yealm Electric Water Taxi YCET Limited, Pendorton Cottage, Riverside Road West, Newton Ferrers, PL8 1AD 07399 067942 ycetfinance@outlook.com ycet.co.uk	**GR:** SX547478 **DP:** 1.01 miles **N: NOSS MAYO**
Modbury Private Hire Taxi 49 Brownston Street, Modbury, PL21 0RQ 07455393693 duncansquires1@gmail.com modburytaxi.com	**GR:** SX659518 **DP:** 0 miles **N: BIGBURY ON SEA**

Kingswear. Photographer Colin Foster

Jurassic Coast Exmouth to South Haven Point – **115 miles**

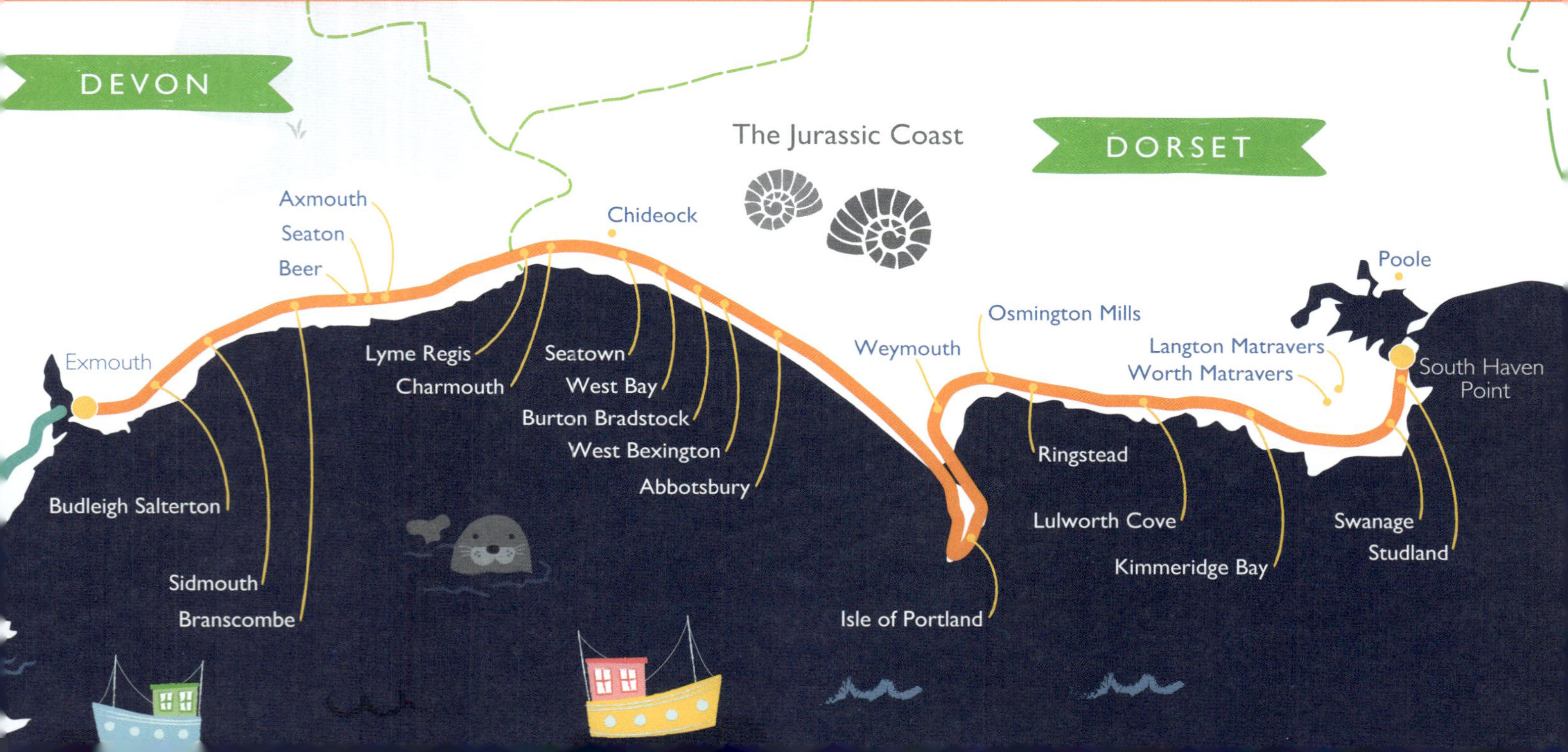

(Sections 58-70)

Geology is both the curse and the boon of this part of the South West Coast Path. As a curse, the geology means the cliffs are vulnerable to slippage, especially in the Sidmouth area, in the Undercliffs and in West Dorset. This has meant that several diversions, necessary but hardly ideal, have had to be put in place for the Coast Path. However, as a boon, the Jurassic Coast's exposed and accessible layers of geological history have made it a textbook example for a wide range of coastal features. These features are also landscape highlights – the classic red cliffs of East Devon; the undisturbed nature reserve of the Axmouth to Lyme Regis Undercliffs; the great shingle bar of Chesil Beach backed by the semi-freshwater lagoon of the Fleet; the fortress-like monolith of the Isle of Portland, jutting into the English Channel; the familiar arch of Durdle Door; the erosion of soft rock once the harder limestone has been broken through forming hollowed-out bays, as at Lulworth Cove; the offshore Purbeck stone stacks at Handfast Point. In addition, the Jurassic Coast contains a number of classic holiday towns; Exmouth, Sidmouth, Lyme Regis, Weymouth and Swanage. This length also contains some taxing gradients for walkers including the climb to the highest point on the south coast of England, Golden Cap, as well as the challenge of the military firing ranges east of Lulworth Cove with its frequent closures.

All of the locations on the map illustration to the left have at least one facility such as toilets, a cafe/restaurant, shop or pub.

Tyneham Cap. Photographer Daryl Baker

OS Maps: Landranger 192; Explorer 115

	This Walk	Cumulative	This Walk	Cumulative	Grading	Timing
Ascent	722ft	97,489ft	220m	29,715m	Moderate	3 hours
Distance	5.4mi	519.9mi	8.7km	836.7km		

For detailed directions see our Walking Guide no. 58, Exmouth to Budleigh Salterton.

This is a well-used and popular Section, never far from houses and passing a large caravan site and golf course on the way. Most of this length is on relatively low cliffs, and in the west these give excellent views over the mouth of the Exe and the great sandy bar of Dawlish Warren. Further east, the high point of West Down Beacon gives exceptionally fine panoramic views, while beyond the Beacon the Path becomes more enclosed. It is an easy-going Section of some variety, ideal for those not wishing to explore remote or strenuous lengths.

Directions

A regular bus service links Exmouth and Budleigh Salterton, making this a good bus-walk option. In addition, a summer service links Exmouth with Sandy Bay, approximately mid-way along the section, giving another, shorter bus-walk.

Exmouth has all the usual facilities and a railway station connecting to Exeter. The Coast Path follows the promenade from the redeveloped docks area at the mouth of the Exe, which is also the ferry landing point. Continue to the cliffs at Orcombe Point, then climb the steps and continue on the cliff top, passing the Jurassic Coast marker and on to the caravan site at Sandy Bay. Follow the fence line inland of the Straight Point rifle range, then climb to the high point at West Down Beacon. The Path then descends, seaward of the golf course, though offering relatively few sea views on this stretch. Approaching Budleigh Salterton, a charming and traditional small town, the Path turns inland then almost immediately, at a junction, goes right to descend to the end of the promenade. The shops, pubs and other facilities are immediately inland of the Path, which continues towards the distinctive line of pine trees to the east of the town.

Lower Otter, Budleigh Salterton. Photographer Molly Palmer

OS Maps: Landranger 192; Explorer 115

	This Walk	Cumulative	This Walk	Cumulative	Grading	Timing
Ascent	1,037ft	98,526ft	316m	30,031m	Moderate then strenuous	3.5 hours
Distance	7.1mi	527.0mi	11.4km	848.1km		

For detailed directions see our Walking Guide no. 59, Budleigh Salterton to Sidmouth.

Most of this pleasant Section is on relatively low red cliffs, with attractive views inland over an undulating pastoral countryside as well as seaward. However, there are contrasts at both ends. The western end skirts the narrow, marsh-fringed estuary of the River Otter, while the eastern end includes a wooded cliff top and high cliffs on the appropriately named High Peak and Peak Hill. This is a pleasant and pleasingly quiet Section.

Directions

A regular bus service links Budleigh Salterton and Sidmouth, making a bus-walk a possible.

Budleigh Salterton, a town with something of an attractive feel of yesteryear, has all the usual facilities. The Coast Path goes along the promenade to the car park at the eastern end. Progress east seems tantalisingly close, but the River Otter, with no bridge at its mouth, bars the way. The Path leaves the north eastern corner of the carpark and heads over a 70-metre newly constructed footbridge from which you can get splendid views over both the estuary and the new 55 hectare wildlife area (now a National Nature reserve) created by the Environment Agency in partnership with Clinton Devon Estates. When the path meets a road turn right and cross the River Otter on the road bridge, then bear right to follow the path back downriver to the sea.

The path is clear to the caravan site at Ladram Bay, where there are toilets and seasonal refreshments. Here, descend across a field to the beach access track, going left then immediately right, past a pub and on to climb into woodland at High Peak. Here, the path goes behind the very top, emerging onto a track. Turn right and follow the path that emerges onto open land at Peak Hill then turn right again and climb up Peak Hill. Follow the path down the cliff through woodland to a road, turn right then keep right along an old road, then onto a large grassy area down to a zigzag path next to the white Jacob's Ladder steps. At the bottom, follow the seafront path to reach the main esplanade. Sidmouth is an elegant Regency town and has all facilities.

Ladram Bay. Photographer Nikola Hudakova

OS Maps: Landranger 192; Explorer 115 (most); Explorer 116 (eastern end)

	This Walk	Cumulative	This Walk	Cumulative	Grading	Timing
Ascent	2,408ft	100,934ft	734m	30,765m	Severe then strenuous	5.5 hours
Distance	10.3mi	537.3mi	16.6km	864.7km		

For detailed directions see our Walking Guide no. 60, Sidmouth to Branscombe and Branscombe to Seaton.

This is a Section of lofty cliffs cut by deep and narrow valleys, making for a magnificent coastal landscape but a testing one to walk. In the west the cliffs are characteristically red, but this changes quite abruptly along the length as the Section reaches the most westerly chalk cliffs in England, appropriately bright white. Add an elegant Regency town, a charming picture-postcard village, a quaint fishing town and a Victorian town and the result is a length of great attraction.

Directions

A regular bus service links Sidmouth with Seaton, making a bus-walk possible. There are also regular, if less frequent, bus links to Branscombe and Beer along the length giving further options.

The Coast Path passes along the elegant esplanade at Sidmouth to the footbridge over the mouth of the River Sid at the eastern end. Some dramatic cliff falls have occurred just east of Sidmouth and a well-signed diversion is necessary past housing until, at the top of Laskeys Lane, it turns back to the cliff top. A steep climb up Salcombe Hill is soon followed by an equally steep descent and climb through the Salcombe Regis valley. The Path skirts behind the hollow of Lincombe, then descends to the beach at Weston Mouth. A short way along the beach, the Path leaves to climb steeply back to the cliffs and a good level stretch, which eventually turns inland to meet a track. This descends to Branscombe Mouth, where there are refreshments and toilets. Beyond Branscombe the official Path passes among some holiday chalets, then along an undercliff path, with imposing cliffs rising above, before a steep climb to the cliff top at Beer Head. These are the most westerly chalk cliffs in England. An alternative route from Branscombe Mouth climbs up the valley side and proceeds directly along the cliff top to Beer Head.

Follow the signed path from Beer Head, past a caravan site and into the village behind the beach. Beer, an attractive fishing village, has all the usual facilities. Climb the path on the east side of the beach to the cliff top, descending to a road and down to Seaton Hole, where there are refreshments. Only if the tide is falling or low, walk along the beach to the end of the promenade at Seaton. If not, an inland diversion must now be taken. A cliff fall caused by the extreme wet weather in 2012 necessitated permanent closure of the previous Coast Path route. At Seaton Hole turn left on to Old Beer Road and walk approximately 220 yards/200 metres inland towards Beer. Turn right on a path through woodland to arrive at the B3172 Beer Road and turn right here. After approximately 875 yards/800 metres, leave Beer Road and take the path on the right through the Chine, where there are refreshments, and on to the promenade and into Seaton, which has all facilities, including bus services to Exeter and Lyme Regis.

OS Maps: Landranger 193; Explorer 116

	This Walk	Cumulative	This Walk	Cumulative	Grading	Timing
Ascent	1,401ft	102,335ft	427m	31,192m	Moderate then strenuous	3.5 hours
Distance	7.1mi	544.4mi	11.4km	876.1km		

For detailed directions see our Walking Guide no. 61, Seaton to Lyme Regis.

Changes have occurred to part of this length following landslides. After crossing a golf course then cliff land, the route now climbs to a superb viewpoint known as Goat Island, part of the old cliff top which was subject to a massive cliff fall in 1839. From here the Path descends into the Axmouth-Lyme Regis Undercliff. This length, a National Nature Reserve, has been undisturbed since that cliff fall and is effectively a wilderness area of virtually virgin woodland and dense scrub, often with an almost eerie character. For most of this part the sea will not be visible. It is an odd and impressive experience, delighting some, but frustrating others.

Directions

Leave Seaton at the east end, using the old concrete bridge to cross the River Axe. Follow the road for a short while and then turn right up the steep golf course access road, past the club house then across the fairway to the end of a lane. Follow this for a short while, then turn right off the lane onto a path across farmland, eventually reaching the cliffs. Leaving the farmland, the Path then rises to the open vantage point of Goat Island, with its magnificent views. Keep to the top of grassy area, then follow the Path as it descends through woodland to enter the strange world of the Undercliff. This old landslip is a National Nature Reserve, being an area of wildlife wilderness. The Path through the Undercliff rarely offers sea views and can feel almost claustrophobic in places. There are no escape routes inland nor safe paths to the sea shore. However, the route is well waymarked and the maps on the Natural England display boards show walkers their exact location; no one should ever feel lost and many find it an exhilarating experience.

Eventually the Path emerges on cliffs, and is then waymarked down through woods to arrive adjacent to Lyme Regis's scenic harbour, the Cobb. Lyme Regis is a charming and attractive town and has all the usual facilities.

Beer. Photographer Mark Huntley

OS Maps: Landranger 193; Explorer 116

	This Walk	Cumulative	This Walk	Cumulative	Grading	Timing
Ascent	3,097ft	105,432ft	944m	32,136m	Moderate then strenuous	5.5 hours
Distance	10.0mi	554.4mi	16.1km	892.2km		

For detailed directions see our Walking Guide no. 62, Lyme Regis to West Bay.

A major feature of this Section is the large number of cliff slippages caused by a combination of wet weather and geology. This means that the route between Lyme Regis and Charmouth (approximately 3 miles/4.5km) relies on a footpath diversion. However, the remainder of this Section is a superb coastal experience, climbing as it does over the top of Golden Cap, the highest point on the entire south coast of England, with views to match, as well as a challenging steep climb!

Directions

A regular bus service between Lyme Regis, Charmouth, Chideock (which is about 0.75 mile/1.25km inland of Seatown) and West Bay makes a variety of bus walks possible.

Lyme Regis to Charmouth

Between Lyme Regis and Charmouth major diversions have had to be put in place, to avoid the cliff falls that have occurred. Improvements to this part of the route have been made. For up-to-date details on diversions and route changes, check the Association's website **southwestcoastpath.org.uk**.

Lyme Regis is a charming and attractive town with all facilities. From the Cobb harbour proceed along the esplanade to the small car park at Cobb Gate and the Millennium Clock Tower: the town centre is on your left. Continue along the sea wall, passing seaward of the Millennium Theatre for approximately 550 yards/500 metres, turn up the large flight of steps on the left that lead to Charmouth Road car park. Cross the car park to the main road (A3052), then turn right uphill past the Football Club beyond. Opposite the cemetery, go through a pedestrian gate to follow the Path across fields to a lane on the edge of the woodland. Turn left and after 100 yards/90 metres turn right at a sign before the wooden gate, climbing through woods to emerge onto the road at Timber Hill.

On the route from the woodland on Timber Hill to the outskirts of Charmouth there are several public footpaths shown on the Ordnance Survey map seaward of the current Coast Path. These cross The Spittles, Black Ven and the edge of the golf course, but are all impassable and closed due to active landslips, which had made this a hazardous area.

Since the major cliff falls of 2001, this part of the walk has been shown as a 'diversion' in the expectation that the Path could be reinstated along the cliff top. However, the ongoing instability of the cliffs has meant that this has not been possible, and so the Path has been routed inland and across the golf course. In 2022 a route was established with the permission of the golf course which allows walkers to follow a stone surfaced waymarked route avoiding the main A3052 road.

Once you have re-joined the road, turn right and follow the road uphill for 600 yards/550 metres past the entrance to the Golf Club, until you reach a fingerpost pointing the route across the golf course. Follow the Path and white stones marking the route across the golf course to the woods on the far side. This is an active Golf Course area and so please be mindful of golf course users and golf balls.

The new route of the Coast Path turns right at the fingerpost around 20 metres into the woods and follows a stone surfaced path through the woods and along the edge of the golf course.

At the end of the woods continue along the Path, which now has a tall fence on the right-hand side. Continue along the path following the edge of the golf course and then following the hedge-line. When the path reaches a viewpoint on the cliff top, turn left at the fingerpost and follow the path downhill onto the Old Lyme Hill. Follow this road downhill to merge with Old Lyme Road, before turning right into The Street. Take the next right into higher Sea Lane and continue ahead, ignoring various signs pointing off the lane, at a fork take the lane, slightly left which leads to the seafront at Charmouth Beach, with its toilets and refreshments.

Beach route, Lyme Regis to Charmouth

It is possible to walk along the beach between Lyme Regis and Charmouth, but this is not recommended. Mudslides midway along mean that the route is very narrow and only passable at low tide. As such *it should only be attempted after checking tide tables and on a falling tide*. Many people are cut off or get stuck trying to cross one of the innocuous looking mud flows and have to be rescued.

Coast Path, Charmouth East to Seatown (Chideock)

Refreshments are available near the seafront car park. From the Jurassic Coast Heritage Centre on the seafront at Charmouth (well worth a visit), head for a footbridge across the River Char and after crossing it, follow the Path up the grassy slope to Stonebarrow Hill. After a couple of moderate hills, and passing the remains of St Gabriel's church and its old village, the route starts the long, steep climb to Golden Cap, the highest point on England's south coast, but the climb is rewarding as the views from the top are spectacular. At the top, go slightly left to the trig point which then leads to the long and steep descent. Approaching Seatown, the Coast Path detours slightly inland before it emerges at Seatown, which has toilets and a pub. A shop and other facilities are at Chideock, 0.75 mile/1.25 kilometres inland.

From Seatown, the Coast Path climbs the cliff slope on its way to the high point of Thorncombe Beacon. There is a descent to the little beach at Eype, then a further climb and descent to the harbour at West Bay, which has most facilities.

Seatown. Photographer James Loveridge

63 West Bay to Abbotsbury

OS Maps: Landranger 193 (western half); Explorer 116 (western half)
Landranger 194 (eastern half); Explorer OL15 (eastern half)

	This Walk	Cumulative	This Walk	Cumulative	Grading	Timing
Ascent	275ft	105,707ft	84m	32,220m	Strenuous then moderate	6 hours
Distance	9.3mi	563.7mi	15.0km	907.2km		

For detailed directions see our Walking Guide no. 63, West Bay to Abbotsbury.

From West Bay a sheer cliff of Red Sandstone rises from the sea, looking almost artificial in its straight lines. This Section is liable to sudden cliff falls so it is vital to keep to the marked path and follow any temporary diversions. After Burton Beach the coastline takes on a low level profile and the Coast Path loses its ups and downs. It can still be hard work here though, as the shingle at the far western end of the 18 mile long Chesil Beach tests the legs. There is an inland alternative to the walk along Chesil Beach.

Directions

A regular bus service links West Bay with Abbotsbury, and also calls at Burton Bradstock along the length of this Section, giving various bus-walk options. A popular circular walk based on Abbotsbury uses the Coast Path as well as the South Dorset Ridgeway.

At West Bay go round the back of the harbour, pass to the right of the church and ahead to the West Bay Hotel, opposite which is the Coast Path sign pointing to the surprisingly steep cliff. Arriving at Burton Freshwater, the Path runs between the caravan park and the beach and is well-signed. There is a short inland diversion around the seaside Boarding House leading to Burton Beach where there are refreshments at The Hive beach and toilets. Further on, the Path passes inland of Burton Mere (which can flood in wet weather), before coming to West Bexington, where there are toilets and seasonal refreshments.

See Section 71 for details of the alternative Inland Coast Path (South Dorset Ridgeway) between West Bexington and Osmington Mills.

The Coast Path continues along the back of the beach, later passing another car park with toilets and seasonal refreshments, and some 200 yards/185 metres beyond this it turns inland to Abbotsbury. There are alternative routes either going into the village, or going south and east of Chapel Hill and missing the village. A permissive path alternative leaves the Coast Path and leads directly to the famous Swannery. Abbotsbury is a beautiful, stone-built village with much of historic interest and most facilities.

Between Burton Bradstock and Burton Freshwater. Photogapher Chris Bull

OS Maps: Landranger 194; Explorer OL15

	This Walk	Cumulative	This Walk	Cumulative	Grading	Timing
Ascent	955ft	106,662ft	291m	32,511m	Easy. Chesil Beach route strenuous	4 hours official route
Distance	10.9mi	574.6mi	17.5km	924.7km		

For detailed directions see our Walking Guide no. 64, Abbotsbury to Weymouth.

Just after Abbotsbury there is a high, far-reaching view of the sea, the Fleet lagoon and Chesil Beach, followed by an inland, field route. The Fleet and Chesil Beach become visible again in the descent alongside Wyke Wood to Rodden Hive. From Rodden Hive to Ferry Bridge, Weymouth, the Path follows the edge of the Fleet with views of the unusual shingle bank of Chesil Beach.

Directions

For a bus/walk there is a bus between Abbotsbury and Weymouth.

From Abbotsbury follow signs to the Swannery. Go past the car park to a sharp right-hand bend in the road, just past a barn. Follow the boundary wall on the left, over a stone stile and up a steep 40m climb aiming for marker posts on the hillside. Go past Clayhanger Farm (75m away on the right) across fields to a gate, through a copse, over a stone stile, down steps and the hill to a finger post and turn left. Cross fields, a footbridge, a narrow road, and another field to a finger post and turn right towards Wyke Wood. Skirt round the wood, going downhill to a gravel track. 20m along the track turn left at a finger post, cross fields to the remains of a gate at a bridge. Cross the bridge, through a kissing gate and turn right along a field boundary. Continue through fields, over a stile and turn right to the Fleet at Rodden Hive. The Path then follows the edge of the Fleet passing Langton Hive, Herbury promontory, Gore Cove, Moonfleet Manor Hotel (refreshments available), the gallops of Sea Barn Farm stables, over a wooden bridge near East Fleet, to Chickerell Hive Point and Chikerell Firing Range. If the red flag is flying, turn left and walk inland around the range. If there is no flag turn right. After the range these routes join. Next is Littlesea Holiday Park from where the Path climbs a little, levels out and drops to the Wyke Regis Training Area and Bridging Camp. Follow the fence round the camp to a road. Turn right, down the road to the bend and left into the field along a permissive path to the Fleet. At the next cove descend steps, cross the sand (at low tide), and take the Path up the hill to the right of a five-bar metal gate.

Due to path slippage by the Chesil Beach Holiday Park a Diversion is now in place at SY65875..76712. Look out for a left turn towards Martleaves Stud. Follow the Path and turn right onto West Hill Road, then right onto Marlborough Ave, cross Langton Road to Walker Cres and then take the path on the left (sign posted Coast Path diversion). Follow this path to the main Portland Road. Turn right towards Portland. Cross Ferrymans Way and go left over the pedestrian crossing. Path Sections to Lulworth Cove and Portland begin here.

Alternatively, it is possible to walk along Chesil Beach to Ferry Bridge, starting at the beach where Walk 63 turns inland to Abbotsbury. However please note; 1) it is extremely hard, slow walking and there is no way off before Ferry Bridge; 2) it is closed from 1 May to 31 August for the bird nesting season; and 3) it is necessary to check the Chickerell Range website to ensure firing is not scheduled; gov.uk/government/publications/chickerell-firing-times or telephone the Commandant on 01305 831930.

OS Maps: Landranger 194; Explorer OL15

	This Walk	Cumulative	This Walk	Cumulative	Grading	Timing
Ascent	1,112ft	107,774ft	339m	32,850m	Moderate	7 hours
Distance	13.0mi	587.6mi	20.9km	945.6km		

For detailed directions see our Walking Guide no. 65, The Isle of Portland.

Portland is unique. An almost-island jutting out into the English Channel, joined to the mainland only by the end of Chesil Beach, it has an isolated air. Formed of limestone, it has been extensively quarried and these workings, some still operational, characterise much of the landscape. Elsewhere, former military buildings and those of Verne Prison and the Young Offenders' Institution are prominent. Portland has a rugged beauty and is well worth exploring with superb views and a rich natural and historic heritage.

Directions

Bus routes run the length of Portland in the summer season (June-September), making a variety of bus-walks possible. There is also a regular bus from Weymouth to Portland throughout the year. This Section is, in any event, a circular walk. Check on local bus information.

Portland has seen a number of cliff movements over the past 12 years with many diversions coming into place. Removal of old signage and the addition of new has not kept pace with this. Additionally the circular trail brings together a number of paths. This can make following the circular trail difficult. This guide takes the walker firstly to West Portland.

From Ferrybridge cross the causeway onto Portland; this is done by simply following the shared footway/cycleway alongside the A354 road or alternatively by crossing the bridge on the A354 to beyond the boatyard. Then walking along the raised bed of the old Easton to Weymouth railway on the eastern bank, to near the end of the causeway at the roundabout for the access road to Osprey Quay and here returning to the footway/cycleway. At the southern of the two roundabouts, at Victoria Square, take the main road (Chiswell) south. Recent cliff movements at West Weare have resulted in a new diversion which directs the walker along the A354 main road (Chiswell, High Street & New Road) to the entrance to Tout Quarry (just before Heights Hotel). However, it is still possible to take in some of the coastal route which this guide now describes. Turn right off A354(Chiswell Road) into Pebble Lane, then left just before the disused public toilet block. Continue and bear right up onto the promenade at Chesil Cove. At the floodgates, cut back sharp left then right, following Coast Path signs up a steep tarmac path. Turn left onto Clovens Road (SY6853..7326) and then right onto St Martin's Road. Take the left onto Hambro Road and then right onto Brynmers Ave. At the end of this road take the small path on left and then go right onto the main road (New Road).

Follow the main road until just before the Heights Hotel and here turn right into Touts Quarry (Sculpture Park). Follow the main trail through the quarry noting the Path diversion signage. Shortly before reaching the car park turn right and go through a number of sculptures towards the coast and turn left towards Portland Bill. Follow the path and diversion through Bowers Quarries. Once through the quarries follow the coastal path south to Portland Bill. At Portland Bill there are refreshments, toilets, the famous Portland Bill Lighthouse, and bus stops.

Continue around the end of the low headland then start northwards, seaward of the wooden chalets, to follow a winding path along the top of low cliffs to join a road above Freshwater Bay after about 2.5k. Turn right on the road (use the footway on the west side of the road) for 550 metres, past Cheyne Weares car park to a signpost on the right. Follow the zigzag path into the undercliff area and follow the waymarking through disused quarry workings to Church Ope Cove. Ascend the stepped and signed Path up to Rufus Castle viewing area. Here, the South West Coast Path also becomes the England Coast Path.

After Rufus Castle, the Coast Path soon joins the track bed of the former Weymouth to Easton railway line. This is then followed northwards and eventually take a left through a metal kissing gate and then right walking through a garden area. This becomes a track and continue towards a car park. Go left, then right and walk towards the Young Offenders Institute. Keep on this road ignoring the path signage to the Coast (East Weare) and enter a private road. Eventually the road bears left then right as the Offenders Institute fence ends. Continue on the gravel trail, cross a grassy area and reconnect with the trail. Bear right where the trail branches (SY6974..7287) and follow the narrow path with large stones on the left bearing triangular warning signs. Go through a metal gate with a mast on the right and eventually get to a bend in the road where Glacis becomes New Ground Road. Here take the trail signposted Castletown, go down some steep steps and at a path junction go right (milestone points to Merchant's Railway). Eventually reach an underpass below a road and descend steeply towards Castletown down the Merchant's Incline (a former quarry tramway), crossing two footpaths and a road. Pass under a footbridge and through another underpass to reach an access road and turn left to a roundabout.

Continue ahead for some 27 metres and then cross to turn right down Liberty Road, signposted to Portland Castle. Go past the castle entrance to the car park and turn right towards the harbour, heading for five black posts. Here join the footway/cycleway to follow the harbour-side to the Sailing Academy, the venue of the sailing events at the 2012 Olympics. Continue on the footway/cycleway to reach the roundabout on the A354 road. From here, follow the former railway track to the boatyard before the bridge over the mouth of the Fleet, and follow the footway alongside the road to Ferry Bridge.

Portland Bill. Photographer Colin Foster

OS Maps: Landranger 194; Explorer OL15

	This Walk	Cumulative	This Walk	Cumulative	Grading	Timing
Ascent	2,385ft	110,159ft	727m	33,577m	Easy to moderate to strenuous	6.25 hours
Distance	14.4mi	602.0mi	23.2km	968.8km		

For detailed directions see our Walking Guide no. 66, Weymouth to Lulworth Cove.

The signposting throughout this Section generally only refers to "Coast Path". The western part of this Section is a well-trodden walk through the seaside town of Weymouth with its working harbour, sandy beach, and attractive Georgian sea front. East of the town is a length of relatively low cliffs, but then at White Nothe the coastal geology changes to give a spectacular rollercoaster of steep chalk cliffs, punctuated by the iconic landmarks of Durdle Door and Lulworth Cove. Both ends of this Section are busy, but the central part is remote and usually quiet.

Directions

A bus service from Weymouth to Osmington and Lulworth Cove (and on to Wool) enables access to the Coast Path mid-way along the Section, allowing some bus-walk options. There are also frequent buses from Ferrybridge to Weymouth town centre.

From Ferrybridge the Coast Path follows the Rodwell Trail, a shared foot and cycle path on the route of the old Weymouth to Portland railway. About 400 yards/350 metres after passing the sailing centre, turn right (signposted to Sandsfoot Garden Café) and then left to walk up Old Castle Road, passing the cafe on your right. Turn right into Belle Vue Road and follow it to a T-junction with Bincleaves Road. Turn right past Dolphin Court and then almost immediately left across a grassed area, passing the monument erected in memory of Thomas Fowell Buxton (1786-1845), MP for Weymouth and a leading campaigner against slavery. (Note that the possible alternative path on the OS map above the Western Ledges is now closed after a landslip.)

Follow the path to the right of the housing estate, cross the pedestrian bridge over Newton's Road at Newton's Cove, and continue through Nothe Gardens towards Nothe Fort. (Alternatively, for a route closer to the sea, turn right down the steps just beyond the seasonal ice cream kiosk and follow the lower path, Jubilee Walk.) Before reaching the fort, go left past the public conveniences, cross the fort access road and follow the signed path left, until you reach steps on your right heading down to Weymouth harbourside.

Turn left at the foot of the steps. There is a seasonal ferry (rowing boat) which crosses the harbour by Weymouth Sailing Club. If you don't take the ferry, walk along the harbour and cross the Town Bridge, descend the steps at the end of the bridge and walk back along the other side of the harbour. Just before reaching the Pavilion Theatre, turn left and follow the Esplanade along Weymouth's sea front for 2 miles/3.2 kilometres to its end by the Oasis café at Overcombe Corner.

Walk up the minor road past the Spyglass Inn, then bear right to cross the crest of the grassy open space to reach Bowleaze Cove. Follow the signed path through the Beachside Leisure Centre. The path passes to the right of the former Riviera Hotel and above Redcliff Point, then skirts around an education and adventure centre and eventually comes out on the road in Osmington Mills. (See Section 71 for details of the alternative South Dorset Ridgeway between West Bexington and Osmington

Mills.) Turn right and walk down the road to the Smugglers Inn, where the Path goes through the pub garden, across a bridge in front of the pub and then round to the left of the pub. Now follow the Path across a field, through an area of scrub and along the cliff top before walking through a wooded area to reach Ringstead. Keep on the track in front of the houses, then bear left on the tarmac road and turn right just before the car park (with a café and toilets in summer).

The route towards White Nothe starts as a gravel track, changes to a footpath, and then joins a narrow tarmac road near the small wooden church of St Catherine-by-the-Sea. The official Path keeps to the road, forming two sides of a triangle. (The former Path bears off to the right just after the church and is still useable, but can become muddy in wet weather.) At the top of a short incline turn right, signed White Nothe, and then go left through a kissing gate into a field. Bear right through scrub and up a series of steps to follow the cliff top to the former coastguard cottages at White Nothe. If you have time, it is well worth walking out to the wartime lookout and then left to a stone bench with a wonderful view along the coast to the east.

From White Nothe eastwards the route is straightforward to follow but with some steep gradients as you climb over Bat's Head and Swyre Head before descending to the delightfully named Scratchy Bottom and joining the crowds above Durdle Door. Follow the broad gravel track until just before the car park (with food and drink vans in summer) where you turn right at the bridle gate. Continue to Lulworth Cove, descending a stone pitched path into the car park. Walk to the left of the Visitor Centre and then immediately turn right round the back of the Visitor Centre. At a fork in the road take the path on the left leading to Stair Hole, with its spectacular upturned rock formations, and then on to the commemorative stone marking the inauguration of the Jurassic Coast as a World Heritage Site. Walk down a series of steps to the shore of the Cove itself.

Lulworth Cove has toilets and refreshments, and most facilities are found here or at West Lulworth, a little way inland. At this point there are two options to following the Coast Path mainly depending on tidal conditions with both routes described in guide 67.

Durdle Door. Photographer Nikola Hudakova

67 Lulworth Cove to Kimmeridge Bay

OS Maps: Landranger 194 (most); Landranger 195 (eastern end); Explorer OL15

	This Walk	Cumulative	This Walk	Cumulative	Grading	Timing
Ascent	2,002ft	2050ft	610m	34,187m	Severe	5 hours
Distance	8.1mi	626mi	13.1km	980.2km		

For detailed directions see our Walking Guide no. 67, Lulworth to Kimmeridge.

This is part of the Jurassic Coast, a UNESCO World Heritage site, and is of great geological importance, largely formed by lines of relatively hard limestone having been breached at intervals to form coves and bays as the sea erodes the softer rocks behind. The result is a dramatic coastline of white cliffs and darker coloured coves, some prominent headlands, and a succession of extremely steep slopes to walk. Although there is some military hardware on the Ranges the landscape has been largely unchanged by farming for some eighty years. Although relatively short, this Section is severe because of several long, steep climbs.

Directions

For train-bus-walk options: A year-round bus service connects Bridport-Weymouth-Lulworth Cove-Wool-Wareham-Poole and summer-only services connect Weymouth-Lulworth Cove-Swanage and Wool-Durdle Door-Lulworth Cove. There is no public transport apart from Lulworth Cove. There are 4 large car parks; Lulworth Cove, Tyneham Village, Whiteways (free of charge) on the hill above Tyneham for level access to Flowers Barrow, and Kimmeridge.

There are 4 large car parks giving access to the Section; Lulworth Cove, Tyneham, Whiteways on the hill above Tyneham for level access to Flowers Barrow, and Kimmeridge.

IMPORTANT: This Section passes through the Lulworth Army Firing Ranges so check beforehand that the Ranges, including Tyneham Village, are open. As rule-of-thumb they are closed on weekdays and open at weekends, open at Easter, Christmas, Bank Holidays and during August, but see the exceptions and exact times below. Opening times can change at the last minute; call **01929 404714** or go to **www.gov.uk/government/publications/lulworth-access-times** for the latest information.

LULWORTH RANGE WALKS AND TYNEHAM VILLAGE ACCESS TIMES 2024

The Lulworth Range walks and Tyneham Village are open every weekend excluding:

- 17 to 18 February 2024
- 16 to 17 March 2024
- 8 to 9 June 2024
- 14 to 15 September 2024
- 12 to 13 October 2024
- 16 to 17 November 2024

In addition, they are open on these days:

- Christmas: 16 December 2023 to 1 January 2024
- Easter: 29 March to 14 April 2024
- Bank Holiday: 4 to 6 May 2024
- Spring stand-down: 25 May to 2 June 2024
- Summer stand-down: 26 July to 1 September 2024
- Christmas: 21 December 2024 to 5 Jan 2025

On conclusion of weekday firing, the gates to the range walks are opened as near as possible to 4.30pm on the Friday afternoon. However, this is dependent on completion of range clearance and weather. The range walks will remain open until 8am on the Monday morning.

During opening times:
The exhibitions in Tyneham School and Tyneham Church are open from 10am until 4pm. The vehicle gate into Tyneham Village and car park is opened at 9am and closed at dusk. On conclusion of weekday firing, the gates to the range walks are opened as near as possible to 4.30pm on the Friday afternoon, however this is dependent on completion of range clearance and weather. They remain open until 8am on the Monday morning.

Coast Path – Lulworth Cove to Kimmeridge Bay
From the Visitor Centre and car park follow the Coast Path signs to Stair Hole with its spectacular rock formations, and then to the slipway at the Cove.

There are two options to get to the Coast Path on other side of the Cove from the slipway;

1) The easy option but not officially Coast Path; at most states of the tide walk around the Cove on the pebble beach and up the stone steps at the east end of the Cove. At the top of the steps, 10m after the path levels out, turn right, where there is a milestone just inside the turn – you are now back on the official Coast Path.
2) The other option is the Coast Path which is about 1 mile/1.5km longer and 330ft/100m climb and descent more than going round the Cove. It is however rewarded with high, panoramic views of the Cove and surrounding sea and countryside. From the Cove slipway take the road up to West Lulworth for about 500 yds/460m. Turn right where the footpath meets Bindon Road, walk for 70 yds/65m and turn right through a metal gate. Bear left here and climb steps to go through a wooden gate. Turn right to the hedge and then left in a long curve along the hedge and cliff edge with views of Lulworth Cove on the right. Where this path meets the firing range fence, turn right through a kissing gate and descend 330 steps. Ignore the first left turn, go straight, and take the next left where there is a milestone just inside the turn. Going straight instead of turning left would take you down the stone steps to the Cove.

After 50m turn right at another milestone, go over a wooden bridge and a boardwalk and follow the path up to Pepler's Point. Turn left and follow the Coast Path to the gate to the Ranges; the Fossil Forest is just beyond the gate. The route is now straightforward – just follow the yellow-topped posts through the Ranges to the exit gate and then to Kimmeridge Bay where there is a car park (paid), toilets and seasonal refreshments, or all year refreshments in Kimmeridge village 0.6 mi/1km to the north. The Etches Museum in Kimmeridge, dedicated to fossils, is worth visiting theetchescollection.org.

If the Ranges are closed; two alternatives are suggested below and you are strongly advised to use OS 1:25,000 Explorer Map OL15 (Purbeck and South Dorset) as they are not signed 'Coast Path'.

Alternative Option 1 (13.5mi/22.0km)
This route is safer and quieter but more strenuous than Option 2; go up the road from the Cove to West Lulworth, past the fork to Durdle Door, take the next left into West Road at a thatched bus shelter. In 100yds/90m turn right onto a footpath uphill for 0.75mi/1.2km. Cross a track and continue north to a T junction of paths,

turn right (east) and after 100yds/90m turn left (north), past Belhuish Coppice and turn right on a track past Belhuish Farm. Cross the B3070 at GR835 832, onto the track opposite. After 0.5m/0.8km ignore the left turn at Clare Towers, continue straight for 280yds/250m and follow the track left past Park Lodge and cross the road at GR855 832 onto a bridleway. Continue along the bridleway for just over 2mi/3.4km to GR 866 856, to join a minor road, turn right to a crossroads, turn right (east), then take the right at a fork (signposted Stoborough) at GR883 856, over the next crossroads with the B3070 at G886 855(*Route Option 2 joins this route here). Go east for a further 1.5mi/2.5km along Holme Lane to GR909 854 and about 400yds/360m before a railway, turn south onto Doreys Farm bridleway (see Option 1A below). Follow the bridleway for 1.25mi/2.1km and turn right onto the road.

In 0.9mi/1.5km after Creech Grange, the road climbs steeply for 0.6 mi/1.0km to the Steeple Viewpoint car park. Just before the car park turn left at GR905 817 on a bridleway that falls steeply south to re-join the same road. As the road levels out, at a left-hand bend at GR907 812, take the bridleway/access road south through Steeple Leaze Farm. About 200 yds/185m south of the farm, take the narrow footpath that heads up steeply through woods to a bridleway on the ridge. Turn left through a gate and look for a narrow path on the right with steep steps downhill and then across three fields towards the coast and Kimmeridge Bay, joining the Coast Path at the car park.

Option 1A (to avoid 0.6 mi/1.0km of road walking)

On Doreys Farm bridleway (see above), after emerging from Bridewell Plantation (GR914 839), (where a fine house comes into view through trees on the left), go through the first field gate on the right onto Grange Heath. Initially the route is indistinct and the ground can be wet during and after rain. However, head south-west across the heath and in some 160yds/146m a good gravel path winds its way across Grange Heath. Follow the path south-west across the heath to join a bridleway that runs south-east, passing a farm to join Creech Road by a telephone box. Turn right on the road to pass Creech Grange, and then follow the details from Creech Grange in Option 1 above.

If Ranges are Closed – Alternative Option 2 (12 miles/19km)

This option is mainly road walking, and care is needed on narrow bends. Leave the Cove to West Lulworth on the B3070, then turn right to East Lulworth and beyond, keeping to the B3070 for some 3mi/5km to GR 886 855. Here turn right along Holme Lane to GR 911 854. From here, follow the route described from (*) in Option 1 above.

Kimmeridge Bay. Photographer Regina Askary

OS Maps: Landranger 195; Explorer OL15

	This Walk	Cumulative	This Walk	Cumulative	Grading	Timing
Ascent	1,597ft	113,758ft	487m	34,674m	Moderate then Strenuous	3.25 hours
Distance	7.1mi	616.2mi	11.4km	991.7km		

For detailed directions see our Walking Guide no. 68, Kimmeridge to Worth Matravers.

This Section mostly hugs the coast running along high cliff tops. Because of the Kimmeridge Clays that are a feature of this Section of the coast, in places the Path can be claggy and slippery after wet weather. There is a particularly steep cliff at Houns-Tout. Towards the eastern end, this length is dominated by St Aldhelm's Head, a flat-topped headland surmounted by an old chapel, which gives extensive views. This is a tough Section with a remote character.

Directions

Bus-walks are not easily undertaken on this Section. Circular walks using the Coast Path, based on inland villages such as Kimmeridge or Kingston, are possible.

The Coast Path from Kimmeridge Bay eastwards is straightforward, although care may be needed where small lengths have slipped, cracked or may be close to the cliff edge. Just beyond Kimmeridge, the Clavell Tower has been relocated 27 yards/25 metres inland and an improved Coast Path installed. There is a very steep climb up to Houns-Tout, followed by a steep descent of 167 steps. The Path then turns inland to avoid dangerous terrain at Chapman's Pool. Look out for a unique stone block sign pointing the way to Hill Bottom at the bottom of the descent. Beyond the hamlet of Hill Bottom the Path turns sharp right and climbs steeply out of the valley. You may wish to pause and reflect at the Royal Marines Memorial, before tackling a descent and climb of two more long flights of steps before reaching St Aldhelm's Head. There are excellent coastal views here to both east and west. The Path then descends to old quarries at Winspit. (For those aiming to end at Worth Matravers, which is about a mile/1.6 kilometres inland, take the track to the left at the valley bottom at Winspit. The village has a pub with simple meal options and cafe.)

View of Chapman's Pool. Photographer Stuart Hodgson

OS Maps: Landranger 195; Explorer OL15

	This Walk	Cumulative	This Walk	Cumulative	Grading	Timing
Ascent	657ft	114,415ft	200m	34,874m	Strenuous then Moderate	3.25 hours
Distance	6.5mi	622.7mi	10.5km	1,002.1km		

For detailed directions see our Walking Guide no. 69, Worth Matravers to Swanage.

The western part of this Section is dominated by St Aldhelm's Head, a flat-topped headland of limestone surmounted by an old chapel. There are extensive views, along the coast to both east and west. Leaving the valley at Winspit, the cliffs become increasingly marked by the remains of old small-scale quarrying activity. The route then passes through the Country Park at Durlston Head before rounding the headland to enter Swanage.

Directions

Numerous footpaths cross the cliffs to the Coast Path from the outskirts of Swanage and the inland village of Langton Matravers. The Poole-Swanage Breezer no.40 bus runs throughout the year, and this assists in enabling bus-walks which combine these link paths with the Coast Path.

(For those starting in Worth Matravers village, walk past the cottages in London Row, then follow the Path over a field to the track which leads down the valley to Winspit Quarry on the Coast Path.)

From Winspit there is a fine high-level walk to Durlston Head. Signing in Durlston Country Park is limited; keep on the low-level Path all the way round Durlston Head, then coming up on the north side, take the second turning right (the first is a cul-de-sac to a quarry). Durlston Castle has now been converted to a Jurassic Coast Gateway Centre and includes refreshment facilities.

After leaving Durlston Castle, follow a broad, stony path north through the woods for some 760 yards/700 metres to a junction in the path. Follow the path straight ahead over the bridge (this section includes a number of steep steps and slopes) before joining Bell View Road at the top of some steps and through an iron gate. Alternatively, for a flatter route, before the bridge follow the path to the left for some 125 yards/115 metres to reach Durlston Road at a new ornate wooden gate. Turn right and in 185 yards/170 metres turn right again into Belle Vue Road. Follow the road north-eastwards to the grassed open space leading to Peveril Point. In bad weather or at high tides, use the roadway and then down to the footpath at the end of the coastal buildings, otherwise use the foreshore. Continue along Swanage's sea front promenade. Swanage has all facilities.

Swanage. Photographer Bob Bunyar

OS Maps: Landranger 195; Explorer OL15

	This Walk	Cumulative	This Walk	Cumulative	Grading	Timing
Ascent	492ft	114,907ft	150m	35,024m	Moderate	3.5 hours
Distance	7.5mi	630.2mi	12.1km	1,014.2km		

For detailed directions see our Walking Guide no. 70, Swanage to South Haven Point.

This is an excellent and scenic Section. The southern, Swanage end comprises of increasingly high cliffs, culminating in the length between Ballard Point and Handfast Point, with its offshore stacks. This is an exhilarating length, with superb views over Poole Bay to Bournemouth and across the Solent to the matching cliffs of the Needles on the Isle of Wight. The northern end passes along a long sandy beach before arriving at the mouth of Poole Harbour, an enormous, enclosed water area and the second largest natural harbour in the world.

Directions

A bus service links Swanage with South Haven Point, making a bus-walk a good option. There are also popular local circuits using the Coast Path in the Swanage-Ballard Down-Studland area. If needed, check that the Sandbanks to Studland ferry is running as there is a lengthy alternative route for onward journeys to and from Poole and Bournemouth. See page 195 for ferry information.

Swanage has all facilities. The Coast Path passes along the town's sea front, following the main road (Ulwell Road) at the north end by the telephone box, where it bears left and on ahead into Redcliff Road at a one-way system. At a shop and post-box turn sharp right into Ballard Way – do not be put off by "Private Estate" signs. Continue forward into the chalet estate and follow signs for the Coast Path, to emerge on a grassed area on the cliff edge. Turn left and follow the Path to reach the footbridge and steps that come up from the beach. Except at very high tides or in severe weather, it is possible to follow a beach route rather then the Ulwell Road to get to the footbridge. From the seafront continue on past the Bull & Boat restaurant, along the sand (or raised walkway) and past some beach huts. You have to scramble over some groynes until you reach some steps that go up from the beach to meet the footbridge on your left. Don't cross the footbridge, but go right and up some steps.

The Path climbs out to Ballard Down, then the obvious high-level route continues out to Handfast Point and the much-photographed rocks of Old Harry, before turning west towards Studland. The Path from Old Harry is flat with good views across Studland Bay.

Following the official Coast Path, continue on to reach the road and toilets on your right. Turn right and follow the road up past the Bankes Arms. Just opposite the NT car park entrance (on the left) is a path on your right (next to a house), that heads towards the coast. At the coast go left and walk around the grounds of 'The Pig on the Beach' to reach Fort Henry, where WW2 leaders watched preparations for D-Day.

Around Fort Henry the Path leads to the car park at Middle Beach where there is a seasonal café. If the tide is low you can walk along Middle Beach, over the concrete slipway and onto Knoll Beach. If Middle Beach is impassable return up the slope and through the car park. Keep to it's right hand edge and pick up the path which is separated from the car park and passes past a public toilet block and then down the slope behind the huts which leads to Knoll beach. Soon after Knoll Beach is the naturist length of Studland Beach. Finally walk round the point and into Shell Bay and South Haven Point and the ferry.

If you wish to avoid the naturist section, there is a path through the Studland Nature Reserve (called the Heather Walk) from Knoll Beach to Shell Bay. However, you may still encounter naturists who use the dunes above the beach.

The ferry operates all year daily every 20 minutes, from Shell Bay (South Haven Point) to Sandbanks. If you intend to use the ferry at this time, check the Association's website or the ferry company's website. For ferry details see page 195.

Postscript

For those who have been with us all the way from Minehead, be it in one go or in bits and pieces over a period, a final few words seem appropriate. Alfred Wainwright, at the end of his work on the Pennine Way, said; "You have completed a mission and satisfied an ambition. You have walked the Pennine Way, as you have dreamed of doing. This will be a very satisfying moment in your life. You will be tired and hungry and travel stained. But you will feel great, just great." Just substitute the South West Coast Path for the Pennine Way and Wainwright's words will doubtless ring true. You will be glad and proud that you have walked and finished Britain's longest and finest footpath. As Wainwright said of the Pennine Way, it's a longer step than most take in their lifetime!

Old Harry's Rocks. Photographer Daryl Baker

OS Maps: Landranger 194; Explorer OL15

	This Walk	This Walk	Grading	Timing
Ascent	2,290ft	698m	Moderate	8 hours
Distance	17.1mi	27.5km		

For detailed directions see our Walking Guide no. 71 South Dorset Ridgeway West Bexington to Osmington Mills .

This is a very scenic walk, parallel to the coast and a varying distance inland. For most of its length, quite extensive coastal views are obtained beyond a green and rural foreground. Substantial lengths follow chalk ridges and these give impressive views north as well. Coastal features such as Portland and Chesil Beach are clearly seen, as are the flanks of the enormous Iron Age Maiden Castle inland. This is a quiet route, often feeling quite remote, and with usually no refreshments on its length it requires preparation. It is, nevertheless, a superb experience.

Directions

First bus services link both ends, Swyre (for West Bexington) and Osmington, (for Osmington Mills) with Weymouth, making a bus-walk possible, especially using Weymouth as a base.

The Dorset element of the Coast Path is unique in having an official alternative route for part of its length. This was referred to by name of the "Inland Coast Path". It is, however, now known as the South Dorset Ridgeway (SDR) and the signposting uses that name almost throughout. The waymarking has also been replaced and incorporates the name of the South Dorset Ridgeway. The length of the Section makes it an ideal long day's walk. However, be aware that other than one seasonal mobile refreshment van if the timing is right, no facilities are found anywhere along the route other than at the two ends, so it is necessary to be well-prepared. A detailed route description is given below.

Leave West Bexington car park by the milestone marked "South Dorset Ridgeway Osmington Mills 17" and turn inland up the road. Where the road bears left continue forward up the stony track, signposted SDR. Recent weather conditions have resulted in some deep, uneven ridges in this track.

Near the top of the track take the right-hand fork signed "5¾ Hardy Monument". Before reaching the layby on the B3157 road, there is a bench from which there is a panoramic view of the coast. At the layby, go over the stile to the left of the field gate and follow the Path to reach the Limekiln. At the Limekiln bear left following the signed Path. After passing through a pedestrian gate go straight ahead (rather than bearing off to the left and up to the signpost just visible in the distance). This takes you past a footpath off to the right signed "East Bexington & Beach 1", should you wish to make a detour. If not, follow the signed SDR to reach a National Trust sign for Tulk's Hill, adjacent to a kissing gate and field gate alongside the B3157. This time cross the road and go over the stile, signposted "Hardy Monument 4 1/2". Follow the Path and a series of steps through the Abbotsbury Castle prehistoric hill fort, passing the trig point with superb views in all directions, including Hardy Monument in the distance. At the end of the hill fort, go through a kissing gate and follow the Path down to and across a minor road. Go through a metal pedestrian gate to follow the Path in an easterly direction along the ridge of Wears Hill and the crest of White Hill, following the signed Path. Be careful not to follow any signs indicating routes down to the village of Abbotsbury in the valley below and its adjacent hilltop chapel.

At the east end of White Hill, bear north-east as signed and leave the field in the north-east corner through a gate on to a minor road. Continue north-east along this road for some 50 yards/46 metres and then turn right as signposted. Follow the narrow and rough bridleway along the wire fence above the scrub to a path junction; where the bridleway bears right take the yellow waymarked footpath to the left through the gate. At the end of this short section take a headland Path north-east. At the far side of the field, the track then leads approximately 50 yards/46 metres to a further gate and waymark. Immediately adjacent to the next field gate is a prehistoric stone circle, a scheduled ancient monument. Continue forward on the track, leaving a small wood to the left, to reach the road between Portesham and Winterbourne Steepleton. Go across the road into a field, signed "Hardy Monument 1". Continue eastwards across a field and along the side of other fields. At a small, wooded area before Black Down Barn (ruin) turn north at a signpost to Hardy Monument. Climb through the woods to the monument. In the 'summer' season it may be possible to find a mobile refreshment van here.

To continue, find a roadside signpost 30 yards/32 metres east of the car park entrance. Cross the road and descend eastward on a narrow path. Reaching the same road again and the track opposite turn left along the road, then in another 30 yards/32 metres turn right as signposted. Jubilee Trail discs are now evident. Now there is a good ridgeway path for some 3 miles/4.8 kilometres, with excellent views seaward. Note at Shorn Hill (ref.GR 633..866) traffic lights in place for road / heavy plant crossing. At a point some 550 yards/500 metres after passing under the second set of HV power lines, take the gate north of a large tumulus to stay on the north side of the fence running along the ridge. On reaching the B3159 road, marked by the Borough of Weymouth boundary stone, continue across as signposted and towards the A354 road. Cross the bridge over the A354 and follow the signed Path alongside the A354, until it bears off to the left towards Bincombe Down.

Continue eastwards, then before the farm, with its adjacent radio mast, take care to go through the gate on the right, marked with a blue arrow. After crossing the field, leaving two tumuli on the left, reach a metalled road and turn right. At the junction at the corner of Came Wood turn right at the SDR signpost. At the end of the Path join a metalled lane and at the road junction turn left, signposted "South Dorset Ridgeway". Drop down the road into the village of Bincombe and where the road turns right, take the track forward leaving the small church on the right. Where the Path splits take the left-hand fork, marked with a blue arrow and acorn. After the overhead HV power lines, pass through a small signposted wooden gate and then proceed forward through one field, into the next to a footpath sign. Here turn left, and there is a choice of routes around Green Hill.

For the best option, at a waymark post turn sharp right down a steep grassy slope to a stile at a road ahead. Cross the road to go over another stile, to follow a grassy path that contours around the south and east sides of Green Hill. On reaching a road at a gate and stile turn left, and in 50 yards/46 metres turn right through a gate signposted "Osmington 2¾". The Path is now easy to follow with extensive views to seaward over Weymouth and Portland. On passing a ruined building on the left the route reaches a broad track; here turn right, signposted "Osmington", and after about 200 yards/185 metres go through a gate as signposted. Shortly afterwards pass a trig point on the right, and at the next field gate bear left and follow the field boundary along White Horse Hill. Just beyond the next gate fork right, signposted "For Osmington".

Descend to Osmington and follow the signs through the village. On reaching the main road (A354 to Weymouth) near the Sly Fox Inn (now closed), turn left and in about 250 yards/230 metres turn right at a signpost, over a footbridge and stile. Follow the field boundary on the left through two fields – at the top look back to see the Hardy Monument in the distance and the White Horse on the hillside. Go over the stile to the footpath sign, then turn half right to cross the field at an angle to a further stile. Cross it and turn left along the hedge side to the bottom. This is the official end of the SDR.

At the end of the field there is a very short length of enclosed Coast Path to the road; turn right along it descending to Osmington Mills for refreshments.

Coast Path Friendly

Large and small-scale running and hiking events help to make accessing the freedom and beauty of our Path easy and fun! However, they can impact the Trail.

Our Coast Path Friendly scheme helps event organisers give back and offset their impact.

Coast Path Friendly event organisers give back to the Trail on which they depend by contributing £1 per participant.

They adhere to National Trails guidance for considerate event management.

They support the Association in our work caring for the Trail.

Please look out for the Coast Path Friendly badge and support organisations that display it.

If the event you participate in is not Coast Path Friendly, please encourage them to sign up.

More information can be found at southwestcoastpath.org.uk/friendly-events or scan the QR code

If you enjoy staying, eating, drinking or doing an activity with a business along the Path, please let them know about our Way Maker scheme so we can share their brilliance!

The businesses listed here are our 'Way Makers'. They make the great South West Coast Path experience possible, and give back to the Trail. Please support them if you can. More info at southwestcoastpath.org.uk/waymaker

GR Grid Reference
DP Distance from the Path
N Nearest Town/Village with facilities
[3] Number of Rooms
Dogs Welcome
Evening Meal Available
Wifi
Parking
Grocery Shop On Site
Private Transport to the Path
Laundry Facilities
Caters to Specific Dietary Neec
Early Breakfast Available
Packed Lunch Offered
£ Budget

Bed & Breakfast and Hotels

NAME	OTHER INFO
Quentance Farm Bed & Breakfast & Self catering Salterton Road, Exmouth, EX8 5BW 01395442733 palleandrose@hotmail.com quentancefarm.co.uk	**GR:** SY030822 **DP:** 1.75 miles **N: BUDLEIGH SALTERTON** **OFFERS ONE NIGHT STAYS** 3 rooms; Dogs Welcome; Wifi; Parking; Caters to Specific Dietary Needs; Early Breakfast Available
The Lawns B&B 11b Westfield Road, Budleigh Salterton, EX9 6SS 07864392631 info@the-lawns.co.uk the-lawns.co.uk	**GR:** SY062822 **DP:** 0.48 miles **N: BUDLEIGH SALTERTON** 3 rooms; Wifi; Parking
Belmont House Dolphin Road, Beer, EX12 3EN 01297 24415 belmonthousebeer@gmail.com belmonthousebedandbreakfast.com	**GR:** SY228892 **DP:** 0.18 miles **N: BEER** **OFFERS ONE NIGHT STAYS** 5 rooms; Wifi; Parking Adult Only & Sorry No pets. Open all year
Westleigh Bed & Breakfast Fore street, Beer, Seaton, EX12 3EQ 01297 23247 info@westleighbeer.co.uk westleighbeer.co.uk	**GR:** SY229891 **DP:** 0.03 miles **N: BEER** **OFFERS ONE NIGHT STAYS** 2 rooms; Dogs Welcome; Evening Meal Available; Wifi Small b&b. Owner a cordon bleu cook.
Lucerne View Road, Lyme Regis, DT7 3AA 01297 443752 stay@lucernelyme.co.uk lucernelyme.co.uk	**GR:** SY339923 **DP:** 0.25 miles **N: LYME REGIS** **OFFERS ONE NIGHT STAYS** 4 rooms; Wifi; Parking; Caters to Specific Dietary Needs; Early Breakfast Available
The George Hotel George Street, Axminster, EX13 5DW 01297 33385 georgeaxminster@southcoastinns.co.uk georgeaxminster.southcoastinns.co.uk	**GR:** SY297985 **DP:** 5 miles **N: LYME REGIS** **OFFERS ONE NIGHT STAYS** 14 rooms; Dogs Welcome; Wifi; Parking
Chideock House B&B Main Street, Chideock, DT6 6JN 01297 489242 annachideockhouse@yahoo.co.uk chideockhouse.co.uk	**GR:** SY426928 **DP:** 0.75 miles **N: SEATOWN** **OFFERS ONE NIGHT STAYS** 3 rooms; Dogs Welcome; Wifi; Parking Grade 2 listed 15th c thatch. All year

NAME	OTHER INFO
Mervyn House Chideock, DT6 6JN 01297 489578 callbrig@gmail.com chideockandseatown.co.uk/accommodation/mervyn-house	**GR:** SY422928 **DP:** 0.3 miles **N: SEATOWN** **OFFERS ONE NIGHT STAYS** 2
Number Five B&B 5 Church Street, Abbotsbury, DT3 4JJ 07887 981850 candcrawlings@gmail.com abbotsbury.co.uk	**GR:** SY577852 **DP:** 0 miles **N: ABBOTSBURY** 1
Patricia's B&B 21 Rodden Row, Abbotsbury, Weymouth, DT3 4JL 07821 899247 pat21rr01@hotmail.co.uk	**GR:** SY577852 **DP:** 0.42 miles **N: ABBOTSBURY** **OFFERS ONE NIGHT STAYS** 2
Wheelwrights 14 Rodden Row, Abbotsbury, DT3 4JL 01305 871800 suenigel@wheelwrights.co.uk wheelwrights.co.uk	**GR:** SY577852 **DP:** 1.34 miles **N: ABBOTSBURY** **OFFERS ONE NIGHT STAYS** 1
Seagull House B&B 18 Castle Road, Portland, DT5 1AU 07876286147 frances_wilson66@live.com seagullhouse.wordpress.com	**GR:** SY684740 **DP:** 0 miles **N: ISLE OF PORTLAND** **OFFERS ONE NIGHT STAYS** 2
Harbour Lights Guest House 20 Buxton Road, Weymouth, DT4 9PJ 01305 783273 enquiries@harbourlightsguesthouse.com harbourlightsguesthouse.com	**GR:** SY673779 **DP:** 0.1 miles **N: WEYMOUTH** 9 4 star Visit England silver award 1 March - 31 October
St Johns Guest House 7 Dorchester Rd, Weymouth, DT4 7JR 01305 775523 stjohnsguesthouse@gmail.com stjohnsguesthouse.co.uk	**GR:** SY681800 **DP:** 0 miles **N: WEYMOUTH** **OFFERS ONE NIGHT STAYS** 9
Alexandra Hotel 27-28 The Esplanade, Weymouth, DT4 8DN 01305 785 767 reception@alexandraweymouth.com alexandraweymouth.com	**GR:** SY681788 **DP:** 0.01 miles **N: WEYMOUTH** **OFFERS ONE NIGHT STAYS** 19
Alford House B&B 120 East Street, Corfe Castle, BH20 5EH 01929 480156 info@alfordhouse.com alfordhouse.com	**GR:** SY963813 **DP:** 3 miles **N: KINGSTON** **OFFERS ONE NIGHT STAYS** 3

NAME	OTHER INFO
Kingston Country Courtyard Wareham, BH20 5LR 01929 481066 enquiries@kingstoncountrycourtyard.com kingstoncountrycourtyard.com	GR: SY960793 DP: 2 miles N: KINGSTON OFFERS ONE NIGHT STAYS 25
Chiltern Lodge 8 Newfoundland Close, Worth Matravers, BH19 3LX 01929 439337 densor@btopenworld.com @Chiltern-Lodge-Bed-and-Breakfast-413119618791180	GR: SY976777 DP: 1 mile N: WORTH MATRAVERS OFFERS ONE NIGHT STAYS 2

Self Catering and Hostels

NAME	OTHER INFO
The Granary, Larkbeare Grange Talaton, Exeter, EX5 2RY 01404 822069 granary@larkbeare.net larkbearegranary.net	GR: SY070975 DP: 1.2 miles N: EXMOUTH 2
1 Chapel Mews Chapel Street, Sidmouth, EX10 8ND 07415212196 info@1chapelmews.co.uk 1chapelmews.co.uk	GR: SY125872 DP: 0.02 miles N: SIDMOUTH 2
Higher Wiscombe Southleigh, EX24 6JF 07772 630104 info@higherwiscombe.com higherwiscombe.com	GR: SY172931 DP: 3 miles N: SIDMOUTH 16
Starcombe Cabin Starcombe Farm, Starcombe Lane, Sidmouth, EX10 0QN 01395 597314 starcombecabin@gmail.com starcombecabin.co.uk	GR: SY151941 DP: 5 miles N: SIDMOUTH 2
Holyford Farm Cottages Holyford Lane, Colyford, Colyton, EX24 6HW 01297 552983 stay@holyfordfarm.co.uk holyfordfarm.co.uk	GR: SY236923 DP: 1.5 miles N: SEATON 6 3 cottages sleeping 6,4,2. Open All Year
Charmouth Coach House Westwell House, Old Lyme Road, Charmouth, DT6 6BQ 07984966264 jgroadrunner@yahoo.com charmouthcoachhouse.co.uk	GR: SY360935 DP: 0 miles N: CHARMOUTH 1
Ammonite Cottage 5 Seymour Place, East Street, Bridport, DT6 3LR 01308 459342 emilyaltham@yahoo.co.uk ammonitecottage.wordpress.com	GR: SY469928 DP: 1.5 miles N: WEST BAY OFFERS ONE NIGHT STAYS 2

NAME	OTHER INFO
Graston Farm Cottages Annings Lane, Burton Bradstock, DT6 4NG 01308 897603 / 0777 8261796 info@grastonfarm.co.uk grastonfarm.co.uk	GR: SY503899 DP: 1.5 miles N: BURTON BRADSTOCK 18
The Seaside Shepherd's Hut 14 Chalets, Beach Road West Bexington, DT2 9DG 01308 897566 seasidehut@gmx.com https://bit.ly/2r0FdA1	GR: SY532865 DP: 0.05 miles N: WEST BEXINGTON 1 Book via AirBnB. Breakfast provided in Hut
Coastal Hideaway 39 High Street, Weymouth, DT4 9NZ 07824444859 coastalhideawayweymouth@gmail.com airbnb.com/h/coastal-hideaway-weymouth-portland	GR: SY660775 DP: 0 miles N: WEYMOUTH OFFERS ONE NIGHT STAYS 2
Upton Grange Holiday Cottages Upton Farm, Upton, Ringstead, Dorchester, DT2 8NE 01305853970 info@uptongrangedorset.co.uk uptongrangedorset.co.uk	GR: SY737825 DP: 1 mile N: RINGSTEAD
YHA Lulworth Cove YHA Lulworth Cove, School Lane, Wareham, BH20 5JA 0345 371 9331 lulworth@yha.org.uk lulworth@yha.org.uk	GR: SY995811 DP: 3.06 miles N: LULWORTH COVE OFFERS ONE NIGHT STAYS
YHA Swanage Cluny, Swanage, BH19 2BS 0345 371 9346 swanage@yha.org.uk yha.org.uk/hostel/yha-swanage	GR: SZ030785 DP: 0.43 miles N: SWANAGE OFFERS ONE NIGHT STAYS

Campsites and Holiday Parks

NAME	OTHER INFO
Lower Halsdon Farm Lower Halsdon Farm, Mudbank Lane, Exmouth, EX8 3EG 07568581695 info@lowerhalsdon.com lowerhalsdonfarm.com	GR: SX999820 DP: 0.01 miles N: EXMOUTH OFFERS ONE NIGHT STAYS
Ladram Bay Holiday Park Ladram Road, Otterton, Budleigh Salterton, EX9 7BX 01395 568398 info@ladrambay.co.uk ladrambay.co.uk	GR: SY095852 DP: 0.07 miles N: BUDLEIGH SALTERTON OFFERS ONE NIGHT STAYS 450
Oakdown Holiday Park Gatedown Lane, Weston, Sidmouth, EX10 0PT 01297 680387 enquiries@oakdown.co.uk oakdown.co.uk	GR: SY167902 DP: 2 miles N: SIDMOUTH OFFERS ONE NIGHT STAYS

NAME	OTHER INFO
Coombe View Campsite Coombe View Farm, Branscombe, EX12 3BT 01297 680218 coombeviewfarm@branscombecamping.co.uk branscombecamping.co.uk	**GR:** SY188888 **DP:** 1.5 miles **N: BRANSCOMBE** **OFFERS ONE NIGHT STAYS**
Parkdean Resorts West Bay Holiday Park West Bay, Bridport, DT6 4HB 03443819128 admin@parkdean-resorts.co.uk parkdeanresorts.co.uk/	**GR:** SY460907 **DP:** 0.11 miles **N: WEST BAY** **OFFERS ONE NIGHT STAYS** 79
Sweet Hill Farm Campsite Sweet Hill Road, Portland, DT5 2DS 07792 689591 enquiries@pitchup.com pitchup.com/campsites/England/South_West/Dorset/Portland/sweet-hill-farm	**GR:** SY682699 **DP:** 0.5 miles **N: ISLE OF PORTLAND** **OFFERS ONE NIGHT STAYS**
Sea Barn Farm Camping Fleet Road, Fleet, Weymouth, DT3 4ED 01305 782218 enquiries@seabarnfarm.co.uk seabarnfarm.co.uk	**GR:** SY621808 **DP:** 0.3 miles **N: WEYMOUTH** **OFFERS ONE NIGHT STAYS**
Portesham Dairy Farm Campsite 7 Bramdon Lane, Portesham, Weymouth, DT3 4HG 01305 871297 enquiries@pitchup.com pitchup.com/campsites/England/South_West/Dorset/Weymouth/portesham-dairy-farm-camp-site	**GR:** SY608851 **DP:** 1.5 miles **N: WEYMOUTH** **OFFERS ONE NIGHT STAYS**
Parkdean Resorts Warmwell Holiday Park Warmwell Rd, Dorchester, DT2 8JE 03443819128 admin@parkdean-resorts.co.uk parkdeanresorts.co.uk/	**GR:** SY760876 **DP:** 5 miles **N: OSMINGTON MILLS** 165
Weston Farm Campsite (The National Trust) Renscombe Road, Worth Matravers, BH19 3LL 07779991106 westonfarmcampsite@nationaltrust.org.uk nationaltrust.org.uk/holidays/dorset/weston-farm-campsite	**GR:** SY974780 **DP:** 1 miles **N: WORTH MATRAVERS** **OFFERS ONE NIGHT STAYS** 50
Tom's Field Campsite & Shop Langton Matravers, Swanage, BH19 3HN 01929 427110 tomsfield@hotmail.com tomsfieldcamping.co.uk	**GR:** SY995786 **DP:** 1 mile **N: LANGTON MATRAVERS** **OFFERS ONE NIGHT STAYS**
Parkdean Resorts Sandford Holiday Park Willow Crescent, Holton Heath, Poole, BH16 6JZ 03443819128 admin@parkdean-resorts.co.uk parkdeanresorts.co.uk/	**GR:** SY937911 **DP:** 14.41 miles **N: POOLE** 311

Eat & Drink

NAME	OTHER INFO
Wesley's Temple Methodist Church Hall, Fore Street, Budleigh Salterton, EX9 6NG 07955 863160 admin@launchpadsw.org @wesleysatbudleigh	GR: SY064819 DP: 0 miles N: BUDLEIGH SALTERTON OFFERS ONE NIGHT STAYS
Dukes Market Place, Sidmouth, EX10 8AR 01395 513320 dukes@sidmouthinn.co.uk dukessidmouth.co.uk	GR: SY126872 DP: 0.03 miles N: SIDMOUTH OFFERS ONE NIGHT STAYS
Masons Arms 3 Myrtle Cottages, Seaton, EX12 3DJ 01297 680300 masonsarms@staustellbrewery.co.uk masonsarms.co.uk	GR: SY203888 DP: 0.49 miles N: BRANSCOMBE OFFERS ONE NIGHT STAYS
The Sea Shanty Beach Cafe Branscombe, EX12 3DP 01297 680107 theseashantycafe@outlook.com seashantybeachcafe.com	GR: SY207883 DP: 0.13 miles N: BRANSCOMBE OFFERS ONE NIGHT STAYS
Rock Point 1-2 Broad Street, Lyme Regis, DT7 3QD 01297 443153 rockpointinn@staustellbrewery.co.uk rockpointinn.co.uk	GR: SY340921 DP: 0.16 miles N: LYME REGIS OFFERS ONE NIGHT STAYS 9
Town Mill Bakery 3 Riverside Workshops, Coombe Street, Lyme Regis, DT7 3PY 01404 444754 feedme@townmillbakery.co.uk townmillbakery.co.uk	GR: SY342921 DP: 0.03 miles N: LYME REGIS OFFERS ONE NIGHT STAYS
Watch House Cafe East Beach, West Bay, Bridport, DT6 4EN 01308 459330 info@watchhousecafe.co.uk watchhousecafe.co.uk	GR: SY463903 DP: 0.02 miles N: WEST BAY
Hive Beach Cafe Beach Road, Burton Bradstock, DT6 4RF 01308 897070 maisy@hivebeachcafe.co.uk hivebeachcafe.co.uk	GR: SY491889 DP: 0.06 miles N: BURTON BRADSTOCK
The Club House Beach Road, West Bexington, Dorchester, DT2 9DG 01308 898302 bookings@theclubhousewestbexington.co.uk theclubhousewestbexington.co.uk	GR: SY532865 DP: 0.02 miles N: WEST BEXINGTON

Information

NAME	OTHER INFO
Exmouth Tourist Information 45A The Strand, Exmouth, EX8 1AL 01395 830550 exmouthtouristinformation@gmail.com visitexmouth.org	**GR:** SY000808 **DP:** 0.31 miles **N: EXMOUTH**
NCI Exmouth Coastwatch House, Queen's Drive, Exmouth, EX8 2AY 01395 222492 exmouth@nci.org.uk exmouthcoastwatch.co.uk	**GR:** SY 003 802 **DP:** 0.01 miles **N: EXMOUTH**
Budleigh Information Centre 14 Fore Street, Budleigh Salterton, EX9 6NG 01395 445275 info@visitbudleigh.com lovebudleigh.co.uk	**GR:** SY064818 **DP:** 0.06 miles **N: BUDLEIGH SALTERTON**
Beer Village Fore Street, Beer, EX12 3JH 07817934903 beervillageuk@gmail.com beervillage.co.uk	**GR:** SY228893 **DP:** 0.17 miles **N: BEER** **OFFERS ONE NIGHT STAYS** Traditional picturesque English fishing village
Seaton Tourist Information Centre Marshlands Centre, Harbour Road, Seaton, EX12 2LT 01297 21388 info@seatonjurassic.org seaton.gov.uk/your-visit	**GR:** SY246899 **DP:** 0.01 miles **N: SEATON**
NCI Lyme Bay Beach Road, Burton Bradstock, DT6 4RF 01308 897778 lymebay@nci.org.uk nci.org.uk/stations/lyme-bay-qavs	**GR:** SY 489 888 **DP:** 0.02 miles **N: LYME REGIS**
NCI Charmouth Field Car Park, Hammonds Mead, Charmouth, Dorset, DT6 6QX 01308 897778 lyme.bay@nci.org.uk nci.org.uk/stations/charmouth	**GR:** SY364930 **DP:** 0.01 miles **N: CHARMOUTH**
Lulworth Estate Visitor Centre Heritage Centre, Main Road, West Lulworth, Wareham, BH20 5RQ 01929400352 info@lulworth.com lulworth.com	**GR:** SY822800 **DP:** 0 miles **N: LULWORTH COVE**
NCI Portland Bill Higher Light Lane, Portland, DT5 2JT 01305 860178 portland.bill@nci.org.uk nci-portlandbill.org	**GR:** SY 676 692 **DP:** 0.01 miles **N: WEYMOUTH**
NCI St Alban's Head NCI Lookout, St Alban's Head, Worth Matravers, BH19 3LN 01929 439220 st.albans.head@nci.org.uk nci.org.uk/stalbanshead	**GR:** SY 961 755 **DP:** 0.02 miles **N: WORTH MATRAVERS**

NAME	OTHER INFO
NCI Swanage NCI Lookout, Peveril Point Road, Swanage, BH19 2AY 01929 422596 swanage@nci.org.uk nci.org.uk/swanage	GR: SZ 040 786 DP: 0.01 miles N: **SWANAGE**
Swanage Information Centre The White House, Shore Road, Swanage, BH19 1LB 01929 766018 welcome@swanage.gov.uk visit-dorset.com	GR: SZ030796 DP: 0.02 miles N: **SWANAGE**

Activities

NAME	OTHER INFO
Fifty Degrees Clothing 4a Fore Street, Budleigh Salterton, EX9 6NG 07968736475 info@fiftydegrees.co.uk fiftydegrees.co.uk	GR: SY063818 DP: 1 mile N: **BUDLEIGH SALTERTON**
The Donkey Sanctuary Slade House, Sidmouth, EX10 0NU 01395 578222 enquiries@thedonkeysantuary.org.uk thedonkeysanctuary.org.uk	GR: SY159893 DP: 1 mile N: **SIDMOUTH**
Pecorama Model Railway, Underleys, Beers, Seaton, EX12 3NA 01297 21542 info@pecorama.co.uk pecorama.co.uk	GR: SY223892 DP: 3 miles N: **BEER**
West Bay Discovery Centre Chapel on the Beach, West Bay, Bridport, DT6 4EN 01308 427288 info@westbaydiscoverycentre.org.uk westbaydiscoverycentre.org.uk	GR: SY463903 DP: 0.13 miles N: **WEST BAY**
Fine Foundation Wild Chesil Centre Chesil Beach Centre, Weymouth, DT4 9XE 01305206191 chesilbeach@dorsetwildlifetrust.org.uk dorsetwildlifetrust.org.uk	GR: SY668755 DP: 0.01 miles N: **WEYMOUTH**
The Etches Collection Museum of Jurassic Marine Life, Kimmeridge, BH20 5PE 01929 270000 info@theetchescollection.org theetchescollection.org	GR: SY916798 DP: 0.75 miles N: **KIMMERIDGE BAY**
Durlston Country Park Learning Centre, Lighthouse Road, Swanage, BH19 2JL 01929 424443 durlston@dorsetcouncil.gov.uk durlston.co.uk	GR: SZ028774 DP: 0 mile N: **SWANAGE**
Everly Trails Walking Holidays & Guided Hikes 4 Nansen Avenue, Oakdale, Poole, BH15 3DA 07595633644 everlytrail@gmail.com everlytrails.com	GR: SZ018924 DP: 1.04 mile N: **STUDLAND**

The Association has an amazing network of volunteers who get involved in different ways to support the charity in the work it does. We simply couldn't achieve what we do without them and are grateful for the time and energy they give to our cause.

Local and Area Path Reps

Dedicated volunteers walk and survey the Coast Path every winter to make sure it's kept to the highest quality standards we expect of a National Trail, helping direct funds to where they are most needed.

Coast Path Connectors

Thanks to funding from National Lottery Heritage Fund in 2023/2024, we are leading a new Coast Path Connectors Project that introduces coastal walking to a range of new audiences. We have five hubs along the Trail in West Cornwall, Plymouth, Torbay, North Devon, and Dorset. The project relies on Volunteer Community Rangers trained to support community and health and wellbeing organisations in accessing the Coast Path. For more information visit **southwestcoastpath.org.uk/coast-path-connectors**

Volunteer for us

You can choose to support us by volunteering and giving your time either out on the Path as a Local or Area Rep, Volunteer Community Ranger, or helping us in other areas such as fundraising and events. Whatever your skills and experience we would love to hear from you.

Find the latest information about volunteering at the charity at **southwestcoastpath.org.uk/volunteer**

Local Path Rep Jo undertaking the annual survey at Padstow

Coast Path Connectors community walk near Noss Mayo (Plymouth hub)

Be our eyes and ears, as well as feet on the ground

Please let us know if you spot a maintenance need or want to suggest an improvement to this much-loved National Trail. Our volunteers regularly inspect the Path, liaising closely with Local Authority and National Trust teams who work hard to manage it to a high standard. It really helps to also have feedback from people using the Path. If you see a broken signpost, think that a way marker may be missing, identify stiles or gates in need of repair, or encounter potholes and excessive mud please use the Report a Problem page on our website **southwestcoastpath.org.uk/report-problem** contact us on **01752 896237** or email **hello@southwestcoastpath.org.uk** and we'll make sure that the information gets to the right person.

Appendix

On the following pages find a range of useful travel information to help plan your journey including train, bus, and ferry options for sustainable travel, plus tide times for 2024-25.

This year we have partnered with Great Western Railway to promote Rail to Trail travel.

Taking the Rail to the Trail

When the Great Western Railway was built nearly 200 years ago, it opened the West Country to trade and tourism. Today, over 100 million customers a year travel on GWR services, with many using the network for easy, car-free access to endlessly beautiful walks around the South West.

Direct 'Rail to Trail' connections to the South West Coast Path are available at over a dozen GWR stations across Devon and Cornwall including Plymouth, Penzance, and St Ives. At many other stations, there are regular onward bus connections.

Travelling by train is not only more sustainable but also allows you to become fully immersed in the experience. Whether on the Path itself or looking out of a train window, enjoy beautiful views at every turn. Plus, after putting in the miles, a relaxed journey by rail is a welcome end to the day for any footsore and weary walkers!

Rail to Trail itineraries can be planned for a single day out, a short break or even encompass a week or more. To get inspired, visit the Short Break by Train pages on the South West Coast Path Association website.

Whether you travel solo, with friends or family, GWR offers a range of railcards to suit your needs. All railcards are available digitally and can save you up to a 1/3 on train tickets, helping unlock affordable adventure all year round.

For more information on planning a South West Coast Path adventure by rail, visit the GWR website.

www.gwr.com

Dawlish. Photographer Rob Thomas

Access to the Path by Road

The South West is well served by three major trunk roads, the M5, A303 and A30 and most of the gateway start and finish points along the South West Coast Path are served by a network of A and B roads. The A35 serves the south coast of Dorset and East Devon, and the A39 serves the north coast of Exmoor, North Devon and much of North Cornwall. Follow the A38 off the M5 at Exeter to access South Devon and South Cornwall. If you arrive in the region at one of the airports, ferry terminals or many of the mainline train stations, you can easily arrange car hire. Please note there is a toll charge on the Tamar Bridge when leaving Cornwall via the A38. More information can be found in our individual walking guides, for sale in our online shop **southwestcoastpath.org.uk/books**

Railways

One of the easiest ways to complete the Path is to start and finish your trip at one of the towns along the Path with a train station. As well as the following, our travel map on the inside front cover details the main rail links. There are regular services linking Birmingham, the North West, North East and Scotland with the South West. There is also an overnight sleeper between Paddington and Penzance. Regular South West Train services link London Waterloo, Woking, Basingstoke and Southampton with Bournemouth, Poole, Wareham (for Swanage), Dorchester (for Bridport and Lyme Regis), Weymouth, Axminster (for Lyme Regis & Seaton), Honiton (for Sidmouth). The cost of rail tickets varies depending on peak and off-peak travel. Splitting your tickets by breaking down your journey may make a difference. For more information go to: **thetrainline.com/trains/great-britain/split-tickets**

To book your tickets to the South West:

Great Western Railway
- **gwr.com**

- **thetrainline.com**
- **0333 202 2222** 8am to 10pm

- **nationalrail.co.uk**
- **03457 484950**

- **traveline.info**
- **0871 200 22 33**

Bus Services

For information on buses to the South West:

Traveline:
- **travelinesw.com**
- **0871 200 2233**

To buy tickets go to:
- **nationalexpress.com**
- **0871 781 8181**

Megabus timetable enquiries:
- **uk.megabus.com**
- **0141 352 4444** open 24 hours a day or
- **0900 1600 900** for booking a ticket from 7am to 10pm

Tourist Information Centres (TICs) can be very helpful with bus enquiries. For details see TICs listed at the end of each Path section.

Royal William Yard, Plymouth, South Devon

Airports

There are airports in or near towns close to the Coast Path. In Path order, they are:

Newquay Airport
St Mawgan, Newquay, TR8 4RQ
Direct services from around the UK, Ireland, Germany, Portugal and Spain and indirect services from around the world.

- **cornwallairportnewquay.com**
- **01637 860600**
- **info@cornwallairportnewquay.com**

Land's End
For flights to the Isles of Scilly: Isles of Scilly Travel, Steamship House, Quay Street, Penzance, TR18 4BZ.

- **islesofscilly-travel.co.uk**
- **01736 334220**
- **sales@islesofscilly-travel.co.uk**

Exeter
Exeter International Airport, Exeter, EX5 2BD.

- **exeter-airport.co.uk**
- **01392 367433**

Bournemouth
Bournemouth Airport Ltd., Christchurch, Bournemouth BH23 6SE.

- **bournemouthairport.com**
- **01202 364000**

Sea Transport

Brittany Ferries provide a ferry link to/from Plymouth, Poole and Portsmouth to the French ports of Roscoff, Cherbourg, Caen, St Malo & Le Havre, as well as to Santander & Bilbao in Spain. Brittany Ferries, Millbay, Plymouth, Devon, PL1 3EW.

- **brittany-ferries.co.uk**
- **0330 159 7000**

The Trip Planning Guide pages on our website provide suggestions for how the Path can be completed as a series of day walks, using public transport southwestcoastpath.org.uk

Bus Information

Listed below, in Path order, are details of bus services intended for guidance only. All information is correct at the time of going to print; responsibility for any inaccuracies or changes cannot be accepted by County Councils or bus travel operators. For up-to-date information, contact the relevant travel providers below. If you find yourself at a bus stop and want to know when the next bus is due, find the eight-letter reference number on the stop and text it to 84268. You will receive a reply with the scheduled times of the next three buses due at that stop.

First Bus Group:

- **firstgroup.com**
- **0345 646 0707**

Traveline South West:

- **travelinesw.com**
- **0871 200 2233**

Stagecoach:

- **stagecoachbus.com**
- **bustimes.org/regions/SW**

Somerset/Exmoor
From Taunton to Minehead use service 28. From Taunton there is a bus to Lyme Regis or Weymouth changing at Exeter and Axminster.

North Devon
The North Devon coast has a range of bus services. The greatest choice of destinations is from Barnstaple. There are also bus services to and from Ilfracombe and Bideford. Devon and Cornwall's First Buses are useful for those walking between North Devon and North Cornwall. Devon County Council website provides Area Bus Timetable Booklets to download:

- **traveldevon.info/bus/timetables**

Cornwall
Cornwall Council have a list of bus routes:
- **transportforcornwall.co.uk**
- **bustimes.org/operators/first-kernow**

Stagecoach run service 6 from Exeter to Bude, if you are coming to the South West by train this may be useful.

South Devon
The coastline between Plymouth and Exeter is accessible by bus from many inland towns. Apart from the main bus operators listed above, Stagecoach and Tally Ho! provide local transport.

Stagecoach
- **stagecoachbus.com**

Tally Ho! Holidays
- **tallyhoholidays.co.uk**
- **01548 853081**

For Plymouth Citybus map and services
- **plymouth.gov.uk/parkingandtravel/publictransport**

East Devon
The East Devon coastline is accessible by bus from Exeter, Ottery St. Mary, Honiton and Axminster. Trains are also available from London Waterloo to Axminster, Honiton and Exeter. The quicker train from London Paddington stops at Exeter as do trains from Bristol. Please note, the summer and winter timetables do vary.

Dorset
The Dorset Coast is accessible by bus from various inland points including Taunton, Axminster and Honiton as well as Poole, slightly beyond the end of the Coast Path.

Teignmouth, South Devon. Photographer Scott Bischke

Ferries can be subject to change due to weather conditions, as well as tides and times of day, so we advise that you check with the relevant ferry or water taxi before travelling, rather than relying on the information below. All information was correct, to the best of our knowledge, at time of going to print.

Ferries & River Crossings

The nature of the Coast Path means that many ferries must be used to cross estuaries along the length of the Path. The ferry crossings below are listed in Path order.

Instow to Appledore (River Torridge)

Appledore Instow Ferry

appledoreinstowferry.com
contact@appledoreinstowferry.com

Ferry service runs: **1 April to 31 October**.

Padstow to Rock (River Camel)

padstow-harbour.co.uk
01841 532239/07773081574
padstowharbour@btconnect.com

		From Padstow	From Rock
First Ferry:		08:00	
Last Ferry:	29 Oct to 31 Mar	17:00	16:45
	1 Apr to 31 May	18:00	17:45
	1 June to mid July	19:00	18:45
	mid July to 5 Sept	19:45	19:30
	mid Sept - 31 Oct	18:00	17:45

See ferry website for departure points as these can vary.

Wave Hunters Water Taxi:

wavehunters.co.uk
07507 948025

Water Taxi service runs: 18:00 until late.

Newquay to Crantock (River Gannel)

Fern Pit Ferry

fernpit.co.uk
01637 873181
info@fernpit.co.uk

Ferry service runs: **Daily from end of May to mid September** 09:30 to 18:00 (weather dependent).

Gillan Creek

There are stepping stones across Gillan Creek, which are submerged roughly 3 hours either side of high water, so caution is required.

Taxi: For an alternative way around the river; Telstar Taxis Tel: **01326 221007**

Helford River

Helford River Boats

helfordriverboats.co.uk
01326 250770
info@helfordriverboats.co.uk

Ferry service runs: **1 April to 31 October:** 09:30 – 17:00 on demand.

Taxi: For an alternative way around the river. Telstar Taxis Tel: **01326 221007**

Falmouth to St Mawes (River Fal)

Cornwall Fal River Ferries - St Mawes Ferry

falriver.co.uk
01326 741194
info@falriver.co.uk

Ferry service runs: **7 days a week, twice hourly during summer, hourly during winter.**

Falmouth Water Taxi

falmouthwatertaxi.co.uk
07522 446659
skipper@falmouthwatertaxi.co.uk

Water Taxi runs: 09:00 – 21:00

A2B Water Taxi Falmouth

a2bwatertaxifalmouth.co.uk
07553 904961 | 07833 173114

Water Taxi Runs: **March to October 7 days a week, 9am till Late** (tides and conditions permitting).

St Mawes - Place Creek (Percuil River)

Cornwall Fal River Ferries - Place Ferry

falriver.co.uk
01326 741194
info@falriver.co.uk

Ferry service runs: **7 days a week, April to October.**

Fowey to Polruan (River Fowey)

Polruan Ferry Co Ltd

- **ctomsandson.co.uk/polruan-ferry**
- **01726 870232**
- **enquiries@ctomsandson.co.uk**

Ferry service runs:

1 May – 30 September
Monday – Friday 07:00 – 23:00
Saturday 08:00 – 23:00
Sunday 09:00 – 23:00

1 October – 30 April
Monday – Friday 07:00 – 19:00
Saturday 9:00 – 19:00
Sunday 10:00 – 17:00

Check website for more timetable information as ferry crossing points alter during summer months with daytime crossings taking place from Whitehouse Quay (rather than Town Quay).

Cremyll (Mount Edgcumbe) to Plymouth (River Tamar)

Plymouth Boat Trips

- **plymouthboattrips.co.uk/ferries/cremyll-ferry**
- **01752 822105**
- **info@plymouthboattrips.co.uk**

Ferry service runs:

Summer Service: 1 April to 30 September
From Cremyll:
Weekdays Monday – Thursday: 06:45 to 21:00
Friday: 06:45 – 22:00
Saturdays: 07:30 – 22:00
Sundays: 08:30 – 21:30

From Plymouth:
Monday to Thursday: 07:15 – 21:15
Friday: 07:15 – 22:15
Saturdays: 07:45 – 22:15
Sundays: 08:45 – 21:45

Winter Service: 1 Oct to 31 March
From Cremyll:
Monday to Friday: 06:45 – 18:30
Saturdays: 07:30 – 19:00
Sundays: 08:30 – 18:00

From Plymouth:
Monday to Friday: 07:15 – 18:45
Saturdays: 07:45 – 19:15
Sundays: 08:45 – 18:15

Sutton Harbour to Mount Batten (River Plym)

Mount Batten Ferry

- **mountbattenferry.co.uk**
- **07930 838614**
- **universalmarineuk@gmail.com**

Summer ferry service runs:

From 1 April to 30 September:
Monday to Friday: 08:00 – 22:00
Saturday and Sunday: 09:00 – 22:00

Winter ferry service runs:

1 October to 31 March:
Monday to Thursday: 08:00 – 18:15
Saturday and Sunday: 09:00 – 18:15

Wembury (Warren Point) to Noss Mayo (River Yealm)

River Yealm Ferry & Water Taxi

- **Bill Gregor: 07817 132757**

Ferry service runs: **1 April to 30 September:** 10:00 to 16:00. Service may be restricted during bad weather or quieter times.

Summit To Sea An electric powered ferry service

- **ycet.co.uk**
- **07399 067942**
- **info@ycet.co.uk**

Ferry service runs: 08:00 to 10:00 and from 16:00 till late. Contact operator for further details.

Mothecombe to Wonwell (River Erme)

There is no ferry at the River Erme. Please refer to the tide times on page 196.

Bigbury (Cockleridge) to Bantham Slipway (River Avon)

Bantham Estate Passenger Ferry

- **banthamestate.co.uk**
- **01548 560897**
- **info@banthamestate.co.uk**

Ferry service runs: **1 May to 30 Sept:** 10:00 – 12:00 and 14:00 – 16:00 (except Sundays).

Salcombe to East Portlemouth (Salcombe Estuary)

The Salcombe Ferry

- **salcombeinformation.co.uk/advertiser/salcombe-ferry**
- **01548 842061/07769 319375**
- **simonshortman1@gmail.com**

Ferry service runs: **All year**

Dartmouth to Kingswear (River Dart)

Lower Dartmouth Ferry
southhams.gov.uk/dartmouthlowerferry
01803 752342
dlf@swdevon.gov.uk

Ferry operates all year:
From Dartmouth TQ6 9AP:
Monday to Saturday: 07:10 – 22:55
Sunday: 08:10 – 22:45

From Kingswear TQ6 0AA:
Monday to Saturday: 07:00 – 22:45
Sunday: 08:00 – 22:45

Dartmouth (River Dart)

Dartmouth Steam Railway & River Boat Co.
Dartmouth to Kingswear passenger ferry
S.Embankment, Dartmouth TQ6 9BH

dartmouthrailriver.co.uk
01803 555872

Ferry service runs:
Monday to Saturday: 07:30 – 18:50
Sundays: 09:00 – 18:50

Shaldon to Teignmouth (River Teign)

teignmouthshaldonferry.co.uk
Bill Hook: 07896 711822
info@teignmouthshaldonferry.co.uk

Ferry service runs:
Start time: 10:00 – 17:00 all year. Operates later in warmer months. See their Facebook page for current timetable. NB: CASH ONLY.

Starcross to Exmouth (River Exe)

Starcross to Exmouth Ferry

@StarcrossExmouthFerry
starcrossferry@yahoo.co.uk
07974 022536/07934 461672/ 07779 157280

Ferry service runs: Every day April to Oct
From Starcross: every hour from 10:10 to 16:10, (and 17:10 mid-May to mid-September).
From Exmouth: every hour from 10:40 to 16:40 (and 17:40 mid-May to mid-September).

See their Facebook page for current timetable. NB: CASH ONLY

Turf to Topsham (River Exe)

topshamturfferry.com
Justyna Zawadzka & Paul Craven: 07778 370582
seadreamferry@gmail.com

Ferry service runs:
1 April to 31 October Wednesday- Sunday
From Topsham: 11:00 on the hour until 18:00
From Turf: 11:30 every half hour until 18:30

Friday & Saturday evening sailing extended: From Topsham: Last ferry 20:00. From Turf: Last ferry 20:30

Dawlish Warren to Exmouth (River Exe)

Exeplorer Water Taxi

exeplorerwatertaxis.co.uk
07970 918418
exeplorerwatertaxis@gmail.com

Ferry service runs: Daily between 1 April to 4 September, daily between 08:00 - 18:00

Topsham (River Exe)

Exeter City Council, Canals and Rivers Dp

@ExeterPortAuthority
07801 203338

Ferry service runs:
Easter to September: 09:30 – 17:30 subject to tide restrictions of one and a half to two hours either side of low tide. Ferry closed Tuesday (and Wednesday except school holidays).

October to Easter: Weekends and bank holidays: 10:00 to 17:00 or dusk. This may be subject to change, so visit the website or call the above number.

Weymouth Harbour

weymouth-harbour.co.uk
01305 838423
weymouthharbour@dorset.gov.uk

Ferry service runs:
Since 16th Century, rowing ferries have taken passengers across Weymouth Harbour.

South Haven Point to Sandbanks, Poole

Swanage Motor Road & Ferry Co
sandbanksferry.co.uk
01929 450203
email@sandbanksferry.co.uk

Ferry service runs:
Sandbanks: 07:00 – 23:00
Shell Bay: 07:10 – 23:10

TIDE TIMES

Tide times refer to the times of low water at Devonport, Plymouth. These tables act as a guide only for those wishing to wade across the Gannel (Newquay) or the Erme (Mothecombe). Please be sure to read the warnings given under the relevant section in the Guide. Walkers are advised not to wade across any of the other estuaries around the route. Those crossing the Gannel or Erme should note that there can be considerable differences in height between spring and neap tides; and the information below should be used for general timing guidance only. Again, details are available in tide tables locally.

For both the River Gannel (Newquay) and River Erme deduct 30 minutes from the Devonport time.

Add 1 hour for Daylight Saving Time from 31 March 2024 to 27 October 2024
Add 1 hour for Daylight Saving Time from 30 March 2025 to 26 October 2025

TIDE TIMES FOR 2024

January		Low Tide AM		Low Tide PM	
		Time	Height	Time	Height
1	Monday	0235	1.7	1501	1.7
2	Tuesday	0306	1.9	1533	1.9
3	Wednesday	0340	2	1609	2
4	Thursday	421	2.2	1655	2.2
5	Friday	0517	2.3	1758	2.2
6	Saturday	0631	2.4	1912	2.2
7	Sunday	0747	2.3	2020	2.1
8	Monday	0853	2	2122	1.8
9	Tuesday	0953	1.7	2218	1.6
10	Wednesday	1048	1.4	2311	1.3
11	Thursday	1141	1.1		
12	Friday	0002	1.1	1231	0.9
13	Saturday	0050	1	1319	0.8
14	Sunday	0137	0.9	1405	0.7
15	Monday	0221	0.9	1450	0.8
16	Tuesday	0305	1	1533	0.9
17	Wednesday	0347	1.2	1617	1.2
18	Thursday	0432	1.5	1704	1.5
19	Friday	0524	1.8	1800	1.8
20	Saturday	0629	2	1910	2.1
21	Sunday	0752	2.1	2032	2.1
22	Monday	0914	2	2144	1.9
23	Tuesday	1018	1.8	2240	1.7
24	Wednesday	1110	1.5	2328	1.5
25	Thursday	1155	1.3		
26	Friday	0010	1.3	1235	1.2
27	Saturday	0047	1.2	1312	1.1
28	Sunday	0120	1.2	1343	1.2
29	Monday	0149	1.3	1411	1.2
30	Tuesday	0215	1.4	1435	1.4
31	Wednesday	0239	1.5	1458	1.5

February		Low Tide AM		Low Tide PM	
		Time	Height	Time	Height
1	Thursday	0303	1.6	1523	1.7
2	Friday	0333	1.8	1556	1.9
3	Saturday	0413	2	1642	2.1
4	Sunday	0511	2.2	1752	2.3
5	Monday	0646	2.4	1932	2.3
6	Tuesday	0818	2.2	2053	2
7	Wednesday	0932	1.8	2201	1.7
8	Thursday	1035	1.4	2301	1.3
9	Friday	1131	1	2353	0.9
10	Saturday	1222	0.6		
11	Sunday	0041	0.6	1308	0.4
12	Monday	0126	0.4	1352	0.3
13	Tuesday	0208	0.4	1433	0.4
14	Wednesday	0247	0.6	1511	0.6
15	Thursday	0324	0.8	1548	1
16	Friday	0402	1.2	1627	1.5
17	Saturday	0445	1.7	1713	1.9
18	Sunday	0541	2.1	1816	2.3
19	Monday	0707	2.4	1959	2.4
20	Tuesday	0906	2.2	2136	2.2
21	Wednesday	1012	1.9	2232	1.8
22	Thursday	1100	1.5	2316	1.4
23	Friday	1142	1.2	2356	1.2
24	Saturday	1219	1		
25	Sunday	0031	1	1252	0.9
26	Monday	0101	1	1321	0.9
27	Tuesday	0127	1	1345	1
28	Wednesday	0149	1.1	1405	1.1
29	Thursday	0210	1.2	1425	1.3

March		Low Tide AM		Low Tide PM	
		Time	Height	Time	Height
1	Friday	0233	1.3	1448	1.4
2	Saturday	0300	1.5	1518	1.7
3	Sunday	0336	1.8	1559	1.9
4	Monday	0427	2.1	1659	2.3
5	Tuesday	0558	2.3	1854	2.4
6	Wednesday	0755	2.2	2034	2.1
7	Thursday	0917	1.7	2148	1.6
8	Friday	1022	1.2	2247	1.1
9	Saturday	1116	0.7	2338	0.7
10	Sunday	1205	0.3		
11	Monday	0024	0.3	1249	0.1
12	Tuesday	0106	0.2	1330	0.1
13	Wednesday	0146	0.2	1409	0.2
14	Thursday	0223	0.4	1444	0.5
15	Friday	0259	0.7	1519	1
16	Saturday	0334	1.2	1554	1.5
17	Sunday	0414	1.7	1637	2
18	Monday	0509	2.2	1740	2.4
19	Tuesday	0633	2.5	1922	2.6
20	Wednesday	0855	2.3	2118	2.2
21	Thursday	0953	1.8	2210	1.8
22	Friday	1037	1.4	2252	1.4
23	Saturday	1116	1.1	2329	1.1
24	Sunday	1151	0.9		
25	Monday	0003	1	1222	0.9
26	Tuesday	0032	0.9	1250	0.9
27	Wednesday	0058	0.9	1313	0.9
28	Thursday	0121	1	1335	1.1
29	Friday	0143	1.1	1357	1.2
30	Saturday	0208	1.2	1421	1.4
31	Sunday	0236	1.4	1453	1.6

April		Low Tide AM		Low Tide PM	
		Time	Height	Time	Height
1	Monday	0313	1.7	1534	1.9
2	Tuesday	0407	2	1638	2.3
3	Wednesday	0544	2.2	1835	2.4
4	Thursday	0738	2.1	2016	2
5	Friday	0858	1.6	2128	1.5
6	Saturday	1000	1.1	2225	1
7	Sunday	1053	0.6	2314	0.6
8	Monday	1140	0.3		
9	Tuesday	0000	0.3	1224	0.1
10	Wednesday	0042	0.2	1304	0.2
11	Thursday	0122	0.3	1342	0.4
12	Friday	0159	0.5	1418	0.7
13	Saturday	0235	0.9	1452	1.2
14	Sunday	0311	1.3	1528	1.7
15	Monday	0353	1.8	1613	2.1
16	Tuesday	0448	2.2	1715	2.5
17	Wednesday	0606	2.4	1840	2.6
18	Thursday	0808	2.3	2031	2.3
19	Friday	0913	1.9	2129	1.9
20	Saturday	0958	1.5	2212	1.5
21	Sunday	1037	1.3	2251	1.3
22	Monday	1112	1.1	2326	1.1
23	Tuesday	1144	1	2357	1
24	Wednesday	1214	1		
25	Thursday	0026	1	1241	1
26	Friday	0054	1	1308	1.1
27	Saturday	0122	1.1	1335	1.2
28	Sunday	0151	1.2	1405	1.4
29	Monday	0225	1.4	1442	1.6
30	Tuesday	0309	1.7	1530	1.9

May		Low Tide AM		Low Tide PM	
		Time	Height	Time	Height
1	Wednesday	0410	1.9	1641	2.2
2	Thursday	0541	2	1820	2.2
3	Friday	0715	1.8	1949	1.9
4	Saturday	0830	1.5	2058	1.5
5	Sunday	0931	1.1	2156	1.1
6	Monday	1024	0.7	2247	0.8
7	Tuesday	1112	0.5	2334	0.5
8	Wednesday	1157	0.4		
9	Thursday	0017	0.5	1239	0.5
10	Friday	0058	0.5	1318	0.7
11	Saturday	0138	0.8	1355	1
12	Sunday	0216	1.1	1432	1.3
13	Monday	0255	1.4	1511	1.7
14	Tuesday	0337	1.8	1555	2.1
15	Wednesday	0429	2.1	1650	2.3
16	Thursday	0532	2.2	1757	2.4
17	Friday	0646	2.2	1911	2.3
18	Saturday	0759	2	2020	2.1
19	Sunday	0856	1.8	2115	1.8
20	Monday	0942	1.5	2201	1.6
21	Tuesday	1023	1.4	2242	1.4
22	Wednesday	1102	1.2	2320	1.2
23	Thursday	1138	1.2	2357	1.1
24	Friday	1214	1.1		
25	Saturday	0032	1.1	1249	1.2
26	Sunday	0109	1.1	1325	1.3
27	Monday	0147	1.2	1403	1.4
28	Tuesday	0229	1.3	1447	1.5
29	Wednesday	0318	1.5	1539	1.7
30	Thursday	0417	1.6	1642	1.9
31	Friday	0527	1.7	1756	1.9

June		Low Tide AM		Low Tide PM	
		Time	Height	Time	Height
1	Saturday	0642	1.6	1913	1.8
2	Sunday	0753	1.5	2022	1.6
3	Monday	0857	1.3	2124	1.3
4	Tuesday	0954	1.1	2219	1.1
5	Wednesday	1046	1	2310	0.9
6	Thursday	1134	0.9	2357	0.9
7	Friday	1218	0.9		
8	Saturday	0041	0.9	1300	1
9	Sunday	0123	1	1340	1.2
10	Monday	0203	1.2	1418	1.4
11	Tuesday	0242	1.4	1456	1.6
12	Wednesday	0322	1.6	1535	1.8
13	Thursday	0404	1.8	1619	2
14	Friday	0450	2	1709	2.2
15	Saturday	0544	2.1	1807	2.2
16	Sunday	0644	2.1	1910	2.2
17	Monday	0745	2	2011	2
18	Tuesday	0842	1.8	2108	1.8
19	Wednesday	0934	1.7	2159	1.6
20	Thursday	1023	1.5	2247	1.4
21	Friday	1109	1.3	2333	1.2
22	Saturday	1154	1.2		
23	Sunday	0018	1.1	1238	1.2
24	Monday	0103	1	1322	1.1
25	Tuesday	0148	1	1406	1.2
26	Wednesday	0233	1	1451	1.2
27	Thursday	0320	1.1	1538	1.3
28	Friday	0409	1.2	1628	1.5
29	Saturday	0502	1.4	1725	1.6
30	Sunday	0603	1.6	1830	1.8

July		Low Tide AM		Low Tide PM	
		Time	Height	Time	Height
1	Monday	0711	1.6	1943	1.8
2	Tuesday	0822	1.6	2054	1.7
3	Wednesday	0927	1.6	2158	1.5
4	Thursday	1026	1.4	2255	1.3
5	Friday	1119	1.3	2345	1.2
6	Saturday	1206	1.2		
7	Sunday	0031	1.1	1249	1.2
8	Monday	0113	1.1	1329	1.2
9	Tuesday	0152	1.1	1405	1.3
10	Wednesday	0227	1.2	1437	1.4
11	Thursday	0259	1.4	1508	1.6
12	Friday	0329	1.6	1539	1.8
13	Saturday	0400	1.8	1613	1.9
14	Sunday	0437	1.9	1657	2.1
15	Monday	0528	2.1	1759	2.3
16	Tuesday	0637	2.2	1914	2.2
17	Wednesday	0749	2.1	2023	2.1
18	Thursday	0854	1.9	2126	1.8
19	Friday	0953	1.7	2224	1.5
20	Saturday	1049	1.4	2318	1.2
21	Sunday	1141	1.2		
22	Monday	0008	1	1230	1
23	Tuesday	0056	0.8	1316	0.9
24	Wednesday	0142	0.7	1400	0.8
25	Thursday	0226	0.6	1442	0.8
26	Friday	0307	0.7	1523	1
27	Saturday	0349	1	1605	1.2
28	Sunday	0432	1.3	1651	1.5
29	Monday	0522	1.6	1749	1.9
30	Tuesday	0627	1.9	1905	2.1
31	Wednesday	0750	2.1	2036	2.1

August		Low Tide AM		Low Tide PM	
		Time	Height	Time	Height
1	Thursday	0914	2	2152	1.8
2	Friday	1019	1.7	2250	1.5
3	Saturday	1111	1.4	2338	1.2
4	Sunday	1157	1.2		
5	Monday	0021	1.1	1237	1.1
6	Tuesday	0100	1	1313	1.1
7	Wednesday	0134	1	1344	1.1
8	Thursday	0203	1.1	1411	1.2
9	Friday	0228	1.2	1435	1.4
10	Saturday	0249	1.4	1456	1.6
11	Sunday	0310	1.6	1520	1.8
12	Monday	0336	1.8	1553	2
13	Tuesday	0414	2	1642	2.2
14	Wednesday	0514	2.3	1812	2.4
15	Thursday	0701	2.4	1950	2.3
16	Friday	0825	2.2	2104	1.9
17	Saturday	0934	1.8	2208	1.5
18	Sunday	1034	1.4	2304	1.1
19	Monday	1128	1.1	2355	0.7
20	Tuesday	1217	0.7		
21	Wednesday	0042	0.5	1301	0.5
22	Thursday	0126	0.3	1343	0.5
23	Friday	0207	0.4	1423	0.5
24	Saturday	0245	0.6	1501	0.8
25	Sunday	0322	0.9	1538	1.1
26	Monday	0400	1.4	1620	1.6
27	Tuesday	0445	1.8	1714	2.1
28	Wednesday	0547	2.3	1836	2.4
29	Thursday	0730	2.4	2038	2.3
30	Friday	0913	2.2	2149	1.9
31	Saturday	1012	1.8	2239	1.5

September		Low Tide AM		Low Tide PM	
		Time	Height	Time	Height
1	Sunday	1058	1.4	2322	1.2
2	Monday	1139	1.2		
3	Tuesday	0001	1	1215	1
4	Wednesday	0036	0.9	1248	0.9
5	Thursday	0106	0.9	1316	1
6	Friday	0131	1	1339	1.1
7	Saturday	0151	1.2	1359	1.3
8	Sunday	0209	1.3	1418	1.5
9	Monday	0229	1.5	1441	1.7
10	Tuesday	0255	1.7	1512	1.9
11	Wednesday	0330	2	1557	2.2
12	Thursday	0423	2.3	1718	2.5
13	Friday	0620	2.5	1927	2.4
14	Saturday	0806	2.3	2047	1.9
15	Sunday	0918	1.8	2151	1.4
16	Monday	1017	1.3	2246	0.9
17	Tuesday	1109	0.9	2334	0.5
18	Wednesday	1156	0.6		
19	Thursday	0019	0.3	1239	0.4
20	Friday	0102	0.2	1320	0.3
21	Saturday	0141	0.3	1359	0.5
22	Sunday	0219	0.6	1436	0.8
23	Monday	0254	1	1513	1.3
24	Tuesday	0331	1.6	1554	1.8
25	Wednesday	0415	2.1	1650	2.3
26	Thursday	0519	2.5	1818	2.6
27	Friday	0721	2.7	2031	2.3
28	Saturday	0858	2.3	2130	1.9
29	Sunday	0949	1.9	2215	1.5
30	Monday	1032	1.5	2254	1.2

October		Low Tide AM		Low Tide PM	
		Time	Height	Time	Height
1	Tuesday	1110	1.2	2331	1
2	Wednesday	1145	1		
3	Thursday	0003	0.9	1216	1
4	Friday	0032	1	1243	1
5	Saturday	0056	1.1	1306	1.2
6	Sunday	0116	1.2	1327	1.3
7	Monday	0136	1.4	1349	1.4
8	Tuesday	0158	1.5	1414	1.6
9	Wednesday	0226	1.8	1447	1.9
10	Thursday	0303	2.1	1534	2.2
11	Friday	0358	2.4	1701	2.5
12	Saturday	0555	2.6	1905	2.3
13	Sunday	0744	2.3	2025	1.9
14	Monday	0855	1.8	2127	1.3
15	Tuesday	0953	1.3	2220	0.9
16	Wednesday	1043	0.9	2308	0.6
17	Thursday	1130	0.6	2354	0.4
18	Friday	1214	0.4		
19	Saturday	0035	0.4	1256	0.5
20	Sunday	0115	0.5	1335	0.6
21	Monday	0153	0.9	1414	1
22	Tuesday	0230	1.3	1453	1.4
23	Wednesday	0308	1.8	1536	1.9
24	Thursday	0354	2.2	1633	2.3
25	Friday	0457	2.6	1754	2.5
26	Saturday	0634	2.7	1949	2.4
27	Sunday	0815	2.4	2051	2
28	Monday	0910	2	2137	1.7
29	Tuesday	0954	1.7	2216	1.4
30	Wednesday	1033	1.4	2252	1.2
31	Thursday	1108	1.2	2325	1.2

November		Low Tide AM		Low Tide PM	
		Time	Height	Time	Height
1	Friday	1140	1.2	2355	1.2
2	Saturday	1210	1.2		
3	Sunday	0022	1.2	1237	1.3
4	Monday	0047	1.3	1304	1.3
5	Tuesday	0113	1.4	1331	1.5
6	Wednesday	0141	1.6	1403	1.6
7	Thursday	0214	1.8	1442	1.9
8	Friday	0256	2	1535	2.1
9	Saturday	0357	2.3	1657	2.3
10	Sunday	0533	2.4	1834	2.1
11	Monday	0710	2.2	1953	1.8
12	Tuesday	0823	1.8	2056	1.4
13	Wednesday	0923	1.4	2151	1.1
14	Thursday	1016	1.1	2241	0.8
15	Friday	1105	0.8	2328	0.7
16	Saturday	1151	0.7		
17	Sunday	0012	0.7	1235	0.7
18	Monday	0054	0.9	1317	0.9
19	Tuesday	0134	1.1	1358	1.2
20	Wednesday	0213	1.4	1440	1.5
21	Thursday	0254	1.8	1525	1.8
22	Friday	0339	2.1	1615	2.1
23	Saturday	0432	2.4	1716	2.3
24	Sunday	0538	2.5	1828	2.4
25	Monday	0655	2.5	1942	2.2
26	Tuesday	0805	2.3	2039	2
27	Wednesday	0900	2	2126	1.8
28	Thursday	0946	1.8	2207	1.6
29	Friday	1027	1.6	2245	1.5
30	Saturday	1105	1.5	2320	1.4

December		Low Tide AM		Low Tide PM	
		Time	Height	Time	Height
1	Sunday	1141	1.4	2355	1.4
2	Monday	1216	1.3		
3	Tuesday	0028	1.4	1251	1.4
4	Wednesday	0103	1.4	1327	1.4
5	Thursday	0139	1.5	1406	1.5
6	Friday	0218	1.7	1450	1.6
7	Saturday	0304	1.8	1541	1.8
8	Sunday	0359	2	1643	1.9
9	Monday	0506	2.1	1754	1.9
10	Tuesday	0624	2.1	1910	1.8
11	Wednesday	0742	1.9	2019	1.6
12	Thursday	0850	1.7	2121	1.4
13	Friday	0950	1.4	2216	1.3
14	Saturday	1044	1.2	2308	1.1
15	Sunday	1135	1.1	2356	1.1
16	Monday	1222	1		
17	Tuesday	0040	1.1	1307	1
18	Wednesday	0123	1.2	1350	1.2
19	Thursday	0203	1.4	1431	1.3
20	Friday	0242	1.6	1511	1.6
21	Saturday	0320	1.8	1550	1.8
22	Sunday	0400	2	1632	2
23	Monday	0445	2.2	1720	2.2
24	Tuesday	0540	2.3	1817	2.3
25	Wednesday	0644	2.4	1920	2.2
26	Thursday	0751	2.3	2022	2.1
27	Friday	0852	2.1	2117	1.9
28	Saturday	0945	1.9	2207	1.8
29	Sunday	1034	1.7	2253	1.6
30	Monday	1119	1.5	2336	1.4
31	Tuesday	1203	1.3		

TIDE TIMES FOR 2025

January		Low Tide AM		Low Tide PM	
		Time	Height	Time	Height
1	Wednesday	0018	1.3	1245	1.2
2	Thursday	0100	1.3	1327	1.1
3	Friday	0141	1.2	1409	1.1
4	Saturday	0222	1.3	1451	1.2
5	Sunday	0304	1.4	1534	1.3
6	Monday	0348	1.5	1621	1.5
7	Tuesday	0437	1.7	1714	1.7
8	Wednesday	0537	1.9	1818	1.9
9	Thursday	0652	2	1937	1.9
10	Friday	0817	2	2054	1.9
11	Saturday	0931	1.8	2201	1.7
12	Sunday	1034	1.5	2258	1.4
13	Monday	1128	1.3	2348	1.2
14	Tuesday	1216	1.1		
15	Wednesday	0033	1.1	1300	1
16	Thursday	0114	1.1	1340	1
17	Friday	0152	1.1	1416	1.1
18	Saturday	0225	1.2	1449	1.2
19	Sunday	0255	1.4	1518	1.4
20	Monday	0324	1.6	1546	1.7
21	Tuesday	0352	1.9	1615	1.9
22	Wednesday	0427	2.1	1654	2.2
23	Thursday	0519	2.3	1757	2.3
24	Friday	0640	2.5	1919	2.4
25	Saturday	0800	2.4	2032	2.2
26	Sunday	0909	2.1	2136	2
27	Monday	1009	1.8	2232	1.7
28	Tuesday	1103	1.4	2323	1.4
29	Wednesday	1152	1.1		
30	Thursday	0009	1.1	1237	0.9
31	Friday	0054	0.9	1320	0.7

February		Low Tide AM		Low Tide PM	
		Time	Height	Time	Height
1	Saturday	0135	0.8	1401	0.6
2	Sunday	0214	0.8	1439	0.7
3	Monday	0252	0.9	1517	0.9
4	Tuesday	0329	1.1	1555	1.2
5	Wednesday	0410	1.4	1639	1.6
6	Thursday	0500	1.8	1734	2
7	Friday	0609	2.1	1853	2.2
8	Saturday	0752	2.2	2041	2.2
9	Sunday	0930	2	2159	1.9
10	Monday	1033	1.6	2254	1.5
11	Tuesday	1123	1.2	2341	1.2
12	Wednesday	1207	0.9		
13	Thursday	0022	0.9	1246	0.8
14	Friday	0059	0.8	1322	0.7
15	Saturday	0133	0.8	1354	0.8
16	Sunday	0201	0.9	1420	1
17	Monday	0225	1.1	1442	1.2
18	Tuesday	0246	1.3	1500	1.5
19	Wednesday	0306	1.6	1520	1.7
20	Thursday	0331	1.8	1549	2
21	Friday	0409	2.1	1634	2.3
22	Saturday	0517	2.4	1810	2.5
23	Sunday	0716	2.5	1955	2.4
24	Monday	0839	2.2	2111	2.1
25	Tuesday	0948	1.7	2213	1.6
26	Wednesday	1045	1.3	2307	1.2
27	Thursday	1135	0.9	2354	0.8
28	Friday	1220	0.5		

March		Low Tide AM		Low Tide PM	
		Time	Height	Time	Height
1	Saturday	0038	0.6	1302	0.3
2	Sunday	0118	0.4	1342	0.3
3	Monday	0157	0.4	1419	0.4
4	Tuesday	0233	0.6	1455	0.7
5	Wednesday	0309	0.9	1531	1.1
6	Thursday	0348	1.3	1611	1.6
7	Friday	0435	1.8	1704	2.1
8	Saturday	0544	2.2	1826	2.4
9	Sunday	0753	2.3	2040	2.3
10	Monday	0927	1.9	2150	1.9
11	Tuesday	1021	1.5	2239	1.4
12	Wednesday	1106	1.1	2322	1.1
13	Thursday	1146	0.8		
14	Friday	0000	0.8	1222	0.7
15	Saturday	0035	0.7	1255	0.6
16	Sunday	0106	0.7	1324	0.8
17	Monday	0131	0.9	1347	0.9
18	Tuesday	0153	1	1405	1.1
19	Wednesday	0211	1.2	1421	1.4
20	Thursday	0230	1.4	1442	1.6
21	Friday	0255	1.7	1511	1.9
22	Saturday	0332	2	1553	2.2
23	Sunday	0432	2.3	1712	2.5
24	Monday	0641	2.4	1923	2.4
25	Tuesday	0812	2.1	2044	2
26	Wednesday	0922	1.6	2148	1.5
27	Thursday	1019	1.1	2242	1.1
28	Friday	1110	0.7	2330	0.7
29	Saturday	1156	0.4		
30	Sunday	0014	0.4	1238	0.2
31	Monday	0056	0.3	1318	0.2

April		Low Tide AM		Low Tide PM	
		Time	Height	Time	Height
1	Tuesday	0135	0.3	1357	0.4
2	Wednesday	0213	0.5	1434	0.7
3	Thursday	0251	0.9	1511	1.2
4	Friday	0332	1.3	1553	1.7
5	Saturday	0422	1.8	1649	2.2
6	Sunday	0534	2.2	1812	2.5
7	Monday	0742	2.2	2017	2.3
8	Tuesday	0902	1.9	2122	1.9
9	Wednesday	0952	1.5	2210	1.5
10	Thursday	1035	1.1	2252	1.1
11	Friday	1115	0.9	2329	0.9
12	Saturday	1150	0.8		
13	Sunday	0003	0.8	1222	0.8
14	Monday	0033	0.9	1249	0.9
15	Tuesday	0059	1	1312	1
16	Wednesday	0122	1.1	1332	1.2
17	Thursday	0143	1.3	1352	1.4
18	Friday	0206	1.4	1417	1.6
19	Saturday	0235	1.6	1450	1.8
20	Sunday	0316	1.9	1536	2.1
21	Monday	0421	2.2	1657	2.4
22	Tuesday	0611	2.2	1850	2.3
23	Wednesday	0739	1.9	2010	1.9
24	Thursday	0848	1.5	2115	1.5
25	Friday	0947	1.1	2211	1.1
26	Saturday	1039	0.7	2302	0.7
27	Sunday	1127	0.5	2349	0.5
28	Monday	1213	0.4		
29	Tuesday	0033	0.4	1255	0.4
30	Wednesday	0115	0.4	1336	0.6

May		Low Tide AM		Low Tide PM	
		Time	Height	Time	Height
1	Thursday	0156	0.6	1416	0.9
2	Friday	0238	1	1458	1.3
3	Saturday	0323	1.4	1543	1.7
4	Sunday	0416	1.8	1639	2.1
5	Monday	0523	2.1	1751	2.3
6	Tuesday	0652	2.1	1921	2.2
7	Wednesday	0813	1.9	2034	2
8	Thursday	0908	1.6	2126	1.7
9	Friday	0954	1.4	2211	1.4
10	Saturday	1035	1.2	2251	1.2
11	Sunday	1111	1.1	2327	1.1
12	Monday	1145	1.1		
13	Tuesday	0000	1.1	1215	1.1
14	Wednesday	0029	1.1	1242	1.2
15	Thursday	0057	1.2	1309	1.3
16	Friday	0125	1.3	1336	1.4
17	Saturday	0155	1.4	1408	1.6
18	Sunday	0231	1.6	1446	1.8
19	Monday	0318	1.7	1537	2
20	Tuesday	0420	1.9	1647	2.1
21	Wednesday	0540	1.9	1811	2.1
22	Thursday	0659	1.7	1930	1.8
23	Friday	0809	1.5	2038	1.5
24	Saturday	0911	1.2	2139	1.2
25	Sunday	1008	0.9	2234	0.9
26	Monday	1100	0.8	2325	0.7
27	Tuesday	1149	0.7		
28	Wednesday	0013	0.6	1236	0.7
29	Thursday	0100	0.7	1321	0.8
30	Friday	0145	0.8	1405	1.1
31	Saturday	0231	1	1449	1.3

June		Low Tide AM		Low Tide PM	
		Time	Height	Time	Height
1	Sunday	0317	1.3	1534	1.6
2	Monday	0405	1.6	1622	1.8
3	Tuesday	0457	1.8	1716	2
4	Wednesday	0555	1.9	1817	2.1
5	Thursday	0659	2	1923	2.1
6	Friday	0802	1.9	2025	2
7	Saturday	0857	1.8	2119	1.8
8	Sunday	0945	1.6	2206	1.6
9	Monday	1028	1.5	2249	1.5
10	Tuesday	1107	1.4	2328	1.4
11	Wednesday	1144	1.4		
12	Thursday	0004	1.3	1220	1.3
13	Friday	0040	1.3	1255	1.4
14	Saturday	0117	1.3	1331	1.4
15	Sunday	0154	1.3	1409	1.5
16	Monday	0235	1.4	1450	1.5
17	Tuesday	0319	1.4	1536	1.6
18	Wednesday	0410	1.5	1629	1.7
19	Thursday	0508	1.6	1732	1.8
20	Friday	0615	1.7	1844	1.8
21	Saturday	0727	1.6	1959	1.7
22	Sunday	0837	1.5	2109	1.5
23	Monday	0941	1.3	2212	1.3
24	Tuesday	1040	1.2	2309	1.1
25	Wednesday	1134	1		
26	Thursday	0002	0.9	1224	1
27	Friday	0051	0.8	1311	0.9
28	Saturday	0138	0.8	1356	1
29	Sunday	0222	0.9	1437	1.2
30	Monday	0303	1.1	1516	1.3

July		Low Tide AM		Low Tide PM	
		Time	Height	Time	Height
1	Tuesday	0342	1.3	1555	1.6
2	Wednesday	0421	1.6	1635	1.8
3	Thursday	0502	1.8	1720	2
4	Friday	0550	2	1814	2.2
5	Saturday	0648	2.1	1917	2.2
6	Sunday	0750	2.1	2022	2.1
7	Monday	0851	2	2121	1.9
8	Tuesday	0946	1.8	2214	1.7
9	Wednesday	1036	1.6	2302	1.5
10	Thursday	1122	1.5	2347	1.3
11	Friday	1205	1.3		
12	Saturday	0029	1.2	1246	1.2
13	Sunday	0110	1.1	1326	1.2
14	Monday	0150	1	1405	1.2
15	Tuesday	0229	1	1444	1.2
16	Wednesday	0309	1.1	1523	1.3
17	Thursday	0350	1.2	1606	1.4
18	Friday	0436	1.4	1657	1.7
19	Saturday	0532	1.7	1802	1.9
20	Sunday	0645	1.9	1925	2
21	Monday	0809	1.9	2050	1.9
22	Tuesday	0927	1.7	2203	1.6
23	Wednesday	1032	1.5	2304	1.3
24	Thursday	1128	1.2	2356	1
25	Friday	1217	1		
26	Saturday	0043	0.8	1301	0.9
27	Sunday	0125	0.7	1341	0.8
28	Monday	0204	0.8	1417	0.9
29	Tuesday	0239	0.9	1450	1.1
30	Wednesday	0310	1.2	1519	1.4
31	Thursday	0337	1.4	1547	1.7

August		Low Tide AM		Low Tide PM	
		Time	Height	Time	Height
1	Friday	0405	1.7	1619	1.9
2	Saturday	0438	2	1703	2.2
3	Sunday	0532	2.3	1815	2.4
4	Monday	0652	2.4	1934	2.4
5	Tuesday	0807	2.3	2046	2.2
6	Wednesday	0914	2	2148	1.9
7	Thursday	1013	1.7	2243	1.5
8	Friday	1104	1.4	2331	1.2
9	Saturday	1151	1.2		
10	Sunday	0015	1	1233	1
11	Monday	0057	0.8	1314	0.9
12	Tuesday	0136	0.7	1351	0.8
13	Wednesday	0213	0.7	1428	0.9
14	Thursday	0249	0.9	1504	1
15	Friday	0326	1.1	1542	1.3
16	Saturday	0406	1.5	1628	1.7
17	Sunday	0457	1.9	1731	2.1
18	Monday	0611	2.2	1906	2.3
19	Tuesday	0800	2.2	2054	2.1
20	Wednesday	0929	1.9	2205	1.6
21	Thursday	1029	1.5	2258	1.2
22	Friday	1119	1.1	2344	0.9
23	Saturday	1202	0.9		
24	Sunday	0026	0.7	1242	0.7
25	Monday	0104	0.6	1318	0.7
26	Tuesday	0138	0.7	1349	0.8
27	Wednesday	0207	0.9	1416	1.1
28	Thursday	0231	1.1	1439	1.3
29	Friday	0250	1.4	1458	1.6
30	Saturday	0307	1.7	1518	1.9
31	Sunday	0329	2	1550	2.2

September		Low Tide AM		Low Tide PM	
		Time	Height	Time	Height
1	Monday	0408	2.3	1651	2.5
2	Tuesday	0542	2.6	1856	2.6
3	Wednesday	0734	2.5	2018	2.3
4	Thursday	0850	2.2	2125	1.9
5	Friday	0951	1.8	2221	1.4
6	Saturday	1043	1.4	2309	1
7	Sunday	1129	1	2354	0.7
8	Monday	1213	0.8		
9	Tuesday	0035	0.5	1253	0.6
10	Wednesday	0114	0.5	1331	0.6
11	Thursday	0151	0.6	1407	0.7
12	Friday	0227	0.8	1443	1
13	Saturday	0303	1.2	1521	1.3
14	Sunday	0342	1.6	1608	1.8
15	Monday	0434	2.1	1715	2.3
16	Tuesday	0556	2.5	1914	2.4
17	Wednesday	0808	2.4	2056	2
18	Thursday	0922	1.9	2153	1.6
19	Friday	1014	1.5	2240	1.1
20	Saturday	1058	1.1	2322	0.8
21	Sunday	1138	0.8		
22	Monday	0000	0.7	1215	0.7
23	Tuesday	0034	0.7	1248	0.8
24	Wednesday	0105	0.8	1316	0.9
25	Thursday	0130	1	1340	1.1
26	Friday	0150	1.2	1400	1.4
27	Saturday	0206	1.5	1417	1.6
28	Sunday	0223	1.7	1438	1.9
29	Monday	0248	2	1510	2.2
30	Tuesday	0326	2.3	1603	2.5

October		Low Tide AM		Low Tide PM	
		Time	Height	Time	Height
1	Wednesday	0433	2.6	1820	2.6
2	Thursday	0702	2.6	1949	2.3
3	Friday	0821	2.2	2056	1.8
4	Saturday	0922	1.8	2151	1.4
5	Sunday	1015	1.3	2240	1
6	Monday	1102	0.9	2326	0.7
7	Tuesday	1146	0.7		
8	Wednesday	0008	0.5	1228	0.5
9	Thursday	0049	0.5	1308	0.6
10	Friday	0128	0.6	1347	0.7
11	Saturday	0206	0.9	1426	1
12	Sunday	0244	1.3	1508	1.5
13	Monday	0327	1.8	1559	1.9
14	Tuesday	0423	2.2	1711	2.3
15	Wednesday	0550	2.5	1908	2.3
16	Thursday	0749	2.4	2032	2
17	Friday	0855	2	2125	16
18	Saturday	0945	1.6	2210	1.3
19	Sunday	1028	1.2	2250	1
20	Monday	1107	1	2327	0.9
21	Tuesday	1143	1		
22	Wednesday	0000	0.9	1215	1
23	Thursday	0030	1	1243	1.1
24	Friday	0055	1.2	1308	1.3
25	Saturday	0116	1.4	1330	1.5
26	Sunday	0135	1.6	1351	1.7
27	Monday	0157	1.8	1417	1.9
28	Tuesday	0226	2	1453	2.1
29	Wednesday	0307	2.3	1549	2.4
30	Thursday	0415	2.5	1738	2.5
31	Friday	0617	2.6	1909	2.2

November		Low Tide AM		Low Tide PM	
		Time	Height	Time	Height
1	Saturday	0741	2.2	2018	1.8
2	Sunday	0846	1.8	2116	1.4
3	Monday	0942	1.4	2208	1.1
4	Tuesday	1032	1	2257	0.8
5	Wednesday	1120	0.8	2343	0.7
6	Thursday	1205	0.7		
7	Friday	0026	0.7	1249	0.7
8	Saturday	0109	0.8	1332	0.8
9	Sunday	0151	1.1	1416	1.1
10	Monday	0234	1.4	1503	1.5
11	Tuesday	0321	1.8	1556	1.8
12	Wednesday	0417	2.1	1701	2.1
13	Thursday	0528	2.4	1824	
14	Friday	0656	2.3	1944	2.1
15	Saturday	0809	2.1	2043	1.8
16	Sunday	0904	1.8	2130	1.6
17	Monday	0950	1.6	2213	1.4
18	Tuesday	1032	1.4	2251	1.3
19	Wednesday	1110	1.3	2326	1.3
20	Thursday	1144	1.3	2357	1.3
21	Friday	1215	1.3		
22	Saturday	0025	1.4	1244	1.4
23	Sunday	0052	1.5	1312	1.5
24	Monday	0119	1.6	1341	1.6
25	Tuesday	0148	1.8	1414	1.8
26	Wednesday	0223	1.9	1454	1.9
27	Thursday	0306	2.1	1547	2.1
28	Friday	0405	2.2	1657	2.2
29	Saturday	0524	2.3	1818	2.1
30	Sunday	0649	2.2	1932	1.9

December		Low Tide AM		Low Tide PM	
		Time	Height	Time	Height
1	Monday	0803	1.9	2037	1.6
2	Tuesday	0907	1.6	2136	1.3
3	Wednesday	1004	1.3	2230	1.1
4	Thursday	1057	1.1	2321	1
5	Friday	1148	0.9		
6	Saturday	0009	0.9	1237	0.8
7	Sunday	0057	1	1325	0.9
8	Monday	0143	1.1	1412	1
9	Tuesday	0228	1.3	1458	1.3
10	Wednesday	0314	1.5	1546	1.5
11	Thursday	0401	1.8	1635	1.8
12	Friday	0452	2	1730	2
13	Saturday	0550	2.2	1831	2.1
14	Sunday	0656	2.2	1936	2.1
15	Monday	0803	2.2	2036	2
16	Tuesday	0902	2	2128	1.9
17	Wednesday	0952	1.8	2213	1.7
18	Thursday	1037	1.7	2254	1.6
19	Friday	1117	1.5	2331	1.5
20	Saturday	1154	1.5		
21	Sunday	0006	1.5	1229	1.4
22	Monday	0040	1.5	1304	1.4
23	Tuesday	0114	1.5	1339	1.5
24	Wednesday	0148	1.5	1415	1.5
25	Thursday	0224	1.6	1453	1.6
26	Friday	0304	1.7	1535	1.7
27	Saturday	0349	1.8	1624	1.8
28	Sunday	0443	2	1724	1.9
29	Monday	0550	2.1	1837	1.9
30	Tuesday	0713	2	1956	1.9
31	Wednesday	0833	1.9	2108	1.7

Chapmans Pool, Jurassic Coast. Photographer Nikola Hudakova

Durdle Door. Photographer Emma Baines